全国交通土建高职高专规划教材

Qiaohan Sheji

桥 涵 设 计

（第二版）

李加林　刘孟良　**主编**

黄　侨［哈尔滨工业大学］　**主审**

人民交通出版社

内 容 提 要

　　本书为全国交通土建高职高专规划教材。全书共分六篇，第一篇介绍了桥梁基本概念、桥梁总体规划设计及桥梁上的作用；第二篇介绍了梁桥的构造及混凝土简支梁桥的计算；第三篇介绍了拱桥的构造、拱桥的设计及拱桥的计算；第四篇为斜拉桥及悬索桥简介；第五篇介绍了桥梁墩台结构设计、桥墩计算及桥台计算；第六篇介绍了涵洞的构造及涵洞的设计和计算。

　　本书可作为交通高等职业技术教育道路桥梁工程技术专业桥梁与隧道工程专业、工程监理专业教材，亦可供从事公路与桥梁工程技术人员参考。

图书在版编目（CIP）数据

桥涵设计 / 李加林，刘孟良主编 . —2 版 . —北京：人民
交通出版社，2007.8
　ISBN 978-7-114-06643-6

　Ⅰ. 桥…　　Ⅱ.①李…②刘…　　Ⅲ.桥涵工程－设计　Ⅳ.
U442.5

　中国版本图书馆 CIP 数据核字（2007）第 090901 号

书　　名：全国交通土建高职高专规划教材
　　　　　桥涵设计（第二版）
著 作 者：李加林　刘孟良
责任编辑：师　云　邓　莉
出版发行：人民交通出版社股份有限公司
地　　址：（100011）北京市朝阳区安定门外外馆斜街 3 号
网　　址：http://www.ccpress.com.cn
销售电话：（010）59757973
总 经 销：人民交通出版社股份有限公司发行部
经　　销：各地新华书店
印　　刷：北京市密东印刷有限公司
开　　本：787×1092　1/16
印　　张：17
字　　数：408 千
版　　次：2002 年 8 月　第 1 版
　　　　　2007 年 8 月　第 2 版
印　　次：2016 年 7 月　第 2 版　第 11 次印刷　总第 22 次印刷
书　　号：ISBN 978-7-114-06643-6
印　　数：68001－71000 册
定　　价：29.00 元
（有印刷、装订质量问题的图书由本社负责调换）

全国交通土建高职高专规划教材编审委员会

总　序

　　针对高职高专教材建设与发展问题,教育部在《关于加强高职高专教材建设的若干意见》中明确指出:先用 2～3 年时间,解决好高职高专教材的有无问题,再用 2～3 年时间,推出一批特色鲜明的高质量的高职高专教育教材,形成**一纲多本、优化配套**的高职高专教育教材体系。

　　2001 年 7 月,由人民交通出版社发起组织,15 所交通高职院校的路桥系主任和骨干教师相聚昆明,研讨交通土建高职高专教材的建设规划,提出了 28 种高职高专教材的编写与出版计划。后在交通部科教司路桥工程学科委员会的具体指导下,在人民交通出版社精心安排、精心组织下,于 2002 年 7 月前完成了 28 种路桥专业高职高专教材出版工作。

　　这套教材的出版发行,首先解决了交通高职教育教材的有无问题,有力支持了路桥专业高职教育的顺利发展,也受到了全国各高职院校的普遍欢迎。

　　随着高职教育教学改革的深入发展、高职教学经验的丰富与积累,以及本行业有关技术标准、规范的更新,本套教材在使用了 2～3 轮的基础上,对教材适时进行修订是十分必要的,时机也是成熟的。

　　2004 年 8 月,人民交通出版社在新疆乌鲁木齐召开了有 19 所交通高职院校领导、系主任、骨干教师共 41 人参加的教材修订研讨会。会议商定了本套教材修订的基本原则、方法和具体要求。会议决定本套教材更名为"交通土建高职高专统编教材",并成立了以吉林交通职业技术学院张洪滨为主任委员的"交通土建高职高专统编教材编审委员会",全面负责本套教材的修订与后续补充教材的建设工作。

　　2005 年 6 月,编委会在长春召开了同属交通土建大类、与路桥专业链接紧密的"工程监理专业、工程造价专业、高等级公路维护与管理专业"主干课程教材研讨会,正式规划和启动了这三个专业教材的编写出版工作。

　　2005 年 12 月,教育部高等教育司发布了"关于申报普通高等教育'十一五'国家级规划教材"选题的通知(教高司函[2005]195 号),人民交通出版社积极推荐本套教材参加了"十一五"国家级规划教材选题的评选。

　　2006 年 6 月,经教育部组织专家评选、网上公示,本套教材中有十五种入选为"十一五"国家级规划教材,2008 年 1 月,又有六种教材在"十一五"国家级规划教材补报中列选,共计 21 种,标志着广大参与本套教材编写的教师的辛勤劳动得到了社会的认可、本套教材的编写质量得到了社会的认同。

　　2006 年 7 月,交通土建高职高专统编教材编审委员会及时在银川召开会议,有 24 所各省区交通高职院校或开办有交通土建类专业的高等学校系部主任、专业带头人、骨干教师以及人民交通出版社领导共 39 位代表出席了本次会议。会议就全面落实教育部"十一五"国家级规划教材的编写工作进行了研讨。与会代表一致认为必须以入选的十五种国家级规划教材为基本标准,进一步全面提升本套教材的编写质量,编审委员会将严格按照国家级规划教材的要求审稿把关,并决定本套教材更名为**"全国交通土建高职高专规划教材"**,原编委会相应更名为**"全国交通土建高职高专规划教材编审委员会"**。以期在全国绝大多数交通高职院校和开办有交通土建类专业的高等院校的参与、统筹、规划下,本套教材中有更多的进入"十一五"国家

1

级规划教材行列。

2007年5月,编委会在湖南长沙召开工作会议,就"十一五"国家级规划教材主参编人员的确定和教材的编写原则作出了具体安排,全面启动"十一五"国家级规划教材的编写与出版工作。

2008年4月,编委会在广东珠海召开工作会议,研讨了**"工学结合"**高职高专教材编写思路,决定在"十一五"国家级规划教材编写过程中,注重高职教学改革新方向,注重工程实践经验的引入,倡导**"工学结合"**。

本套高职高专规划教材具有以下特色:

——顺应交通高职院校人才培养模式和教学内容体系改革的要求,按照专业培养目标,进一步加强教材内容的针对性和实用性,适应学制转变,合理精简和完善内容,调整教材体系,贴近模块式教学的要求;

——实施开放式的教材编审模式,聘请高等院校知名教授和生产一线专家直接介入教材的编审工作,更加有利于对教材基本理论的严格把关,有利于反映科研生产一线的最新技术,也使得技能培训与实际密切结合;

——全面反映2003年以来的公路工程行业已颁布实施的新标准、规范;

——服务于师生、服务于教学,重点突出,逐章均配有思考题或习题,并给出本教材的参考教学大纲;

——注重学生基本素质、基本能力的培养,教材从内容上、形式上力求更加贴近实际;

——为加强学生的实际动手能力,针对《工程测量》、《道路建筑材料》等课程,本套教材特别配套有实训类辅导教材;

——为方便教学,本套教材配套有《道路工程制图多媒体教材》、《公路工程试验实训多媒体教材》、《路基路面施工与养护技术多媒体教材》、《桥涵设计多媒体教材》、《桥涵施工技术多媒体教材》、《现代道路测量仪器与技术多媒体教材》等。

本套教材的出版与修订再版,始终得到了交通部科教司路桥工程学科委员会和全国交通职教路桥专业委员会的指导与支持,凝聚了交通行业专家、教师群体的智慧和辛勤劳动。愿我们共同向精品教材的目标持续努力。

向所有关心、支持本套教材编写出版的各级领导、专家、教师、同学和朋友们致以敬意和谢意。

全国交通土建高职高专规划教材编审委员会
人民交通出版社
2008年5月

第二版前言

本教材依据教育部对高职高专人才培养目标、培养标准、培养模式及与之相适应的知识、技能、能力和素质结构的要求,学习掌握最新的技术标准,在第一版的基础上进行修订编写。

按照道路桥梁工程技术专业以培养技能型人才为主线的要求,对传统的专业技术基础课和专业课程进行了整合。第二版所编写的教材更适合高职教育的特点,强调现代教学技术应用的需要和教学课件应用的简捷明了。每章列有内容提要和复习思考题,便于学生学习和掌握本章核心内容。

体现以职业能力为本位,以应用为核心,以实用、实际、实效为原则,紧密结合工程实际。采用最新的技术标准、规范和规程。注重培养学生爱岗敬业,树立安全意识和环保意识,按需施教、因材施教。

《桥涵设计》是高职高专院校道路桥梁工程技术专业规划教材之一,编写内容采用国家及行业最新技术标准和技术规范。本书对桥梁的基本概念、总体设计、梁桥、拱桥、墩台、涵洞构造及设计方法作了全面地论述;介绍了工程设计中实用的计算方法;选编了最新的理论、新工艺、新结构、新材料。编写内容力求文字简练,深入浅出,注重理论联系实际,真正体现了职业技术教育特色,具备了科学性、先进性、实用性,注重学生综合素质的提高。

参加本书编写的有:广东交通职业技术学院李加林(编写第一篇的第一章、第二章、第三章、第二篇的第一章、第二章及第五篇的第一章)、吉林交通职业技术学院于辉(编写第三篇的第一章、第二章、第三章)、湖南城建职业技术学院刘孟良(编写第四篇的第一章、第二章及第六篇的第一章、第二章)、湖南交通职业技术学院闵涛(编写第五篇的第二章)。全书由李加林、刘孟良担任主编,哈尔滨工业大学黄侨教授担任主审。

交通土建高职高专统编教材编审委员会特邀哈尔滨工业大学黄侨教授担任本书主审。本教材在修订过程中,得到了广东省公路规划设计院教授级高级工程师柴耀东、人民交通出版社卢仲贤编审的指导和帮助,附于本书末的主要参考文献的作者们对本教材的完成给予了大力支持,同时也得到吉林交通职业技术学院申健老师提供的勘误表及建议。

第二版有配套光盘一张,由湖南城建职业技术学院刘孟良副教授制作,长安大学徐岳教授担任主审,由人民交通音像电子出版社出版。

书中难免有错误之处,敬请广大读者批评指正,在此表示衷心感谢。

编者
2007 年 7 月

第一版前言

公路交通事业作为国民经济的基础产业,发展势头迅猛,这样对职业技术教育提出了更高的要求,如何为社会培养出适应生产、建设、管理、服务第一线需要的技术应用型专门人才是职业技术院校的任务。为了满足交通高等职业技术教育路桥专业实用型人才对桥梁工程的基本知识、基本结构及具备桥涵基本设计能力的需求,填补交通高等职业教育公路与桥梁专业教材的空白,根据路桥工程学科委员会交通职业技术教育路桥专业教学研究与教材建设联络组2001年7月昆明会议精神,编写了本教材。

本书由吉林交通职业技术学院白淑毅教授主编,烟台师范交通学院于敦荣主审。具体编写情况如下:第一篇的第一章、第二章、第三章,第二篇的第一章、第二章,第三篇的第一章,由吉林交通职业技术学院白淑毅编写,第三篇的第二章、第三章由吉林交通职业技术学院于辉编写,第四篇由湖南交通学校王中伟编写,第五篇由湖南交通职业技术学院闵涛编写,第六篇由新疆交通职业技术学院李轮编写。

本书编写内容采用了国家及行业最新技术标准和技术规范,全书对桥梁的基本概念、总体设计、梁桥、拱桥、墩台、涵洞构造及设计方法作出了全面的论述;介绍了工程设计中实用的计算方法,对一些中、小跨径的桥涵如何套用标准图作了说明;选编了最新的理论、新工艺、新结构、新材料。编写内容力求文字简练,深入浅出,注重理论联系实际。为了便于学生学习,在各章节的计算理论后面均附有计算示例,真正体现了职业技术教育特色,具备了科学性、先进性、实用性,注重学生综合素质的提高。

本教材在编写过程中,得到人民交通出版社卢仲贤同志、吉林省公路勘测设计院总工程师柴耀东同志的指导、帮助,附于书末的主要参考文献,作者们对本书完成给予了巨大支持,在此一并致以诚挚的谢意!

由于编者水平有限,编写时间紧迫,书中的不妥和谬误之处在所难免,敬请读者批评指正,在此表示衷心感谢。

编者

2002 年 3 月

目　　录

2

第一篇　总　　论

桥梁不仅是一个国家文化的象征,更是生产发展和科学进步的写照。改革开放以来,我国公路建设进入了以高速公路为标志的快速发展阶段。随着国家实施积极的财政政策,公路投资力度不断加大,公路建设以前所未有的速度向前发展,这对改善人民的生活环境、改善投资环境、促进经济发展,起到了关键作用。

在公路、铁路、城市和农村道路以及水利建设中,为了跨越各种障碍(如河流、沟谷或其他道路等),必须修建各种类型的桥梁与涵洞,因此桥涵是交通路线中的主要组成部分。随着科技的进步、工业水平的提高、社会生产力的高速发展,人们对桥梁建筑提出了更高的要求。就其数量来说,即使地形不复杂的地段,每公里路线上一般也有 2 ~ 3 座桥涵。就其造价来说,桥梁一般要占公路全部造价的 10% ~ 20% ,是保证全线通车的咽喉。同时,桥涵施工也比较复杂。因此,正确地、合理地进行桥涵设计和施工,对于节约材料、加快施工进度、降低工程费用、保证工程质量和公路的正常营运都有着极其重要的意义。

第一章　概　　论

[提要]　本章简要介绍了国内外桥梁建筑的概况及桥梁建设发展动态、桥梁的组成及分类,解释了桥梁名称及术语。

第一节　桥梁建筑概况

一、我国桥梁建筑概况

我国改革开放几十年来,随着科学技术的快速进步、工业化水平的提高、社会生产力的高速发展,我国桥梁建筑无论在规模上还是在技术水平上,均已跻身世界先进行列。各种功能齐全、造型美观的城市立交桥、高架桥及跨越各种障碍物的大跨径公路、铁路桥,如雨后春笋般相继建成。在我国公路 2020 年远景规划中,跨越渤海湾、杭州湾、琼州海峡及舟山群岛连岛工程等大型工程已列入规划建设阶段。如 2003 年 6 月开工建设的浙江杭州湾跨海大桥是国道主干线——同三线跨越杭州湾的便捷通道,大桥北起嘉兴市海盐郑家埭,跨越宽阔的杭州湾海域后止于宁波市慈溪水路湾,全长 36km,大桥建成后将缩短宁波至上海间的陆路距离 120 余公里。

我国的桥梁建筑在历史上是辉煌的,古代的桥梁不但数量惊人,类型也丰富多彩,几乎包括了所有近代桥梁中的最主要形式。所用的材料多是一些天然材料,例如土、石、木、砖等。

根据史料考证,在三千年前的周文王朝代,就有在渭河上架设浮桥和建造石桥的文字记载。隋唐时期，是我国古代桥梁的兴盛年代，在桥梁形式、结构构造方面都有很多创新。宋代之后，建桥数量大增，桥梁的跨越能力、造型和功能也有所提高，充分体现了我国古代工匠的智慧和艺术水平。

举世闻名的河北省赵县的赵州桥（又称安济桥），就是我国古代石拱桥的杰出代表。该桥在隋大业初年（公元605年左右）为李春所创建，是一座空腹式的圆弧形石拱桥，净跨37.02m，宽9m，拱矢高度7.23m。在拱圈两肩各设有两个跨度不等的腹拱，这样既能减轻桥身自重、节省材料，又便于排洪、增加美观。赵州桥采用纵向并列砌筑，将主拱圈分为28圈，每圈由43块拱石组成，每块拱石重1t左右，用石灰浆砌筑。赵州桥至今仍保存完好。

我国是最早有吊桥的国家，迄今已有三千年左右的历史。据记载，在唐朝中期，我国就从藤索、竹索发展到用铁链建造吊桥，而西方在16世纪才开始建造铁链吊桥，比我国晚了近千年。至今保留下来的古代吊桥有四川泸定县的大渡河铁索桥（1706年）以及灌县的安澜竹索桥（1803年）等。泸定铁索桥桥跨长约100m，宽约2.8m；由13条锚固于两岸的铁链组成，1935年中国工农红军长征途中曾强渡此桥，因此更加闻名。

在秦汉时期我国已广泛修建石梁桥。世界上现在尚存最长、工程最艰巨的石梁桥，就是我国于1053～1059年在福建泉州建造的万安桥，也称洛阳桥。此桥长达800多米，共47孔，位于海口江面上。此桥以磐石遍铺桥位江底，是近代筏形基础的开端，并且独具匠心地用养殖海生牡蛎的方法胶固桥基使之成为整体。万安桥的石梁共300余根，每根重20～30t，这样重的梁在当时采用"激浪以涨舟，悬机以弦牵"的方法架设。据分析就是利用潮汐的涨落控制船只的高低位置，这也是现代浮运架桥的原始雏形。

1957年，第一座长江大桥——武汉长江大桥的胜利建成，结束了我国万里长江无桥的状况，从此"一桥飞架南北，天堑变通途"，也标志着我国建造大跨度钢桥的现代化桥梁技术水平被提高到了新的起点。大桥的正桥为8墩9孔三联3×128m的连续钢桁梁，下层为双线铁路，上层公路桥面宽18m，两侧各设2.25m人行道，包括引桥全桥总长1 670m。1969年又胜利建成了举世瞩目的南京长江大桥，这是我国自行设计、制造、施工，并使用国产高强钢材的现代化大型桥梁。上层为公路桥，下层为双线铁路，包括引桥在内，铁路桥梁全长6 772m，公路桥梁全长为4 589m。桥址处水深流急，河床地质极为复杂，大桥桥墩基础的施工非常困难。南京长江大桥的建成，显示出我国的钢桥建设已接近世界先进水平，也是我国桥梁史上又一个重要标志。

从拱桥的发展进程来看，在20世纪50年代左右，进入了全盛时期。1958～1960年期间，我国因地制宜、就地取材，修建了大量经济美观的石拱桥。目前已建成的世界跨度最大的石拱桥是于1999年底建成的跨度为146m的山西丹河新桥。世界最大跨度的混凝土拱桥当属1997年建成的重庆万县长江大桥，为420m，其主拱圈是采用劲性骨架法进行施工的。上海2003年建成通车的卢浦大桥主跨550m，为中承式钢箱拱桥，比原世界第一的美国西弗吉尼亚桥还长31.8m，成为世界第一钢拱桥。

钢管混凝土拱桥是一种钢—混凝土复合材料的拱桥，该桥型在我国近年来发展很快。自20世纪90年代以来，我国建成跨径大于120m的钢管混凝土拱桥40多座。2000年建成的广州丫髻沙珠江大桥，为主跨360m的中承式钢管混凝土拱桥，是当时世界第一钢管混凝土拱桥。2005年1月8日竣工通车的巫山长江大桥也属中承式钢管混凝土拱桥，在建设中创造了当时桥梁建设的5项世界第一，即组合跨径、每节段绳索吊装质量、吊塔距离、拱圈管道直径和吊装高度世界第一。主跨跨径492m，居同类型世界第一。

钢筋混凝土与预应力混凝土梁式桥,在我国也有很大的发展。对于中小跨径,一般采用简支梁,30m 以下宜用标准化跨径,已广泛采用的是配置低合金钢筋的装配式钢筋混凝土板式或 T 形梁式设计,它不但经济适用,并且施工方便,建桥速度快。对于高等级公路桥上的多跨简支梁,随着车速和行车舒适性要求的提高,简支梁多采用桥面或结构连续,以减少伸缩缝的数量。我国跨径最大的简支梁桥,是 1997 年建成的昆明南过境高架桥,跨径 63m。1997 年建成的主跨为 270m 的虎门大桥辅航道桥是我国跨度最大的预应力混凝土梁桥,世界排名第三位。

　　预应力混凝土斜拉桥,由于结构合理,跨度能力大,用材指标低和外形美观而迅速发展。我国斜拉桥起步比较晚,1975 年建成的跨径 76m 的四川云阳桥是国内第一座斜拉桥,20 世纪 90 年代以后,因跨越大江大河的需要,斜拉桥得到了快速的发展,陆续修建了一系列特大跨度的斜拉桥。据不完全统计,我国建成的斜拉桥已超过 100 座,其中跨度超过 400m 的斜拉桥已达 20 座,居世界首位。目前我国主跨超过 600m 的钢梁斜拉桥有 5 座。

　　2008 年建成通车的苏通长江公路大桥路线全长 32.4km,其中跨江大桥长 8 146m,大桥主桥为跨径 1 088m 的斜拉桥,建成后将成为世界最大跨经的斜拉桥;大桥主墩基础由 131 根长约 120m、直径 2.5 ~ 2.8m 的群桩组成,是我国规模最大、入土最深的群桩基础;大桥桥塔采用高 300.4m 的混凝土塔,为世界最高桥塔;大桥最长拉索长达 577m,为世界最长拉索。苏通大桥中跨现已合龙,全桥贯通,标志着世界桥梁建设的最深基础、最高桥塔、最长拉索、最大主跨四项新纪录诞生。

　　悬索桥的跨越能力在各类桥型中是最大的。我国于 1999 年 9 月建成通车的江阴长江大桥,主跨 1 385m,是我国第一座跨度超过千米的钢箱梁悬索桥,世界排名第四。该桥在沉井、地下连结墙、锚锭、挂索等工程施工中总结的经验,推动了我国悬索桥施工技术的进一步发展。我国香港的青马大桥,全长 2 160m,主跨 1 377m,为公铁两用双层悬索桥,是香港 21 世纪标志性建筑。它把传统的造桥技术升华至极高的水平,宏伟的结构令世人赞叹,在世界 171 项工程大赛中荣获"建筑业奥斯卡奖"。2005 建成通车的江苏润扬长江大桥南汉桥采用跨径为 1490m 的单孔双铰钢箱梁悬索桥,为目前"中国第一、世界第三"大跨径桥梁。

　　正在建设的舟山大陆连岛工程中的西堠门大桥,是一座全长 2 586m,主跨 1 650m 的悬索桥。大桥设计速度为 80km/h,桥面全宽 35m,设计载荷为公路—Ⅰ级。大桥建成后,其主跨跨径仅次于日本明石海峡大桥,居世界第二。

　　我国的交通事业和桥梁建设出现了一个全新的时期。一个干支衔接、布局合理、四通八达的公路网已经形成,公路交通对国民经济发展的"瓶颈"制约状况得到有效缓解。所以,我们应不断努力,不断吸取国内外桥梁建筑的先进技术和有益经验,为我国的桥梁建设作出更大的贡献。

二、国外桥梁建筑概况

　　世界桥梁建筑的发展,与社会生产力的发展、工业水平的提高、施工技术的进步、数学力学理论的进展及计算技术的改革等方面都有关系,其中与建筑材料改革的关系最为密切。

　　17 世纪中期以前,建筑材料基本上只限于土、石、砖、木等材料,采用的结构也较简单。

　　17 世纪 70 年代开始使用生铁,19 世纪初开始使用熟铁建造桥梁与房屋,由于这些材料的本身缺陷,使土木工程的发展仍然受到限制。

　　19 世纪中期,钢材的出现使钢结构得到了蓬勃发展,开始了土木工程的第一次飞跃。

　　20 世纪初,钢筋混凝土的广泛应用以及随后预应力混凝土的诞生,实现了土木工程的第二次飞跃。

从以上情况可以看出,工业革命促使生产力大幅度增长,从而促进了桥梁建筑技术方面空前的发展。

下面是世界各国的典型桥例,可从中看出其现状和发展概况。

1883 年建成的纽约布鲁克林悬索桥,跨径达 483m,开创了现代悬索桥的先河。1937 年建成的旧金山金门大桥,主跨达 1 280m,保持了 27 年的世界纪录,至今金门大桥仍是举世闻名的桥梁经典之作。1998 年四月建成通车的日本明石海峡大桥是日本神户和濑户内海中大岛淡路岛之间的明石海峡上的一座大跨径悬索桥,主跨径为 1 990m,居当前世界同类桥梁之首,其桥塔高度也为世界之冠。两桥塔矗立于海面以上约 300m。桥塔下基岩为花岗岩,但埋置很深,均在海平面 150m 以下。

世界上第一座现代化斜拉桥是 1955 年瑞典建成的斯特多姆海峡桥,其主跨跨径达 128.6m。加拿大的安纳西斯桥,是当时世界上较大的斜拉桥,1986 年建成,主跨 465m,桥宽 32m。桥塔采用钢筋混凝土结构,塔高 154.3m,主梁采用混凝土桥面板与钢梁组合结构。日本多多罗大桥于 1998 年竣工,是目前跨径最大的斜拉桥,其主跨跨径为 890m。

1977 年建成的奥地利的阿尔姆桥,主跨跨径为 76m,是世界上跨度最大的预应力混凝土简支梁桥。加拿大的魁北克桥属于世界著名的跨度最长的悬臂桁架梁桥,主跨跨径为 548.6m,桥全长为 853.6m。

世界上最长的拱、梁组合钢桥首推美国的弗莱蒙特(Fremont)桥,是三跨连续加劲拱桥,主跨跨径 382.6m,双层桥面。该桥主跨中央 275.2m 的结构部分重约 6 000t,采用一次提升架设。1980 年建成的克罗地亚的克拉克大桥,桥跨 390m,是世界上跨度第二大的钢筋混凝土拱桥,拱肋为单箱三室断面,采用悬臂拼装法施工,中室先行拼装合龙,再拼装两侧边室。

纵观大跨度桥梁的发展趋势,可以看到世界桥梁建设必将迎来更大规模的建设高潮,同时对桥梁技术的发展方向也提出了新的要求。

(1)大跨度桥梁向更长、更大、更柔的方向发展

研究大跨度桥梁在气动、地震和行车动力作用下结构的安全性和稳定性,将截面做成适应气动要求的各种流线型加劲梁,增大特大跨度桥梁的刚度;采用以斜缆为主的空间网状承重体系;采用悬索加斜拉的混合体系;采用轻型并且刚度大的复合材料做加劲梁;采用自重轻、强度高的碳纤维做主缆。

(2)新材料的开发和应用

新材料应具有高强、高弹模、轻质的特点,用以取代目前桥梁用的钢和混凝土。

(3)新的设计、施工技术开发和应用

在设计阶段采用高度发展的计算机辅助手段,进行有效地快速优化和仿真分析,运用智能化制造系统在工厂生产部件,利用 GPS 和遥控技术控制桥梁施工。

(4)大型深水基础工程

目前世界桥梁基础尚无超过 100m 深海基础工程,下一步需进行 100~300m 深海基础的实践。

(5)自动监测和管理系统的应用

桥梁建成交付使用后,将通过自动监测和管理系统保证桥梁的安全和正常运行,一旦发生故障或损伤,将自动报告损伤部位和养护对策。

(6)重视桥梁美学和环境保护

4

对桥梁造型的艺术要求越来越高,重视桥梁美学和环境保护,达到人文景观同环境景观的完美结合。在20世纪桥梁工程大发展的基础上,描绘21世纪的宏伟蓝图,桥梁建设技术将有更大、更新的发展。

三、桥梁发展动态

桥梁发展大致经历了以下三次飞跃:

(1)19世纪中叶钢材的出现及随后又出现的高强度钢材,使桥梁工程的发展获得了第一次飞跃,跨度不断加大。

(2)20世纪初,钢筋混凝土的应用以及30年代兴起的预应力混凝土技术,使桥梁建设获得了廉价、耐久、且刚度和承载力均很大的建筑材料,从而推动桥梁工程发展的第二次飞跃。

(3)20世纪50年代以后,随着计算机技术和有限元技术的发展,使人们能够方便地完成过去不可能完成的大规模结构计算,使桥梁工程的发展获得了第三次飞跃。

目前世界上已建和在建的大跨度桥梁统计情况见表1-1-1。

世界大跨径排名　　　　　　　　　　　　　　　　　表1-1-1

悬 索 桥				
序号	桥　　名	主跨(m)	结构形式	所在国家	建成年限
1	明石海峡大桥	1 991	简支钢桁	日本	1998
2	Great Belt 桥	1 624	连续钢箱	丹麦	1998
3	润扬长江大桥	1 490	钢箱梁	中国	2005
4	Humber 桥	1 410	钢箱	英国	1981
5	江阴长江大桥	1 385	简支钢箱	中国	1999
6	香港青马大桥	1 377	连续钢箱	中国	1997
7	Verrazano-Narrows 桥	1 298	简支钢桁	美国	1964
8	金门大桥	1 280	简支钢桁	美国	1937
9	Kusten 桥	1 210	钢箱	瑞典	1998
10	Mackinac-Straits 桥	1 158	简支钢桥	美国	1957
候补	浙江舟山西堠门大桥	1 650	钢箱梁	中国	在建
候补	武汉阳逻长江大桥	1 280	钢箱梁	中国	在建

斜 拉 桥				
序号	桥　　名	主跨(m)	结构形式	所在国家	建成年限
1	多多罗大桥	890	主钢边混凝土混合梁,双塔双索面	日本	1999
2	诺曼底大桥	856	主钢边混凝土混合梁,双塔双索面	法国	1995
3	南京长江三桥	648	钢箱梁,双塔双索面	中国	2001
4	南京长江二桥	628	钢箱梁,双塔双索面	中国	2001
5	武汉白沙洲长江大桥	618	主钢边混凝土混合梁,双塔双索面	中国	2000
6	福州市青州闽江大桥	605	钢混凝土结合梁,双塔双索面	中国	2000
7	上海杨浦大桥	602	钢混凝土结合梁,双塔双索面	中国	1993
8	上海徐浦大桥	590	钢混凝土结合梁,双塔双索面	中国	1997
9	名港中央大桥	590	钢箱梁,双塔双索面	日本	1998

序号	桥　名	主跨(m)	结构形式	所在国家	建成年限
10	Rion—Antirion 桥	560	钢主梁，四塔双索面	希腊	2004
候补	苏通大桥	1 088	钢箱梁，双塔双索面	中国	在建
候补	香港昂船洲大桥	1 018	钢箱梁，双塔双索面	中国	在建
候补	湖北鄂东长江大桥	926	钢箱梁，双塔双索面	中国	在建

拱　桥

序号	桥　名	主跨(m)	结构形式	所在国家	建成年限
1	卢浦大桥	550	钢箱拱	中国	2003
2	西弗吉尼亚大桥	518	钢桁架拱	美国	1976
3	贝尔桥	504	钢桁架拱	美国	1931
4	悉尼港桥	503	钢桁架拱	澳大利亚	1932
5	巫山长江大桥	460	钢管混凝土拱	中国	2005
6	万州长江公路大桥	420	钢管混凝土劲性骨架拱	中国	1997
7	克拉克大桥	390	钢筋混凝土拱	克罗地亚	1979
8	Fermont 大桥	383	钢桁架拱	美国	1973
9	湖南淞澧洪道桥	368	钢管混凝土拱	中国	2001
10	益阳茅草街大桥	368	钢管混凝土拱	中国	2006
候补	重庆朝天门长江大桥	552	钢桁架拱	中国	在建
候补	广州新光大桥	428	钢管混凝土拱	中国	在建
候补	重庆菜园坝长江大桥	420	钢管混凝土拱	中国	在建

梁　桥

序号	桥　名	主跨(m)	结构形式	所在国家	建成年限
1	Stolma 桥	302	PC 连续钢构	挪威	1998
2	Raftsunder 桥	298	PC 连续钢构	挪威	1998
3	Asuncion 桥	270	PCT 构	巴拉圭	1979
4	虎门大桥辅航道桥	270	PC 连续钢构	中国	1997
5	Gateway 桥	260	PC 连续钢构	澳大利亚	1985
6	Varodd-2 桥	260	PC 连续梁	挪威	1994
7	Schottwien 桥	250	PC 连续钢构	奥地利	1989
8	Doutor 桥	250	PC 连续钢构	葡萄牙	1991
9	Skye 桥	250	PC 连续钢构	英国	1995
10	重庆黄花园嘉陵江大桥	250	PC 连续钢构	中国	1999

注：PC 为 Prestressed Concrete 简写，即预应力混凝土。

第二节　桥梁的组成和分类

一、桥梁的组成

桥梁由上部结构、下部结构、支座和附属设施几个基本部分组成。图 1-1-1 和图 1-1-2 分别表示公路上所用的梁桥及拱桥的一般结构图式。一般桥梁工程的主要名词解释如下：

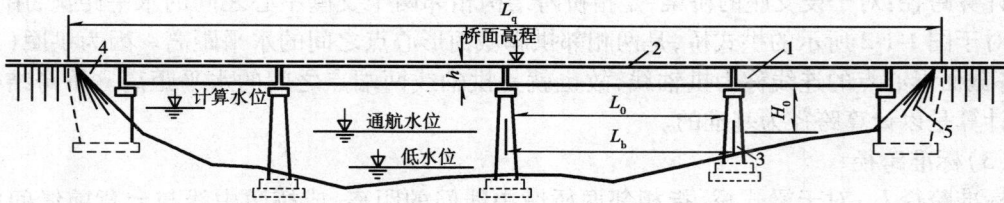

图 1-1-1　梁式桥的基本组成部分
1-主梁；2-桥面；3-桥墩；4-桥台；5-锥形护坡

（1）上部结构

上部结构，又称桥跨结构，是路线遇到障碍（如河流、山谷等）而中断时跨越障碍的主要承重结构。它的作用是承受车辆荷载，并通过支座传递给墩台。

（2）下部结构

下部结构（桥墩、桥台和基础的总称），是支承桥跨结构并将荷载传至地基的建筑物。桥台设置在桥梁两端；桥墩则在两桥台之间。桥墩的作用是支承桥跨结构；而桥台除了上述作用外，还与路堤相衔接，以抵御路堤土压力，防止路堤填土的滑坡和坍落。

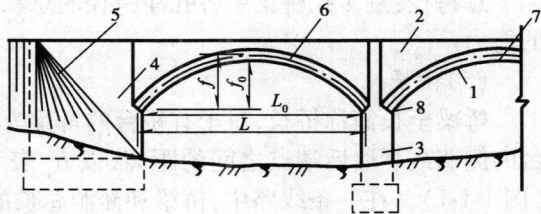

图 1-1-2　拱桥的基本组成部分
1-拱圈；2-拱上建筑；3-桥墩；4-桥台；5-锥形护坡；6-拱轴线；7-拱顶；8-拱脚

桥墩和桥台中使全部荷载传至地基的底部奠基部分，通常称为基础。它是确保桥梁能安全使用的关键。由于基础往往深埋于土层之中，并且需在水下施工，故也是桥梁建筑中施工比较困难的一部分。

（3）支座

支座是梁式桥在桥跨结构与桥墩或桥台的支承处所设置的传力装置，它不仅要传递很大的荷载，而且要保证桥跨结构按设计要求能产生一定的变位。

（4）桥梁附属设施

桥梁的基本附属设施包括桥面系、伸缩缝、桥梁与路堤衔接处的桥头搭板和在桥台两侧设置的石砌的锥形护坡。

在桥梁建筑工程中，除了上述基本结构外，根据需要还常常修筑护岸、导流结构物等附属工程。

（5）设计洪水位

河流中的水位是变动的，在枯水季节的最低水位称为低水位；洪峰季节河流中的最高水位称为高水位。桥梁设计中按规定的设计洪水频率计算所得的高水位（很多情况下是推算水位),称为设计洪水位。设计洪水位加壅水和浪高,称为计算水位。

二、桥梁的主要尺寸和术语名称

(1)净跨径

净跨径:对于梁式桥是设计洪水位上相邻两个桥墩(或桥台)顶之间的净距,用 L_0 表示(图1-1-1);对于拱式桥是每孔拱跨两个拱脚截面最低点之间的水平距离(图1-1-2)。

(2)计算跨径

计算跨径:对于设支座的桥梁,是指桥跨结构相邻两个支座中心之间的水平距离,用 L 表示。对于图1-1-2所示的拱式桥,是两相邻拱脚截面形心点之间的水平距离。因为拱圈(或拱肋)各截面形心点的连线称为拱轴线,故也就是拱轴线两端点之间的水平距离。桥跨结构的力学计算是以计算跨径为基准的。

(3)标准跨径

标准跨径 L_b:对于梁式桥,指相邻两桥墩中线间的距离,或桥墩中线与台背前缘间的距离;对于拱桥,则为净跨径。

根据《公路桥涵设计通用规范》(JTG D60—2004)规定,当标准设计或新桥涵跨径在50m以下时,宜采用我国公路桥涵标准化跨径,标准化跨径共21种,规定为0.75m、1.0m、1.25m、1.5m、2.0m、2.5m、3.0m、4.0m、5.0m、6.0m、8.0m、10m、13m、16m、20m、25m、30m、35m、40m、45m、50m。

(4)总跨径

总跨径:是多孔桥梁中各孔净跨径的总和,也称桥梁孔径($\sum L_0$),它反映了桥下宣泄洪水的能力。

(5)桥长

桥梁全长简称桥长,对于有桥台的桥梁为两岸桥台翼墙尾端间的距离是桥梁两端两个桥台的侧墙或耳墙后端点之间的距离,以 L_q 表示。对于无桥台的桥梁为桥面系行车道的全长(图1-1-1)。在一条线路中,桥梁和涵洞总长的比重反映它们在整段线路建设中的重要程度。

(6)桥高

桥梁高度简称桥高:是指桥面与低水位之间的高差,或为桥面与桥下线路路面之间的距离(图1-1-1)。桥高在某种程度上反映了桥梁施工的难易性。

(7)桥下净空

桥下净空:是指通航水位或设计通航水位至桥跨结构最下缘之间的距离,以 H_0 表示,它应保证能安全通航和泄洪,并按《公路桥涵设计通用规范》(JTG D60—2004)(简称《桥规》,后同)的规定,高速公路和一级、二级公路上的桥梁应为5.0m,三、四级公路上的桥梁应为4.5m。

(8)桥梁建筑高度

桥梁建筑高度是上部结构底缘至桥面顶面的垂直距离。

(9)净矢高

净矢高:拱桥从拱顶截面下缘至起拱线的水平线间的垂直距离,称为净矢高(f_0)。

(10)矢跨比

拱桥拱轴线(或拱肋)的计算矢高与计算跨径之比(f/L),称为拱圈的矢跨比(或称拱矢度)。

三、桥梁的分类

1. 桥梁按受力体系划分

按受力特点将桥梁结构分为梁式桥、拱式桥、悬吊式桥、刚架桥与组合桥等体系。

（1）梁式桥

梁式桥是一种在竖向荷载作用下无水平反力的结构,如图1-1-3a)、b)所示,梁作为承重结构是以它的抗弯能力来承受荷载的。梁分简支梁、悬臂梁、固端梁和连续梁等,如图1-1-3a)、c)所示。对于特大桥可采用预应力混凝土高截面梁桥、钢桥和钢筋混凝土叠合梁桥,如图1-1-3d)、e)所示。由于外力(永久作用和可变作用)的作用方向与承重结构的轴线接近垂直,因而与同样跨径的其他结构体系相比,梁内产生的弯距最大,通常需用抗弯、抗拉能力强的材料来建造。

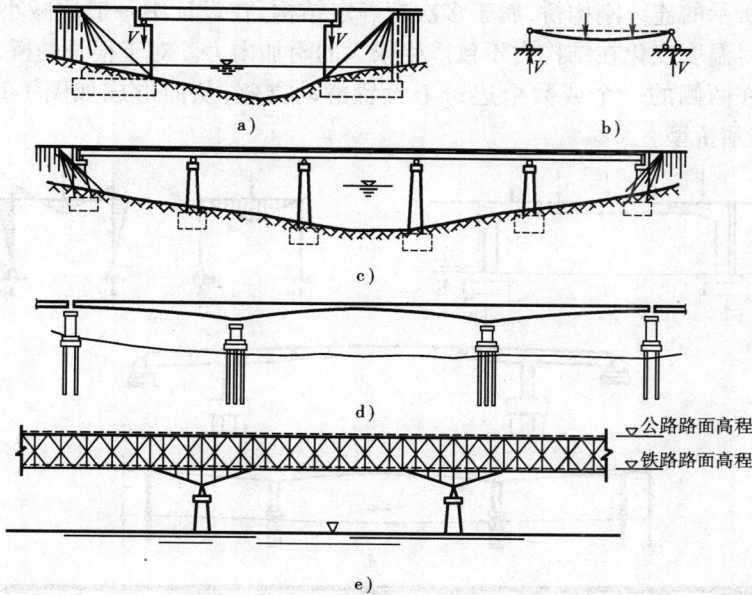

图 1-1-3　梁式桥

（2）拱式桥

拱式桥[图1-1-4a)]的主要承重结构是拱圈(或拱肋),拱式结构在竖向荷载作用下,拱圈既要承受压力,还要承受弯矩,桥墩和桥台将承受水平推力。同时,根据作用力和反作用力的

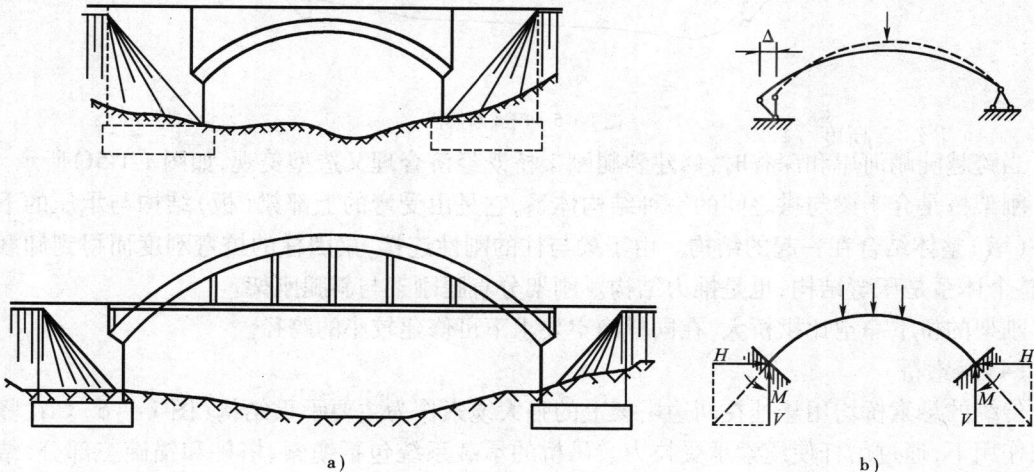

图 1-1-4　拱式桥

9

原理,墩台向拱圈(或拱肋)提供一对水平反力 H,这种水平反力将大大抵消在拱圈(或拱肋)内由荷载所引起的弯距[图1-1-4b)]。

（3）刚架桥

刚架桥的主要承重结构是梁(或板)与立柱(或竖墙)整体结合在一起的刚架结构,梁和柱的联结处具有很大的刚性,起承担负弯矩的作用。图1-1-5a)所示的门式刚架桥,在竖向荷载作用下,受力状态介于梁桥与拱桥之间,如图1-1-5b)所示。

图1-1-5c)所示的T形刚构桥(带挂孔的或不带挂孔的)是在修建较大跨径混凝土桥梁时曾采用过的桥型,属静定或低次超静定结构。

图1-1-5d)所示的连续刚构桥,属于多次超静定结构,在设计中一般应减小墩柱顶端的水平抗推刚度,使得温度变化在结构内不致产生较大的附加内力。对于很长的桥,为了降低这种附加内力,往往在两侧的一个或数个边跨上设置滑动支座,从而形成如图1-1-5e)所示的刚构—连续组合体系桥型。

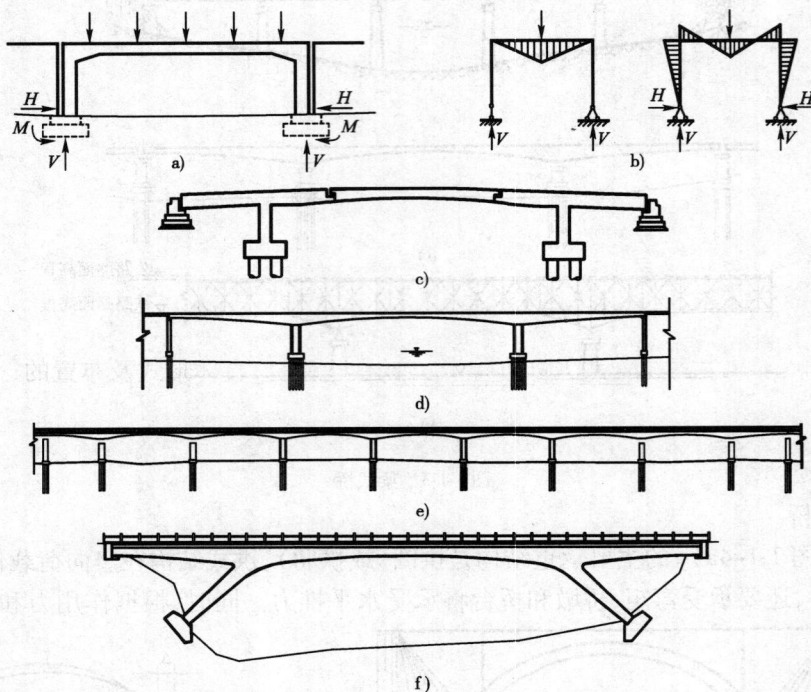

图 1-1-5　门式刚架桥

当跨越陡峭河岸和深谷时,修建斜腿刚架桥既经济合理又造型美观,如图1-1-5f)所示。

刚架桥是介于梁与拱之间的一种结构体系,它是由受弯的上部梁(板)结构与承压的下部桩柱(墩)整体结合在一起的结构。由于梁与柱的刚性连接,梁因柱的抗弯刚度而得到卸载作用,整个体系是压弯结构,也是推力结构。刚架分直腿刚架与斜腿刚架。

刚架的桥下净空比拱桥大,在同样净空要求下可修建较小的跨径。

（4）悬索桥

传统的悬索桥均用悬挂在两边塔架上的强大缆索作为主要承重结构(图1-1-6)。在竖向荷载作用下,通过吊杆使缆索承受拉力。吊桥的承载系统包括缆索、塔柱和锚碇三部分,结构自重较轻,因此能够跨越任何其他桥型都无法达到的特大跨度。吊桥的另一特点是受力简单

10

明了,成卷的钢缆易于运输,在将钢缆架设完成后,便形成了一个强大稳定的结构支承系统,施工过程中的风险相对较小。

（5）组合体系桥梁

①梁、拱组合体系（图1-1-7）

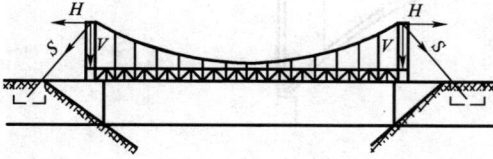

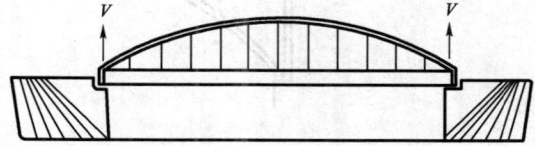

图1-1-6　悬索桥　　　　　　　　　　　图1-1-7　系杆拱桥简图

这类体系有系杆拱、桁架拱、多跨拱梁结构等,是利用梁的受弯与拱的承压组成的联合结构。其中梁和拱都是主要承重物,两者相互配合共同受力。

②斜拉桥

斜拉桥也是一种主梁与斜缆相结合的组合体系（图1-1-8）。悬挂在塔柱上的被张紧的斜缆将主梁吊住,使主梁像多点弹性支承的连续梁一样工作,这样既发挥了高强材料的作用,又显著地减小了主梁截面,使结构自重减轻、跨越能力增大。

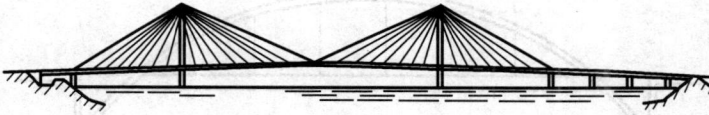

图1-1-8　斜拉桥

常用的斜拉桥是三跨双塔式结构,但独塔双跨式也常见,具体形式及布置的选择应根据河流、地形、通航、美观等要求加以论证确定。

2. 桥梁的其他分类简介

除上述按受力特点划分的不同结构体系外,人们还习惯按桥梁的用途、规模大小和建桥材料等方面对桥梁进行分类。

（1）按用途划分,有公路桥、铁路桥、公路铁路两用桥、农桥、人行桥、运水桥（渡槽）及其他专用桥梁（如通过管路、电缆等）。

（2）按桥梁总长和跨径不同分为特大桥、大桥、中桥、小桥和涵洞。我国《桥规》（JTG D60—2004）规定的特大桥、大桥、中桥、小桥、涵洞的划分见表1-1-2。

桥梁涵洞分类　　　　　　　　　　　　　　　　　　表1-1-2

桥 梁 分 类	多孔桥总长 L（m）	单孔跨径 L_K（m）
特大桥	$L > 1\,000$	$L_K \geq 100$
大桥	$100 \leq L \leq 1\,000$	$L_K \geq 40$
中桥	$30 < L < 100$	$20 \leq L_K < 40$
小桥	$8 \leq L \leq 30$	$5 \leq L_K < 20$
涵洞		$L_K < 5$

（3）按上部结构所用材料不同分为钢筋混凝土桥、预应力混凝土桥、圬工桥（包括砖、石、混凝土桥）、钢桥和木桥等。

（4）按跨越障碍的性质分为跨河桥、跨线桥（立交桥）、高架桥和栈桥。

（5）按上部结构的行车道位置划分为上承式桥、中承式桥和下承式桥。桥面布置在主要承重结构之上者称为上承式桥（图1-1-9）；桥面布置在主要承重结构之下者称为下承式桥（图1-1-10）；桥面布置在主要承重结构中间者称为中承式桥（图1-1-11）。

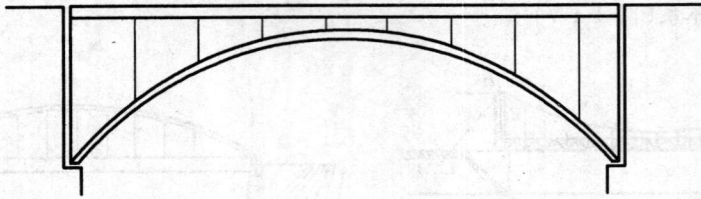

图 1-1-9　上承式桥

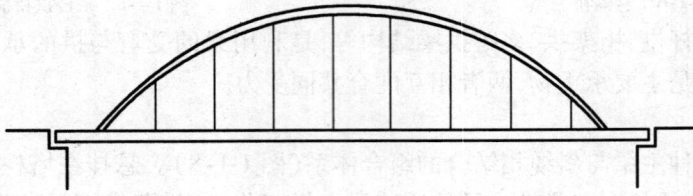

图 1-1-10　下承式桥

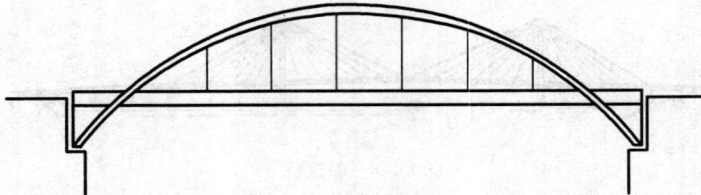

图 1-1-11　中承式桥

（6）按特殊使用条件分为开启桥、浮桥、漫水桥等。

[复习思考题]

1.试分析桥梁在经济建设和文化交流中的作用。

2.如何理解各式各样的桥梁是从自然形成的梁、拱和索等发展而来的？

3.试讨论我国古代名桥和近年来的桥梁成就。

4.以我国古代较著名的几座桥梁为例，说明其各自的特色。

5.铁路桥梁与公路桥梁的标准跨度有何不同？

6.在各类桥型中，目前跨越能力最大的是哪种？国内外的代表桥梁各是什么桥？

7.试论述桥梁工程的发展方向。

8.简述梁式桥的基本组成及各组成部分的作用。

9.简述跨度、主跨、计算跨度的含义。

10.概述桥梁的主要分类。

11.总结梁、拱、索的结构受力特点。

12.什么叫桥梁的建筑高度？桥梁建筑高度与桥梁高度有何区别？

第二章　桥梁总体规划设计

[提要]　本章简要介绍了桥梁总体规划设计的基本要求,阐述了桥梁总体设计的野外勘测与调查方法、桥梁总体设计和建设程序,论述了公路桥梁纵断面、横断面设计和平面设计要点。

第一节　桥梁总体规划及基本设计资料

桥梁是公路、铁路和城市道路的重要组成部分,特别是大、中桥梁的建设对当地政治、经济、国防等都具有重要的意义。因此,桥梁的设计应符合技术先进、安全可靠、适用耐久的要求,同时还应满足美观、环境保护和可持续发展的要求。

一、设计基本要求

1. 使用上的要求

桥梁设计要求能保证行车的畅通、舒适和安全;既满足当前的需要,又照顾今后的发展;既满足交通运输本身的需要,又考虑到支援农业,满足农田排灌的需要;通航河流上的桥梁,应满足航运的要求;靠近城市、村镇、铁路及水利设施的桥梁,还应结合各有关方面的要求,考虑综合利用。

2. 经济上的要求

桥梁设计方案必须进行技术经济比较,一般地说,应使桥梁的造价最低、材料消耗最少。然而,也不能只用建筑造价作为全面衡量桥梁经济性的指标,还要考虑到桥梁的使用年限、养护和维修费用等因素。

3. 设计上的要求

整个结构及各部分构件在制造、运输、安装和使用过程中应具有足够强度、刚度、稳定性和耐久性,应积极采用新结构、新技术、新材料和新工艺。

4. 施工上的要求

桥梁结构应便于制造和架设,应尽量采用先进的工艺技术和施工机械,以利于加快施工速度,保证工程质量和施工安全。

5. 美观上的要求

一座桥梁应具有优美的外形,应与周围的景观相协调。城市桥梁和游览地区的桥梁,可较多地考虑建筑艺术上的要求。合理的结构布局和轮廓是美观的主要因素,但结构细部的美学处理也十分重要,另外,施工质量对桥梁美观也有重大的影响,绝不能把美观片面地理解为豪华的细部装饰。

6. 环境保护的要求

桥梁设计必须考虑包括生态、水、空气、噪声等环境保护的要求,应从桥位选择、桥跨布置、基础方案、墩身外形、上部结构、施工方法、施工组织设计等多方面全面考虑环境要求,采取必要的工程控制措施,并建立环境监测保护体系,将不利影响减至最小。桥梁施工完成后,将两头植被恢复或进一步美化桥梁周边景观,也属于环境保护的内容。

二、野外勘测与调查

1.桥梁设计资料调查的具体任务

调查桥上的交通种类、行车行人的来往密度、实际交通量和增长率等,从而确定桥梁的作用(荷载)等级和行车道及人行道的宽度等。

2.选择桥位

一般地说,大、中桥桥位的选择原则上应服从路线的走向,路桥综合考虑。一方面从整个路线网的观点上来看,既要力求降低桥梁的建筑和养护费用,也要避免或减少因车辆绕道而增加的运输费用;另一方面从桥梁本身的经济性和稳定性出发,应尽量选择在河道顺直、水流稳定、河面较窄、地质良好、冲刷较少的河段上,以降低造价和养护费用,并防止因冲刷过大而发生桥梁倒塌的危险。

3.桥位测量

测量桥位附近的地形、地质和水,并绘制地形图,这对设计中制订桥梁方案和相应的施工方法以及布置等都是十分重要的。

4.桥位地质钻探

通过钻探调查桥位的地质情况,并将钻探资料绘制成地质剖面图,作为基础设计的重要依据。为使地质资料更接近实际,可以根据初步拟定的桥梁分孔方案将钻孔布置在墩台附近。

5.水文测量

调查和测量河流的水文情况,为确定桥梁的桥面高程、跨径和基础埋置深度提供依据。其内容包括:了解河道性质,如河道的自然变迁和人工规划的情况,河床及两岸的冲刷和淤积,测量桥位处河床断面,调查了解洪水位的多年历史资料,推算设计洪水位,测量河床比降,调查河槽各部分的形态标志和粗糙率等,计算流速、流量等有关的资料,向航运部门了解和协商确定设计通航水位和通航净空。

6.其他调查

调查当地建筑材料(砂、石料等)的来源,水泥、钢材的供应情况以及水陆交通的运输情况。调查了解施工现场的动力设计和电力供应情况。调查和收集有关气象资料,包括气温、雨量及风速(或台风影响)等情况。调查新建桥位上、下游有无老桥,其桥型布置和使用情况等。

第二节 桥梁设计程序及设计方案比选

一、桥梁设计程序

我国桥梁的设计程序一般采用两阶段设计,即初步设计和施工图设计。对于技术简单、方案明确的小桥可采用一阶段设计,即一阶段施工图设计;以扩大的初步设计来包含两阶段设计的主要内容;对于技术复杂而又缺乏经验的建设项目或特大桥、互通式立体交叉、隧道等,必要时采用三阶段设计,即初步设计、技术设计和施工图设计。

两阶段设计时,桥梁设计的第一阶段是编制设计文件。在这一阶段设计中,主要是选择桥位、拟定桥梁结构形式和初步尺寸、进行方案比较、编制最佳方案的材料用量和造价,然后报请上级单位审批。在初步设计的技术文件中,应提供必要的文字说明、图表资料、设计和施工方案、工程数量、主要建筑材料指标以及设计概算,这些资料将作为控制建设项目投资和以后编制施工预算的依据。桥梁设计的第二阶段是编制施工图。主要是根据已批准的初步设计中所规定的修建原则、技术方案、总投资额等进一步进行具体的技术设计。在施工图设计中应提出必要的说明和适应施工需要的图表,并编制施工组织设计文件和施工预算。在施工图的设计中,必须对桥梁各部分构件进行强度、刚度和稳定性等方面的必要计算,并绘出详细的结构构造图纸。

三阶段设计时,技术设计应根据批准的初步设计和补充初测资料(或定测资料)编制,施工图设计应根据批准的技术设计和定测(或补充定测)资料编制。

采用三阶段设计的,初步设计编制设计概算,技术设计编制修正概算,施工图设计编制施工图概算。

一座桥梁的规划设计所涉及的因素很多,特别是对于工程比较复杂的大、中桥梁,是一个综合性的系统工程。设计合理与否,将直接影响到区域的政治、经济、文化以及人民的生活,因此必须建立一套严格的管理体制和有序的工作程序。我国基本建设程序分为前期工作和正式设计两个大步骤,其关系如图 1-2-1 所示。

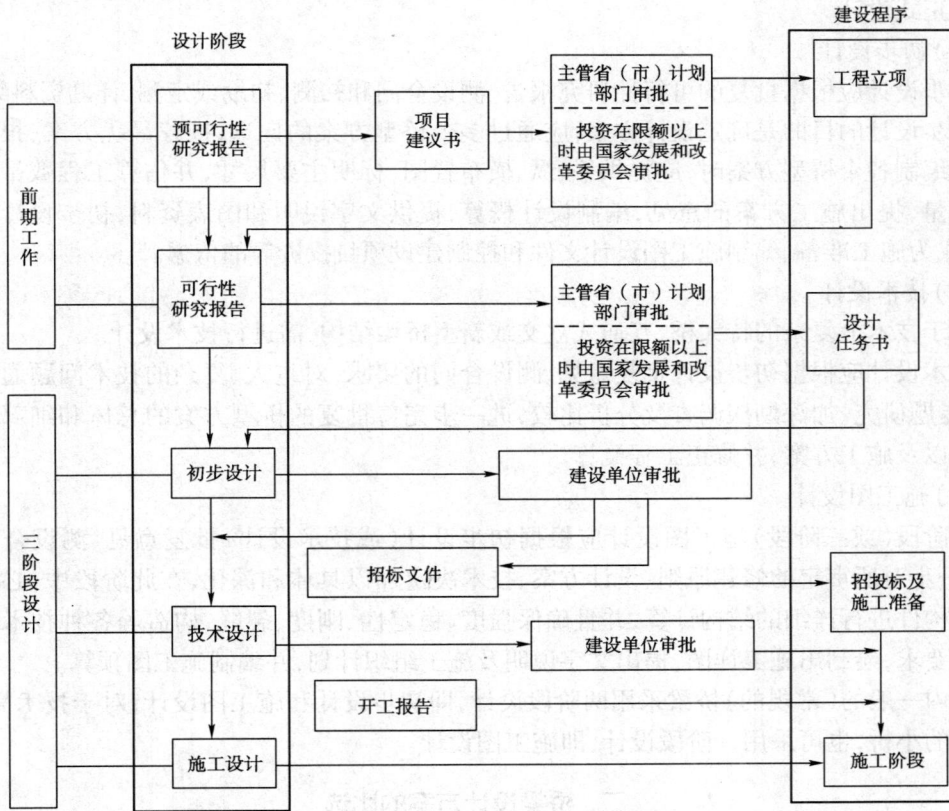

图 1-2-1　基本建设程序

前者分为工程预可行性研究(简称"预可")阶段和过程可行性研究(简称"工可")阶段。后者则分为初步设计、技术设计和施工图设计三个阶段。

1.前期工作

(1)"预可"阶段

"预可"阶段着重研究建桥的必要性以及宏观经济上的合理性。

在"预可"研究形成的"工程预可行性研究报告书"(简称"预可报告")中,应从经济、政治、国防等方面,详细阐明建桥理由和工程建设的必要性和重要性,同时初步探讨技术上的可行性。对于区域性线路上的桥梁,应以建桥地点(渡口等)的车流量调查(以及国民经济逐年增长)为立论依据。

"预可"阶段的主要工作目标是解决建设项目的上报立项问题,因而,在"预可报告"中,应编制几个可能的桥型方案,并对工程造价、资金来源、投资回报等问题也应有初步估算和设想。

设计方将"预可报告"交业主后,由业主据此编制"项目建议书"报主管上级审批。

(2)"工可"阶段

在"项目建议书"被审批确认后,着手"工可"阶段的工作。在这一阶段,着重研究和制订桥梁的技术标准,包括设计荷载标准、桥面宽度、通航标准、设计车速、桥面纵坡、桥面平纵曲线半径等;在这一阶段,应与河道、航运、规划等部门共同研究,以共同协商确定相关的技术,应提出多个桥型方案,并按交通部《公路基本建设工程投资估算编制办法》估算造价,对资金来源和投资回报等问题应基本落实。

2. 正式设计

(1)初步设计

初步设计应根据批复的可行性研究报告、测设合同和初测、初勘或定测、详勘资料编制。

初步设计的目的是确定设计方案,应通过多个桥型方案的比选,推荐最优方案,报上级审批。在编制各个桥型方案时,应提供平、纵、横布置图,标明主要尺寸,并估算工程数量和主要材料数量,提出施工方案的意见,编制设计概算,提供文字说明和图表资料,初步设计经批复后,则成为施工准备、编制施工图设计文件和控制建设项目投资等的依据。

(2)技术设计

对于技术上复杂的特大桥、互通式立交或新型桥梁结构,需进行技术设计。

技术设计应根据初步设计批复意见、测设合同的要求,对重大、复杂的技术问题通过科学试验、专题研究、加深勘探调查及分析比较,进一步完善批复的桥型方案的总体和细部各种技术问题以及施工方案,并修正工程概算。

(3)施工图设计

两阶段(或三阶段)施工图设计应根据初步设计(或技术设计)批复意见、测设合同的要求,进一步对所审定的修建原则、设计方案、技术决定加以具体和深化,在此阶段中,必须对桥梁各种构件进行详细的结构计算,并且确保强度、稳定性、刚度、裂缝、构造等各种技术指标满足规范要求,绘制出施工详图,提出文字说明及施工组织计划,并编制施工图预算。

国内一般的(常规的)桥梁采用两阶段设计,即初步设计和施工图设计,对于技术简单、方案明确的小桥,也可采用一阶段设计,即施工图设计。

二、桥梁设计方案的比选

为了获得经济、适用和美观的桥梁设计方案,设计者必须根据各种自然、技术上的条件,因地制宜,在综合应用专业知识、了解掌握国内外新技术、新材料、新工艺的基础上,进行深入细致的研究分析对比工作,才能科学地得出完美的设计方案。

桥梁设计方案的比选和确定可按下列步骤进行。

(1)明确各种高程的要求

在桥位纵断面图上,先按比例绘出设计水位、通航水位、桥面高程、通航净空位置图。

（2）桥梁分孔和初拟桥型方案草图

在上述确定了各种高程的纵断面图上,根据泄洪总跨径的要求,作桥梁分孔和桥型方案草图。作草图时,思路要宽广,只要基本可行,尽可能多绘一些草图,以免遗漏可能的桥型方案。

（3）方案初步筛选

对草图方案作技术和经济上的初步分析和判断,筛去弱势方案,从中选出 2~4 个构思好、各具特点的方案,作进一步详细研究和比较。

（4）详绘桥型方案

根据不同桥型、不同跨度、宽度和施工方法,拟定主要尺寸,并尽可能细致地绘制各个桥型方案的尺寸详图。对于新结构,应作初步的力学分析,以准确拟定各方案的主要尺寸。

（5）编制估算或概算

依据编制方案的详图,可以计算出上、下部结构的主要工程数量,然后依据各省、市或行业的"估算定额"或"概算定额",编制出各方案的主要材料（钢、木、混凝土等）用量、劳动力数量、全桥总造价。

（6）方案选定和文件汇总

全面考虑建设造价、养护费用、建设工期、营运适用性、美观等因素,综合分析,阐述每一个方案的优缺点,最后选定一个最佳的推荐方案。在深入比较过程中,应当及时发现并调整方案中的不合理之处,确保最后选定的方案是最优的方案。

上述工作全部完成之后,着手编写方案说明。说明书中应阐明方案编制的依据和标准、各方案的主要特色、施工方法、设计概算以及方案比较的综合性评述。对于推荐方案应作较详细的说明。各种测量资料、地质勘察和地震烈度复核资料、水文调查与计算资料等应按附件载入。

第三节　桥梁纵、横断面设计和平面布置

一、桥梁纵断面设计

桥梁纵断面设计包括总跨径的确定、桥梁的分孔、桥面高程、桥上和桥头引道的纵坡以及基础的埋置深度。

1. 桥梁总跨径

桥梁总跨径一般根据水文计算来确定。其基本原则是:①应使桥梁在整个使用年限内,保证设计洪水能顺利宣泄;②河流中可能出现的流冰和船只、排筏等能顺利通过;③避免因过分压缩河床引起河道和河岸的不利变迁;④避免因桥前壅水导致的农田、房屋、村镇和其他公共设施等的淹没。对于桥梁结构本身来说,不能因总跨径缩短而引起河床过度冲刷对浅埋基础带来不利的影响。

在某些情况下,为了降低工程造价,可以在不超过允许的桥前壅水和规范规定的允许最大冲刷系数的条件下,适当增大桥下冲刷,以缩短总跨长。例如,对于深埋基础,一般允许稍大一点的冲刷,使总跨径能适当减小;对于平原区稳定的宽滩河段,流速较小,漂流物也少,主河槽较大,这时,可以对河滩的浅水流区段作较大的压缩,但必须慎重校核,压缩后的桥梁壅水不得危及河滩路堤以及附近农田和建筑物。

2. 桥梁的分孔

对于一座较长的桥梁,应当分成若干孔,但孔径划分的大小,不仅影响到使用效果和施工难易等,而且在很大程度上影响到桥梁的总造价。例如,采用的跨径愈大,孔数就少,这固然可以降低墩台的造价,但却使上部结构的造价大大增高;反之,则上部结构的造价虽然降低了,但墩台的造价却又有所增高。因此,在满足下述使用和技术要求的前提下,通常采用最经济的分孔方式,即使上、下部结构的总造价趋于最低。

(1)对于通航河流,在分孔时首先应满足桥下的通航要求。桥梁的通航孔应布置在航行最方便的河域。对于变迁性河流,根据具体条件,应多设几个通航孔。

(2)对于平原区宽阔河流上的桥梁,通常在主河槽部分按需要布置较大的通航孔,而在两侧浅滩部分按经济跨径进行分孔。

(3)对于在山区深谷上、水深流急的江河上,或需在水库上修桥时,为了减少中间桥墩,应加大跨径。如果条件允许的话,甚至可以采用特大跨径的单孔跨越。

(4)对于采用连续体系的多孔桥梁,应从结构的受力特性考虑,使边孔与中孔的跨中弯矩接近相等,合理地确定相邻跨之间的比例。例如:三跨连续梁中跨与边跨的比例为 1.00:0.80。

(5)对于河流中存在的不利的地质段,例如岩石破碎带、裂隙、溶洞等,在布孔时,为了使桥基避开这些区段,可以适当加大跨径。

总之,大、中桥梁的分孔是一个相当复杂的问题,必须根据使用要求、桥位处的地形和环境、河床地质、水文等具体情况,通过技术经济等方面的分析比较,才能作出比较完美的设计方案。

3. 桥面高程的确定

桥面的高程根据路线的纵断面设计,或根据设计洪水位、桥下通航需要的净空来确定。

合理的桥梁高程必须根据设计水位、桥下通航(通车)净空的需要,并结合桥型、跨径等一起考虑。下面介绍确定桥梁高程有关的问题。

(1)流水净空要求

对于非通航河流,梁底一般应高出设计洪水位(包括壅水和浪高)不小于 0.5m,高出最高流冰水位 0.75m,支座底面高出设计洪水位不小于 0.25m,高出最高流冰水位不小于 0.5m(图 1-2-2)。对于无铰拱桥,拱脚允许被设计洪水位淹没,但一般不超过拱圈矢高的 2/3,拱顶底面至设计洪水位的净高不小于 1.0m。为了防止冰害,拱脚的起拱线应高出最高流冰水位不小于 0.25m。

图 1-2-2 梁式桥纵断面图(尺寸单位:m)

①按设计水位计算桥面最低高程时(图 1-2-2、图 1-2-3),应按下式计算

$$H_{min} = H_j + \Delta h_j + \Delta h_0 \tag{1-2-1}$$

式中:H_{min}——桥面最低高程(m);

H_j——计算水位(m)(设计水位计加壅水、浪高等);

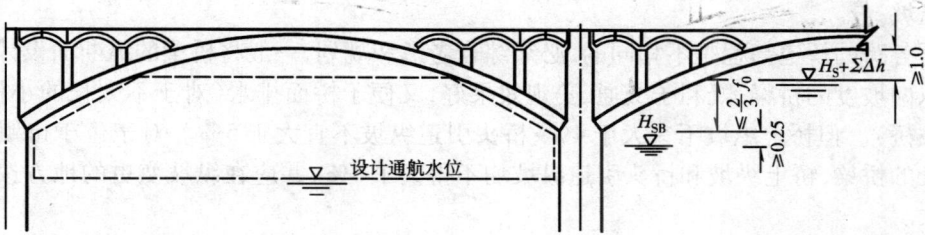

图 1-2-3　拱桥桥下净空图(尺寸单位:m)

Δh_j——桥下净空安全值(m),应符合表 1-2-1 的规定;

Δh_0——桥梁上部构造建筑高度,包括桥面铺装高度(m)。

②按设计最高流冰水位计算桥面最低高程时,应按下式计算

$$H_{min} = H_{SB} + \Delta h_j + \Delta h_0 \qquad (1-2-2)$$

式中:H_{SB}——设计最高流冰水位,应考虑床面淤高(m);

其余符号意义同前。

③桥面设计高程不应低于式(1-2-1)或式(1-2-2)的计算值。

非通航河流桥下最小净空 Δh_j　　　　表 1-2-1

桥梁的部位		高出计算水位(m)	高出最高流冰面(m)
梁底	洪水期无大漂流物	0.50	0.75
	洪水期有大漂流物	1.50	—
	有泥石流	1.00	—
支座垫石顶面		0.25	0.50
拱脚		0.25	0.25

注:①无铰拱的拱脚,可被洪水淹没,淹没高度不宜超过拱圈高的 2/3;拱顶底面至设计水位的净高不应小于 1m;

　　②山区河流水位变化大,桥下净空安全值可适当加大。

(2)通航净空要求(图 1-2-4)

为了保证桥下安全通航,通航孔桥跨结构下缘的高程应高出自设计通航水位算起的净空高。《内河通航标准》(GB 50139—2004)规定了水上过河建筑物的通航净空尺度,并列出了天然和渠化河流的通航净空尺寸,对于限制性航道、黑龙江水系和珠江三角洲至港澳内河航道的通航净空另有相关规定。此外还颁布了《通航海轮桥梁通航标准》(JTJ 311—97),适用于沿海、海湾及区域内通航海轮航道的桥梁。

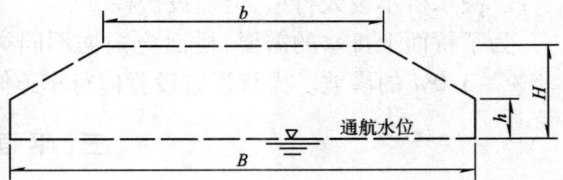

图 1-2-4　通航净空

(3)跨线桥桥下的交通要求

在设计跨线路(铁道或公路)的立体交叉时,桥跨结构底缘的高程应高出规定的车辆净空高度。对于公路所需的净空限界,见下一节的桥梁横断面设计部分,铁路的净空限界可查阅《铁路桥涵设计基本规范》(TB 10002.1—2005)。

综上所述,全桥位于河中各跨的桥道高程均应首先满足流水净空的要求;对于通航或桥下通车的桥孔,还应满足通航净空或建筑净空限界的要求;另外,还应考虑桥的两端能够与公路或城市道路顺利衔接等。

4. 纵坡

全桥各跨的桥道高程是不相同的,必须综合考虑和规划,一般将桥梁的纵断面设计成具有单向或双向坡度的桥梁,既利于交通,美观效果好,又便于桥面排水(对于不太长的小桥,可以做成平坡桥)。但桥上纵坡不宜大于4%;桥头引道纵坡不宜大于5%。对于位于市镇混合交通繁忙处的桥梁,桥上纵坡和桥头引道纵坡均不得大于3%,并应在纵坡变更的地方按规定设置竖曲线。

5. 基础埋置深度

基础的埋置深度在《基础工程》课程中已介绍,这里不再重复。

二、桥梁横断面设计

桥梁的横断面设计,主要是确定桥面的宽度和桥跨结构横断面的布置。

桥面行车道宽度决定于桥梁所在的公路等级,各级公路桥面行车道净宽标准见表1-2-2。

各级公路桥面行车道净宽标准(m)　　　　　　　　　　　　表1-2-2

公路性质 ＼ 公路等级	高速公路	一级	二级	三级	四级
汽车专用公路	2×7.5 或 2×7.0	2×7.5 或 2×7.0	8.0 或 7.5		
一般公路			9.0 或 7.0	7.0 或 6.0	4.5

当高速公路的交通量超过四个车道的容量时,其车道数可按双数增加。

高速公路和一级公路应设置中间带,中间带由两条左侧路缘带及中间分隔带组成。

桥上人行道和自行车道的设置,应根据需要而定,并与路线前后布置配合。必要时自行车道和行车道宜设置适当的分隔设施。一个自行车道的宽度为1.0m。人行道的宽度为0.75~1.0m,大于1.0m时按0.5m的倍数增加。不设置自行车道和人行道时,可根据具体情况,设置栏杆和安全带。安全带的宽度通常每侧设0.25m。人行道和安全带应高出行车道面至少0.25~0.35m,以保证行人和行车本身的安全。与路基同宽的小桥和涵洞可仅设缘石和栏杆。漫水桥不设人行道,但应设护柱。

为了桥面上排水的需要,桥面应根据不同类型的桥面铺装,设置从桥面中央倾向两侧的1.5%~3.0%的横坡。人行道宜设置向行车道倾斜1%的横坡。

三、平 面 布 置

特大、大、中桥桥位应尽量选择在河道顺直稳定、河床地质良好、河滩较窄较高且河槽能通过大部分设计流量的地段。桥梁纵轴线应尽量与洪水主流流向正交。对通航河流上的桥梁,桥墩(台)沿水流方向的轴线应与通航水位的主流方向一致,必须斜交时,交角不宜大于5°。对于一般小桥,为了改善路线线形,或城市桥梁受原有街道的制约时,也允许修建斜交桥,斜度通常不宜大于45°。

一般公路上的特大、大、中桥桥位,原则上应服从路线走向,路桥综合考虑。当桥上线形为曲线时,各项技术指标应符合路线布设的规定。

[复习思考题]

1. 桥梁设计应遵守的基本原则和基本要求是什么?

2.简述桥梁设计的基本程序。桥梁建设的可行性论证包括哪两个方面？基本内容是什么？

3.简述桥梁纵、横断面设计的内容及设计要点。

4.简述桥梁建筑实体与桥梁造型和桥梁审美之间的辩证关系。

第三章 桥梁上的作用

[提要]　本章简要介绍了桥涵结构上的永久作用、可变作用及偶然作用的基本概念及主要计算方法,阐述了作用效应及作用效应的组合。

建设部以建标[1999]151号文件发布的中华人民共和国国家标准《公路工程结构可靠度设计统一标准》(GB/T 50283—1999)中指出:长期以来,把所有引起结构反应的原因习惯统称为"荷载",这种叫法并不科学和确切。众所周知,引起结构反应的原因具有两种截然不同的性质,一类是结构施加于结构上的外力,如:车辆、人群、结构自重等,它们是直接作用在结构上的,可用"荷载"这一术语来概括;另一类不是以外力形式施加于结构,而是以间接的形式作用在结构上,它们产生的效应常与结构本身特性、所处环境有关,如地震、结构不均匀沉降、混凝土收缩徐变、温度变化等,这些都是间接作用在结构上的,如果也称"荷载",就会引起人们的误解。如"地震荷载"一词,就容易被误解为地震是对结构直接施加的、与地基和结构无关的外力。因此,国际上普遍地把所有引起结构反应的原因统称为"作用",而"荷载"仅限于表达施加于结构上的直接作用。

桥梁设计作用种类、形式和大小的取值是否恰当,关系到桥梁结构在设计基准期内是否能安全可靠,也关系到桥梁的建设费用是否经济合理。

我国现行的《桥规》(JTG D60—2004)中,将公路桥梁上的各种作用分为**永久作用、可变作用**和**偶然作用**三类。

永久作用是指结构在设计使用期内其值不随时间变化,或其变化与平均值相比可忽略不计的作用;可变作用是指结构在设计使用期内其值随时间变化,且变化与平均值相比不可忽略的作用。按其对桥涵结构的影响程度,又分为基本可变作用和其他可变作用。偶然作用是指结构在设计使用期内不一定出现,但一旦出现,其值很大,且持续时间很短的作用。

各类作用见表1-3-1。

桥梁设计相关术语介绍如下。

作用代表值:结构或结构构件设计时,针对不同设计目的所采用的各种作用规定值,包括作用标准值、准永久值和频遇值等。

作用标准值:作用标准值是结构设计的主要参数,关系到结构的安全问题。结构或结构构件设计时,采用的各种作用的基本代表值,其量值可取结构设计规定期限内可能出现的最不利值,一般按作用在设计基准期内最大值概率分布的某一分位值确定。

设计基准值:在进行结构可靠性分析时,考虑持久设计状况下各项基本变量与时间关系所采用的基准时间参数。

作用频遇值:结构或构件按正常使用极限状态短期效应组合设计时,采用的一种可变作用代表值,其值可根据足够长观测期内作用任意时点概率分布的0.95分位值确定。

作用准永久值:结构或构件按正常使用极限状态短期效应组合设计时,采用的一种可变作用代表值,其值可根据在足够长观测期内作用任意时点概率分布的0.5(或略高于0.5)分位值的确定。

作 用 分 类

表 1-3-1

编　号	作用分类	作用名称
1	永久作用	结构重力（包括结构附加重力）
2		预加力
3		土的重力
4		土侧压力
5		混凝土收缩及徐变作用
6		水的浮力
7		基础变位作用
8	可变作用	汽车荷载
9		汽车冲击力
10		汽车离心力
11		汽车引起的土侧压力
12		人群荷载
13		汽车制动力
14		风荷载
15		流水压力
16		冰压力
17		温度（均匀温度和梯度温度）作用
18		支座摩阻力
19	偶然作用	地震作用
20		船舶或漂流物的撞击作用
21		汽车撞击作用

作用效应： 结构对所受作用的反应，如由作用产生的结构或构件的轴向力、弯矩、扭矩、位移、应力、裂缝等。

公路桥涵设计时，对不同的作用采用不同的代表值。

第一节　永久作用

永久作用 是指在结构使用期间，其量值不随时间而变化，或其变化值与平均值相比可以忽略不计的作用，包括结构力、预加应力、土的重力、土侧压力、混凝土收缩徐变作用、水的浮力和基础变位作用七种。

永久作用应采用标准值作为代表值。永久作用的标准值，对结构重力（包括结构附加重力），可按结构构件的实际尺寸与材料的重度计算确定。

结构物自身重力及桥面铺装、附属设施等外加重力均属于结构重力。它们可按照结构物的实际体积或设计拟定的体积乘以材料的重度（表1-3-2）计算。桥梁结构重力往往占全部设计作用的大部分，因此采用轻质高强材料对减轻桥梁重力、增大桥梁跨越能力具有重要意义。

常 用 材 料 重 度
表 1-3-2

材 料 种 类	重度（kN/m³）	材 料 种 类	重度（kN/m³）
钢、铸钢	78.5	干砌块石或石片	21.0
铸铁	72.5	沥青混凝土	23.0～24.0
钢筋混凝土或预应力混凝土	25.0～26.0	沥青碎石	22.0
混凝土或石片混凝土	24.0	碎石（砾石）	21.0
浆砌块石或料石	24.0～25.0	填土	17.0～18.0
浆砌石片	23.0	填石	19.0～20.0

预加应力在结构正常使用极限状态设计和使用阶段构件应力计算时,应作为永久作用来计算其主、次效应,并计入相应阶段的预应力损失;在结构承载能力极限状态设计时,预加应力不作为作用,而将预应力钢筋作为结构抗力的一部分。但在连续梁等超静定结构中,仍需考虑预加力引起的次效应。

对于超静定的混凝土结构、钢筋混凝土组合结构等均应考虑混凝土的收缩和徐变作用的影响,预应力构件还涉及其预应力损失问题。

混凝土收缩及徐变作用可按下述规定取用:

（1）外部超静定的混凝土结构、钢和混凝土的组合结构等应考虑混凝土收缩及徐变的作用;

（2）混凝土的收缩应变和徐变系数可按《公路钢筋混凝土及预应力混凝土桥涵设计规范》（JTG D62—2004）的规定计算;

（3）混凝土徐变的计算可假定徐变与混凝土应力呈线性关系;

（4）计算圬工拱圈的收缩作用效应时,应考虑徐变影响,作用效应可乘以 0.45 的折减系数。

超静定结构当考虑由于地基压密等引起的长期变形影响时,应根据最终位移量计算构件的效应。

其他永久作用均按现行《桥规》（JTG D60—2004）规定计算。

第二节　可 变 作 用

可变作用是指在结构使用期间,其量值随时间变化,且其变化值与平均值相比不可忽略的作用。

可变作用应根据不同的极限状态分别采用标准值、频遇值或准永久值作为其代表值。承载能力极限状态设计及按弹性阶段计算结构强度时,应采用标准值作为可变作用的代表值。正常使用极限状态按短期效应（频遇）组合设计时,应采用频遇值作为可变作用的代表值;按长期效应（准永久）组合设计时,应采用准永久值作为可变作用的代表值。可变作用频遇值为可变作用标准值乘以频遇值系数 φ_1,可变作用准永久值为可变作用标准值乘以准永久值系数 φ_2。

一、汽 车 荷 载

汽车荷载是公路桥涵上最主要的一种可变荷载。设计中采用的汽车荷载为公路—Ⅰ级和公路—Ⅱ级两个等级,各级公路桥涵设计的汽车荷载等级按表1-3-3取用。

各级公路桥涵的汽车荷载等级　　　　表1-3-3

公路等级	高速公路	一级公路	二级公路	三级公路	四级公路
汽车荷载等级	公路—Ⅰ级	公路—Ⅰ级	公路—Ⅱ级	公路—Ⅱ级	公路—Ⅱ坂

注:①二级公路为干线公路且重型车辆多时,其桥涵的设计可采用公路—Ⅰ级汽车荷载;
　　②四级公路上重型车辆少时,其桥涵设计所采用的公路—Ⅱ级车道荷载的效应可乘以0.8的折减系数,车辆荷载的效应可乘以0.7的折减系数。

1. 汽车荷载标准值

汽车荷载由车道荷载和车辆荷载组成。

桥梁结构的整体计算采用车道荷载,桥梁结构的局部加载、涵洞、桥台和挡土墙土压力等的计算采用车辆荷载。车道荷载与车辆荷载的作用不得叠加。

（1）车道荷载的计算图示（图1-3-1）

①公路—Ⅰ级车道荷载的均布荷载标准值为 $q_k = 10.5\text{kN/m}$;集中荷载标准值按以下规定选取:

a. 桥涵计算跨径小于或等于5m时,$P_k = 180\text{kN}$。

b. 桥涵计算跨径等于或大于50m时,$P_k = 360\text{kN}$。

c. 桥涵计算跨径大于5m小于50m时,P_k值采用直线内插求得。

要计算得到剪力效应值时,上述 P_k 应乘以1.2的系数,其主要用于验算下部结构或上部结构的板。

②公路—Ⅱ级车道荷载的均布荷载标准值 q_k 和集中荷载标准值 P_k 按公路—Ⅰ级车道荷载的0.75倍采用。

（2）车辆荷载

①车辆荷载的布置

车辆荷载的立面、平面布置如图1-3-2所示,公路—Ⅰ级和公路—Ⅱ级汽车荷载采用相同的车辆荷载标准值。主要技术指标规定见表1-3-4。

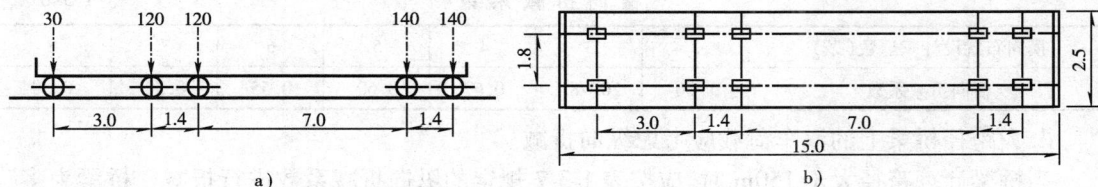

图1-3-1　车道荷载

注:计算跨径:设支座的为相邻两支座中心间的水平距离;不设支座的为上、下部结构相交面中心间的水平距离

a)

b)

图1-3-2　车辆荷载布置图（轴重力单位:kN　尺寸单位:m）
a)立面;b)平面

车辆荷载的主要技术指标　　　　表1-3-4

项　　目	单　　位	技术指标
车辆重力标准值	kN	550
前轴重力标准值	kN	30
中轴重力标准值	kN	2×120
后轴重力标准值	kN	2×140
轴距	m	3+1.4+7+1.4
轮距	m	1.8
前轮着地宽度及长度	m	0.3×0.2

25

②加载方式

a. 车道荷载的均布荷载标准值应满布于使结构产生最不利效应的同号影响线上；集中荷载标准值只作用于相应影响线中一个最大影响线峰值处。

b. 车道荷载横向分布系数应按设计车道数(图1-3-3)布置车辆荷载进行计算。

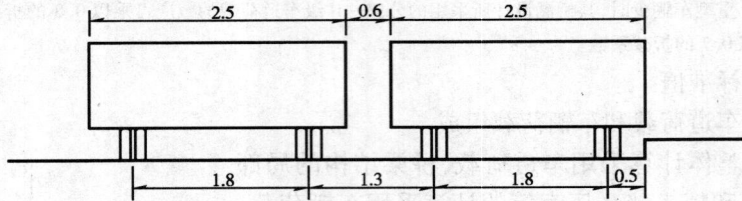

图1-3-3　车辆荷载横向布置(尺寸单位:m)

c. 桥涵设计车道数应符合表1-3-5的规定。多车道桥梁的汽车荷载应考虑多车道折减。

桥涵设计车道数　　　　　　　　　　　　　　　　　　　表1-3-5

桥面宽度 W(m)		桥涵设计车道数(条)
单向行驶桥梁	双向行驶桥梁	
$W<7.0$		1
$7.0 \leqslant W < 10.5$	$6.0 \leqslant W < 14.0$	2
$10.5 \leqslant W < 14.0$		3
$14.0 \leqslant W < 17.5$	$14.0 \leqslant W < 21.0$	4
$17.5 \leqslant W < 21.0$		5
$21.0 \leqslant W < 24.5$	$21.0 \leqslant W < 28.0$	6
$24.5 \leqslant W < 28.0$		7

当桥涵设计车道数等于或大于2时,由汽车荷载产生的效应按表1-3-6规定的多车道横向折减系数进行折减,但折减后的效应不得小于两车道的荷载效应。

横向折减系数　　　　　　　　　　　　　　表1-3-6

横向布置设计车道数(条)	2	3	4	5	6	7	8
横向折减系数	1.00	0.78	0.67	0.60	0.55	0.52	0.50

d. 大跨径桥梁上的汽车荷载应考虑纵向折减。

当桥梁计算跨径大于150m时,应按表1-3-7规定的纵向折减系数进行折减。桥梁为多跨连续结构时,整个结构应按其最大的计算跨径考虑汽车载荷效应的纵向折减。

纵向折减系数　　　　　　　　　　　　　　表1-3-7

计算跨径 L_0(m)	纵向折减系数	计算跨径 L_0(m)	纵向折减系数
$150 < L_0 < 400$	0.97	$800 \leqslant L_0 < 1\,000$	0.94
$400 \leqslant L_0 < 600$	0.96	$L_0 \geqslant 1\,000$	0.93
$600 \leqslant L_0 < 800$	0.95		

2. 汽车载荷的影响力

(1)汽车荷载冲击力

汽车以较高速度驶过桥梁时,由于桥面不平整、发动机振动等原因,会引起桥梁结构的振动,从而造成内力增大,这种动力效应称为冲击作用。在计算中采用静力学的方法,即引入一个竖向动力效应的增大系数——冲击系数 μ 来计算汽车荷载的冲击效应,汽车荷载的冲击力即为汽车荷载标准值乘以冲击系数 μ。

冲击系数的计算采用以结构基频为指标的方法。结构的基频反映了结构的尺寸、类型、建造材料等动力特征内容,它直接体现了冲击效应和桥梁结构之间的关系。

冲击系数的值与桥梁的自振频率 f 有关,钢桥、钢筋混凝土及预应力混凝土桥、圬工拱桥冲击系数的取值见表 1-3-8。

冲 击 系 数　表 1-3-8

结构基频 f(Hz)	$f < 1.5$	$1.5 \leqslant f \leqslant 14$	$f > 14$
冲击系数 μ	0.05	$0.176\ 7\ln f - 0.015\ 7$	0.45

注:①填料厚度(包括路面厚度)等于或大于0.5m的拱桥、涵洞以及重力式墩台不计冲击力;
　　②支座的冲击力,按相应的桥梁取用;
　　③汽车荷载的局部加载及在T梁、箱梁悬臂板上的冲击系数采用1.3;
　　④桥梁的自振频率 f 可由《桥规》(JTG D60—2004)有关公式计算。

(2)汽车荷载离心力

汽车离心力是车辆在弯道行驶时伴随产生的惯性力,它以水平力的形式作用于结构上,是弯桥横向受力与抗扭设计计算所要考虑的主要因素。

①当弯道桥的曲线半径等于或小于250m时,应计算汽车荷载引起的离心力。汽车荷载离心力标准值为按《桥规》(JTG D60—2004)计算汽车荷载规定的车辆荷载(不计冲击力)标准值乘以离心力系数 C 计算。离心力系数按下式计算

$$C = \frac{V^2}{127R} \qquad (1\text{-}3\text{-}1)$$

式中:V——设计速度(km/h),应按桥梁所在路线设计速度采用;

　　　R——曲线半径(m)。

②计算多车道桥梁的汽车荷载离心力时,车辆荷载标准值应乘以表 1-3-6 中规定的横向折减系数。

③离心力的着力点在桥面以上 1.2m 处(为计算简便也可移至桥面上,不计由此引起的作用效应)。

(3)汽车荷载引起的土压力

汽车荷载引起的土压力采用车辆荷载加载,并可按下列规定计算。

①车辆荷载在桥台或挡土墙后填土的破坏棱体上引起的土压力,可按下式换算成等代均布土层厚度 h(m)计算

$$h = \frac{\sum G}{Bl_0\gamma} \qquad (1\text{-}3\text{-}2)$$

式中:γ——土的重度(kN/m³);

　　　$\sum G$——布置在 $B \times l_0$ 面积内的车轮的总重力(kN);

　　　l_0——桥台或挡土墙后填土的破坏棱体长度(m),对于墙顶以上有填土的路堤式挡土墙,l_0 为破坏棱体范围内的路基宽度部分;

　　　B——桥台横向全宽或挡土墙的计算长度(m)。

挡土墙的计算长度可按下列公式计算,但不应超过挡土墙分段长度

$$B = 13 + H\tan 30° \qquad (1\text{-}3\text{-}3)$$

式中:H——挡土墙高度(m),对墙顶以上有填土的挡土墙,为两倍墙顶填土厚度加墙高。

当挡土墙分段长度小于13m时,B取分段长度,并在该长度内按不利情况布置轮重。

②计算涵洞顶上车辆荷载引起的竖向土压力时,车轮按其着地面积的边缘向下作30°角分布。当几个车轮的压力扩散线相重叠时,扩散面积以最外边的扩散线为准。

(4)汽车荷载制动力

汽车制动力指车辆在减速或制动时,为克服车辆的惯性力而在路面与车辆之间产生的滑动摩擦力。它作用于桥跨结构上的方向与行车方向一致。汽车制动时,车辆与路面间的摩擦系数达0.5以上,但是制动常常只限于车队的一部分车辆。所以制动力并不等于摩擦系数乘以全部车辆荷载。

汽车荷载制动力可按下列规定计算和分配。

①汽车荷载制动力按同向行驶的汽车荷载(不计冲击力)计算,并应按《桥规》(JTG D60—2004)纵向折减系数的规定,以使桥梁墩台产生最不利纵向的加载长度进行纵向折减。

一个设计车道上由汽车荷载产生的制动力标准值按车道荷载标准值在加载长度上计算的总重力的10%计算,但公路—I级汽车荷载的制动力标准值不得小于165kN;公路—II级汽车荷载的制动力标准值不得小于90kN。同向行驶双车道的汽车荷载制动力标准值为一个设计车道制动力标准值的两倍;同向行驶三车道为一个设计车道的2.34倍;同向行驶四车道为一个车道的2.68倍。

②制动力的着力点在桥面以上1.2m处,计算墩台时,可移至支座铰中心或支座底座面上。计算刚构桥、拱桥时,制动力的着力点可移至桥面上,但不计因此而产生的竖向力和力矩。

③设有板式橡胶支座的简支梁、连续桥面简支梁或连续梁排架式柔性墩台,应根据支座与墩台的抗推刚度的刚度集成情况分配和传递制动力。

设有板式橡胶支座梁刚性墩台,按单跨两端的板式橡胶支座的抗推刚度分配制动力。

④设有固定支座、活动支座(滚动或摆动支座、聚四氟乙烯支座)的刚性墩台传递的制动力,按表1-3-9规定采用。每个活动支座传递的制动力,其值不应大于其摩阻力,当大于摩阻力时按摩阻力计算。

刚性墩台各种支座传递的制动力   表1-3-9

桥梁墩台及支座类型		应计的制动力	符 号 说 明
简支梁桥台	固定支座	T_1	T_1——加载长度为计算跨径时的制动力
	聚四氟乙烯支座	$0.35T_1$	
	滚动(或摆动)支座	$0.25T_1$	
简支梁桥墩	两个固定支座	T_2	T_2——加载长度为相邻两跨计算跨径之和时的制动力
	一个固定支座,一个活动支座	注	
	两个聚四氟乙烯支座	$0.30T_2$	
	两个滚动(或摆动)支座	$0.25T_2$	
连续梁桥墩	固定支座	T_3	T_3——加载长度为一联长度的制动力
	聚四氟乙烯支座	$0.35T_3$	
	滚动(或摆动)支座	$0.25T_3$	

注:固定支座按T_4计算,活动支座按$0.30T_5$(聚四氟乙烯板支座)计算或$0.25T_5$(滚动或摆动支座)计算,T_4和T_5分别为与固定支座或活动支座相应的单跨跨径的制动力,桥墩承受的制动力为上述固定支座与活动支座传递的制动力之和。

二、人群荷载

当桥梁计算跨径小于或等于50m时,人群荷载标准值为3.0kN/m²;当桥梁计算跨径等于或大于150m时,人群荷载标准值为2.5kN/m²;当桥梁计算跨径为50~150m时,可由线性内插得到人群荷载标准值。对跨径不等的连续结构,以最大计算跨径为准。

城镇郊区行人密集地区的公路桥梁,人群荷载标准值取上述规定值的1.15倍;专用人行桥梁,人群荷载标准值为3.5kN/m。

人群荷载在横向应布置在人行道的净宽度内,在纵向施加于使结构产生最不利荷载效应的区段内。人行道板(局部构件)可以一块板为单元,按标准值4.0kN/m²的均布荷载计算。计算人行道栏杆时,作用在栏杆立柱顶上的水平推力标准值取0.75kN/m;作用在栏杆扶手上的竖向力标准值取1.0kN/m。

三、其他可变作用

1. 风荷载

当风以一定的速度向前运动遇到结构物阻碍时,结构就会承受风压。对于大跨径桥梁,特别是斜拉桥和吊桥,风荷载是极为重要的设计荷载,有时甚至起着决定性的作用,即对结构的强度、刚度和稳定性起控制作用。在顺风向,风压常分成平均风压和脉动风压,在横风向,风流经过结构而产生旋涡,因旋涡的特性,横风向还会产生周期风压。一般来说,风对结构作用的计算有三个不同的方面,对于顺风的平均风压,采用静力计算方法;对于顺风的脉动风或横风向的脉动风,则应按随机振动理论计算;对于横风向的周期性风力,产生了横风向振动,偏心时还产生扭转振动,通常作为确定荷载对结构进行动力计算。后两种计算理论属于研究结构风压和风振理论的一门新学科。

《桥规》(JTG D60—2004)规定的风荷载标准值可按下列规定计算。

(1)横桥向风荷载假定水平地垂直作用于桥梁各部分迎风面积的形心上,其标准值可按下式计算

$$F_{w_h} = k_0 k_1 k_3 W_d A_{wh} \tag{1-3-4}$$

$$W_d = \frac{\gamma v_d^2}{2g}$$

$$W_0 = \frac{\gamma v_{10}^2}{2g}$$

$$v_d = k_2 k_5 v_{10}$$

$$\gamma = 0.012\,017 e^{-0.000\,1Z}$$

式中:F_{w_h}——横桥向风荷载标准值(kN);

W_0——基本风压(kN/m²),全国各主要气象台站10年、50年、100年一遇的基本风压可按《桥规》(JTG D60—2004)附表A的有关数据经实地核实后采用;

W_d——设计基准风压(kN/m²);

A_{wh}——横向迎风面积(m²),按桥跨结构各部分的实际尺寸计算;

v_{10}——桥梁所在地区的设计基本风速(m/s),系按平坦空旷地面,离地面10m高,重现期为100年10min平均最大风速计算确定;当桥梁所在地区缺乏风速观测资料时,V_{10}可按《桥规》(JTG D60—2004)附录A"全国基本风速图及全国各气象台站

基本风速和基本风压值"的有关数据并经实地调查核实后采用;

v_d——高度 Z 处的设计基准风速(m/s);

Z——距地面或水面的高度(m);

γ——空气重度(kN/m³);

k_0——设计风速重现期换算系数,对于单孔跨径指标为特大桥和大桥的桥梁,$k_0 = 1.0$;对其他桥梁,$k_0 = 0.9$;对施工架设期桥梁,$k_0 = 0.75$;当桥梁位于台风多发地区时,可根据实际情况适度提高 k_0 值;

k_3——地形、地理条件系数,按《桥规》表4.3.7-1取用;

k_5——阵风风速系数,对 A、B 类地表 $k_5 = 1.38$,对 C、D 类地表 $k_5 = 1.70$。A、B、C、D 地表类别对应的地表状况见《桥规》(JTG D60—2004)表4.3.7-2;

k_2——考虑地面粗糙度类别和梯度风的风速高度变化修正系数;位于山间盆地、谷地或峡谷、山口等特殊场合的桥梁上、下部结构的风速高度变化修正系数 k_2 按 B 类地表类别取值;

k_1——风载阻力系数,见《桥规》(JTG D60—2004)表4.3.7-4 ~ 表4.3.7-6;

g——重力加速度,$g = 9.81 m/s^2$。

风载阻力系数按下式规定确定。

①普通实腹桥梁上部结构的风载阻力系数可按下式计算

$$k_1 = \begin{cases} 2.1 - 0.1\left(\dfrac{B}{H}\right) & 1 \le \dfrac{B}{H} < 8 \\ 1.3 & 8 \le \dfrac{B}{H} \end{cases}$$

式中:B——桥梁宽度(m);

H——梁高(m)。

②桁架桥上部结构的风载阻力系数 k_1 规定见《桥规》(JTG D60—2004)表4.3.7-4。上部结构为两片或两片以上桁架时,所有迎风桁架的风载阻力系数均取 ηk_1,η 为遮挡系数,按《桥规》(JTG D60—2004)表4.3.7-5采用;桥面系构造的风载阻力系数取 $k_1 = 1.3$。

③桥墩或桥塔的风载阻力系数 k_1 可依据桥墩或桥塔的断面形状、尺寸比及高宽比值的不同由《桥规》(JTG D60—2004)表4.3.7-6查得,表中没有包括的断面,其值宜由风洞试验确定。

(2)桥梁顺桥向可不计桥面系及上承式梁所受的风荷载,下承式桁架顺桥向风荷载标准值按其横桥向风压的40%乘以桁架迎风面积计算。

桥墩上的顺桥向风荷载标准值可按横桥向风压的70%乘以桥墩迎风面积计算。

桥台可不计算纵、横向风荷载。

上部构造传至墩台的顺桥向风荷载,其在支座的着力点及墩台上的分配,可根据上部构造的支座条件,按《桥规》(JTG D60—2004)第4.3.6条汽车制动力的规定处理。

(3)对风敏感且可能以风荷载控制设计的桥梁,应考虑桥梁在风荷载作用下的静力和动力失稳,必要时应通过风洞试验验证,同时可采取适当的风致振动控制措施。

2. 流水压力

位于河流中的桥墩会受到流水和流冰的压力,规范给出的流水压力以水流速度作基准,并考虑桥墩迎水面形状的影响得到,当流速大于 $10 m/s$ 时,还应考虑水流的动力作用因素。

作用在桥墩上的流水压力标准值可按下式计算

$$F_w = KA \frac{\gamma v^2}{2g}$$ (1-3-5)

式中：F_w——流水压力标准值（kN）；

γ——水的重度（kN/m³）；

v——设计流速（m/s）；

A——桥墩阻水面积（m²），计算至一般冲刷线处；

g——重力加速度，$g = 9.81$（m/s²）；

K——桥墩形状系数，见表1-3-10。

桥墩形状系数   表1-3-10

桥墩形状	K	桥墩形状	K
方形桥墩	1.5	尖端形桥墩	0.7
矩形桥墩（长边与流水平行）	1.3	圆端形桥墩	0.6
圆形桥墩	0.8		

流水压力合力的着力点，假定在设计水位线以下0.3倍水深处。

3. 冰压力

规范给出的流冰压力计算公式适用于通常的河流流冰情况，它是以冰体破碎极限强度作基准建立起来的。

对具有竖向前棱的桥墩，冰压力可按下述规定取用。

（1）冰对桩或墩产生的冰压力标准值可按下式计算

$$F_i = mC_t bt R_{ik}$$ (1-3-6)

式中：F_i——冰压力标准值（kN）；

m——桩或墩迎冰面形状系数，可按表1-3-11取用；

C_t——冰温系数，可按表1-3-12取用；

b——桩或墩迎冰面投影宽度（m）；

t——计算冰厚（m），可按实际调查的最大冰厚；

R_{ik}——冰的抗压强度标准值（kN/m²），可取当地冰温0℃时的冰抗压强度；当缺乏实测资料时，对海冰可取 $R_{ik} = 705$kN/m²；对河冰，流冰开始时 $R_{ik} = 750$kN/m²，最高流冰水位时可取 $R_{ik} = 450$kN/m²。

桩和墩迎冰面形状系数（m）   表1-3-11

迎冰面形状 系数	平面	圆弧形	尖角形的迎冰面角度				
			45°	60°	75°	90°	120°
m	1.00	0.90	0.54	0.59	0.64	0.69	0.77

冰温系数 C_t 表1-3-12

冰温（0℃）	0	-10 及以下
C_t	1.0	2.0

注：①表列冰温系数可直线内插；

②对海冰，冰温取结冰期最低冰温；对河冰，取解冻期最低冰温。

当冰块流向桥轴线的角度 $\varphi \leqslant 80°$ 时,桥墩竖向边缘的冰荷载应乘以 $\sin\varphi$ 予以折减。

冰压力合力作用在计算结冰水位以下 0.3 倍冰厚处。

(2)当流冰范围内桥墩有倾斜表面时,冰压力应分解为水平分力和竖向分力。

水平分力

$$F_{xi} = m_0 C_t R_{bk} t^2 \tan\beta \qquad (1\text{-}3\text{-}7a)$$

竖向分力

$$F_{zi} = F_{xi} / \tan\beta \qquad (1\text{-}3\text{-}7b)$$

式中:F_{xi}——冰压力的水平分力(kN);

F_{zi}——冰压力的垂直分力(kN);

β——桥墩倾斜的棱边与水平线的夹角(°);

R_{bk}——冰的抗弯强度标准值(kN/m²),取 $R_{bk} = 0.7 R_{ik}$

m_0——系数,$m_0 = 0.2 b/t$,但不小于 1.0。

(3)建筑物受冰作用的部位宜采用实体结构。对于具有强烈流冰的河流中的桥墩、柱,其迎冰面宜做成圆弧形、多边形或尖角,并做成 3:1 ~ 10:1(竖:横)的斜度,在受冰作用的部位宜缩小其迎冰面投影宽度。

对流冰期的设计高水位以上 0.5m 到设计低水位以下 1.0m 的部位宜采取抗冻性混凝土或花岗岩镶面或包钢板等防护措施。同时,对建筑物附近的冰体采取适宜的使冰体减小对结构物的作用力的措施。

流水压力和流冰压力的大小均与桥墩的形状相关,桥墩的迎水(冰)面宜做成圆弧形或尖端形,以减小流水压力和流冰压力。

4. 温度作用

温度变化将在结构中产生变形和影响力,它的大小应根据当地的具体情况、结构物所使用的材料和施工条件等因素计算确定。温度作用包括均匀温度和梯度温度两种影响,均匀温度为常年气温变化,这种温变将导致桥梁纵向长度的变化,当这种变化受到约束时就会引起温度次内力;梯度温度主要是因太阳辐射而来,它使结构沿高度方向形成非线性的温度变化,导致结构产生次内力。

计算结构的均匀温度效应,应自结构物合龙时的温度算起,考虑最高和最低有效温度的作用效应。气温变化范围应根据桥梁所在地区的气温条件而定,《桥规》(JTG D60—2004)按照全国气温分区,即严寒、寒冷和温热三类分区,规定了公路桥梁结构的最高和最低有效温度标准值(表 1-3-13),若缺乏桥址处实际气温调查资料,即可按照其规定取用。

有效温度标准值(℃) 表 1-3-13

气温分布	钢桥面板钢桥		混凝土桥面板钢桥		混凝土桥、石桥	
	最高	最低	最高	最低	最高	最低
严寒地区	46	−43	39	−32	34	−23
寒冷地区	46	−21	39	−15	34	−10
温热地区	46	−9(−3)	39	−6(−1)	34	−3(0)

注:表中括弧内数值适用于昆明、南宁、广州、福州地区。

计算梯度温度效应时,采取如图 1-3-4 所示的竖向温度梯度曲线,其相关温度基数列于表 1-3-14。

竖向日照正温差计算的温度基数 表 1-3-14

结构类型	T_1(℃)	T_2(℃)
混凝土铺装层	25	6.7
50mm 沥青混凝土铺装层	20	6.7
100mm 沥青混凝土铺装层	14	5.5

计算温度作用时的材料线膨胀系数及作用标准值可按下列规定取用。

(1)桥梁结构当要考虑温度作用时,应根据当地具体情况、结构物使用的材料和施工条件等因素计算由温度作用引起的结构效应。各种结构的线膨胀系数规定见表 1-3-15。

线 膨 胀 系 数 表 1-3-15

结 构 种 类	线膨胀系数(以摄氏度计)
钢结构	0.000 012
混凝土和钢筋混凝土及预应力混凝土结构	0.000 010
预应力预制块砌体	0.000 009
石砌体	0.000 008

(2)计算桥梁结构因均匀温度作用引起外加变形或约束变形时,应从受到约束时的结构温度开始,考虑最高和最低有效温度的作用效应。如缺乏实际调查资料,公路混凝土结构和钢结构的最高和最低有效温度标准值可按表 1-3-13 取用。

(3)计算桥梁结构由于梯度温度引起的效应时,可采用如图 1-3-4 所示的竖向温度梯度曲线,其桥面板表面的最高温度 T_1 规定见表 1-3-14。对混凝土结构,当梁高 H 小于 400mm 时,图中 $A = H - 100$(mm);梁高 H 等于或大于 400mm 时,$A = 300$mm。对带混凝土桥面板的钢结构,$A = 300$mm,图 1-3-4 中的 t 为混凝土桥面板的厚度(mm)。

混凝土上部结构和带混凝土桥面板的竖向日照反温差为正温差乘以 -0.5。

(4)计算圬工拱圈考虑徐变影响引起的温差作用效应时,计算的温差效应应乘以 0.7 的折减系数。

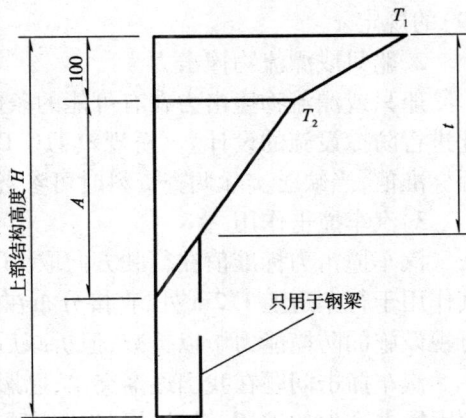

图 1-3-4 竖向温度梯度曲线(尺寸单位:mm)

5. 支座摩阻力

支座摩阻力标准值可按下式计算

$$F = \mu W \tag{1-3-8}$$

式中:W——作用于活动支座上由上部结构重力产生的效应;

μ——支座摩擦系数,无实测数据时按表 1-3-16 取用。

支 座 种 类		支座摩擦系数
滚动支座或摆动支座		0.05
板式橡胶支座	支座与混凝土面接触	0.30
	支座与钢板接触	0.20
	聚四氟乙烯板与不锈钢板接触	0.06(加硅脂;温度低于 −25℃时为0.078) 0.12(不加硅脂;温度低于 −25℃时为0.156)

第三节　偶然作用

偶然作用是指在结构使用期间出现的概率很小,一旦出现,其值很大且持续时间很短的作用,它包括地震作用、船舶或漂流物撞击力和汽车撞击作用。

偶然作用会对结构安全产生非常巨大的影响,甚至毁坏桥梁并使交通中断,因此,建造在地震区或有可能受到船只或漂流物撞击的地方的桥梁应进行谨慎的抗震和防撞设计。

1. 地震作用

地震作用主要是指地震时强烈的地面运动所引起的结构惯性力,它是随机变化的动力荷载,其值的大小决定于地震强烈程度和结构的动力特性(频率与阻尼等)以及结构或杆件的质量。地震作用分竖直方向与水平方向,但经验表明,地震的水平运动是导致结构破坏的主要因素。结构抗震验算时,一般主要考虑水平地震作用。因此,在工程设计中,凡计算作用在结构上的地震作用都是指水平地震作用(简称地震作用)。

抗震设防要求以地震时地面最大水平加速度的统计值——即地震动峰值加速度确定。地震动峰值加速度为 0.10g 以上地区的公路桥涵,应进行抗震设计;大于或等于 0.40g 地区的公路桥涵,应进行专门的抗震研究和设计;小于或等于 0.05g 地区的公路桥涵,除有特殊要求外,可采用简易设防。地震作用的计算及结构的设计应符合《公路工程抗震设计规范》(JTJ 004—89)的规定。

2. 船只或漂流物撞击力

船只或漂流物撞击力在有可能的条件下,应采用实测资料或模拟撞击试验进行计算,并借此进行防撞设施的设计。《桥规》(JTG D60—2004)中根据航道等级、船舶吨位定出了撞击作用标准值,当缺乏实际调查资料时可参考采用。

3. 汽车撞击作用

汽车撞击力标准值在行驶方向取 1 000kN,与之垂直方向取 500kN,两个方向不同时考虑;其作用于行车道上 1.2m 处,直接分布在撞击涉及的构件上。对于设有防撞设施的结构构件,可视设施的防撞能力予以折减,但折减后不应低于上述取值的 1/6。

汽车撞击问题在我国逐渐突出,已影响到公路桥梁结构和道路行车的安全。为防止或减少因撞击产生的破坏,对易受到汽车撞击的构件的部位应采取相应的构造措施,并增设钢筋或钢筋网。对于跨线桥,不应在没有中间带的公路中央设立桥墩。

第四节　作用效应组合

一、极限状态设计法

公路桥涵结构采用以可靠度理论为基础的概率极限状态设计法设计。该设计体系规定了桥涵结构的两种极限状态,即**承载能力极限状态**和**正常使用极限状态**。

所谓极限状态,是指整体结构或构件的某一特定状态,超过这一状态界限结构或构件就不能再满足设计规定的某一功能要求。承载能力极限状态设计着重体现桥涵结构的安全性,正常使用极限状态设计则体现适用性和耐久性,它们共同反映出设计的基本原则。只有每项设计都符合相关规范的两类极限状态的要求时,才能使所设计的桥涵达到其全部预定功能。

1. 承载能力极限状态

承载能力极限状态是指对于桥涵结构或其构件达到最大承载能力或出现不适于继续承载的变形或变位的状态。具体来说可以分成如下几种状态:

①整个结构或其部分作为刚体而失去平衡(如倾覆、滑移等)。

②结构构件或其连接因达到其材料极限强度而破坏。

③结构转变成机动体系。

④结构或构件丧失稳定性(如柱的压屈失稳等)。

⑤结构或构件由于材料的疲劳而导致破坏。

⑥由于材料的塑性或材料徐变变形过大,或由于截面开裂而引起过大的几何变形等,致使结构或构件不能再继续承载和使用(例如拱顶严重下挠引起拱轴线偏离过大等)。

2. 正常使用极限状态

正常使用极限状态是指对应于桥涵结构或其构件达到正常使用或耐久性某项限值的状态。正常使用极限状态以弹性理论或弹塑性理论为基础,主要进行以下三个方面的验算:

应力限制: $\sigma_d \leqslant [\sigma]$

变形限制: $f_d \leqslant [f]$

裂缝宽度限制: $\delta_d \leqslant [\delta]$

3. 桥涵结构设计

根据桥涵在施工和使用过程中面临的不同情况,桥涵结构设计分为持久状况、短暂状况和偶然状况三种设计状况。

持久状况系指桥涵建成后承受自身重力、汽车荷载等持续时间很长的状况。持久状况必须进行承载能力和正常使用两种极限状态设计。

短暂状况为桥涵施工过程中承受临时性作用的状况。短暂状况一般只作承载能力极限状态设计,必要时才作正常使用极限状态设计。

偶然状况是在桥涵使用过程中可能偶然出现的状况。偶然状况要求作承载能力极限状态设计,不考虑正常使用极限状态设计。

《公路工程结构可靠度设计统一标准》(GB/T 50283—1999)将公路桥涵结构设计分为三个安全的等级。不同的桥涵应根据其功能、作用及重要性,具有不同的重要性系数,以匹配它们规定的目标可靠度指标。各类桥涵的设计安全等级列于表1-3-17。

桥涵结构的设计安全等级

表1-3-17

桥涵结构	特大桥、重要大桥	大桥、中桥、重要小桥	小桥、涵洞
设计安全等级	一级	二级	三级

注:重要桥梁系指高速公路、一级公路、国防公路及城市附近交通繁忙公路上的桥梁。

二、作用效应组合

1. 公路桥涵结构设计应考虑结构上可能同时出现的作用,按承载能力极限状态和正常使用极限状态进行作用效应组合,取其最不利效应组合进行设计。

（1）只有在结构上可能同时出现的作用,才进行其效应的组合。当结构或结构构件需做不同受力方向的验算时,则应以不同方向的最不利的作用效应进行组合。

（2）当可变作用的出现对结构或结构构件产生有利影响时,该作用不应参与组合。实际不可能同时出现的作用或同时参与组合概率很小的作用,按表1-3-18规定不考虑其作用效应的组合。

可变作用不同时组合表　　　　　　　　表1-3-18

编　　号	作 用 名 称	不与该作用同时参与组合的作用编号
13	汽车制动力	15,16,18
15	流水压力	13,16
16	冰压力	13,15
18	支座摩阻力	13

（3）施工阶段作用效应的组合,应按计算需要及结构所处条件而定,结构上的施工人员和施工机具设备均应作为临时荷载加以考虑。组合式桥梁,当把底梁作为施工支撑时,作用效应宜分两个阶段组合,底梁受荷为第一个阶段,组合梁受荷为第二个阶段。

（4）多个偶然作用不同时参与组合。

2.公路桥涵结构按承载能力极限状态设计时,应采用以下两种作用效应组合

（1）基本组合

永久作用的设计值效应与可变作用设计值效应相组合,其效应组合表达式为

$$\gamma_0 S_{ud} = \gamma_0 \left(\sum_{i=1}^{m} \gamma_{Gi} S_{Gik} + \gamma_{Q1} S_{Q1k} + \psi_c \sum_{j=2}^{m} \gamma_{Qj} S_{Qjk} \right) \quad (1\text{-}3\text{-}9a)$$

或

$$\gamma_0 S_{ud} = \gamma_0 \left(\sum_{i=1}^{m} S_{Gid} + S_{Q1d} + \psi_c \sum_{j=2}^{m} S_{Qjd} \right) \quad (1\text{-}3\text{-}9b)$$

式中:S_{ud}——承载能力极限状态下作用基本组合的效应组合设计值;

$\quad \gamma_0$——结构重要性系数

$\quad \gamma_{Gi}$——第i个永久作用效应的分项系数,其值按表1-3-19取用;

S_{Gik}、S_{Gid}——第i个永久作用效应的标准值和设计值;

$\quad \gamma_{Q1}$——汽车荷载效应(含汽车冲击力、离心力)的分项系数,取1.4。当某个可变作用在效应组合中其值超过汽车荷载效应时,则该作用取代汽车荷载,其分项系数应采用汽车荷载的分项系数;对专为承受某作用而设置的结构或装置,设计时该作用的分项系数取与汽车荷载同值;计算人行道板和人行道栏杆的局部荷载,其分项系数也与汽车荷载取同值;

S_{Q1k}、S_{Q1d}——汽车荷载效应(含汽车冲击力、离心力)的标准值和设计值;

$\quad \gamma_{Qj}$——在作用效应组合中除汽车荷载效应(含汽车冲击力、离心力)、风荷载外的其他第j个可变作用效应的分项系数,取1.4,但风荷载的分项系数取1.1;

S_{Qjk}、S_{Qjd}——在作用效应组合中除汽车荷载效应(含汽车冲击力、离心力)外的其他第j个可变

36

作用效应的标准值和设计值;

ψ_c——在作用效应组合中除汽车荷载效应(含汽车冲击力、离心力)外的其他可变作用效应的组合系数,当永久作用与汽车荷载和人群荷载(或其他一种可变作用)组合时,人群荷载(或其他一种可变作用)的组合系数取0.80;当除汽车荷载(含汽车冲击力、离心力)外尚有两种其他可变作用参与组合时,其组合系数取0.70;尚有三种可变作用参与组合时,其组合系数取0.60;尚有四种及多于四种的可变作用参与组合时,取0.50。

设计弯桥时,当离心力与制动力同时参与组合时,考虑到车辆行驶速度较直线桥上小一些,因而制动力标准值或设计值按70%取用。

永久作用效应的分项系数   表1-3-19

编号	作用类别		永久作用效应分项系数	
			对结构的承载能力不利时	对结构的承载能力有利时
1	混凝土和圬工结构重力(包括结构附加重力)		1.2	1.0
	钢结构重力(包括结构附加重力)		1.1 或 1.2	1.0
2	预加力		1.2	1.0
3	土的重力		1.2	1.0
4	土侧压力		1.4	1.0
5	混凝土收缩及徐变作用		1.0	1.0
6	水的浮力		1.0	1.0
7	基础变位作用	混凝土和圬工结构	0.5	0.5
		钢结构	1.0	1.0

注:本表编号1中,当钢桥采用钢桥面板时,永久作用效应分项系数取1.1;当采用混凝土桥面板时,永久作用效应分项系数取1.2。

基本组合用于结构的常规设计,所有桥涵结构都需考虑。基本组合中各类作用效应可以归结为三个部分:第一部分为永久作用效应;第二部分为主导的可变作用效应,在通常情况下其为汽车荷载效应(含汽车冲击力、离心力),在某些特殊情况下,某种其他可变荷载可能取代汽车效应成为控制设计的主导因素,则其归入第二部分;第三部分为可变作用效应的补充部分,因而应以组合系数予以折减,并且组合的作用效应种类愈多折减愈大。

(2)偶然组合

偶然组合为永久作用标准值效应与可变作用某种代表值效应、一种偶然作用标准值效应相组合。多个偶然作用不同时参与组合。

偶然作用的效应分项系数取1.0;与偶然作用同时出现的可变作用,可根据观测资料和工程经验取用适当的代表值,也可以不考虑可变作用参与组合。

地震作用标准值及其表达式按《公路工程抗震设计规范》(JTJ 004—89)规定采用。

3.公路桥涵结构按正常使用极限状态设计时,应根据不同的设计要求,采用以下两种效应组合

(1)作用短期效应组合

永久作用标准值效应与可变作用频遇值效应相组合,即对应于短暂状况设计要求,其效应组合表达式为

$$S_{sd} = \sum_{i=1}^{m} S_{Gik} + \sum_{j=1}^{n} \psi_{1j} S_{Qjk}$$ (1-3-10)

式中:S_{sd}——作用短期效应组合设计值;

ψ_{1j}——第 j 个可变作用效应的频遇值系数,汽车荷载(不计冲击力)$\psi_1 = 0.7$,人群荷载 $\psi_1 = 1.0$,风荷载 $\psi_1 = 0.75$,温度梯度作用 $\psi_1 = 0.8$,其他作用 $\psi_1 = 1.0$;

$\psi_{1j} S_{Qjk}$——第 j 个可变作用效应的频遇值。

(2)作用长期效应组合

永久作用标准值效应与可变作用准永久值效应相组合,即对应于持久状况设计要求,其效应组合表达式为

$$S_{ld} = \sum_{i=1}^{m} S_{Gik} + \sum_{j=1}^{n} \psi_{2j} S_{Qjk}$$ (1-3-11)

式中:S_{ld}——作用长期效应组合设计值;

ψ_{2j}——第 j 个可变作用效应的频遇值系数,汽车荷载(不计冲击力)$\psi_2 = 0.4$,人群荷载 $\psi_2 = 0.4$,风荷载 $\psi_2 = 0.75$,温度梯度作用 $\psi_2 = 0.8$,其他作用 $\psi_2 = 1.0$;

$\psi_{2j} S_{Qjk}$——第 j 个可变作用效应的难永久值。

4. 作用效应组合的其他规定

(1)结构构件当需进行弹性阶段截面应力计算时,除特别指明外,各作用效应的分项系数及组合系数均取 1.0,各项应力限值按各设计规范规定采用。

(2)验算结构的抗倾覆、滑动稳定时,稳定系数、各作用的分项系数及摩擦系数,应根据不同结构按各有关桥涵设计规范的规定确定,支座的摩擦系数可按《桥规》(JTG D60—2004)的有关规定采用。

(3)构件在吊装、运输时,构件重力应乘以动力系数 1.2 或 0.85,并可视构件具体情况作适当增减。

在作用效应组合时还需注意,各种作用并非同时作用于桥涵上,因此应当根据作用重要性的不同和同时作用的可能性进行适当组合,以确定安全合理的作用效应的组合值。

[复习思考题]

1. 什么叫作用? 试述作用的分类及其组合。

2. 现行《桥规》(JTG D60—2004)对荷载(作用)是如何分类的?

3. 现行《桥规》(JTG D60—2004)中对公路—Ⅰ级和公路—Ⅱ级荷载是如何规定的?

4. 公路车辆荷载有哪些技术标准? 车辆荷载和车道荷载有哪些特点?

5. 城市桥梁车辆荷载的技术标准是怎样规定的? 车辆荷载和车道荷载的区别是什么? 它们分别适用于哪些构件设计?

6. 简述其他可变作用的意义及它们的设计计算方法。

7. 为什么要考虑多车道活载的折减,如何考虑其折减?

8. 为什么要对大跨度桥梁的活载进行纵向折减?

9. 试述冲击力与冲击系数的含义。

10. 简述现行《桥规》(JTG D60—2004)对车辆冲击力的规定有何不同。

11. 离心力属于桥梁设计中的可变荷载(作用),现行《桥规》(JTG D60—2004)中,离心力如何计算?

12. 公路桥梁有哪些荷载组合?

13. 简述影响风荷载取值的因素。

14. 举出一个混凝土徐变使桥梁产生内力变化的实例。

15. 分析温度对桥梁结构的影响。

第二篇　梁　　桥

第一章　梁式桥的构造

[提要]　本章简要介绍了梁式桥的各种分类方法;钢筋混凝土与预应力混凝土梁桥的一般特点;梁桥桥面系的细部构造及支座的构造;简支梁桥的构造、装配式钢筋混凝土简支梁桥的设计与构造。

第一节　梁桥的分类

钢筋混凝土与预应力混凝土梁式桥都是采用抗压性能好的混凝土和抗拉能力强的钢筋结合在一起建成的。在国内外中小跨径的公路桥梁或城市桥梁中,大部分都是钢筋混凝土或预应力混凝土梁式桥。预应力混凝土梁桥更兼有降低梁高和跨越能力大的优点,特别是预应力技术的采用,为现代装配式结构提供了最有效的接头和拼装手段,使建桥技术和运营质量产生了较大的飞跃。

钢筋混凝土与预应力混凝土梁式桥具有多种不同的构造类型。对其演变加以分析可以看出,除了从力学上考虑充分发挥材料特性而不断改进桥梁的截面形式外,构件的施工方便以及起重安装设备的能力,也是影响构造形式发生变化的重要因素。

一、桥梁的主要类型及其适用条件

1.按施工方法分类

(1)整体浇筑式梁桥

建桥的全部工作都在施工现场进行,由于全桥在纵向和横向都是现场整体浇筑,所以整体性好,可以按需要做成各种外形。但施工速度慢,工业化程度低,又要耗费较多的支架和模板材料,目前除了弯、斜桥外,一般情况下较少修建。

(2)装配式梁桥

上部构造在预制工厂或工地预制场分块预制,再运到现场吊装就位,然后在接头处把构件连接成整体。如图 2-1-1 所示为常用的装配式板桥和肋梁桥的横截面形式。装配式梁桥的预制构件采用工厂化施工,受季节影响小,质量易于保证,而且还能与下部工程同时施工,加快了施工进度,并能节约支架和模板的材料。

(3)组合式梁桥

组合式梁桥也是一种装配式的桥跨结构,如图 2-1-2c)所示,不过它是用纵向水平缝将桥梁分割成 I 字形的梁肋或开口槽形梁和桥面板,桥面板再借纵横向的竖缝划分成在平面内呈

矩形的预制构件。这样可以显著减轻预制构件的重力,并便于集中制造和运输吊装。

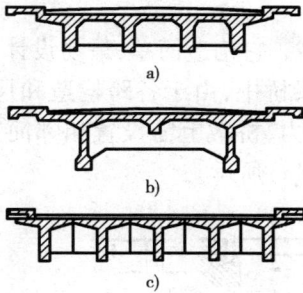

图 2-1-1　装配式梁桥横截面

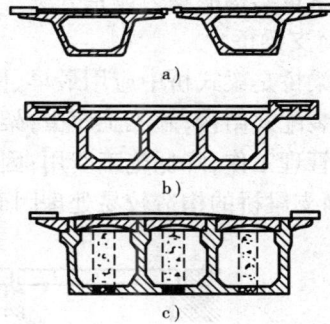

图 2-1-2　箱形梁桥横截面

组合梁的特点是整个截面分两个(或几个)阶段组合而成,在 I 形梁或开口槽形梁上搁置轻巧的预制空心板或微弯板构件,通过现浇混凝土接头与 I 形梁或槽形梁结合成整体,或以弧形薄板或平板作为现浇桥面混凝土的模板,通过现浇混凝土使各主梁结合成整体。

2. 按横截面形式分类

(1)板桥

板桥横截面包括整体式矩形实心板、装配式实心板、装配式空心板。

整体式矩形实心板具有形状简单、施工方便、建筑高度小、结构整体刚度大等优点;但施工时需现浇混凝土,受季节气候影响,又需模板与支架。从受力要求看,截面材料不经济、自重大,所以只在小跨板桥中使用。有时为了减轻自重,也可将截面受拉区稍加挖空做成矮肋式的板截面如图 2-1-3b)所示;使用最广泛的装配式板桥如图 2-1-3c)所示,由几块预制的实心板利用板间企口缝填入混凝土而成;装配式板桥也可做成横截面被显著挖空的空心板桥,如图 2-1-3d)所示;在缺乏起重设备的情况下,横截面可做成一种装配—整体组合式桥,如图 2-1-3e)所示。钢筋混凝土简支实心板梁的跨径,只用于 8m 左右的小桥,预应力混凝土空心板跨径可以用到 16 ~ 32m。

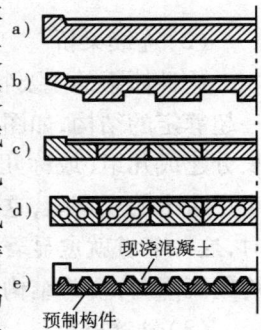

图 2-1-3　整体式矩形实心板截面

(2)肋梁桥

在横截面内形成明显肋形结构的梁桥称为肋板式梁桥,或简称肋梁桥。在此种桥上,梁肋(或称腹板)与顶部的钢筋混凝土桥面板结合在一起作为承重结构。由于肋与肋之间处于受拉区域的混凝土得到很大程度的挖空,就显著减轻了结构自重。

肋梁式桥截面有三种基本类型:Ⅱ 形、I 形、T 形。

钢筋混凝土简支肋梁桥的常用跨径为 8 ~ 20m,预应力混凝土简支肋梁桥的常用跨径为 25 ~ 50m。

(3)箱梁桥

横截面呈一个或几个封闭箱形的梁桥,简称箱形梁桥,如图 2-1-2 所示。这种结构除了梁肋的上部翼缘板外,在底部尚有扩展的底板,因此它提供了承受正、负弯矩的足够的混凝土受压区。箱形梁桥的另一个重要特点,是在一定的截面面积下能获得较大的抗弯惯矩,而且抗扭刚度也特别大,在偏心的活载作用下各梁肋的受力比较均匀。因此箱形截面能适用于较大跨径的悬臂梁桥和连续梁桥,也可用来修建全截面均参与受力的预应力混凝土简支梁桥。显然,

41

对于普通钢筋混凝土的简支梁桥来说,底板除徒然增加自重外并无其他益处,故不宜采用。

3. 按承重结构的静力体系分类

（1）简支梁桥

简支梁桥是梁式桥中应用最早、使用最广泛的一种桥型。它构造简单,最易设计为各种标准跨径的装配式结构;施工工序少,架设方便;在多孔简支梁桥中,由于各跨构造和尺寸划一,简化施工管理工作,降低施工费用;因相邻桥孔各自单独受力,桥墩上需设置相邻简支梁的两个支座;简支梁桥的构造较易处理因而常被选用,如图 2-1-4a)所示。

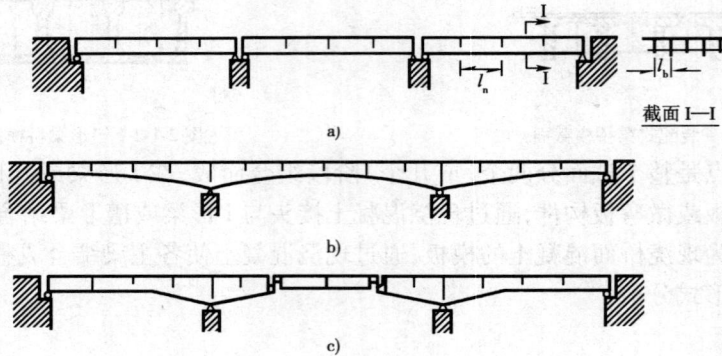

图 2-1-4　梁式桥的基本体系

（2）连续梁桥

这种体系的主要特点是:承重结构(板、T形梁或箱梁)不间断地连续跨越几个桥孔而形成一超静定的结构,如图 2-1-4b)所示。连续孔数一般不宜过多。当桥梁孔数较多时,需要沿桥长分建成几组(或称几联)连续梁。连续梁由于荷载作用下支点截面产生负弯矩,从而显著减小了跨中的正弯矩,这样不但可减小跨中的建筑高度,而且能节省钢筋混凝土数量。跨径愈大时,这种节省就愈显著。连续梁通常适用于桥基十分良好的场合,否则,任一墩台基础发生不均匀沉降时,桥跨结构内均产生附加内力。

（3）悬臂梁桥

这种桥梁的主体是长度超出跨径的悬臂结构。仅一端悬出者称为单悬臂梁,两端均悬出者称为双悬臂梁。对于较长的桥,还可以借助简支的挂梁与悬臂梁一起组合成多孔桥,如图2-1-4c)所示。在力学性能上,悬臂根部产生的负弯矩减小了跨中正弯矩,所以悬臂梁也与连续梁相仿,可以节省材料用量。悬臂梁桥属于静定结构,墩台的不均匀沉陷不会在梁内引起附加内力。

4. 按有无预应力分类

（1）钢筋混凝土梁桥。

（2）预应力混凝土梁桥:在钢筋混凝土内施加预应力以提高梁的裂缝安全度的做法。包括部分预应力混凝土梁桥和全预应力混凝土梁桥。

第二节　梁桥的细部构造

一、梁桥的桥面系

梁桥的桥面系包括桥面铺装、桥面排水和防水设施、伸缩缝、人行道(或安全带)、缘石、栏杆和灯柱等构造(图2-1-5)。桥面部分虽然不是主要承重结构,但它对桥梁功能的正常发挥、对主要构件的保护、对车辆行人的安全以及桥梁的美观等都十分重要。因此,应对桥面构造的设计和施工给予足够的重视。

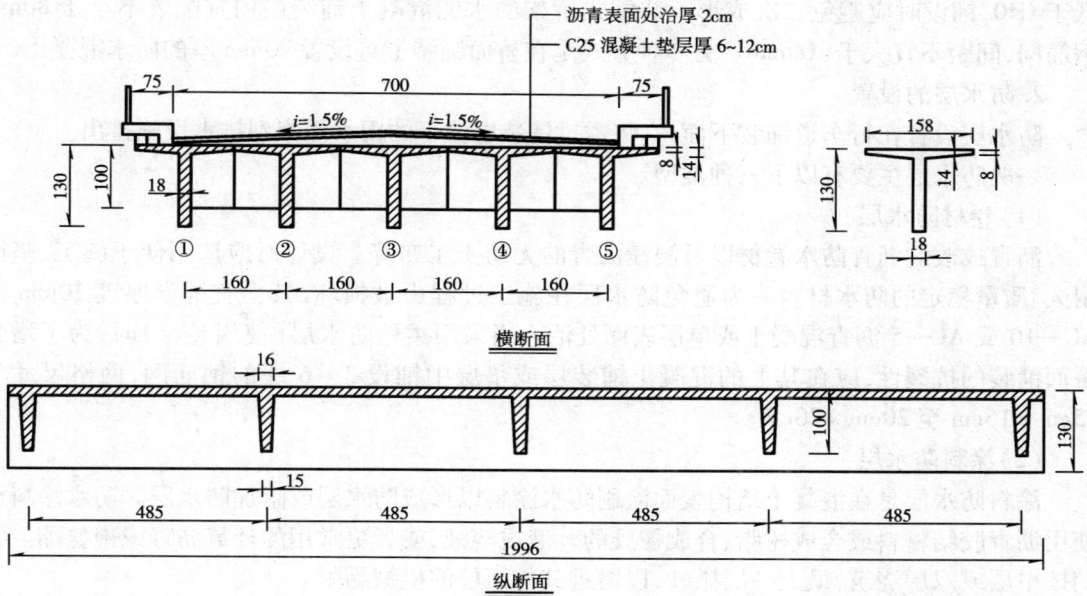

图 2-1-5　桥面部分一般构造(尺寸单位:cm)

1. 桥面铺装

桥面铺装是车轮直接作用的部分,又叫行车道铺装。它的功能在于保护桥面板免受车轮的直接磨耗,防止主梁遭受雨水的侵蚀,并能对车辆轮重的集中荷载起一定的分布作用。

对桥面铺装的要求是抗车辙、行车舒适、抗滑、不透水和桥面板结合良好等。桥面铺装的类型有多种,有水泥混凝土、沥青混凝土、沥青表面处治等。水泥混凝土和沥青混凝土桥面铺装性能良好,使用较广,能满足各项要求。沥青表面处治和泥结碎石铺装耐久性较差,仅在中级或低等级公路桥梁上使用。

装配式钢筋混凝土、预应力混凝土梁桥常采用水泥混凝土或沥青混凝土桥面铺装。水泥混凝土铺装的造价低、耐磨性好,适应重载交通,但养生期长,日后修补较麻烦。

(1)沥青混凝土桥面铺装

沥青混凝土质量轻、维修省时、养护方便,但易老化和变形。因此,沥青材料应采用重沥青或改性沥青。改性沥青混凝土是近年来国内开展研究和铺筑的高性能沥青混凝土材料,它具有抗滑、不透水、抗车辙、减少开裂等优点,应用前景广阔。

沥青混凝土铺装是按级配原理选配原料,加入适量的沥青均匀拌和,并经摊铺与压实而成的桥面铺装。沥青混凝土铺装铺设在防水层和混凝土保护层之上,或直接铺设在桥面板上,分为单层式和双层式。单层式厚度一般为5~7cm;双层式铺装总厚度一般为5~8cm。

沥青混凝土桥面铺装由黏层、防水层、保护层及沥青面层组成。高速公路、一级公路的沥青混凝土桥面铺装为双层式,总厚度不宜小于70mm;二级及二级以下公路桥梁桥面铺装一般采用单层式,总厚度不宜小于50mm。多雨潮湿地区、纵坡大于5%或设计车速大于50km/h的大中型高架桥、立交桥的桥面应铺设抗滑表层。

43

（2）水泥混凝土桥面铺装

水泥混凝土的耐磨性能好，适合重载交通。水泥混凝土桥面铺装分两种方式：一种方式是直接铺设在防水层或桥面板上，厚度一般不小于80mm，其强度等级应尽量与桥面板接近且不低于C40，铺设时应避免二次成形。装配式桥梁的水泥混凝土铺装层内宜配置不小于80mm钢筋网，间距不宜大于100mm。另一种方式是在桥面铺装上再设置70mm厚的防水混凝土。

2. 防水层的设置

防水层设置在行车道铺装下面，它将透过铺装层渗下的雨水汇集到排水设施排出。

一般防水层主要有以下三种类型。

（1）卷材防水层

沥青或改性沥青防水卷材以及浸渍沥青的无纺土工布等。设计时应选用便于施工、坚固耐久、质量稳定的防水材料。为避免防水层在施工过程中被损坏，其上宜铺设厚度10mm的AC—10或AC—5沥青混凝土或单层表面处治。当采用柔性防水层（使用卷材）时，为了增强桥面铺装的抗裂性，应在其上的混凝土铺装层或垫层中铺设3~6层的钢筋网，网格尺寸为15cm×15cm至20cm×20cm。

（2）涂料防水层

涂料防水层是在混凝土结构表面涂刷防水涂料以形成防水层或附加防水层。防水涂料可使用沥青胶结材料或合成树脂、合成橡胶的乳液或溶液，或者更常用的环氧沥青或聚氨酯。它们按单层或双层浇筑，最上一层撒砂，以增进其与面层的机械黏附。

（3）无防水层的防水措施

无防水层时，水泥混凝土铺装应采用防水混凝土。对于沥青混凝土铺装则应加强防水、排水和养护。

3. 桥梁纵横坡

桥面设置纵横坡，以利雨水迅速排除，防止或减少雨水对铺装层的渗透，从而保护了行车道板，延长桥梁使用寿命。

桥面上设置纵坡，原则是首先有利于排水，同时，在平原地区，还可以在满足桥下通航净空要求的前提下，降低墩台高程，减少桥头引道土方量，从而节省工程费用。桥面的纵坡，一般都做成双向纵坡，在桥中心设置曲线，纵坡一般以不超过3%为宜。

桥面的横坡，坡度可按路面横坡取用或比后者大5%，一般采用1.5%~3%。通常桥面横坡有三种设置形式。

（1）对于板桥（矩形板或空心板）或就地浇筑的肋板式梁桥，为节省铺装材料并减轻永久作用，可以将横坡直接设在墩台顶部，而使桥梁上部构造做成双向倾斜，此时，铺装层在整个桥宽上做成等厚的，如图2-1-6a）所示。

（2）在装配式肋板式梁桥中，为使主梁构造简单，架设与拼装方便，通常横坡不再设在墩台顶部，而直接设在行车道板上。做法是先铺设一层厚度变化的混凝土三角形垫层，形成双向倾斜，再铺设等厚的混凝土铺装层，如图2-1-6b）所示，方便施工。

（3）在比较宽的桥梁（或城市桥梁）中，用三角垫层设置横坡将使混凝土用量或桥身重力增加太多，为此，可将行车道板做成双向倾斜而形成横坡，如图2-1-6c）所示，可减小永久作用，但它的缺点是主梁构造复杂，制作麻烦。

4. 桥面排水设施

钢筋混凝土结构不宜经受时而湿润、时而干晒的交替作用。湿润后的水分如果接着因严

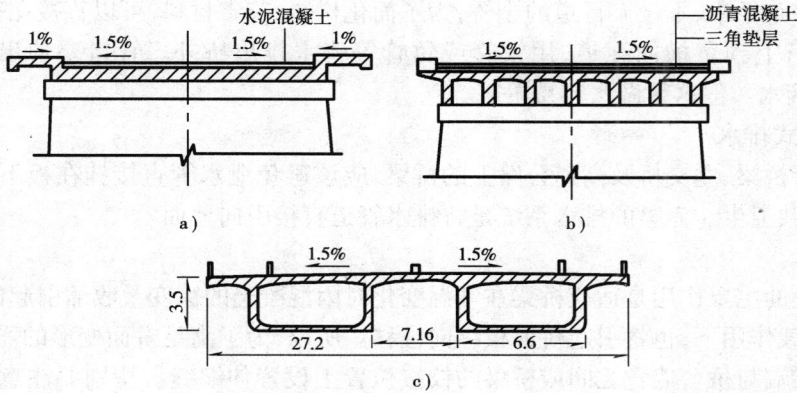

图 2-1-6　桥梁横坡的设置方法(尺寸单位:m)

寒而结冰,则对结构物会更有害,因为渗入混凝土微细发纹和大孔隙内的水分在结冰时会导致混凝土发生破坏。而且,水分侵袭钢筋也会使其锈蚀。因此,为防止雨水滞积于桥面并渗入梁体而影响桥梁的耐久性,除在桥面铺装内设置防水层外,还应使桥上的雨水迅速引导排出桥外。通常当桥面纵坡大于 2% 而桥长小于 50m 时,雨水可流至桥头从引道上排除,桥上就不必设置专门的泄水孔道。为防止桥面结构受雨水冲刷,应在桥头引道的两侧设置流水槽。为了保障桥面行车通畅、安全,防止桥面结构受降水侵蚀,应设置完善的桥面防水和排水设施。

当桥面纵坡大于 2% ,但桥长超过 500m,宜在桥上每隔 12 ~ 15m 设置一个泄水管。如桥面纵坡小于 2% ,则宜每隔 6 ~ 8m 设置一个泄水管。泄水管的过水面积通常为每平方米桥面上不少于 2 ~ 3cm^2。泄水管可以沿行车道两侧左右对称排列,也可交错排列,其离缘石距离为100 ~ 500cm,如图 2-1-7 所示。

混凝土梁式桥上的泄水管有以下几种形式。

(1)金属泄水管

图 2-1-7a)所示为一种构造比较完备的铸铁泄水管,适用于具有防水层的铺装结构。泄水管的内径一般为 0.10 ~ 0.15m,管子下端应伸出行车道板底面以下至少 0.15 ~ 0.20m,以防渗湿主梁梁肋表面。安设泄水管,与防水层的接合处要做的特别仔细,防水层的边缘要紧夹在管子顶缘与泄水漏斗之间,以便防水层的渗水能通过漏斗上的过水孔流入管内。这种铸铁泄水管,使用效果好,但结构较为复杂。根据具体情况,可以作简化改进,例如采用钢管和钢板的焊接构造等。

(2)钢筋混凝土泄水管

图 2-1-7b)所示为钢筋混凝土的泄水管构造,它适用于不设防水层而采用防水混凝土的铺装构造上。

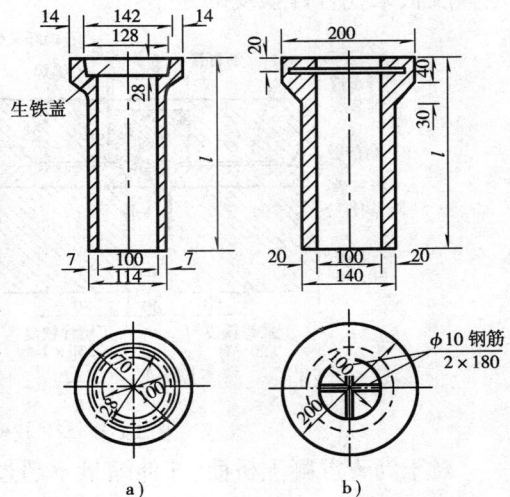

图 2-1-7　桥面泄水管设置(尺寸单位:mm)

在制作时,可将金属栅板直接作为钢筋混凝土管的端模板,并在栅板上焊上短筋锚固于混凝土中。这种预制的泄水管构造比较简单,可以节省钢材。

(3)横向排水孔道

对于一些跨径小、不设人行道的小桥,为了简化构造,节省材料,可以直接在行车道两侧的安全带或缘石上预留横向孔道,用铁管或竹管等将水排出桥外。管口要伸出构件0.02~0.03m,以便滴水。但这种做法容易淤塞。

(4)封闭式排水

对于城市桥梁、立交桥及高速公路上的桥梁,应该避免泄水管直接挂在板下,影响桥梁外观,又妨碍公共卫生。完整的排水系统是将排水管道直接引向地面。

5.伸缩缝

伸缩装置的主要作用是适应桥梁在气温变化时因混凝土的徐变及收缩引起的桥面板的伸缩;在车辆荷载作用下,也将引起桥面板纵向位移。所以,为了满足桥面变形的需要,通常在两梁端之间及梁端与桥台墙背之间或桥梁的铰接位置上设置伸缩缝。特别要注意,在伸缩缝附近的栏杆、人行道结构也应断开,以满足梁体的自由变形。

伸缩缝的构造应能满足梁体在水平、垂直于桥梁轴线的两个方向均能自由伸缩,并要求牢固可靠,当车辆行驶过伸缩缝时应平顺、无噪声,能防止雨水与垃圾泥土渗入阻塞,并要求伸缩缝的安装、施工、养护都要简单方便。

下面将介绍几种常见的伸缩缝构造。

(1)U形锌铁皮伸缩缝

对于中小跨径的装配式简支梁,变形量在20~40mm以内时偶有选用,其以锌铁皮为跨缝材料,如图2-1-8a)所示。锌铁皮断面是U形的长条,分上下两层,上层锌铁皮弯曲部分应开梅花眼,孔径6mm,孔距30mm,其上放置石棉纤维过滤器,然后用沥青填塞。这样,当桥面伸缩时锌铁皮可随之变形,下层铁皮U形槽可将渗下的雨水排出桥外。这种伸缩缝构造简单,但短期使用后一般均有不同程度的损坏,车辆行驶时常有突跳感觉。为了改进这种构造,可以用橡胶板来代替锌铁皮的作用。

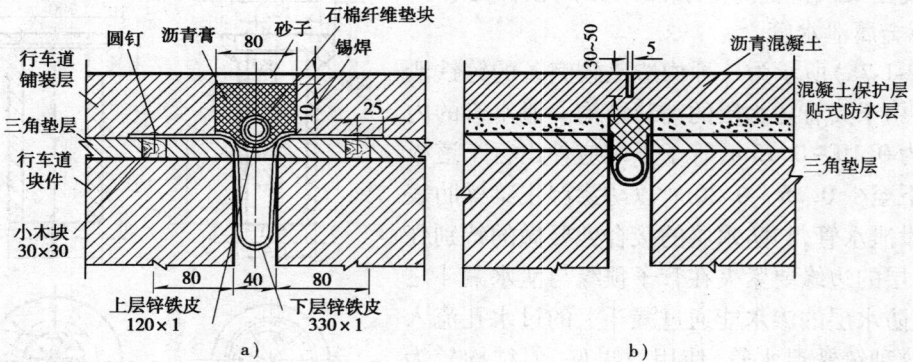

图2-1-8 锌铁皮伸缩缝的构造(尺寸单位:mm)

对于沥青混凝土桥面,如伸缩量不超过10mm,可以不必将桥面断开,如图2-1-8b)所示。为了避免桥面出现不规则的裂缝,可以在桥面施工时预留约5mm宽、30~50mm深的整齐切口,以后再注入沥青砂。

U形锌铁皮伸缩缝的优点是构造简单,施工方便,行车方便,价格低;缺点是耐久性差,且只能适应小伸缩量。

(2)跨搭钢板式伸缩装置

对于梁端变形量较大(4~6cm以上)的情况,可采用以钢板为跨缝材料的伸缩缝构造。

图 2-1-9a）所示为最简单的钢板伸缩缝,用一块厚度约为 10mm 的钢板搭在断缝上,钢板的一侧焊在锚固于铺装层混凝土内的角钢 1 上,另一侧可沿着对面的角钢 2 自由滑动,角钢 2 的边缘再焊上一条窄钢板,以抵住桥面的沥青砂面层。一侧固死的钢板伸缩装置,当车辆驶过时,往往由于梁端转动或挠度变形引起的拍击作用使结构损坏。

图 2-1-9b）所示为借助螺杆弹簧装置来固定滑动钢板的新型构造(变形量可达 7cm)。其特点是滑动钢板始终通过橡胶垫块紧压在护缘角钢上,这样既消除了不利的拍击作用,又显著减少了车辆荷载的冲击影响。

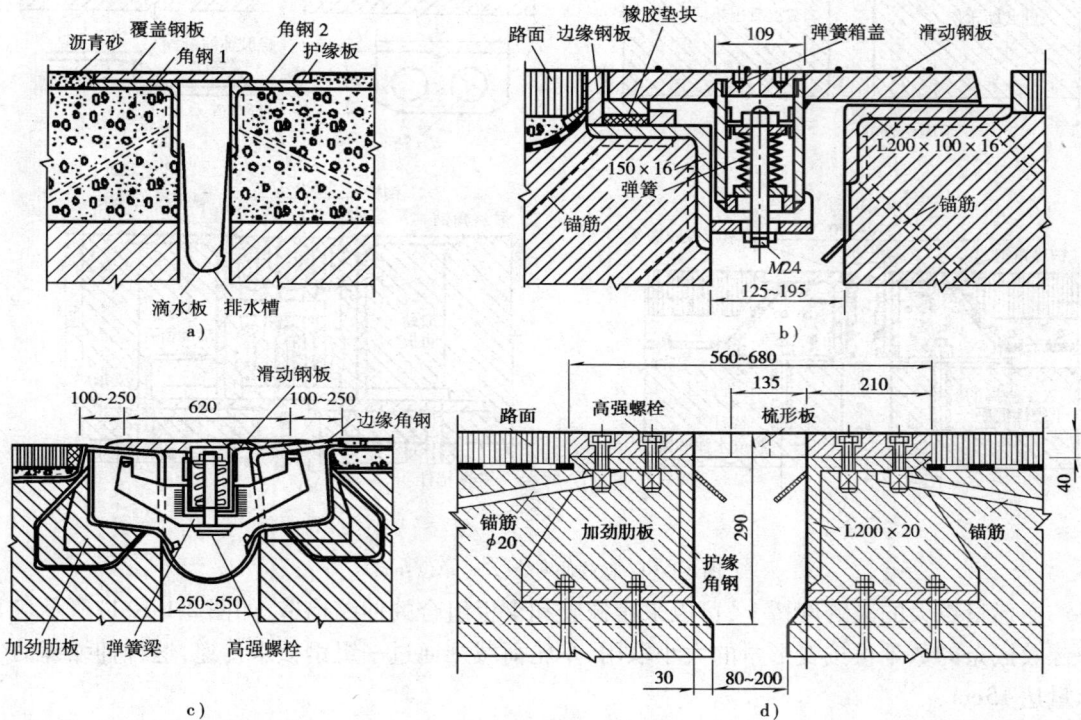

图 2-1-9 跨搭钢板式伸缩装置(尺寸单位:mm)

如果梁端的变形量更大,还可采用图 2-1-9c）所示的两侧同时滑动的钢板伸缩装置(变形量可达 20～40cm),或者采用更加完善的梳形齿式钢板伸缩装置构造,如图 2-1-9d）所示。

跨搭钢板式伸缩装置的构造比较复杂,消耗钢材也较多,但能适应较大的变形量。在施工中应特别注意护缘角钢与混凝土的锚固要牢靠,角钢下混凝土的浇筑要密实。

（3）橡胶伸缩缝

利用各种断面形状的优质橡胶带作为伸缩缝的填嵌材料。因橡胶弹性好,又易于胶接,能同时满足变形和防水的功能,目前,在国内外使用广泛。

图 2-1-10a）所示是用一种特制的三节形橡胶带代替锌铁皮的构造,橡胶带的中节是空心的,它对于变形与防水都有很好的效果。

图 2-1-10b）所示是用氯丁橡胶制造的具有 2 个圆孔的伸缩缝嵌条。将梁架好后,在端部焊上角钢,角钢之间的净距可比橡胶嵌条的宽度小 1cm,涂上胶后,将橡胶条强行嵌入,嵌条接头处用胶黏接。也可根据伸缩量不同做成三孔的形式。另外,纯橡胶伸缩装置还有 W 形或 M 形,其伸缩量为 30～50mm,一般用于低等级公路的中小桥梁。

图 2-1-10c)所示是用螺栓夹具固定倒 U 形橡胶嵌条的伸缩装置构造,其适应的变形量可达 5cm。

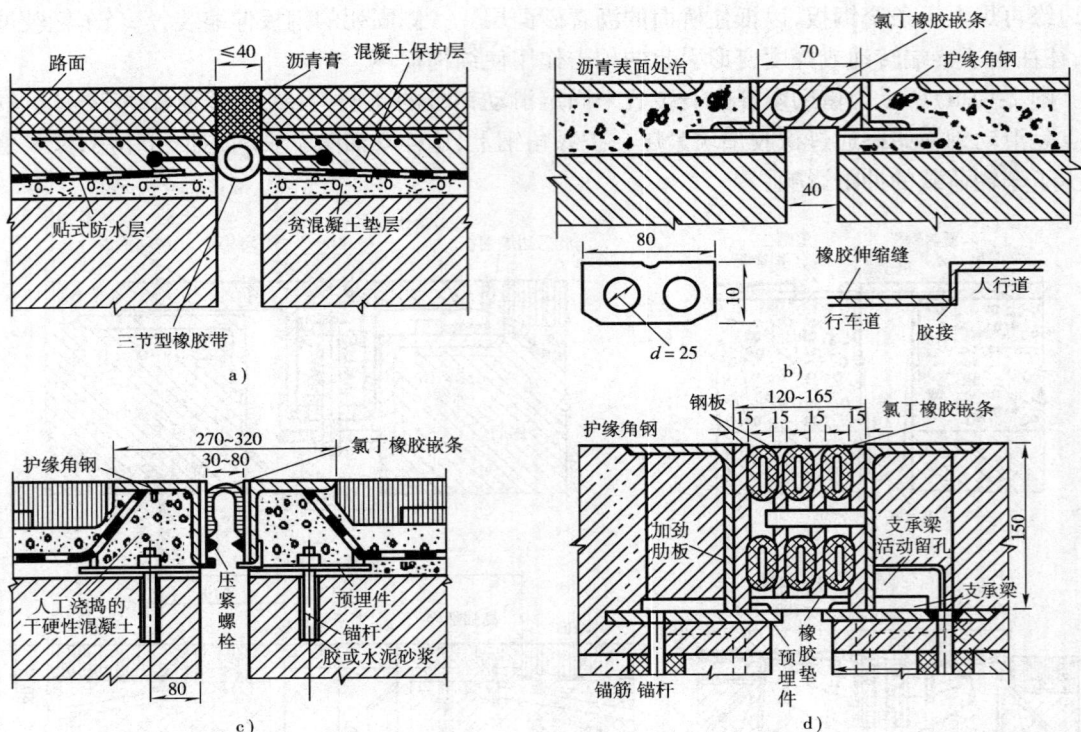

图 2-1-10　橡胶伸缩缝(尺寸单位:mm)

变形量更大的大跨度桥上,可以采用橡胶和钢板组合的伸缩构造,如图 2-1-10d)所示。其中橡胶嵌条的数量可按变形量的大小取用,车轮荷载则通过一组钢板来传递,这种伸缩缝的变形量达 15cm。

采用橡胶伸缩装置来代替跨搭钢板式伸缩装置,可以避免污物落入缝内,省去排水溜槽,显著减小可变作用的动力作用,简化接缝构造和安装工艺,并能显著节约钢材。

桥梁运营的实践经验证明,桥面上的伸缩装置在使用中仍然很容易损坏。因此,为了提高行车的舒适性,减轻桥梁的养护工作和提高桥梁的使用寿命,就应力求减少伸缩缝的数量。近些年来,在建桥实践中采取的将多孔简支的上部构造做成桥面连续的结构措施,就是解决这一问题的办法之一。桥面连续措施和实质,就是将简支上部构造在其伸缩缝处施行铰接。伸缩装置处的桥面部分应当具有适应车辆荷载作用所需的柔性,并应有足够的强度来承受因温度变化和制动作用所产生的纵向力。这样,桥面连续的多孔简支梁桥,在竖直荷载作用下的变形状态属于简支体系,而在纵向水平力作用下则属于连续体系。

最简便的桥面连续构造就是将 T 形梁的行车道板沿高度全部或局部相连,内置连接钢筋。现浇的连接部分沿纵向应有足够的长度(约在 125cm 以上),且在连接板与梁肋之间设 5mm 厚的橡胶垫层,这样可使梁端间的变形由连接板的全长分布承担,既增加了梁端接缝处的柔性,又显著减小了连接纵向的拉、压应变。

6. 人行道、栏杆与灯柱

(1)人行道及安全带

位于城镇和近郊的桥梁均应设置人行道,其宽度和高度应根据行人的交通量和周围环境来确定。人行道的宽度为0.75m或1m,当宽度要求大于1m时按0.5m的倍数增加。在城市快速路、主干路、次干路上的桥梁或行人稀少地区的桥梁,若两侧无人行道,则两侧应设安全道,宽度为0.5~0.75m。高度不小于0.25m。近年来,不少桥梁设计中,为了保证行车的安全,安全带的高度已经用到大于或等于0.4m。

人行道顶面应做成倾向桥面1%~1.5%的排水横坡,城市桥梁人行道顶面可铺设彩砖,以增加美观。此外,人行道在桥面断缝处必须设置伸缩缝。

人行道的构造形式多种多样,根据不同的施工方法有就地浇筑式、预制装配式、部分装配和部分现浇的混合式。其中就地浇筑式的人行道现在已经很少采用;而预制装配式的人行道具有构件标准化、拼装简单化等优点,在各种桥梁结构中应用广泛。在斜拉桥中,当直柱门形塔对人行道有妨碍时,可将人行道用悬臂梁向塔柱外侧挑出,绕过塔柱,这时需采用混合式人行道。

图2-1-11a)为整体预制的"F"形人行道,它搁置在主梁上,适用于各种净宽的人行道,人行道下可以放置过桥的管线,但是对管线的检修和更换十分困难;图2-1-11b)为人行道敷设在板上,人行道部分用填料填高,上面敷设20~30mm砂浆面层或沥青砂,人行道内缘设置缘石;图2-1-11c)为小跨宽桥上将人行道部分墩台加高,在其上搁置独立的人行道板;图2-1-11d)为就地浇筑式人行道,适用于整体浇筑的钢筋混凝土梁桥,而将人行道设在挑出的悬臂上,这样可以缩短墩台宽度,但施工不太方便。

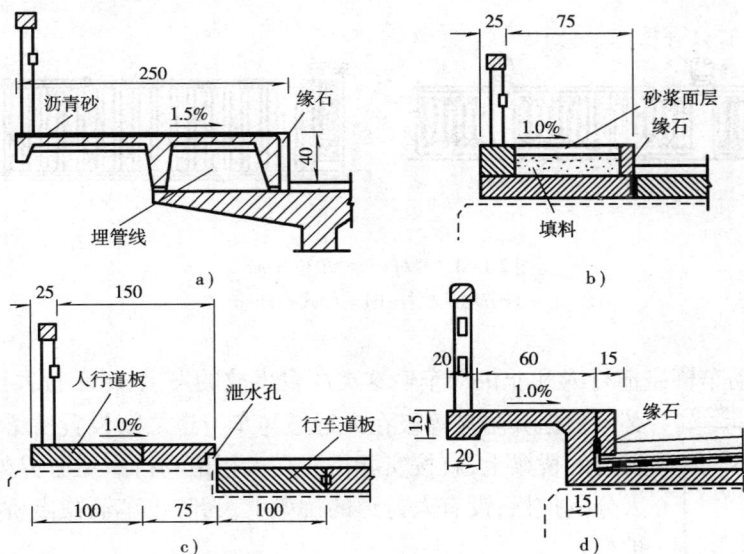

图2-1-11　人行道一般构造(尺寸单位:cm)

人行道顶面一般高出桥面25~30cm,顶面做成倾向桥面1%~1.5%的排水横坡,按人行道安装在主梁上的位置分搁置式(非悬臂式)和悬臂式,如图2-1-12所示。预制块件分整体式和分块式,如图2-1-12所示为装配悬臂式人行道的平面图。在预制或现浇人行道板时,要注意预留出安装灯柱、栏杆的位置,埋设好预埋件。人行道应在桥面断缝处做成伸缩缝。人行道防水层通过人行道板与路缘石砌缝处与桥面防水层连成整体。

安全带是当桥面不设人行道时,为保障交通安全,在行车道边缘设置高出行车道的带状构造物。我国现行《公路工程技术标准》规定,一般公路上不设人行道的桥梁应设置栏杆和安全带,除高速公路以外的一般公路上应设置宽度不小于0.25m,高为0.25～0.35m的护轮安全带。为了保证行车安全,近年来,安全带的高度已经用到了≥0.4m。安全带可以做成预制式,与桥面铺装一起现浇。预制的安全带有矩形截面和肋板式截面两种。

（2）栏杆与灯柱

栏杆是桥梁工程的重要组成部分,对桥梁工程的评价起着直观的作用。栏杆不仅要求牢固,还要满足功能要求又顾及艺术效果并与桥梁风格相协调。

栏杆常用混凝土、钢筋混凝土、金属或金属与混凝土混合材料制作,从形式上可分为节间式与连续式。节间式由立柱、扶手及横挡（或栏杆板）组成,便于预制安装,如图2-1-13a）。连续式具有连续的扶手,一般由扶手、栏杆板（柱）及底座组成,如图2-1-13b）。

照明灯柱可以设在栏杆扶手的位置上,在较宽的人行道上也可设在靠近缘石处。照明用灯一般高出车道8～12m左右。钢筋混凝土灯柱的柱脚可以就地浇筑并将钢筋锚固于桥面中。铸铁灯柱的柱脚可固定在预埋的锚固螺栓上。照明以及其他用途所需的电信线路等通常都从人行道下的预留孔道内通过。

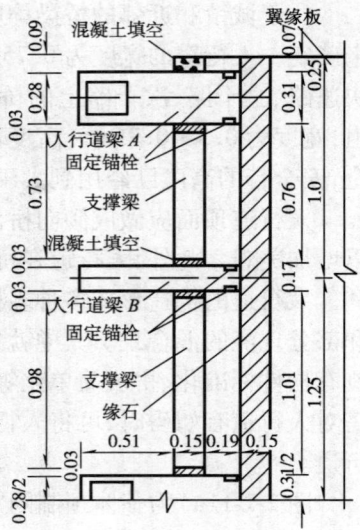

图 2-1-12　预制装配悬臂式人行道的构造（尺寸单位:m）

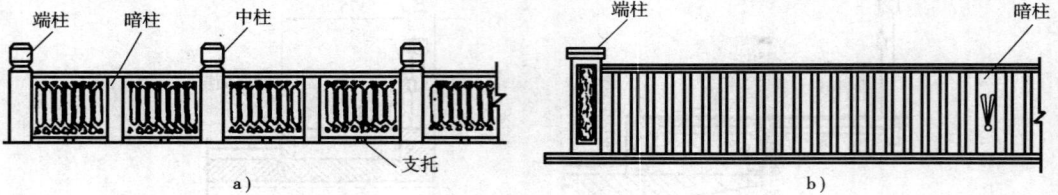

图 2-1-13　栏杆（尺寸单位:cm）
a）节间式栏杆;b）连续式栏杆

7. 桥梁护栏

为了避免机动车辆碰撞行人和非机动车辆这类严重事故的发生,对于特大桥、大、中桥梁,必须根据其防撞等级在人行道与车行道之间设置桥梁护栏。在有人行道的桥梁上,就按实际需要在人行道和行车道分界处设置汽车、行人分隔护栏;没有人行道的桥梁上,为防止车辆驶出桥面通常也设置护栏。

桥梁护栏按构造特征可分为梁柱式护栏、钢筋混凝土墙式护栏和组合式护栏,如图2-1-14所示。可采用的材料有金属（钢、铝合金）、钢筋混凝土。

桥梁护栏的形式选择,首先应满足其防撞等级的要求,避免在相应设计条件下的失控车辆跃出,同时还应综合考虑公路等级、桥梁护栏外侧危险物的特征、美观、经济性以及养护维修等因素。例如,在美观要求较高或积雪严重的地区,宜采用梁柱式或组合式结构;钢桥为了减轻永久荷载作用,宜采用金属制护栏。

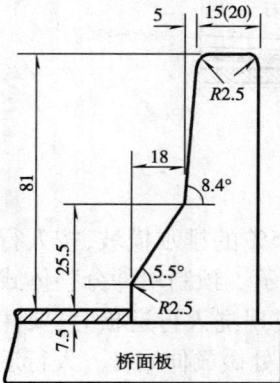

图 2-1-14　钢筋混凝土墙式护栏（尺寸单位:cm）

组合式护栏兼有钢筋混凝土墙式护栏坚固和金属梁柱式护栏美观的优点,在我国高速公路的桥梁上普遍采用。

二、桥梁支座

桥梁支座的作用是将桥跨结构上的永久作用与可变作用反力传递到桥梁的墩台上去,同时保证桥跨结构所要求的位移与转动,以便使结构的实际受力情况与计算的理论图式相吻合。下面介绍常用的几种支座形式。

1. 油毛毡或平板支座(石棉板或铅板支座)

标准跨径 10cm 以内的钢筋混凝土梁(板)桥一般采用油毛毡或平板支座。油毛毡一般在墩台帽支承面上铺垫 2~4 层(厚约 1cm),层间涂热沥青,使梁或板的端部支承在油毛毡垫层上。安设这类支座时,应先检查墩、台支承面的平整度和横向坡度是否符合设计要求,否则应修凿平整并以水泥砂浆抹平,再铺垫油毛毡、石棉垫板或铅板支座。梁(板)安装后支承面间不得有空隙。

2. 橡胶支座

(1)板式橡胶支座

板式橡胶支座是由数层薄橡胶片与刚性加劲材料黏结而成。桥梁上常用的橡胶支座每层橡胶片厚5mm,橡胶片间嵌入2mm 厚的薄钢板。由于钢板的加劲,阻止橡胶片的侧向膨胀,从而提高了橡胶片的抗压能力。板式橡胶支座可用在支承反力 2 940kN 左右的中等跨径桥梁上,其构造如图 2-1-15a)所示。

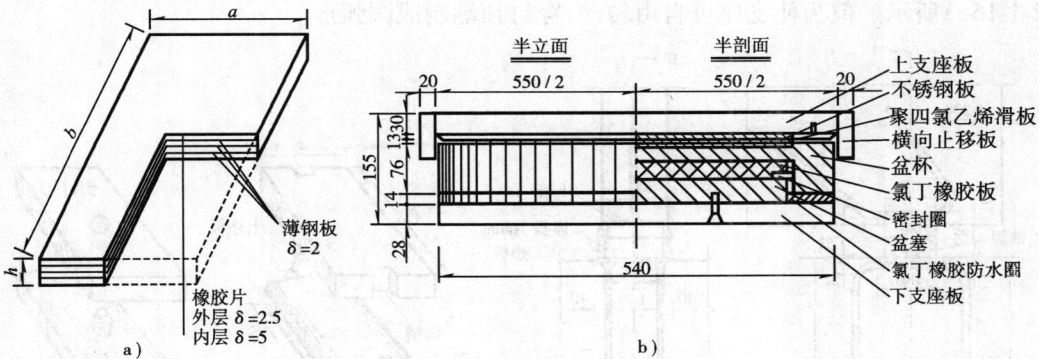

图 2-1-15 橡胶支座的构造(尺寸单位:mm)
a)板式橡胶支座;b)盆式橡胶支座

矩形板式橡胶支座的平面尺寸,目前常用的有 0.12m×0.14m、0.14m×0.18m、0.15m×0.20m、0.15m×0.30m、0.16m×0.18m、0.18m×0.20m、0.20m×0.25m 等。橡胶片的厚度为0.5cm,薄钢板厚为 0.2cm,橡胶硬度为 55°~60°(邵式硬度),适用于温度不低于 −25℃ 的地区。

支座高度根据橡胶支座的剪切位移采用不同层数组合而成。目前生产的板式橡胶支座厚度为 1.4cm(两层钢板)、2.1cm(三层钢板)、2.8cm(四层钢板)、4.2cm(六层钢板)等,一般以0.7cm 为一台阶,如图 2-1-15a)所示。

(2)盆式橡胶支座

盆式橡胶支座的橡胶板置于扁平的钢盆内,盆顶用钢盖盖住。在高压力下,其作用犹如液压千斤顶中的黏性液体,盆盖相当于千斤顶的活塞。由于活塞边缘与盆壁很好的密合,橡胶在盆内是不可被压缩的,也不可能横向伸长。因此,支座能承受相当大的压力。支座在均匀承压应力的情况下,可作微量转动,这就是盆式橡胶支座的工作性能。

盆式橡胶支座分固定支座与活动支座。活动盆式橡胶支座由上支座板、不锈钢板、聚四氟乙烯滑板、圆钢盆、橡胶板、紧箍圈、防水圈和下支座板组成,如图 2-1-15b)所示。

在大跨径钢筋混凝土梁式桥中已广泛使用盆式橡胶支座,承载力为 1 000 ~ 50 000kN,纵桥向位移量为 ±50 ~ ±250mm,横桥向位移量为 ±2 ~ ±100mm。

而对于大跨径、大吨位、大转角的箱梁桥常用球形支座。球形支座特别适用于曲线桥、宽桥和坡道上斜桥,能更好地适应支座大转角的需要,设计转角可达 0.05rad 以上,且各向转角性能一致。

3. 钢支座

(1)平板式支座

适用于 8 ~ 12m 以下跨径,此种支座如图 2-1-16a)所示,由上、下两块平面钢板组成,钢板厚度不小于 20mm,钢板间接触面应经过粗制加工,活动端钢板间自由滑动,固定端在钢板间设有栓钉或镶有齿板。

(2)弧形钢板支座

适用于跨径 20m 和支承力不超过 500 ~ 600kN 的梁桥。此种支座如图 2-1-16b)所示,由两大块厚约 40 ~ 50mm 的钢垫板构成,上面一块为平面形,下面一块的顶面为圆弧形。用于活动支座时,垫板系沿接触面滑动,用于固定支座时,则用穿钉或齿板固定上下两块垫板,位置如图 2-1-16c)所示。但为使支座可自由转动,穿钉顶端制成圆弧形。

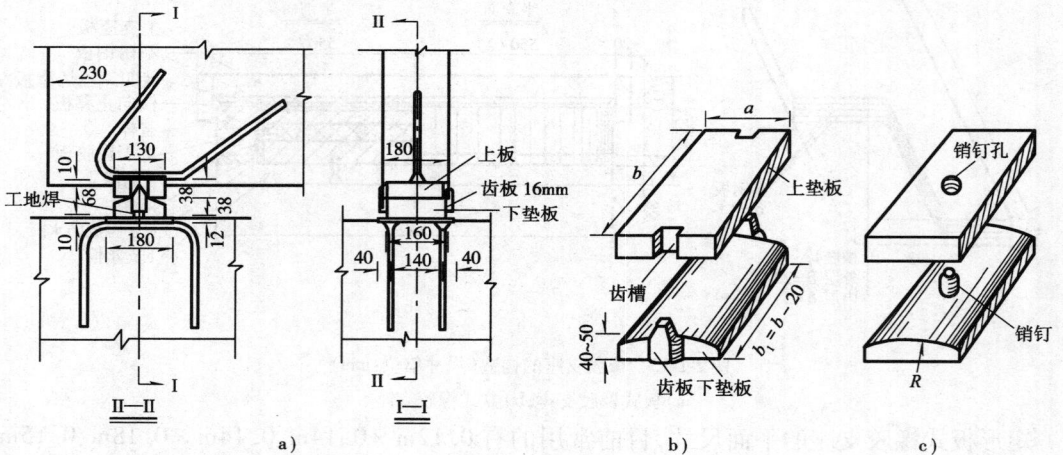

图 2-1-16 钢支座(尺寸单位:mm)

a)平板式支座;b)、c)弧形钢板支座

第三节 简支板桥的构造

板桥是小跨径钢筋混凝土桥中最常用的桥型之一。由于建成以后外形像一块薄板,故习惯称之为板桥。在所有的桥梁形式中,板桥以其建筑高度最小、外形最简单而久用不衰。对于高等级公路和城市立交工程,板桥又以极易满足斜、弯、坡及 S 形喇叭形等特殊要求的特点而受到重视。板桥的特点如下:

（1）外形简单,制作方便。不但外部几何形状简单,而且内部一般无需配置抗剪钢筋,或仅按构造弯起少量斜筋,因而,施工简单,模板及钢筋都较省,也利于工厂化成批生产。

（2）建筑高度小,适宜于桥下净空受到限制的桥梁使用,与其他桥型相比较,既降低桥面高度,又可缩短引道长度,外形轻盈美观。

（3）整体式板桥,由于是双向受力结构,因此比一般板桥有更高的承载能力和更大的刚度,而且可以制作成需要的平面形状。但是整体式板桥,需要搭设施工支架,工期较长。一般为实心截面,其材料使用率亦较低。

（4）装配式板桥的预制构件,便于工厂生产,构件质量较轻,便于安装。

（5）板桥跨径超过一定限度时,截面的增高会使自重加大。因此,钢筋混凝土简支板桥的标准跨径一般不宜大于13m;连续板桥的标准跨径不宜大于16m。预应力混凝土简支板桥的标准跨径不宜大于25m;连续板桥的标准跨径也不宜超过30m。

近年来,电子计算机的应用解决了复杂外形板桥的内力分析问题;常备式钢支架、组合钢模板代替了昂贵的木材支架与模板;加之公路等级的提高,立交工程的出现,为板桥的发展创造了条件。因此,板桥不仅仍被广泛应用,而且有了进一步的发展。在立交工程或高架板桥上,多孔连续板桥不仅纵向做成变截面形式,而且横向也可做成变截面形式;支承形式由线状搁置铰发展到点状局部刚接支承。随着工程生产的不断发展,板桥还会有更大的发展和更进一步的完善。

一、板桥的类型及其特点

板桥的类型,按结构静力体系可分为简支板桥、悬臂板桥和连续板桥;按横截面形式可分为实体矩形和空心矩形;按有无预应力可分为钢筋混凝土板、预应力混凝土板和部分预应力混凝土板;按施工方式可分为整体式板桥、装配式板桥和组合式板桥。以下按结构静力体系将板桥分类并简述其特点。

1. 简支板桥

简支板桥可以用整体式结构,也可以用装配式结构。前者跨径一般为4~8m,后者当采用预应力混凝土时,其跨径可达成25m。在缺乏起重设备,而有模板支架材料的情况下宜采用就地浇筑的整体式钢筋混凝土板桥。这种结构的整体性能好,横向刚度较大,施工也较简单,不足的是支架材料消耗量较多,施工期长。在一般施工条件下,宜采用装配式结构。

2. 悬臂板桥

悬臂板桥一般做成双悬臂式结构,中间跨径一般为8~10m,两端伸出的悬臂度约为中间跨径的0.3倍,板在跨中的厚度约为跨径的确1/14~1/18,在支点处的板厚要比跨中加大30~40cm。悬臂端可以直接伸到路堤上,不用设置桥台,为了使行车平稳顺畅,两悬臂端部应设置搭板与路堤相衔接。但在车速较高,荷载较重且交通量很大时,搭板容易损害,从而导致车辆上桥时对悬臂的冲击,故目前较少采用。

3. 连续板桥

连续板桥的特点是板不间断地跨越几个桥孔而形成一个超静定结构体系。一般有三孔或四孔及其以上为一联。但当桥梁全长较大时,可以几孔一联,做成多联式的连续板桥。连续板桥较简支桥来说,具有伸缩缝少、车辆行驶平稳的优点。由于它在支点处产生负弯矩,对跨中弯矩起到卸载作用,故可以比简支桥板的跨径做得大一些,或者其厚度比同跨径的简支板做得薄一些,这点和悬臂板桥是相同的。连续板桥的两端直接搁置在桥台上,避免了悬臂板桥在车辆上桥时所出现的对悬臂端部的冲击。连续板桥一般是做成不等跨的,边跨与中跨之比约为0.7~0.8,这样可以使各跨的跨中矩接近相等。连续板桥有整体式结构和装配式结构两种。

（1）整体连续板桥

当采用就地浇筑混凝土时,连续板桥可以做成变厚度的,如图 2-1-17a)所示。支点截面的厚度较大,约为跨中截面板厚的 1.2~1.5 倍,这不但使结构能承受较大的负弯矩,而且也可进一步减小跨中的板厚度。跨中板厚度一般为 $h = (1/22 ~ 1/30)L$,其中 L 为中跨跨长。

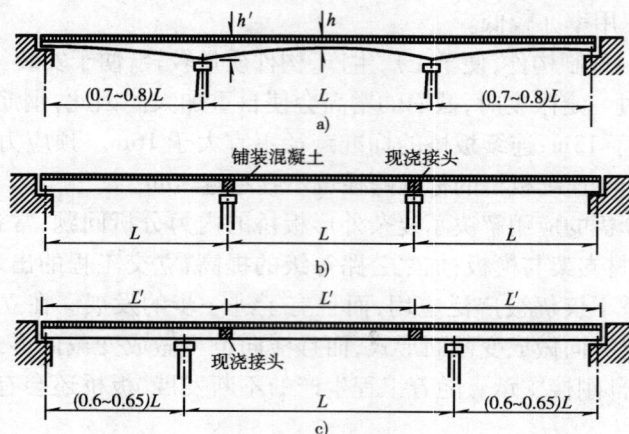

图 2-1-17　连续板桥
a)整体连续板桥;b)、c)装配连续板桥

（2）装配连续板桥

采用装配式结构的最大优点是可以节约模板支架,构件可以在岸边预先制作,然后安装就位。由于连续板的构件较长,为便于制作和安装,除了横向被划分成若干块以外,在纵向也被分成若干节段。在制作时预留接头钢筋,待安装就位后,连接接头钢筋,再浇筑混凝土接缝使之成为整体。接头所在位置可以有两种方案。图 2-1-17b)是对板的自重为简支与对活载为连续的装配方案,它既保持了简支板施工简便的优点,又吸取了连续结构可减小荷载弯矩的长处,只是需要将跨中受力钢筋在靠近板端处弯起,并伸至接头处与相邻块件的同类钢筋相焊接。图 2-1-17c)是对板的自重为悬臂与对活载为连续的另一种装配方案,在架设板段时,类似于两边孔为单悬臂、中孔带挂梁的悬臂体系。接头可以布置在连续梁的恒载弯矩接近为零或较小的位置处,不足的是需要在接头处搭设临时支架来浇筑接头混凝土。

二、整体式板桥的构造

整体浇筑的简支板桥一般均采用等厚度板,它具有整体性能好、横向刚度大,且易于浇筑各种形状的优点。

整体式板桥的宽度大,一般均为双向受力板。荷载位于桥中线时,板内产生负弯矩,荷载位于板两边时,板内可能产生负弯矩。所以,针对这些受力特点,除了配置纵向受力钢筋,板内还设置垂直于主钢筋的横向分布钢筋,在板的顶部配置适当的横向钢筋。

钢筋混凝土行车道板内主筋直径不小于10mm,间距不大于20cm,板内主筋可以不弯起,也可以弯起。当弯起时,通过支点的不弯起钢筋,每米板宽内不少于三根,截面积不少于主筋的1/4。弯起的角度为30°或45°,弯起的位置为沿板高中线计算的1/4~1/6跨径处。对于分布钢筋,应采用直径不小于8mm,间距不大于20cm,同时在单位长度板宽内的截面积应不少于板的截面面积的 0.1%,板的主钢筋与板边缘间的净矩应小于 3cm,分布钢筋与板边缘间的净距应小于 15mm。

如图 2-1-18 所示为标准跨径 6m 的钢筋混凝土整体式简支板桥构造图。行车道宽 7m,两边设 0.25m 的安全带。计算跨径为 5.69m,净跨径为 5.40m,板厚为 36cm。纵向主钢筋用直径 18mm 的 HRB335 钢筋,分布钢筋用直径 10mm 的 R235 钢筋。由于板内的主拉应力一般不大,按计算可不设斜筋,但是从构造上考虑,有时将多余的一部分主钢筋弯起。桥跨结构的混凝土强度等级为 C20。

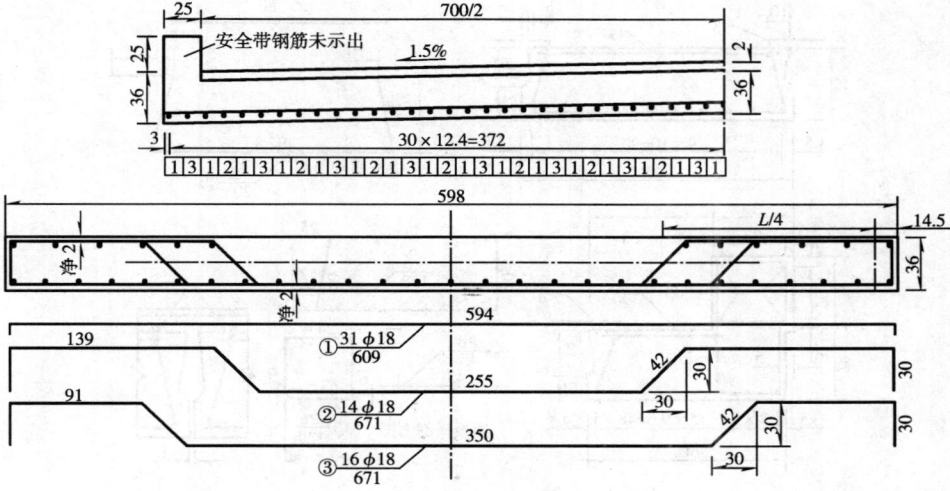

图 2-1-18　板桥的构造(尺寸单位:cm)

三、装配式简支板桥的构造

装配式简支板桥的横截面形式主要有实心板和空心板两种,一般使用跨径不超过 8m。

1. 装配式正交实心板桥

这种矩形实心板桥是目前最常用的,它具有形状简单、施工方便、建筑高度小、施工质量易于保证等优点。如图 2-1-19 所示为装配式简支实心板桥横剖面构造。

如图 2-1-20 所示,标准跨径 6m,行车道宽 7m,两边设 0.75m 的人行道,公路—Ⅰ 级,人群荷载 3kN/㎡ 的装配式行车道板块件构造。块件安装后在企口缝内填筑 C30 小石子混凝土,并浇筑厚 6cm 的 C30 级防水混凝土铺装层使之连成整体。为了加强预制板与铺装层的结合以及相邻预制板的连接,将板中的箍筋伸出预制板顶面,待板安装就位后将这段钢筋放平,并与相邻预制板中的箍筋相互搭接,以铁丝绑扎,然后浇筑于混凝土铺装层中,预制板的混凝土强度等级为 C25。

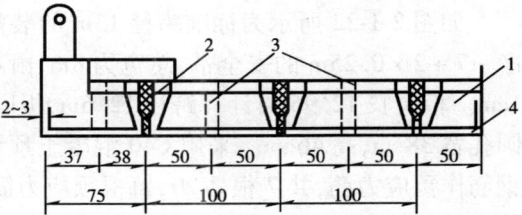

图 2-1-19　装配式简支实心板桥横剖面构造
(尺寸单位:cm)
1-预制板;2-接缝;3-预留孔;4-垫层

2. 装配式正交空心板桥

当跨径增大时,宜采用钢筋混凝土空心板截面,板厚 40~70cm。板厚为 40~80cm 的预应力混凝土空心板桥常用跨径在 8~16m 的实体板,其质量轻,运输安装方便,而建筑高度又较同跨径的 T 梁小,如图 2-1-21 所示为几种常用的开孔形式。图 2-1-21a)和 2-1-21b)开成单孔,

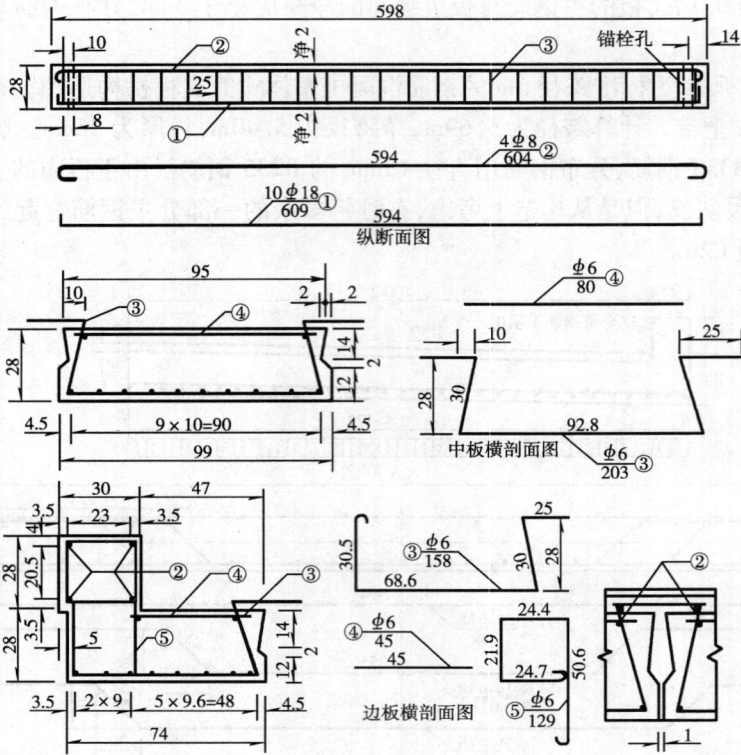

图 2-1-20　空心板行车道板块件构造(尺寸单位:cm)

挖空面积最大;图 2-1-21c)和 2-1-21d)挖成两个圆孔,当用无缝钢管作芯模时施工较方便,当板的厚度改变时,只需更换两块模板。顶板和底板厚度为 8cm 时,可保证施工质量和局部承载的需要。

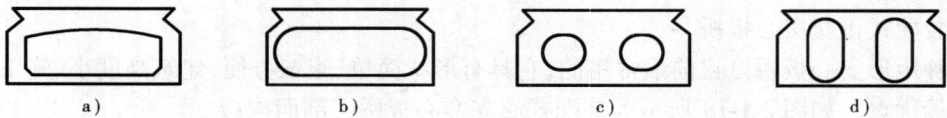

图 2-1-21　空心板的截面形式

如图 2-1-22 所示为标准跨径 13m 的装配式预应力混凝土空心板桥的构造。桥面净空为净 -7 +2 ×0.25m 的安全带,总宽为 8m,由 8 块宽 99cm 的空心板组成,板与板之间的间隙为 1cm。板全长 12.96m,计算跨径 12.6m,板厚 60cm。空心板横截面形式如图 2-1-21d)所示,腰圆孔宽 38cm,高 46cm。采用 C40 混凝土预制空心板和填塞铰缝。每块板底层配置 Ⅳ 级冷拉钢筋作预应力筋,共 7 根 $\phi'20$,每根预应力筋拉力为 194kN,每米钢筋的拉伸值为 0.35cm。板顶面除配置 3 根 $\phi12$ 的架立钢筋外,在支点附近还配置 6 根 $\phi8$ 的非预应力钢筋来承担由于压力产生的拉应力。用以承担剪力的箍筋 N5 与 N6 做成开口形式,待立好芯模后,再与其上横向钢筋 N4 相绑扎组成封闭的箍筋。

3. 装配式板的横向连接

为了增加块件间的整体性和在外荷载作用下相邻的几个块件能共同工作,在块件之间必须设置横向连接,这种连接的构造有企口圆形混凝土铰和企口菱形混凝土铰两种。它是在块件安装就位后,在企口缝内用 C30 ~ C40 小石子混凝土填筑密实而成的。

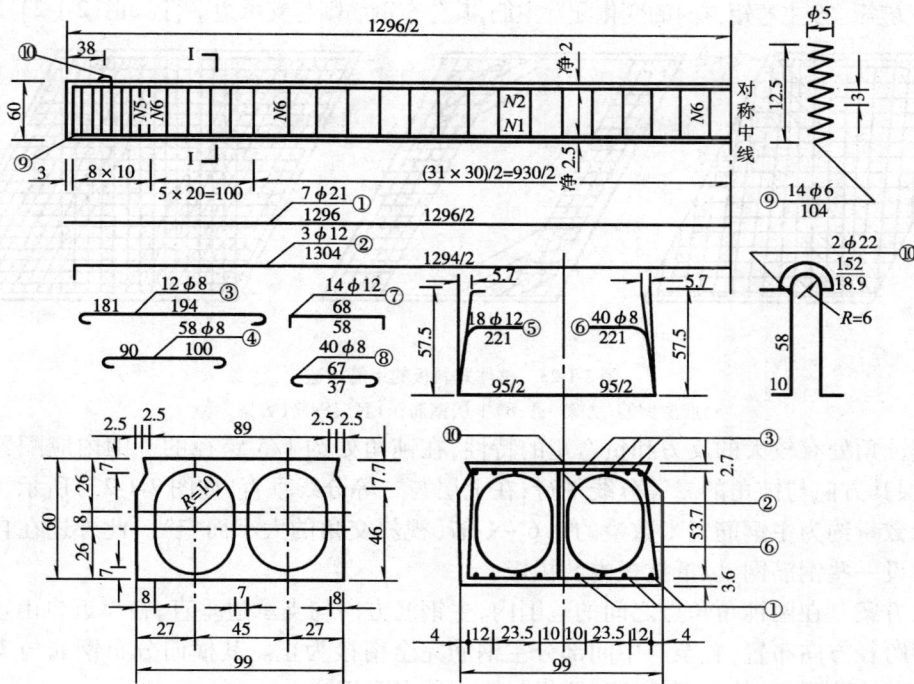

图 2-1-22 装配式预应力混凝土空心板桥的构造(尺寸单位:cm)

为了加强块件间和板与桥面铺装间的连接,还可以将块件中钢筋伸出与相邻块伸出的钢筋互相搭接绑扎,并浇筑在混凝土铺装层内,需待混凝土达到设计强度后才能通车。为了加快工程进度也可以采用钢板连接,用一块钢盖板焊在相邻两构件的预埋钢板上。连接构件的纵向中距通常为 80~150cm,在跨中部分布置较密,向两端支点逐渐减疏。

四、斜交板桥的受力特点与构造

桥梁轴线与水流方向的交角不是按 90° 布置的桥梁,称为斜交桥。斜交板桥的轴线与支承线的垂线呈某一夹角,习惯上称此角为斜交角。公路与河流或其他线路呈斜交形式跨越时,将桥跨结构布置成斜交桥形式较为经济,且可避免强行改变桥下流水或路线方向而带来的水患或行车不顺畅。

斜板桥的受力特点如下。

(1)最大主弯矩方向,在板的中央部分接近于垂直支承边,在板的自由边处接近于自由边与支承边垂直之间的中间方向。

(2)在钝角处有垂直于钝角平分线的负弯矩,它随斜度的增大而增加。

(3)支承反力从钝角处向锐角处逐渐减少,因此,锐角有方向上翘起的倾向,同时存在着相当大的扭矩。斜板钢筋的配置,当斜度小于 15° 时,可按正交板布置钢筋;当斜度大于 15° 时,按斜交板布置钢筋。

以下介绍斜板的配筋特点。

1. 整体式斜板

整体式斜板的斜跨长 l 与垂直于行车方向的桥宽 b 之比一般均小于1.3,根据上面所述斜板主弯矩方向的特点,主钢筋的配置有以下两种方案:

第一方案　按主弯矩方向的变化配置主筋,其分布钢筋则与支承边平行,如图2-1-23)所示。

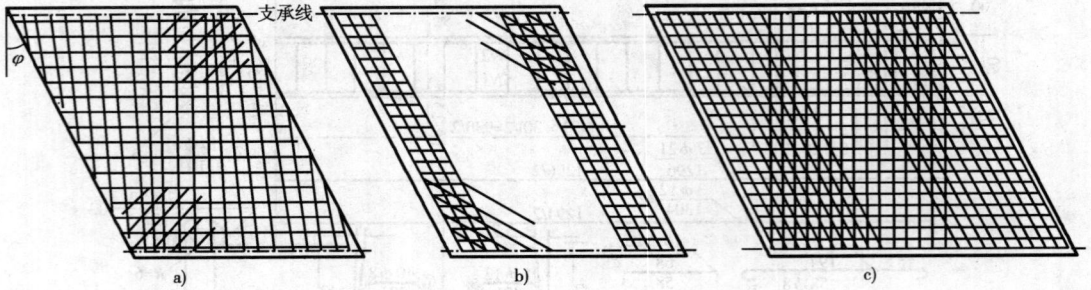

图 2-1-23　整体式斜板的钢筋构造
a)底层钢筋(方案一);b)上层钢筋;c)底层钢筋(方案二)

根据钝角处有较大的反力和负弯矩的特性,在钝角处约 1/5 跨径的范围内应配置加强钢筋,在下层其方向与钝角的二等分线平行;在上层与二等分线垂直,如图2-1-23)所示。加强钢筋的每米数量约为主钢筋每米数量的 0.6 ~ 1 倍(视斜交角的大小而定)。此外还在自由边缘的上层加设一些钢筋网,以抵抗板内的扭矩。

第二方案　在两钝角角点之间的范围内,主钢筋方向与支承边垂直,在靠近自由边处主钢筋则沿斜跨径方向布置,直至与中间部分主钢筋完全衔接为止。其横向分布钢筋与支承边平行,如图2-1-23)所示,其余钢筋的配置仍与第一种方案相同。

2. 装配式斜板桥

装配式斜板桥的跨宽比(l/b)一般匀大于 1.3,主钢筋沿斜跨径方向配置,分布钢筋在钝角角点之间的范围内与主钢筋垂直,在靠近支承边附近,其布置方向则与支承边平行,如图 2-1-24 所示。

1975 年我国编制的装配式钢筋混凝土斜板上部构造标准图中,斜跨跨径为 3m、4m、5m、6m 四种,斜交角分 25°、30°、35°、40°、45°、50°、55°、60° 八种,预制板在垂直于行车方向的板宽为 99cm,板厚为 20 ~ 48cm,因跨径和斜交角不同而异。这些板的钢筋布置方案大体分两种。

第一方案　当斜交角 $\varphi = 25°$ ~ 35°时,主钢筋沿斜跨方向布置,分布钢筋按平行于支承边方向布置,如图2-1-25a)所示。

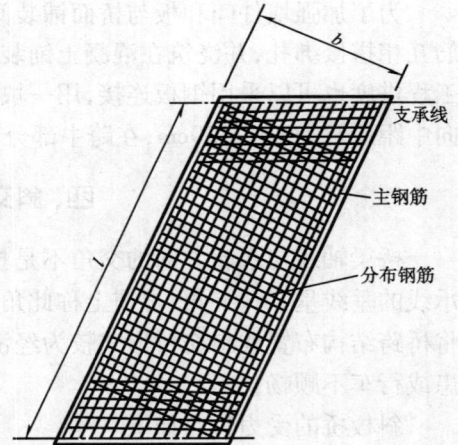

图 2-1-24　装配式斜板钢筋构造

第二方案　当斜交角 $\varphi = 40°$ ~ 60°时,主钢筋及横向分布钢筋在布置原则上与图 2-1-24 相同,如图2-1-25b)所示。

此外,在各种块件的两端还要布置一些加强钢筋。当 $\varphi = 40°$ ~ 50°时,要布置底层加强钢筋,其方向则与支承边相垂直,如图 2-1-25c);当 $\varphi = 50°$ ~ 60°时,除了底层要布置垂直于支承边的加强钢筋以外,在顶层还要布置与钝角的二等分线相垂直的加强钢筋,如图2-1-25d)。为了使铰接斜板支承处不翘扭以及防止其发生位移,在板端部中心处预留锚栓孔,待安装完毕后,用栓钉固定。所设置的支座要有充分的锚固作用,否则,应该加强锐角处桥台的耳墙,以免被挤坏。故需要在台帽上设置固斜板的锚钢筋或在锐角处耳墙加抗挤钢筋。

58

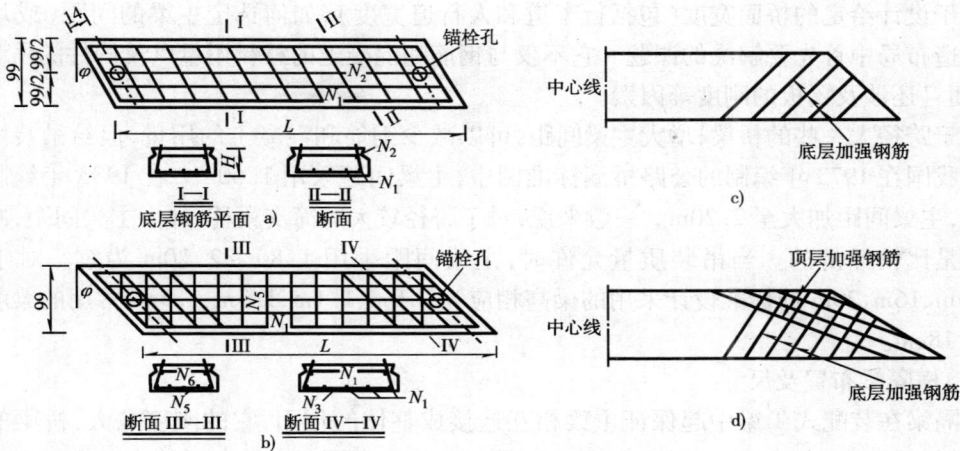

图 2-1-25　装配式斜板钢筋构造示例(尺寸单位:cm)

第四节　装配式钢筋混凝土简支梁桥的设计与构造

对于钢筋混凝土简支梁桥我国的标准跨径有四种,分别为 10m、13m、16m 和 20m。

装配式钢筋混凝土 T 梁上部构造由几根 T 形截面的主梁、横隔梁及通过设在横隔梁下方和横隔梁翼缘顶板处的焊接钢板连成整体,如图 2-1-26 所示。

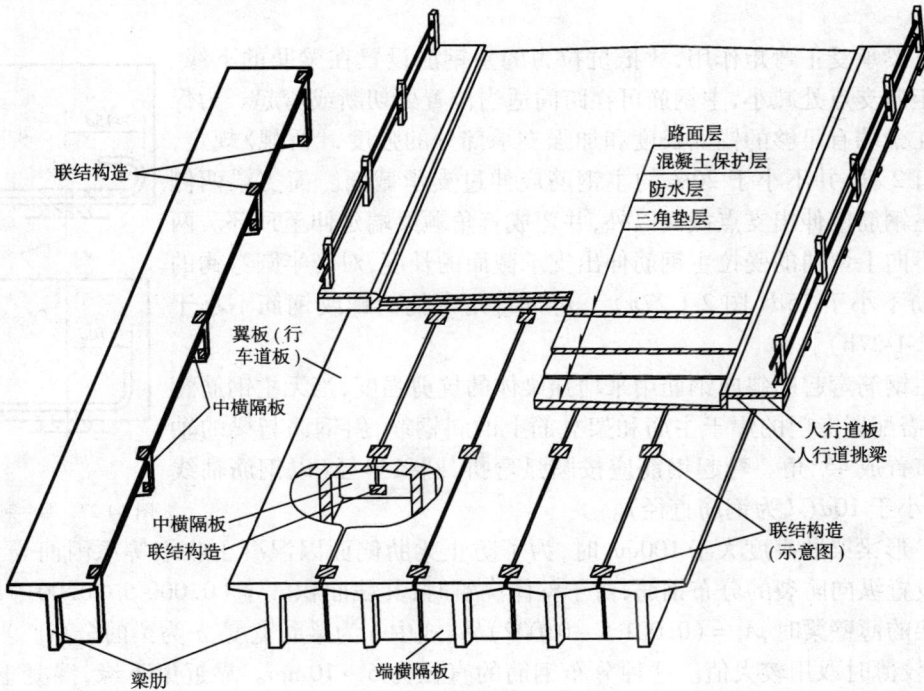

图 2-1-26　装配式 T 形简支梁桥概貌

1.构造布置及尺寸
(1)主梁布置及尺寸

对于设计给定的桥面宽度(包括行车道和人行道宽度),如何选定主梁的间距(或片数),这是构造布局中首先要解决的课题。它不仅与钢筋和混凝土的材料用量以及构件的吊装质量有关,而且还涉及翼板的刚度等因素。

对于跨径大一些的桥梁,增大主梁间距,可以减少钢筋和混凝土的用量,但给吊装增大了困难。我国在 1973 年编制的公路桥涵标准图中,主梁间距采用 1.60m。在 1983 年编制的标准图中,主梁间距加大至 2.20m。一般来说,对于跨径较大的简支梁桥,加大主梁间距,减少主梁片数是比较经济的。当吊装质量允许时,主梁间距采用 1.80~2.20m 为宜。对于跨径 10m、13m、16m、20m 的标准设计采用的梁高相应为 0.9m、1.1m、1.3m、1.5m,常用的梁肋宽度为 15~18cm。

(2)横隔梁布置及尺寸

横隔梁在装配式 T 梁中起保证主梁相互连接成整体的作用,它的刚度愈大,桥梁的整体性就越好。

端横隔梁是必须要设置的,跨内随跨径增大可以设 1~3 道横隔梁,间距采用 5~6m 为宜。

跨中横隔梁的高度通常做成主梁高度的 3/4 左右;梁肋下部呈马蹄形加宽时,横隔梁延伸至马蹄的加宽处。横隔梁的肋宽常采用 12~16cm。

2. 主梁和横隔梁的钢筋构造

(1)主梁的钢筋构造

装配式 T 形简支梁桥的钢筋可分为纵向主钢筋、架立钢筋、斜钢筋、箍筋和分布钢筋五种。

简支梁承受正弯矩作用,故抵抗拉力的主钢筋设置在梁肋的下缘。随着弯矩向支点处减小,主钢筋可在跨间适当位置处切断或弯起。为保证主筋在梁端有足够的锚固长度和加强支承部分的强度,《桥规》规定,应至少有 2 根,并不小于 20% 的主钢筋应伸过支承截面。简支梁两侧的受拉主钢筋应伸出支点截面以外,并弯成直角顺梁端延伸至顶部。两侧之间不向上弯曲的受拉主钢筋伸出支承截面的长度,对带半圆弯钩的光圆钢筋不小于 15d[图 2-1-27a)],对带直角弯钩的螺纹钢筋不小于 10d[图 2-1-27b)]。

由主钢筋弯起的斜向钢筋用来增强梁体的抗剪强度,当无主钢筋弯起时,尚需配置专门的焊于主筋和架立筋上的斜钢筋,斜钢筋与梁的轴线一般布置成 45°角。弯起钢筋应按圆弧弯折,圆弧半径(以钢筋轴线计算)不小于 10d(d 为钢筋直径)。

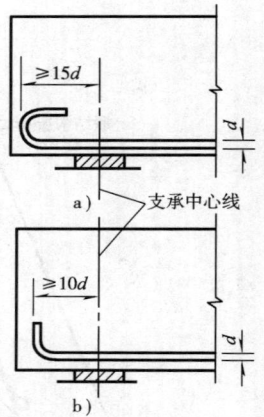

图 2-1-27 端主钢筋的锚固

当 T 形梁梁肋高度大于 100cm 时,为了防止梁肋侧面因混凝土收缩等原因而导致裂缝,还需要设置纵向防裂的分布钢筋,对于整体浇筑时,其截面积 $A_s = (0.0005~0.001)bh$,对于焊接骨架的薄壁梁时,$A_s = (0.0015~0.002)bh$,式中 b 为梁肋宽度,h 为梁的全高。当梁跨较大,梁肋较薄时取用较大值。这种分布钢筋的直径为 6~10mm。靠近梁下缘,混凝土拉应力也大,故布置得密些;在上部则可布置稀疏些。

箍筋的主要作用是增强主梁的抗剪强度。《桥规》中规定其间距应不大于梁高的 3/4 和 50cm,且梁支点附近的第一个箍筋应设置在距支承边缘 5cm 处。其他有关规定可参阅《桥规》相应条文。

架立钢筋布置在梁肋的上缘,主要起固定箍筋和斜筋并使梁内全部钢筋形成立体或平面骨架的作用。

为了防止钢筋受到大气影响而锈蚀,并保证钢筋与混凝土之间的黏着力充分发挥作用,钢筋到混凝土边缘需要设置保护层。若保护层厚度太小,就不能起到以上作用,太大则混凝土表层因距钢筋太远容易破坏,且减小了钢筋混凝土截面的有效高度,受力情况也不好。因此《桥规》规定:主钢筋与梁底面的净距应不小于3cm,不大于5cm。主筋与梁侧面净距应不小于2.5cm。混凝土表面至箍筋或防裂分布钢筋间的净距应不小于1.5cm(图2-1-28)。

为了使混凝土的粗集料能填满整个梁体,以免形成灰浆层或空洞,规定各主筋之间的净距主钢筋为三层或三层以下者不小于3cm,且不小于钢筋直径;三层以上者不小于4cm,且不小于钢筋直径的1.25倍。

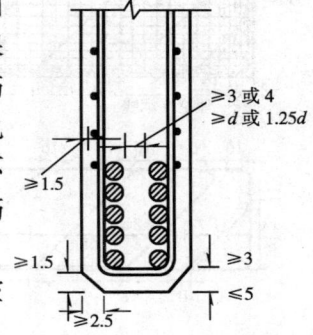

图2-1-28　混凝土保护层厚度
(尺寸单位:cm)

在焊接钢筋骨架时,为保证焊接质量,使焊缝处强度不低于钢筋本身强度,焊缝的长度必须满足下述要求。

①利用主钢筋弯起的斜筋,在起弯处应与其他主筋相焊接,可采用每边各长$2.5d$的双面焊缝或一边长$5d$的单面焊缝,弯起钢筋的末端与架立钢筋(或其他主筋)相焊接时,采用长$5d$的双面焊缝或$10d$的单面焊缝(图2-1-29),其中d为受力钢筋直径。

②对于附加的斜筋,其与主筋或架立筋的焊缝长度,采用每边各长$5d$的双面焊缝或一边长$10d$的单面焊缝。

③各层主钢筋相互焊接固定的焊缝长度,采用$2.5d$的双面焊缝或$5d$的单面焊缝(图2-1-29)。

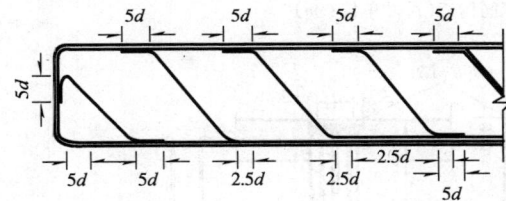

图2-1-29　骨架焊接缝尺寸图
(图中尺寸为双面焊缝,单面焊缝应加倍)

通常对于小跨径梁可采用双面焊缝,先焊好一边再把骨架翻身焊另一边,这样既可缩短接头长度,又可减小焊接变形。但当骨架较长而不易翻身时,就可用单面焊缝。

T梁翼缘板内的受力钢筋沿横向布置在板的上缘,以承受悬臂的负弯矩。在顺主梁跨径方向还应设置少量的分布钢筋。按《桥规》要求,板内主筋的直径不小于10mm,每米板宽内不应少于5根。分布筋的直径不小于6mm,间距不大于25cm,在单位板宽内,分布筋的截面积不少于主筋截面积的15%,在有横隔梁的部位,分布筋的截面积应增至主筋的30%,以承受集中轮载作用下的局部负弯矩。所增加的分布筋每侧应从横隔梁轴线伸出$l/4$(l为横隔板的间距)的长度。

如图2-1-30所示为标准跨径20m,行车道宽7m,两边设0.75m的人行道,人群荷载3kN/m²的装配式钢筋混凝土简支T形梁块件构造,主梁的混凝土为C25。

(2)横隔梁的钢筋构造

在横隔梁靠近下部边缘的两侧和顶部翼板内均埋有焊接钢板A和B(图2-1-31),焊接钢板与横隔梁的受力钢筋焊在一起做成安装骨架,当T梁安装就位后即在横隔梁的预埋钢板上再加焊盖接钢板使联成整体。横隔梁的箍筋是抗剪的。

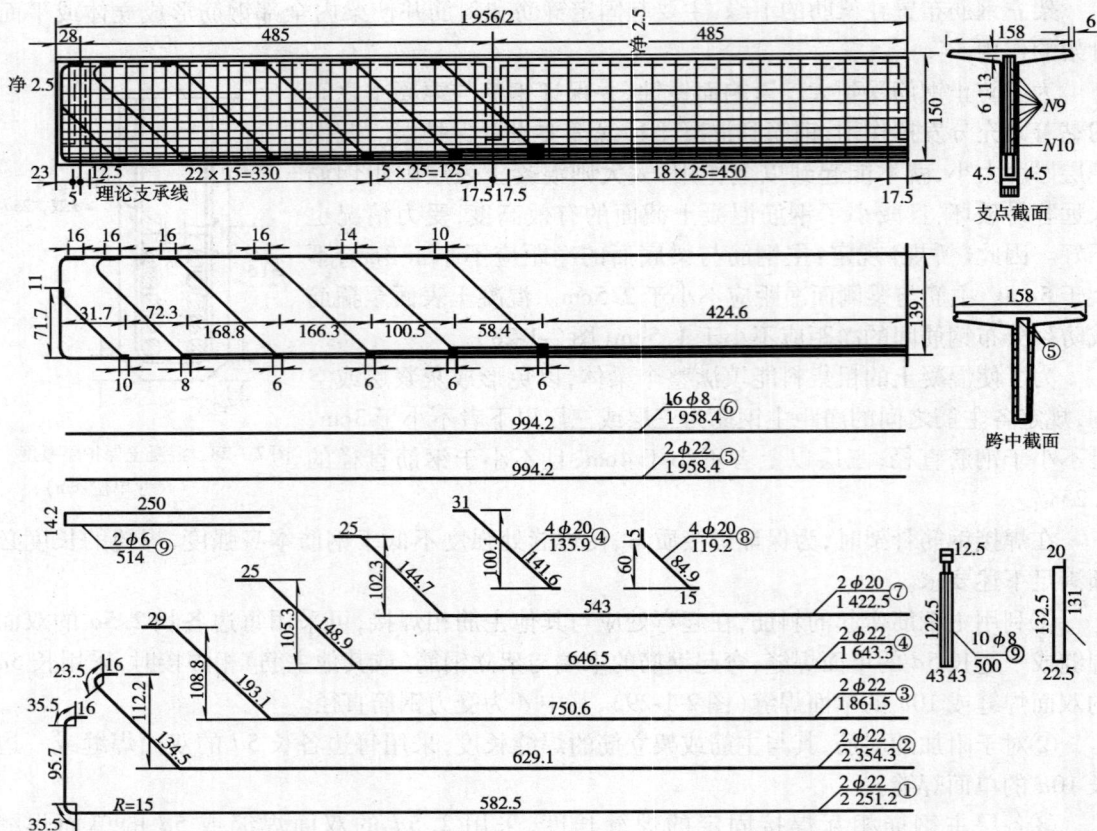

图 2-1-30　装配式 T 形梁块件梁肋钢筋构造(尺寸单位:cm)

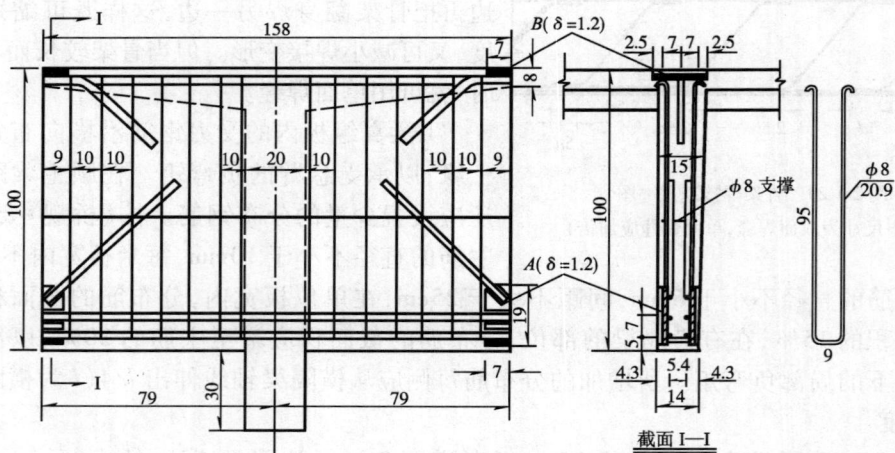

图 2-1-31　横隔梁构造形式(尺寸单位:cm)

3. 装配式 T 形梁的横向连接

装配式 T 形梁的接头处要有足够的强度,以保证结构的整体性,并使在施工、营运中不发生松动。其连接的方式有以下几种。

（1）钢板连接（图2-1-32）。它是在横隔梁上、下进行钢板焊接。

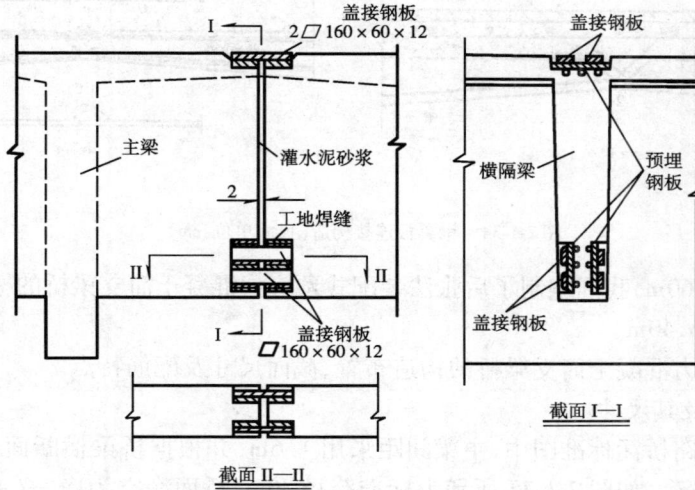

图 2-1-32　横隔梁的接头构造（尺寸单位：mm）

（2）螺栓接头。此方式与钢板连接相似，不同是用螺栓与预埋钢板连接。钢板要预留螺栓孔。但此方法螺栓易松动，如图2-1-33a）所示。

（3）扣环接头。横隔梁在预制时在接缝处伸出钢筋扣环A，安装时在相邻构件的扣环两侧再安上椭圆形的接头扣环B，在形成的圆环内插入短分布筋后现浇混凝土封闭接缝，接缝宽度为 0.20～0.50m，如图2-1-33b）所示。

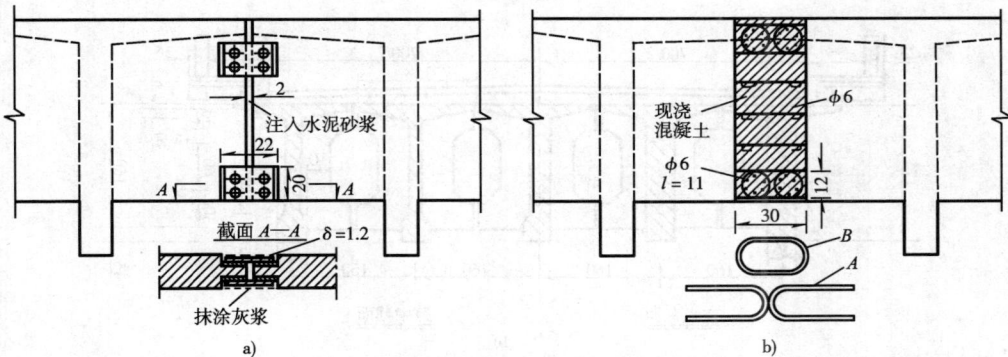

图 2-1-33　隔梁接头的构造（尺寸单位：cm）
a）螺栓接头；b）扣环接头

目前，为改善挑出翼板的受力状态，横向连接往往做成企口铰接式的简易构造，如图 2-1-34a）所示 T 梁标准设计中所采用的连接方式。主梁翼缘板内伸出连接钢筋，交叉弯制后在接缝处再安放局部的 $\phi 6$ 钢筋网，并将它们浇筑在桥面混凝土铺装层内，或者可将翼板的顶层钢筋伸出，并弯转套在一根长的钢筋上，以形成纵向铰，如图2-1-34b）所示。显然，此种接头构造由于连接钢筋甚多，使施工增添了一些困难。

4. 装配式预应力混凝土简支梁

预应力混凝土结构以其良好的使用性能被广泛地应用。目前公路上预应力混凝土简支梁

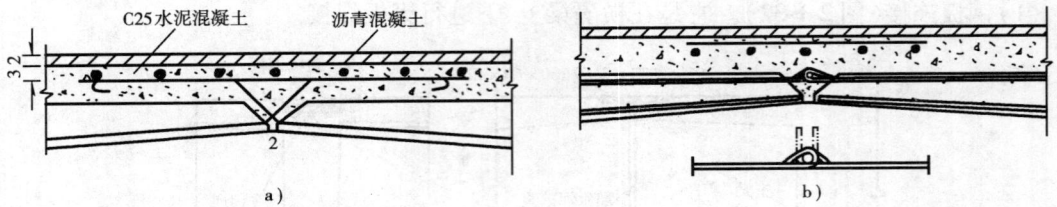

图 2-1-34 梁翼板连接构造(尺寸单位:cm)

的跨径已做到 50～60m,我国编制了后张法装配式预应力混凝土简支梁桥的标准设计,标准跨径为 25m、30m、35m、40m。

下面介绍预应力混凝土简支梁桥的构造布置、截面尺寸及配筋特点。

（1）构造布置及其尺寸

我国编制的公路桥涵标准图中,主梁间距采用 1.6m,并根据桥梁横断面不同的净宽而相应采用 5、6、7 片主梁。如图 2-1-35 所示为标准跨径 30m,桥面净空为净—7＋2×0.75m 人行道的标准设计构造布置图。

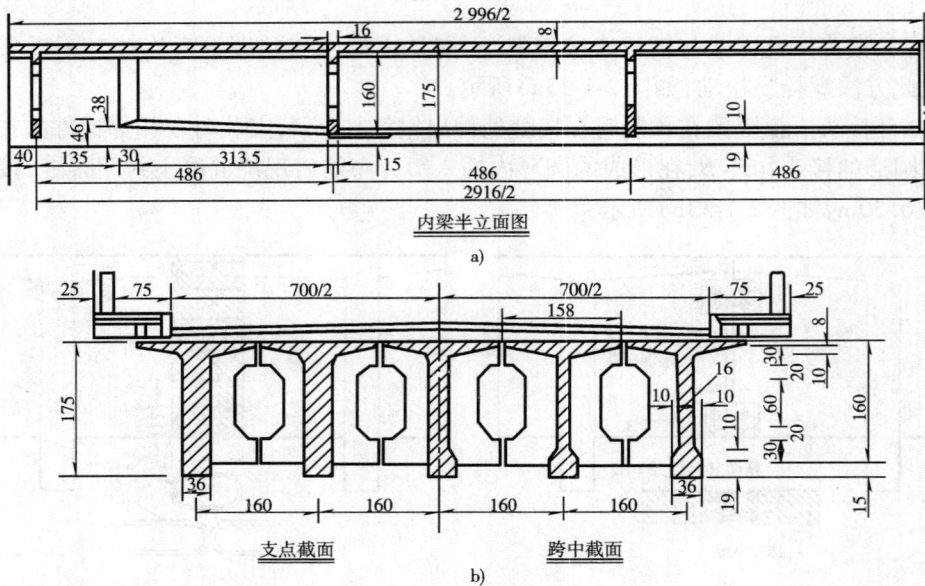

图 2-1-35 跨径30m 预应力混凝土 T 梁的构造布置(尺寸单位:cm)

当吊装质量不受限制时,对于较大跨径的 T 梁,宜用较大的主梁间距(1.8～2.5m),可减少钢筋与混凝土的用量。

主梁的高度是随截面形式、主梁片数及建筑高度的不同而不同的。对于常用的等截面简支梁,高跨比可在 1/14～1/25 内选取。随着跨径增大取较小值,随梁数减少取较大值,中等跨径一般可取 1/16～1/18。

预应力混凝土简支 T 梁的梁肋下部通常加宽做成马蹄形,以满足钢丝束的布置来承受很大预压力的需要(图2-1-35),在靠近支点处腹板要加厚至与马蹄同宽,加宽范围最好达一倍梁高左右。一般跨径中部肋宽采用 16cm,肋宽不宜小于肋板高度的 1/15。

为了防止在施工和运输中使马蹄部分出现纵向裂缝,除马蹄面积不宜小于全截面的10%~20%,尚建议具体尺寸如下。

①马蹄宽度约为肋宽的2~4倍,并注意马蹄部分(特别是斜坡区),管道保护层不宜小于6cm。

②马蹄全宽部分高度加1/2斜坡区高度约为(0.15~0.20)h,斜坡宜陡于45°。

同时应注意,马蹄部分不宜过高、过大,否则会降低截面形心,减小偏心距e,并导致降低抵消自重的能力。在靠近支点时,为适应预应力筋的弯起,可将马蹄逐渐加高。从预应力梁的受力特点可知,为了使截面布置经济合理,节省预应力筋的配筋数量,T形梁截面的效率指标P应大于0.50。加大翼板宽度能有效地提高截面的效率指标。

(2)配筋特点

装配式预应力混凝土简支梁内配筋除了主要的纵向预应力筋外,还有一些非预应力筋,如:架立钢筋、箍筋、水平分布钢筋、承受局部压力的钢筋骨架。

①纵向预应力筋的布置

布置方式有以下几种(图2-1-36)。

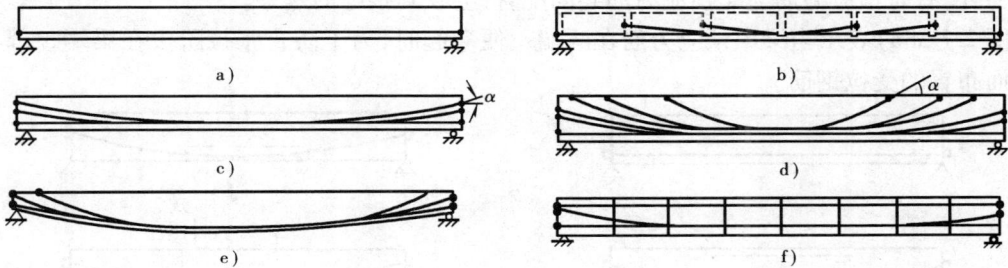

图 2-1-36 支梁纵向预应力筋布置图示

a. 全部主筋直线形布置,适用于先张法。缺点是在梁端上缘会产生过高拉应力。有时为了减小此应力,可根据弯矩的变化,将纵向预应力筋按需要截断。

b. 直线形预应力筋的后张法梁,为了减小梁端负弯矩,节省钢材,可以将主梁在中间截面截断。但锚固处受力与构造较复杂,且预应力筋没有充分发挥抗剪作用。

c. 将预应力筋全部弯至梁端锚固,可以减少摩擦损失,但梁端受预应力较大。

d. 当梁高受限制时,可以将一部分预应力筋弯出梁顶。此方法摩擦损失增大,但能缩短预应力筋的长度,且能提高梁的抗剪能力。

图2-1-36b、c)方式应用较广泛。

预应力钢筋总的布置原则是:在保证梁底保护层厚度及使预应力钢筋位于索界内的前提下,尽量使预应力筋的重心靠下;在满足构造要求的同时,预应力钢筋尽量相互紧密靠拢,使构件尺寸紧凑。

②非预应力筋的布置

预应力混凝土T形梁与钢筋混凝土梁一样,按规定布置箍筋、防收缩钢筋、架立钢筋。另外,还有其自身特点。

如图2-1-37所示为梁端锚固区(约等于梁高的长度内)的配筋构造。加强钢筋网的网格约为10cm×10cm。锚具下设置厚度不小于16mm的钢垫板与φ9mm的螺旋筋,其螺距为3cm,长21cm,以提高混凝土的抗裂性。

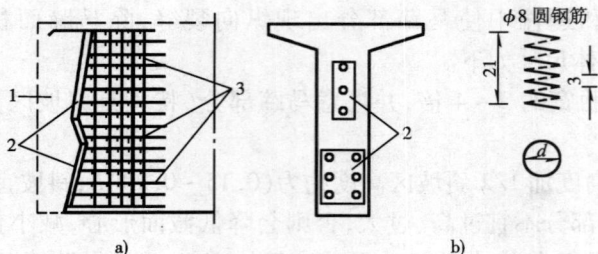

图 2-1-37 梁端非预应力钢筋构造(尺寸单位:cm)

1-后浇封头混凝土;2-垫板;3-钢筋网(直径 ϕ8,间距 10cm)

此外,对于预应力筋比较集中的下翼缘(下马蹄)内必须设置闭合式加强箍筋,其间距不大于15cm(图 2-1-37),图中 d 为制孔管的直径,应比预应力筋直径大 10mm,采用铁皮套管时应大 20mm,管道间的最小净距主要是由灌注混凝土的要求所确定,在有良好振捣工艺时(例如同时采用底振和侧振),最小净距不小于 4cm。

另外,有时预应力筋与非预应力筋共同配置,会收到很好的效果。

图 2-1-38a)表示当梁中预应力筋在两端不便弯起时,为了防止张拉阶段在梁端顶部可能开裂而布置的受拉钢筋。

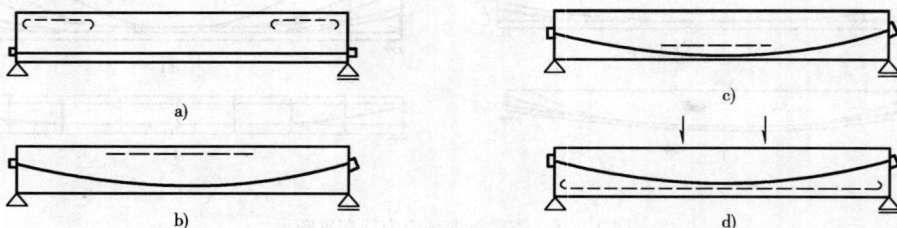

图 2-1-38 应力纵向受力钢筋(虚线)的布置

对于自重比永久作用与可变作用小得多的梁,在预加力阶段跨中部分的上翼缘可能会开裂破坏,因而也可在跨中部分的顶部加设无预应力的纵向受力钢筋,如图 2-1-38b)所示。这种钢筋在营运阶段还能增强混凝土的抗压能力,在破坏阶段则可提高梁的安全度。

如图 2-1-38c)所示在跨中部分下翼缘内设置的钢筋,多半是在全预应力梁中为了加强混凝土承受预加压力而设置。

对于部分预应力梁也常利用通长布置在下翼缘的纵向钢筋来补足极限强度的需要,如图 2-1-38d)所示,且这种钢筋对于配置无黏结预应力筋的梁能起到分布裂缝的作用。

如图 2-1-39 所示为墩中心距为 30m 的装配式预应力混凝土简支梁标准设计图的构造布置。此梁的全长为 29.96m,计算跨径为 29.16m,梁肋中心距为标准尺寸 1.60m。在横截面上,可以用 5 ~ 7 片主梁来构成净—7、净—9 并附不同人行道宽度的桥面净空。

主梁采用 C40 混凝土带马蹄的 T 形截面,梁高为 1.75m,高跨比为 1/16.7。厚 16cm 的梁肋在梁端部分(约等于梁高的长度内)加宽至马蹄全宽 36cm,以利预应力筋的锚固。在截面设计中将所有混凝土内角做成半径为 5cm 的圆角,以利脱模。

T 梁预应力采用了 7 根 24ϕ5 高强钢丝束,钢丝极限强度为 1 600 × 10³kPa,全部钢丝束均以圆弧起弯并锚固在梁端厚 2cm 的钢垫板上。

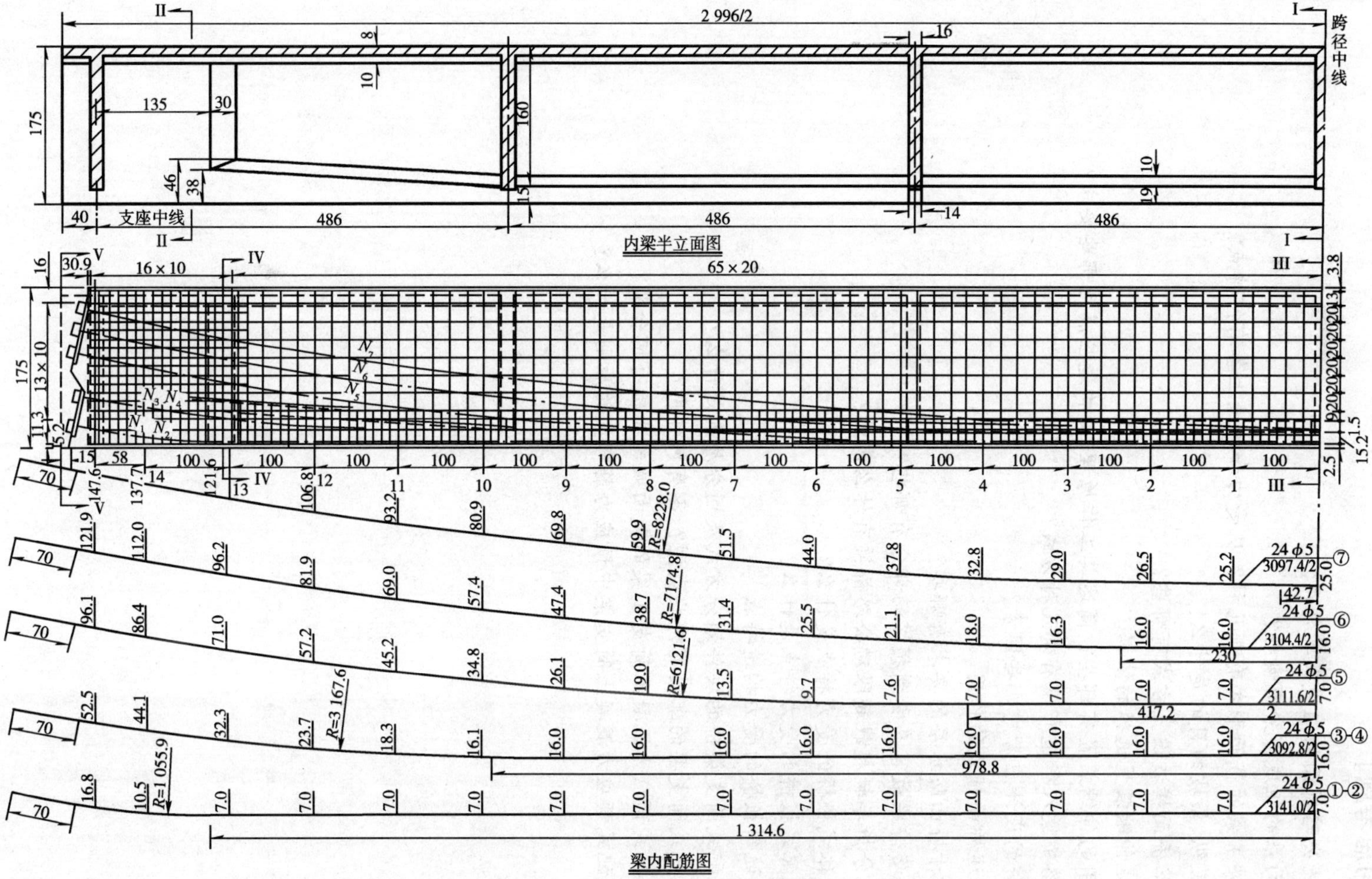

图 2-1-39 装配式预应力混凝土简支梁桥配筋（尺寸单位：除钢筋直径以 m 计外，其余均以 cm 计）

67

[复习思考题]

1. 试述公路桥面的组成及其作用。

2. 桥面系的组成部分有哪些？

3. 桥梁主梁的截面形式有哪几种？从受力和构造上各有何特点？

4. 设置纵、横坡的目的是什么？

5. 公路桥面横坡设置方式有哪些？

6. 试述伸缩装置选择的依据。

7. 常用的伸缩装置有哪些？简述其工作原理,其构造应满足哪些要求？

8. 公路桥梁人行道布设有哪几种方式？

9. 栏杆的设计应考虑哪些因素？

10. 简述桥面铺装的作用。

11. 对于桥面防水层的要求有哪些？

12. 公路桥梁最容易受到损坏的部分有哪些？

13. 试分析车辆超载超限对公路桥梁有什么影响？

14. 整体式板桥的受力特点是什么？

15. 装配式板桥的受力特点是什么？

16. 简述斜板桥的受力构造特点。

17. 装配式简支梁桥的块件划分方式及划分原则是什么？

18. 装配式简支梁的配筋有哪些类型？各有何作用？

19. 装配式预应力混凝土简支 T 梁的截面效率指标有何含义？

20. 装配式预应力混凝土简支梁中预应力筋布置的原则是什么？

第二章 混凝土简支梁桥的计算

[提要] 本章简要介绍了混凝土简支梁桥行车道板的计算方法；主梁在自重、可变作用下的内力计算的方法。用杠杆原理法、偏心压力法、铰接板(梁)法等进行荷载横向分布系数的计算，横隔梁内力计算，挠度、预拱度的计算。

在进行工程结构物设计时，通常总是先根据使用要求、跨径大小、桥面净宽、作用等级、施工条件等基本资料，运用对结构物的构造知识并参考已有桥梁的设计经验来拟定结构物各构件的截面形式和细部尺寸，估算结构的自重，然后根据作用在结构上的荷载，用熟知的数学、力学方法计算出结构各部分可能产生的最不利的内力，再由已求得的内力进行强度、刚度和稳定性验算，以此来判断原先所拟定的细部尺寸及结构配筋设计是否符合要求。

如果验算结果不能满足要求，则需调整原来所拟定的尺寸再进行验算，直至满足为止。

鉴于钢筋混凝土构件的截面设计和验算问题属于《结构设计原理》课程的内容，本章以常用的钢筋混凝土简支 T 梁桥为例，着重阐述桥面板、主梁和横隔梁的受力特点、最不利内力及其内力组合的计算方法。

第一节 行车道板的计算

一、行车道板的力学模型

混凝土简支肋梁桥的桥面板是直接承受车辆轮压的混凝土板，它与主梁梁肋和横隔梁联结在一起，既保证了梁的整体作用，又将荷载传递给主梁。

对于整体现浇的 T 梁桥，梁肋和横(隔)梁之间的桥面板，属于矩形的周边支承板，如图 2-2-1a)所示。通常其边长比或长宽比(l_a/l_b)等于或大于 2，当有荷载作用于板上时，绝大部分是由短跨方向(l_b)传递的，因此可近似地按仅由短跨承受荷载的单向受力板来设计，即仅在短跨方向配置受力主筋，而长跨方向只要配置适当的构造钢筋即可。

同理，对于装配式 T 形梁桥，其桥面板也存在边长比或长宽比 $l_a/l_b \geqslant 2$ 的关系，如果在两主梁的翼板之间：①采用钢板联结[图 2-2-1b)]时，则桥面板可简化为悬臂板；②采用不承担弯矩的铰接缝联结[图 2-2-1c)]时，则可简化为铰接悬臂板。

所以在实践中可能遇到的桥面板受力图式为单向板、悬臂板、铰接悬臂板等几种。下面仅对其的桥面板介绍其计算方法。

二、桥面板的受力分析

1. 车轮荷载在板面上的分布

根据试验研究，作用在混凝土或沥青铺装面层上的车轮荷载，可以偏安全地假定呈 45°角扩散分布于混凝土板面上。为了方便起见，近似地把车轮与桥面的接触面看作是 $a_2 \times b_2$ 的矩形面积，a_2 为车轮(或履带)沿行车方向的着地长度，b_2 为车轮或履带的宽度。如图 2-2-2 所示其数值可查相关表格。至于荷载在铺装层内的扩散程度，对于混凝土或沥青面层，可以偏安

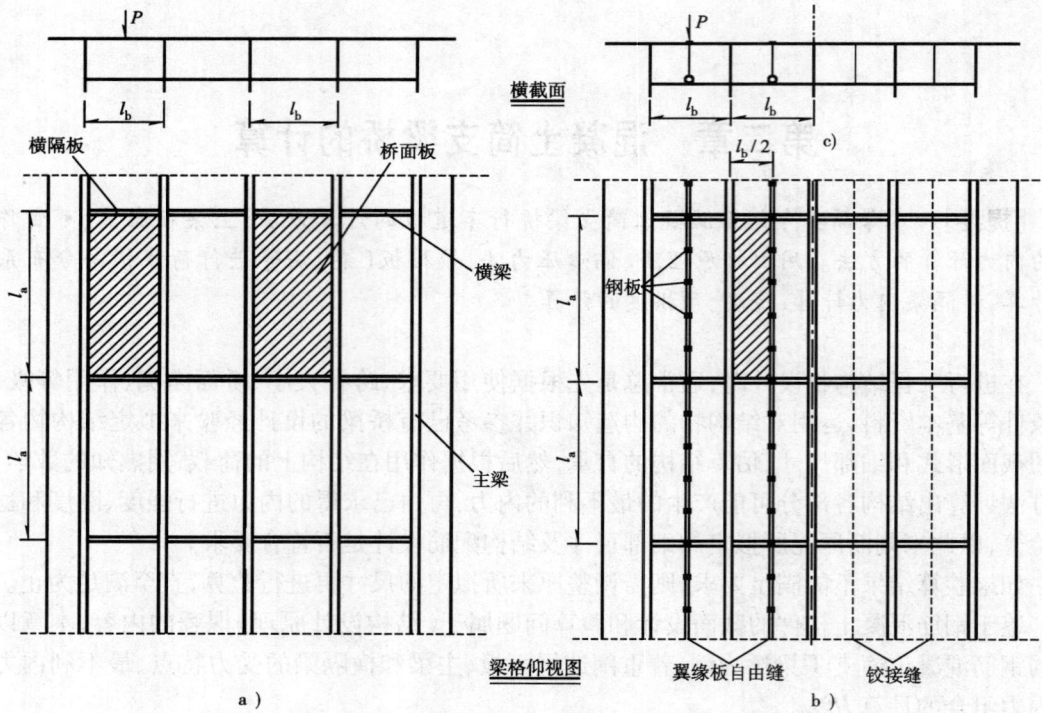

横截面

c)

图 2-2-1 梁格构造和桥面板支承方式

a)整体现浇梁;b)装配式梁桥;c)翼板间钢板连接

全地假定按45°扩散。

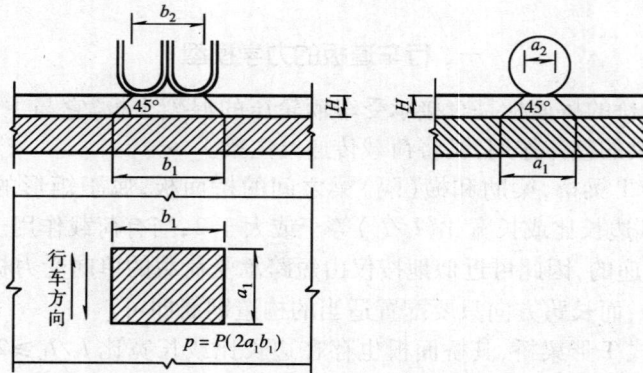

图 2-2-2 车辆荷载在板面上的分布

最后,作用于钢筋混凝土桥面板顶面的矩形荷载压力面的边长为

沿行车方向 $\qquad a_1 = a_2 + 2H$

沿横向方向 $\qquad b_1 = b_2 + 2H$ $\qquad\qquad$ (2-2-1)

式中:H——为铺装层的厚度。

各级荷载的 a_2 和 b_2 值可从《桥规》中查得。据此,当有一个车轮作用于桥面板上时,作用于桥面上的局部分布荷载为

汽车 $\qquad\qquad p = \dfrac{P}{2a_1 b_1}$

式中:P——汽车的轴重。

2. 板的有效工作宽度

70

板在局部荷载作用下,不仅直接承压部分参加工作,其相邻的部分板也会共同参与工作,承担一部分荷载,所以我们必须要解决板的有效工作宽度问题。

《桥规》对板的荷载有效分布宽度规定如下。

(1)单向板的荷载有效分布宽度

①荷载位于跨径中间

单独一个荷载[图2-2-3a)]

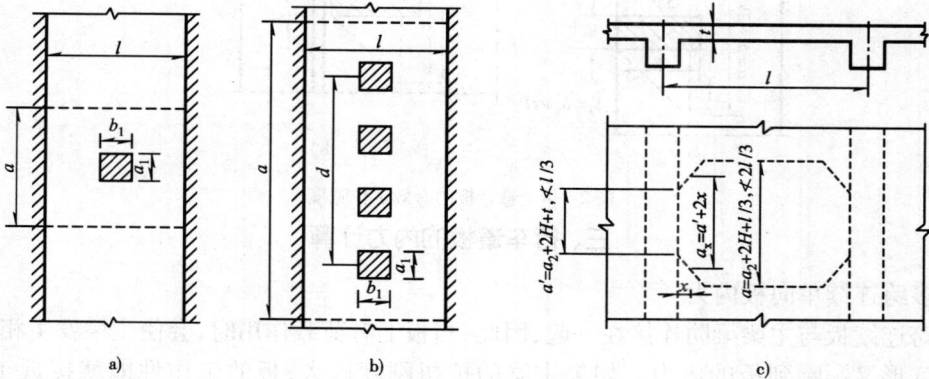

图 2-2-3　单向板的荷载有效分布宽度

$$a = a_1 + \frac{l}{3} = a_2 + 2H + \frac{l}{3}, 但不小于\frac{2l}{3}$$

式中:l——两梁肋之间板的计算跨径。

几个靠近的相同荷载,有效分布宽度发生重叠时[图2-2-3b)],则

$$a = a_1 + d + \frac{1}{3} = a_2 + 2H + d + \frac{l}{3}, 但不小于\frac{2l}{3} + d$$

式中:d——最外两个荷载的中心距离,如果只有两个相邻荷载一起计算时,d为车辆荷载的轴距。

②荷载位于板的支承边缘　$a' = a_1 + t = a_2 + 2H + t$,但不小于$\frac{l}{3}$

式中:t——板的厚度。

③荷载位于支承边缘附近　$a_x = a' + 2x \leq a$

式中:x——荷载离支承边缘的距离。

根据上述分析,对于不同车轮荷载位置时,单向板的有效分布宽度如图2-2-3c)所示。注意,按上述公式算得的所有分布宽度,均不得大于板的全宽度。

对于履带车荷载来说,因接触桥面较长,通常不考虑荷载压力面以外的板条参加工作,故不论在跨中或支点,均取1m宽的板条进行计算。

(2)悬臂板的荷载有效分布宽度[图2-2-4a)]

悬臂板在荷载作用下,除了直接受荷载的板条外,相邻的板条也发生挠曲变形而承受部分荷载。对悬臂板规定的荷载有效分布宽度为

$$a = a_2 + 2H + 2b' = a_1 + 2b' \tag{2-2-2}$$

式中:b'——承重板上荷载压力面外侧边缘至悬臂根部的距离。

对于分布荷载靠近边板的最不利情况,b'就等于悬臂板的净跨径l_0,于是

$$a = a_1 + 2l_0 \tag{2-2-3}$$

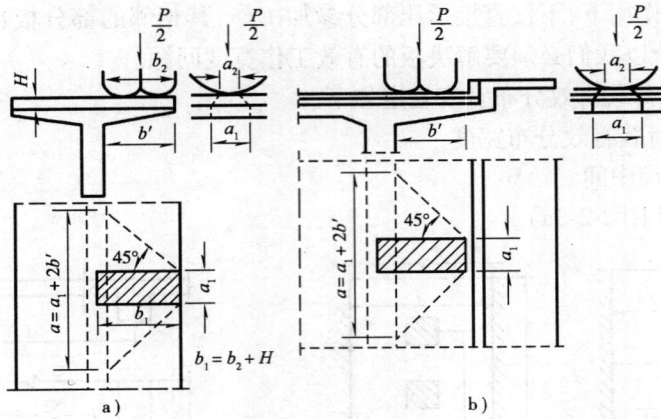

图 2-2-4　悬臂板的有效工作宽度

三、行车道板的内力计算

1. 多跨连续单向板内力

多跨连续板与主梁梁肋连接在一起,因此,当板上有荷载作用时,会使主梁发生相对变形,而这种变形又影响到板的内力。如果主梁的抗扭刚度极大,板的工作性能就接近于固端梁[图 2-2-5a)]。反之,如果主梁抗扭刚度极小,板在梁肋支承处为接近自由转动的铰支座,则板的受力就如多跨连续梁[图 2-2-5b)]。实际上行车道板在主梁梁肋的支承条件,既不是固端,也不是铰支,而应该是弹性嵌固的[图 2-2-5c)]。

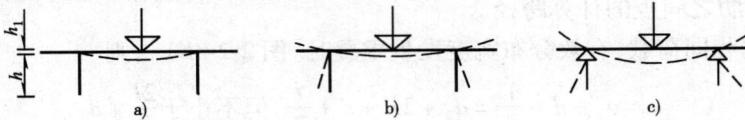

图 2-2-5　主梁扭转对行车道板受力的影响

行车道板的受力情况比较复杂,影响的因素较多,因此,要精确计算板的内力较困难。通常采用简单的近似方法进行计算。对于一次浇筑的多跨连续单向板的内力计算,《桥规》规定如下。

(1) 跨中最大弯矩计算

当 $t/h < 1/4$ 时(即主梁抗扭能力大者)

$$\left.\begin{array}{ll} 跨中弯矩 & M_{中} = 0.5M_0 \\ 支点弯矩 & M_{支} = -0.7M_0 \end{array}\right\} \tag{2-2-4}$$

当 $t/h \geqslant 1/4$ 时(即主梁抗扭能力小者)

$$\left.\begin{array}{ll} 跨中弯矩 & M_{中} = 0.7M_0 \\ 支点弯矩 & M_{支} = -0.7M_0 \end{array}\right\} \tag{2-2-5}$$

式中:t——板厚;

　　　h——肋高;

　　　M_0——把板当作简支板时,由使用荷载引起的 1m 宽板的跨中最大设计弯矩,是由 M_{0p} 和 M_{0g} 两部分内力组合而成的。

$$M_0 \begin{cases} M_{0p} 为 1m 宽简支板条的跨中汽车荷载弯矩 \\ M_{0g} 为 1m 宽简支板条的结构重力弯矩 \end{cases}$$

对汽车荷载跨中弯矩为
$$M_{0p} = (1 + \mu)\frac{p}{8a}\left(l - \frac{b_1}{2}\right) \tag{2-2-6}$$

式中：μ——汽车冲击系数,在桥面板内力计算中通常为 0.3；

p——汽车轴重应取车辆荷载后轴的轴重力计算；

a——板的有效工作宽度；

l——板的计算跨径,当梁肋不宽时(如 T 形梁),可取梁肋中距,当梁肋较宽时(如箱形梁),可取梁肋间的净距加板厚,即 $l = l_0 + t$,但不大于 $l_0 + b(b$ 为梁肋宽)。

M_{0g} 为跨中结构自重弯矩,可由下式计算

$$M_{0g} = \frac{1}{8}gl^2 \qquad (2\text{-}2\text{-}7)$$

式中：g——1m 宽板的荷载强度。

（2）支点剪力计算

计算单向板的支点剪力时,可不考虑板和主梁的弹性固结作用,而直接按简支板的图式进行计算。对于跨径内只有一个汽车车轮荷载的情况,考虑了相应的有效工作宽度后,1m 板宽承受的分布荷载,如图 2-2-6 所示,则汽车引起支点剪力为

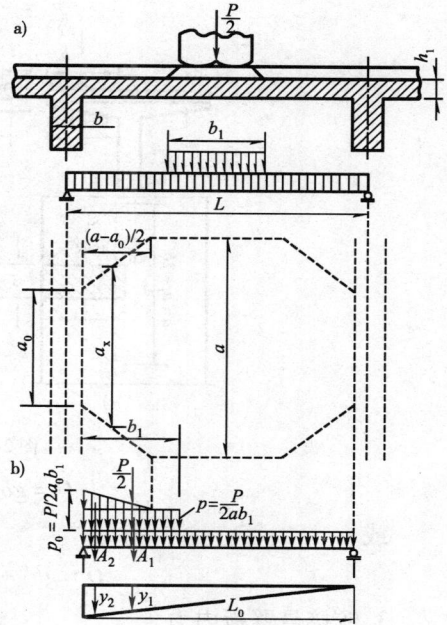

图 2-2-6　单向板内力计算图式

$$Q_{支} = \frac{gl_0}{2} + (1+\mu)(A_1y_1 + A_2y_2) \qquad (2\text{-}2\text{-}8)$$

其中矩形部分荷载的合力为(以 $P = \frac{p}{2ab_1}$ 代入)

$$A_1 = pb_1 = \frac{P}{2a}$$

以 $p_0 = \frac{P}{2a_0b_1}$ 代入得三角形部分荷载的合力为

$$A_2 = \frac{1}{2}(P_0 - P) \times \frac{1}{2}(a - a_0) = \frac{P}{8aa_0b_1}(a - a_0)^2$$

式中：P、P_0——对应于有效分布宽度 a 和 a_0 的荷载强度；

y_1、y_2——对应于荷载合力 A_1 和 A_2 的支点剪力影响线竖标值。

如跨径内不止一个车轮进入时,尚应计及其他车轮的影响。

2. 悬臂板内力

对于沿缝不相连接的悬臂板,计算梁肋处最大弯矩时,应将汽车车轮靠板的边缘布置(图 2-2-7),此时 $b_1 = b_2 + H$(无人行道一侧)或 $b_1 = b_2 + 2H$(有人行道一侧),则结构自重和汽车荷载弯矩值可由一般公式求得

$$M = -\frac{1}{2}gb'^2 - \frac{P}{4ab_1}(1+\mu)b'^2 \qquad (b_1 \geqslant b' 时) \qquad (2\text{-}2\text{-}9)$$

或

$$M = -\frac{1}{2}gb'^2 - (1+\mu)\frac{P}{2a}\left(b' - \frac{b_1}{2}\right) \qquad (b_1 < b' 时) \qquad (2\text{-}2\text{-}10)$$

式中：P——汽车车轮轴重力。

悬臂板的剪力为

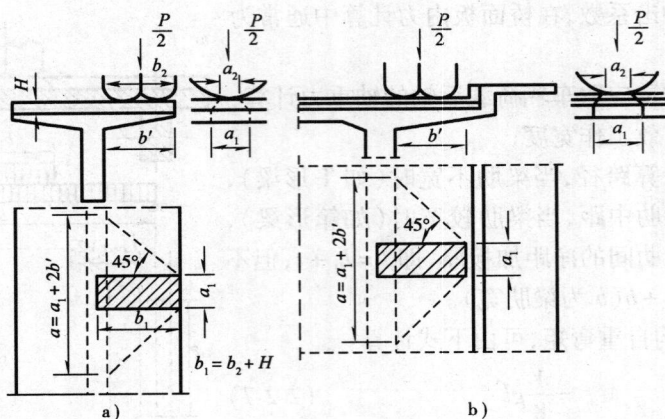

图 2-2-7 悬臂板的有效工作宽度

$$Q = gb' + \frac{P}{2ab_1}b' \qquad (b_1 \geqslant b'时) \qquad (2\text{-}2\text{-}11)$$

或

$$Q = gb' + \frac{1}{2a}(1 + \mu)P \qquad (b_1 < b'时) \qquad (2\text{-}2\text{-}12)$$

3. 铰接悬臂板内力

对于用铰接方式连接的 T 形梁翼缘板,其最大弯矩在悬臂根部。计算汽车荷载弯矩时,近似地把车轮荷载对中布置在铰接处作为最不利的荷载位置,这时铰接处的弯矩为零,两相邻悬臂板各承受半个车轮荷载,即 $P/4$,如图 2-2-8 所示。支承处 1m 宽板的弯矩为

$$M = -(1 + \mu)\frac{P}{4a}\left(b' - \frac{b_1}{4}\right) \qquad (2\text{-}2\text{-}13)$$

1m 板宽的结构自重弯矩为

$$M_g = -\frac{1}{2}gb'^2 \qquad (2\text{-}2\text{-}14)$$

铰接板的剪力计算,应把荷载尽量靠近梁肋布置,利用影响线来进行,即

$$Q = gb' + (1 + \mu)P\omega \qquad (2\text{-}2\text{-}15)$$

式中:P——作用在 1m 宽板上下的荷载强度;

ω——与 b_1 所对应的剪力影响线面积。

为了简化计算,可近似按汽车车轮荷载对称布置在铰接处来计算剪力

$$Q = gb' + (1 + \mu)\frac{P}{4a} \qquad (2\text{-}2\text{-}16)$$

注意:此处 $b_1 \geqslant b'$ 为铰接双悬臂板的净跨径。悬臂根部 1m 板宽的总弯矩是 $M_{\min,p}$ 和 $M_{\min,g}$ 两部分的内力组合。以上所有汽车荷载内力的计算公式都是对汽车车辆荷载的轮重即 $P/2$ 推导的悬臂根部的剪力,可以偏安全地按一般悬臂板的图式来计算,这里从略。

【例 2-2-1】 计算图 2-2-9 所示 T 梁翼板所构成铰接悬臂板的设计内力。桥面铺装为

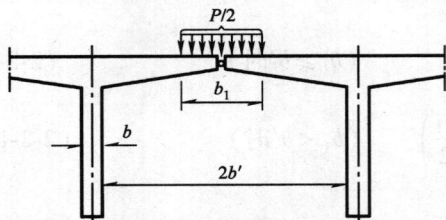

图 2-2-8 铰接板弯矩计算图式

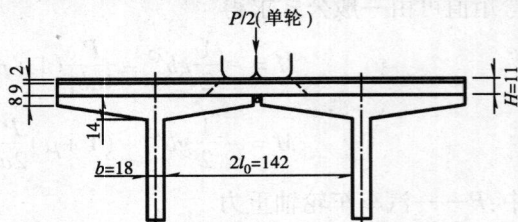

图 2-2-9 T 梁横截面图(尺寸单位:cm)

74

$2cm$ 的沥青表面处治(重度为 $23kN/m^3$)和平均 $9cm$ 厚混凝土垫层(重度为 $24kN/m^3$),T 梁翼板的重度为 $25kN/m^3$,荷载为汽车的车辆荷载。

【解】 1. 结构自重及其内力(按纵向 $1m$ 宽的板条计算)

(1)每延米板上的结构自重 g(表 2-2-1)

结 构 自 重   表 2-2-1

沥青表面处治 g_1	$0.02 \times 1.0 \times 23 = 0.46kN/m$	T 梁翼板自重 g_3	$\dfrac{0.08+0.14}{2} \times 1.0 \times 25 = 2.75kN/m$
混凝土垫层 g_2	$0.09 \times 1.0 \times 24 = 2.16kN/m$	合计	$g = \sum g_i = 5.37kN/m$

(2)$1m$ 宽板条的恒载内力

$$M_{min,g} = -\frac{1}{2}gl_0^2 = -\frac{1}{2} \times 5.37 \times 0.71^2 = -1.35kN \cdot m$$

$$Q_{Ag} = gl_0 = 5.37 \times 0.71 = 3.81kN$$

2. 车辆荷载产生的内力

将车辆荷载后轮作用于铰缝轴线上(图 2-2-10),轴重力标准值为 $P = 140kN$,轮压分布宽度如图 2-2-10 所示。车辆荷载后轮着地长度为 $a_2 = 0.20m$,宽度为 $b_2 = 0.60m$,则

$$a_1 = a_2 + 2H = 0.20 + 2 \times 0.11 = 0.42m$$

$$b_1 = b_2 + 2H = 0.60 + 2 \times 0.11 = 0.82m$$

荷载对于悬臂根部的有效分布宽度

$$a = a_1 + d + 2l_0 = 0.42 + 1.4 + 2 \times 0.71 = 3.24m$$

由于这是汽车荷载局部加载在 T 梁的翼板上,故冲击系数取 $1 + \mu = 1.3$。

作用于 $1m$ 宽板条上的弯矩为

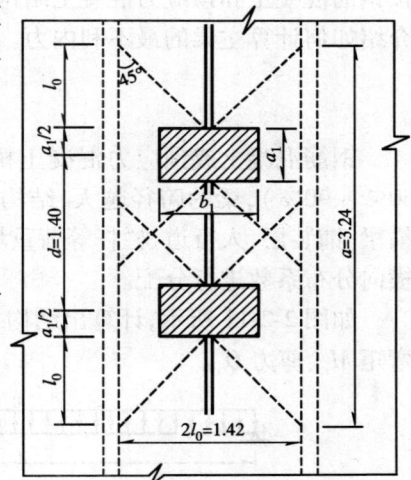

图 2-2-10　汽车荷载计算图示

$$
\begin{aligned}
M_{min,p} &= -(1+\mu)\frac{2P}{4a}\left(l_0 - \frac{b_1}{4}\right) \\
&= -1.3 \times \frac{2 \times 140}{4 \times 3.24}\left(0.71 - \frac{0.82}{4}\right) \\
&= -14.18kN \cdot m
\end{aligned}
$$

作用于 $1m$ 宽板条上的剪力为

$$Q_{Ap} = (1+\mu)\frac{P}{4a} = 1.3 \times \frac{140 \times 2}{4 \times 3.24} = 28.09kN$$

3. 内力组合

(1)承载能力极限状态内力计算

计算见表 2-2-2。

表 2-2-2

基本组合	$M_{ud} = 1.2M_{Ag} + 1.4M_{Ac} = 1.2 \times (-1.35) + 1.4 \times (-14.18) = -21.47kN \cdot m$
	$Q_{ud} = 1.2Q_{Ag} + 1.4Q_{Ap} = 1.2 \times 3.81 + 1.4 \times 28.09 = 43.90kN$

75

所以,行车道板的设计内力为

$$M_{ud} = -21.47\text{kN} \cdot \text{m} \qquad Q_{ud} = 43.90\text{kN}$$

(2)正常使用极限状态内力组合计算

其计算见表 2-2-3。

表 2-2-3

短期效应组合	$M_{ud} = M_{Ag} + 0.7M_{Ac} = (-1.35) + 0.7 \times (-14.18) \div 1.3 = -8.99\text{kN} \cdot \text{m}$
	$Q_{sd} = Q_{Ag} + 0.7Q_{ap} = 3.81 + 0.7 \times 28.09 \div 1.3 = 18.94\text{kN}$

第二节 主梁内力计算

对于跨径在 10m 以内的简支梁,通常只需计算跨中截面的最大弯矩和支点截面与跨中截面的剪力;跨中与支点之间各截面的剪力可以近似假定按直线规律变化,弯矩可假设按二次抛物线规律变化,例如梁肋宽或梁高变化,则还应计算变化处截面的内力。有了截面内力,就可按钢筋混凝土和预应力混凝土结构的计算原理进行主梁各截面的配筋设计和验算。本书重点介绍如何计算主梁的最不利内力。

一、结构自重内力计算

钢筋混凝土或预应力混凝土桥梁的结构自重在全部设计荷载中占很大的比重(通常占 60% ~ 90%),梁的跨径越大,结构自重所占的比重也越大。在计算结构自重内力时,往往将横梁、铺装层、人行道、栏杆等荷重均匀分摊给各主梁承受。因此自重也可像活载一样,按荷载横向分布系数进行分配。

如图 2-2-11 所示,计算出结构自重值 g 之后,就可以按材料力学公式计算梁内各截面的弯矩 M_x、剪力 Q_x。

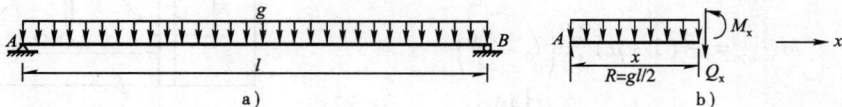

图 2-2-11 结构自重内力计算图示

$$M_x = \frac{gl}{2} \cdot x - gx \cdot \frac{x}{2} = \frac{1}{2}gx(l - x) \tag{2-2-17}$$

$$Q_x = \frac{gl_0}{2} - gx = g\left(\frac{l_0}{2} - x\right) \tag{2-2-18}$$

式中: l——简支梁的计算跨径;

l_0——净跨径;

x——弯矩和剪力计算截面到支点的距离(以支座为坐标原点)。

【例 2-2-2】 一座五梁式装配式钢筋混凝土简支梁桥的主梁和横隔梁截面如图 2-2-12 所示,计算跨径 $l = 19.50\text{m}$,结构重要系数 1.0。求边主梁的结构自重产生的内力(已知每侧的栏杆及人行道构件质量的作用力为 5kN/m)。

【解】 1. 计算结构自重集度(表 2-2-4)

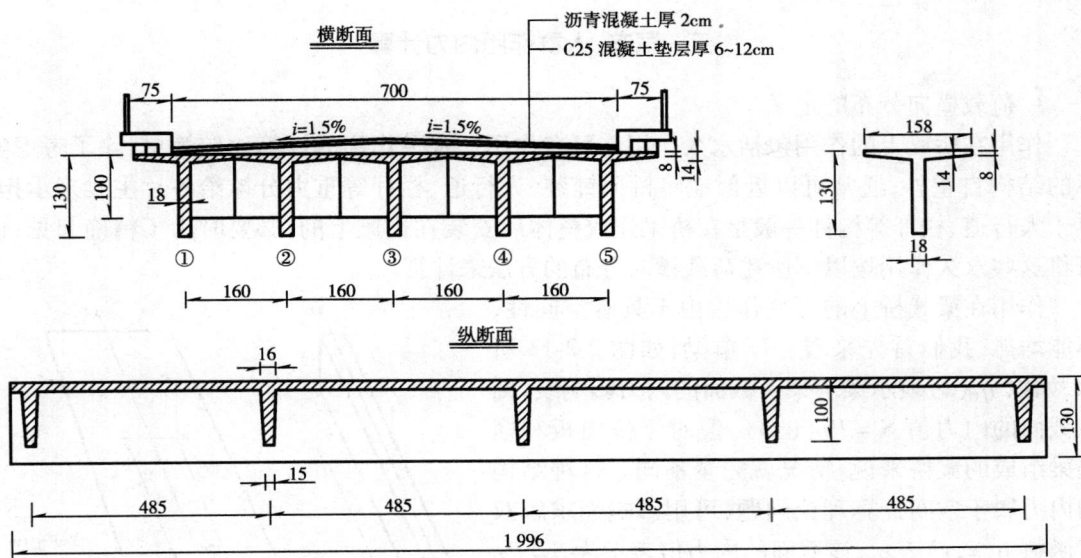

沥青混凝土厚 2cm
C25 混凝土垫层厚 6~12cm

图 2-2-12　简支 T 梁的主梁和横隔梁简图(尺寸单位:cm)

结构自重集度计算表　　　　　　　　　　　　　表 2-2-4

主梁		$g_1 = \left[0.18 \times 1.30 + \left(\dfrac{0.08 + 0.14}{2} \right)(1.60 - 0.18) \right] \times 25 = 9.76 \text{kN/m}$
横隔梁	对于边主梁	$g_2 = \left\{ \left[1.00 - \left(\dfrac{0.08 + 0.14}{2} \right) \right] \times \left(\dfrac{1.60 - 0.18}{2} \right) \right\} \times \dfrac{0.15 + 0.16}{2} \times 5 \times 25/19.50 = 0.63 \text{kN/m}$
	对于中主梁	$g_2^i = 2 \times 0.63 = 1.26 \text{kN/m}$
桥面铺装层		$g_3 = \left[0.02 \times 7.00 \times 23 + \dfrac{1}{2}(0.06 + 0.12) \times 7.00 \times 24 \right]/5 = 3.67 \text{kN/m}$
栏杆和人行道		$g_4 = 5 \times 2/5 = 2.00 \text{kN/m}$
合计	对于边主梁	$g = \sum g_i = 9.76 + 0.63 + 3.67 + 2.00 = 16.06 \text{kN/m}$
	对于中主梁	$g^i = 9.76 + 1.26 + 3.67 + 2.00 = 16.69 \text{kN/m}$

2. 结构自重内力计算(表 2-2-5):利用公式(2-2-17)、(2-2-18)

边主梁自重产生的内力　　　　　　　　　　　　表 2-2-5

截面位置 x ＼ 内力	剪　力　$Q(\text{kN})$	弯　矩　$M(\text{kN} \cdot \text{m})$
$x = 0$	$Q = \dfrac{16.06}{2} \times 19.5 = 156.6(162.7)$	$M = 0(0)$
$x = \dfrac{1}{4}$	$Q = \dfrac{16.06}{2} \times \left(19.5 - 2 \times \dfrac{19.5}{4} \right) = 78.3(81.4)$	$M = \dfrac{16.06}{2} \times \dfrac{19.5}{4}\left(19.5 - \dfrac{19.5}{4} \right) = 572.5(595.0)$
$x = \dfrac{1}{2}$	$Q = 0(0)$	$M = \dfrac{1}{8} \times 16.06 \times 19.5^2 = 763.4(793.3)$

注:括号内值为中主梁内力。

二、汽车、人群作用内力计算

1.荷载横向分布的定义

作用在桥梁上的作用包括永久作用与可变作用。永久作用的计算比较简单,除了考虑实际的结构自重外,通常可以近似地将桥面铺装、人行道、栏杆等重力分摊给各片主梁来承担。鉴于人行道、栏杆等构件一般是在桥梁连成整体后安装在边梁上的,必要时为了精确起见,也可将这些永久作用按以下所述荷载横向分布的方法来计算。

作用在梁式桥上的可变作用由于具有空间性,不能均摊,我们首先来看一下单梁,如图 2-2-13 所示,如以 $\eta_1(x)$ 表示梁上某一截面的内力影响线,则该截面的内力值 $S = P\eta_1(x)$。但对于桥面板和横隔梁组成的梁桥来说,情况就完全不同。这种结构的内力属于空间计算理论问题,可用影响面求解双值函数 $\eta(x,y)$ 表示,该截面的内力值表示为 $S = P\eta(x,y)$,用影响面求解最不利的内力值,仍是繁重的工作,故这种空间计算方法没有推广应用。目前广泛应用的是将复杂的空间问题转化为简单的平面问题求解,将影响面 $\eta(x,y)$ 分离成两个单函数的乘积,即

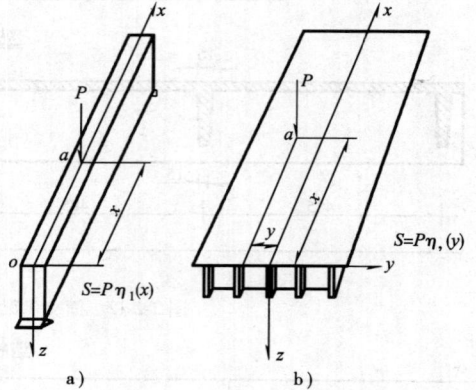

图 2-2-13　荷载作用下的内力计算
a)在单梁上;b)在梁式桥上

$$S = P\eta(x,y) \approx P \cdot \eta_2(y)\eta_1(x)$$

式中:$\eta(x,y)$——空间计算中某梁的内力影响面;

$\quad\quad \eta_1(x)$——单梁某一截面的内力影响线(图 2-2-13);

$\quad\quad \eta_2(y)$——看作是单位荷载沿横向作用在不同位置时对某梁所分配的荷载比值变化曲线,也称作对某梁的载荷横向分布影响线;$P\eta_2(y)$ 就是当 P 作用于 $a(x,y)$ 点时沿横向分布给某梁的荷载。如果桥梁的结构一定,轮重在桥上的位置也确定,则分布到某根梁的荷载也是一个定值。在桥梁设计中,通常用一个表征荷载分布程度的系数 m 与轴重的乘积来表示这个值,因此前后轴的两排轮重分布在某号梁的荷载可分别为 mp_1 和 mp_2。这个 m 就称为荷载横向分布系数,它表示某根主梁所承担的最大荷载是各个轴重的倍数(通常小于1)。

对于汽车、人群载荷的横向分布系数 m 的计算公式如下

汽车

$$m_q = \frac{\sum \eta_q}{2} \tag{2-2-19}$$

人群

$$m_r = \eta_r \tag{2-2-20}$$

式中:η_q、η_r——对应于汽车和人群荷载集度的荷载横向分布影响线竖标。

2.荷载横向分布的计算

根据各种梁式桥不同的宽度、横向联结结构和截面位置建立计算模型,同一座桥梁内各根梁的荷载横向分布系数 m 是不相同的,不同类型的荷载其 m 值也有所不同,而且荷载在梁上沿纵向的位置对 m 也有一定的影响。桥梁结构具有不同横向联结刚度时,对荷载横向分布的影响也很大,横向联结刚度愈大,荷载横向分布作用愈显著,各主梁的负担也愈均匀。

目前有以下几种荷载横向分布计算方法。

（1）杠杆原理法——把横向结构（桥面板和横隔梁）视作在主梁上断开并简支在其上的简支梁。

（2）偏心压力法——把横隔梁视作刚性极大的梁，当计及主梁抗扭刚度影响时，此法又称为修正偏心压力法。

（3）横向铰接板（梁）法——把相邻板（梁）之间视为铰接，只传递剪力。

（4）横向刚接梁法——把相邻主梁之间视为刚性连接，即传递剪力和弯矩。

（5）比拟正交异性板法——将主梁和横隔梁的刚度换算成两向刚度不同的比拟弹性平板来求解，并由实用的曲线图表进行荷载横向分布计算。

本节重点介绍较常用的杠杆原理法、偏心压力法和铰接板（梁）法。比拟正交异性板法因需要查阅计算图表和进行插入换算，计算较繁，目前在设计中已较少采用，故不做介绍。

1）杠杆原理法

按杠杆原理法进行荷载横向分布的计算，其基本假定是忽略主梁之间横向结构的联系作用，即假设桥面板在主梁肋处断开，而当作沿横向支承在主梁上的简支梁或悬臂梁来考虑，如图 2-2-14a）所示。利用上述假定作出主梁的荷载横向分布影响线，即当移动的单位荷载 $P = 1$ 作用于计算梁上时，该梁承担的荷载为1；当 P 作用于相邻梁之间按线性变化，如图 2-2-14b）、c）所示。

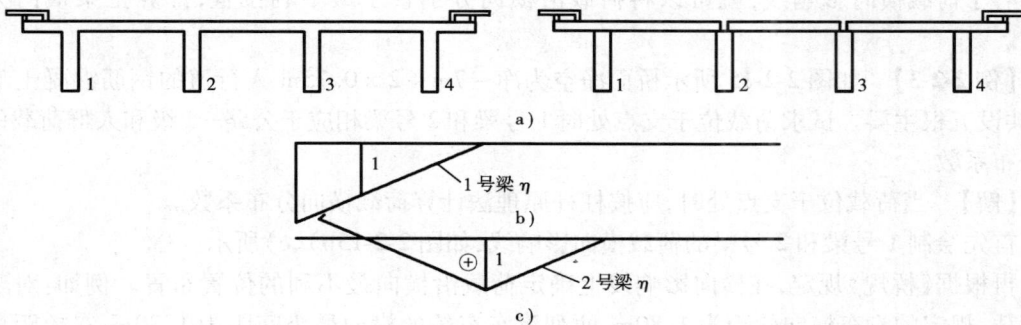

图 2-2-14　杠杆原理法计算横向分布系数
a）桥梁横断面；b）1 号梁荷载横向分布影响线；c）2 号梁荷载横向分布影响线

杠杆原理法适用范围：双梁式桥在荷载作用下，横隔梁和桥面板的工作性质和简支梁一样，可用杠杆原理法做精确的计算；多梁式桥，当荷载作用在支点处时，连接的端横隔梁的支点反力与多跨简支梁的支点反力相差不多，可用杠杆原理法计算；也可以近似地应用于横向联系很弱的无中间横隔梁的桥梁计算。

如图 2-2-15 所示为杠杆原理法计算横向分布系数的计算图式。当桥面板上有车辆荷载作用时，荷载 P_1 按杠杆原理分布于 1 号和 2 号主梁上；P_2 按杠杆原理分布于 2 号和 3 号主梁上。也就是 1 号主梁受到的荷载相当于桥面板作为伸臂板 ABC 的支点反力 R_1，2 号主梁受到的荷载相当于桥面板作为伸臂板 ABC 的支点反力和桥面板作为简支板 CD 的支点反力之和 R_2，3 号主梁受到的荷载相当于桥面板作为简支板 CD 和 DE 的支点反力之和 R_3，等等。

在计算时，为了求出车辆荷载在桥的横向各种可能位置对 1 号、2 号和 3 号主梁产生的最大荷载，就要给出 R_1、R_2 和 R_3 的支点反力影响线[图 2-2-15b）、c）]。这些反力影响线称为各主梁的荷载横向影响线。

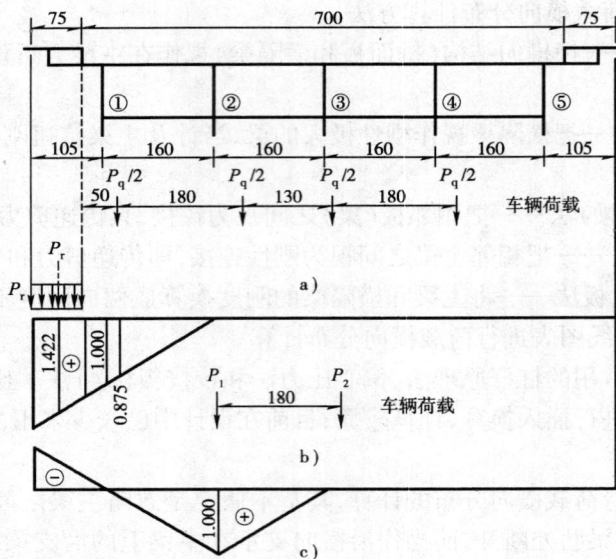

图 2-2-15　按杠杆原理法计算荷载横向分布系数(尺寸单位:cm)

a)桥梁横断面;b)1 号梁横向影响线;c)2 号梁横向影响线

有了荷载横向影响线,就可以将荷载沿横向分别置于最不利位置,计算主梁横向分布系数。

【例 2-2-3】　如图 2-2-15 所示桥面净空为净 − 7m + 2 × 0.75m 人行道的钢筋混凝土 T 梁桥,共设五根主梁。试求荷载位于支点处时 1 号梁和 2 号梁相应于公路—Ⅰ级和人群荷载的横向分布系数。

【解】　当荷载位于支点处时,应按杠杆原理法计算荷载横向分布系数。

首先绘制 1 号梁和 2 号梁的荷载横向影响线,如图 2-2-15b)、c)所示。

再根据《桥规》规定,在横向影响线上确定荷载沿横向最不利的位置布置。例如:对于汽车荷载,规定的汽车横向轮距为 1.80m,两列汽车车轮的横向最小间距为 1.30m,车轮距离人行道缘石最小为 0.50m,如图 2-2-15a)所示。由此求出相应于荷载位置的影响线竖标值后,按式(2-2-19)可得 1 号梁的荷载横向分布系数为

公路—Ⅰ级

$$m_{0q} = \frac{1}{2} \sum \eta_{iq} = \frac{1}{2} \times 0.875 = 0.438$$

人群荷载

$$m_{0r} = \sum \eta_r = 1.422$$

同理按图 2-2-15c)的计算,可得 2 号梁的荷载横向分布系数为

公路—Ⅰ级　　　　　　　　　$m_{0q} = 0.5$

人群荷载　　　　　　　　　　$m_{0r} = 0$

这里在人行道上没有布载,是因为人行道荷载引起的负反力,在考虑荷载组合时反而会减小 2 号梁的受力。

3 号梁的荷载横向分布影响线与 2 号梁" ＋"区段内的影响线完全相同,但其荷载横向分布系数与 2 号梁的并不完全相同。

2)偏心压力法

在钢筋混凝土或预应力混凝土梁桥上,当设置了具有可靠横向联结的横隔梁,且桥的宽跨

比 B/L 小于或接近于 0.5 的情况时(一般称为窄桥)车辆荷载作用下中间横梁的弹性挠曲变形同主梁的相比微不足道。这种把横梁当作支承在各片主梁上的连续刚体计算荷载横向分布系数的方法称为"偏心压力法"。此方法按计算中是否考虑主梁抗扭刚度的作用,又分为"偏心压力法"和考虑主梁抗扭刚度的"修正偏心压力法"。

(1)不考虑主梁抗扭刚度的偏心压力法

由图 2-2-16 可以看到,在偏心荷载的作用下,由于各根梁的扭曲变形,刚性的中间横隔梁从原来的 c—d 位置变位至 c'—d',呈一根倾斜的直线;靠近 P 的边梁 1 的跨中挠度 ω_1 最大,远离 P 的边梁 5 的 ω_5 最小(也可能出现负值),其他任意梁的跨中挠度均按 c'—d' 线呈直线规律分布。

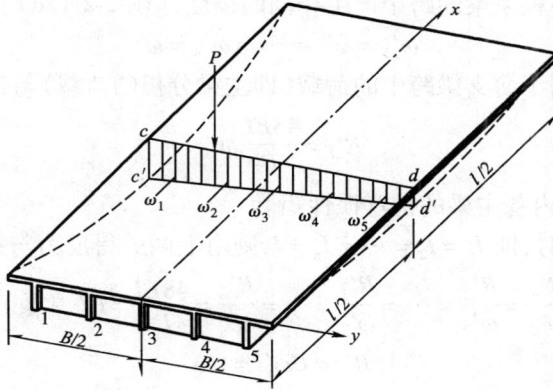

图 2-2-16　刚性横梁的梁桥在偏心荷载作用下的挠曲变形

偏心压力法的基本前提是:①汽车荷载作用下,中间横隔梁可近似地看作一根刚度为无穷大的刚性梁,横隔梁仅发生刚体位移;②忽略主梁的抗扭刚度,即不计入主梁扭矩抵抗活载的影响。如图 2-2-17a)所示,图中 ω_i 表示桥跨中央各主梁的竖向挠度。基于横隔梁的无限刚性的假定,此法也称"刚性横梁法"。

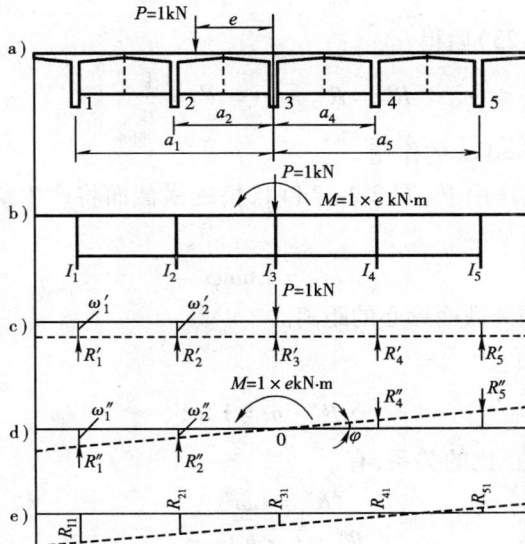

图 2-2-17　偏心荷载 $P=1$ 对于各主梁的荷载分布图

根据在弹性范围内,某根主梁所承受到的荷载 R_i 与该荷载所产生的跨中弹性挠度 ω_i 成

81

正比的原则,我们可以得出:在中间横隔梁刚度相当大的窄桥上,在沿横向偏心布置的汽车荷载作用下,总是靠近汽车荷载的一侧的边主载最大。因此,以下将介绍单位荷载 $P=1$ 作用在跨中任意位置(偏心距为 e)时,1 号主梁所受的力 R_1。

取跨中 $x=l/2$ 截面,如图 2-2-17b)所示。通常情况下,各主梁的惯性距 I_i 相等。显然具有近似刚性中间横隔梁的结构,偏心荷载 $P=1$ 可以用作用于桥轴线的中心荷载 P 及偏心力矩 $M=1\times e$ 来替代,分别求出这两种情况下 1 号主梁所承担的力,然后进行叠加,如图 2-2-17 所示。

① 中心荷载 $P=1$ 的作用

由于假定中间横隔梁是刚性的,且横截面对称于桥轴线,所以在中心荷载作用下,刚性中横梁整体向下平移,则各根主梁的跨中产生相同的挠度,[图 2-2-17c)]。即

$$\omega'_1 = \omega'_2 = \cdots = \omega'_n = \overline{\omega} \tag{2-2-21}$$

根据材料力学,作用于简支梁跨中的荷载(即主梁分担的荷载)与挠度的关系为

$$R'_i = \frac{48EI_i}{l^3}\omega'_i \tag{2-2-22}$$

式中:I_i——桥梁横截面内各主梁的抗弯惯性矩。

当各主梁截面相等时,即 $I_1 = I_2 = \cdots = I_n = I$,则由上两式得反力与挠度成正比的关系如下

$$\frac{R'_1}{\omega'_1} = \frac{R'_2}{\omega'_2} = \cdots = \frac{R'_i}{\omega'_i} = \cdots = \frac{R'_n}{\omega'_n} = \frac{48EI}{l^3} = C(\text{常数})$$

由此得

$$R'_i = C\omega'_i = C\overline{\omega} \tag{2-2-23}$$

由静力平衡条件得

$$(R'_1 + R'_2 + \cdots + R'_n) = \sum_{i=1}^{n} R'_i = P = 1 \tag{2-2-24}$$

将式(2-2-23)代入上式得任意一根主梁承受的荷载为

$$C \cdot (\omega'_1 + \omega'_2 + \cdots + \omega'_n) = C \cdot n \cdot \overline{\omega} = 1$$

得

$$C \cdot \overline{\omega} = \frac{1}{n} \tag{2-2-25}$$

再将上式代入式(2-2-23)后得

$$R'_1 = R'_2 = \cdots = R'_i = \frac{1}{n} \tag{2-2-26}$$

② 偏心力矩 $M=P \cdot e = 1 \times e$ 的作用

在偏心力矩 $M=1\times e$ 作用下[图 2-2-17d)],桥的横截面将产生绕中心点 O 的转角 φ,因此各主梁产生的跨中挠度为

$$\omega''_i = a_i\tan\varphi \tag{2-2-27}$$

式中:a_i——各片主梁梁轴到截面形心的距离。

根据力矩平衡条件,有

$$\sum_{i=1}^{n} R_i^n \cdot a_i = 1 \times e \tag{2-2-28}$$

再根据反力与挠度成正比的关系,有

$$R''_i = C\omega''_i \tag{2-2-29}$$

或

$$R''_i = C \cdot a_i\tan\varphi \tag{2-2-30}$$

将式(2-2-30)代入式(2-2-28)得

$$C \cdot \tan\varphi \cdot \sum_{i=1}^{n} a_i^2 = 1 \cdot e$$

或
$$C \cdot \tan\varphi = \dfrac{e}{\displaystyle\sum_{i=1}^{n} a_i^2}$$
(2-2-31)

将上式代入式(2-2-30)后,得

$$R''_i = \dfrac{a_i e}{\displaystyle\sum_{i=1}^{n} a_i^2}$$
(2-2-32)

偏心距离为 e 的单位荷载 $P=1$ 对 1 号主梁的总作用[图 2-2-17e)]

$$R_{ie} = \eta_{1e} = \dfrac{1}{n} \pm \dfrac{e a_1}{\displaystyle\sum_{i=1}^{n} a_i^2}$$
(2-2-33)

这就是 1 号主梁的荷载横向影响线在各梁位处的竖标值。

注意,当上式中的荷载位置 e 和梁位 a_1 位于形心轴同侧时,取正号,反之应取负号。

当 $P=1$ 位于第 k 号梁轴上($e=a_k$)时,对 1 号主梁的总作用可写成

$$\eta_{1k} = \dfrac{1}{n} \pm \dfrac{a_1 a_k}{\displaystyle\sum_{i=1}^{n} a_i^2}$$
(2-2-34)

同理,当 $P=1$ 位于第 k 号梁轴上($e=a_k$)时,对 i 主梁的总作用

$$\eta_{ik} = \dfrac{1}{n} \pm \dfrac{a_i a_k}{\displaystyle\sum_{i=1}^{n} a_i^2}$$
(2-2-35)

由此可以得到关系式

$$\eta_{1k} = R_{1k} = \eta_{kl}$$
(2-2-36)

同理可知,当各主梁的惯性矩 I_i 不相等时,偏心荷载 $P=1$ 对各主梁的总作用

$$\eta_{ie} = \dfrac{I_i}{\displaystyle\sum_{i=1}^{n} I_i} \pm \dfrac{e a_i I_i}{\displaystyle\sum_{i=1}^{n} a_i^2 I_i}$$
(2-2-37)

当 $P=1$ 位于第 k 号梁轴上($e=a_k$)时,上式可写成

$$\eta_{ik} = \dfrac{I_i}{\displaystyle\sum_{i=1}^{n} I_i} \pm \dfrac{a_i a_k I_i}{\displaystyle\sum_{i=1}^{n} a_i^2 I_i}$$
(2-2-38)

③主梁的横向分布系数

在式 $R_i = R'_i + R''_i = \dfrac{I_i}{\displaystyle\sum_{i=1}^{n} I_i} + \dfrac{e \alpha_i I_i}{\displaystyle\sum_{i=1}^{n} a_i^2 I_i}$ 中,e 是表示荷载 $P=1$ 的作用位置,脚标"i"是表示所求梁的梁号。上式中的荷载位置 e 和梁位 a_i 是具有共同原点 O 的横坐标值,因此在取值时应当记入正负号,当 e 和 α_i 位于同侧时两者的乘积取正号,反之应取负号。

若荷载位于 k 号梁轴上($e=a_k$),就可写出任意 i 号主梁荷载分布的一般公式为

$$R_{ik} = \dfrac{I_i}{\displaystyle\sum_{i=1}^{n} I_i} + \dfrac{a_i a_k I_i}{\displaystyle\sum_{i=1}^{n} a_i^2 I_i}$$
(2-2-39)

也可得到关系式

$$R_{ik} = R_{ki} \cdot \dfrac{I_i}{I_k}$$
(2-2-40)

例如,欲求 $P=1$ 作用在 1 号梁轴线上时边主梁(1 号和 5 号梁)所受的总荷载

$$R_{11} = \frac{I_1}{\sum\limits_{i=1}^{n} I_i} + \frac{a_1^2 I_1}{\sum\limits_{i=1}^{n} a_i^2 I_i} \left.\right\}$$

$$R_{51} = \frac{I_1}{\sum\limits_{i=1}^{n} I_i} - \frac{a_1^2 I_i}{\sum\limits_{i=1}^{n} a_i^2 I_i} \left.\right\}$$

(2-2-41)

若各梁的截面均相同,上式可简化成

$$\eta_{11} = \frac{1}{n} + \frac{a_1^2}{\sum\limits_{i=1}^{n} a_i^2} \left.\right\}$$

$$\eta_{51} = \frac{1}{n} - \frac{a_1^2}{\sum\limits_{i=1}^{n} a_i^2} \left.\right\}$$

(2-2-42)

(2)考虑主梁抗扭刚度的偏心压力法

上述介绍的偏心受压法在推演中由于作了横隔梁近似绝对刚性和忽略主梁抗扭刚度两项假定,导致边梁受力的计算结果偏大。为了弥补其不足,国内外广泛采用了考虑主梁抗扭刚度的偏心压力法即修正偏心压力法。

修正偏心压力法计算荷载横向分布,只要对偏心力矩 $M = 1 \cdot e$ 的作用进行修正即可,如图 2-2-18 所示,根据力矩的平衡条件,式(2-2-28)应改写成

$$\sum_{i=1}^{n} R''_i \cdot a_i + \sum M_{Ti} = 1 \cdot e \quad (2\text{-}2\text{-}43)$$

由材料力学可知,简支梁跨中截面扭矩 M_T 与扭角 φ 以及竖向力与挠度之间的关系为

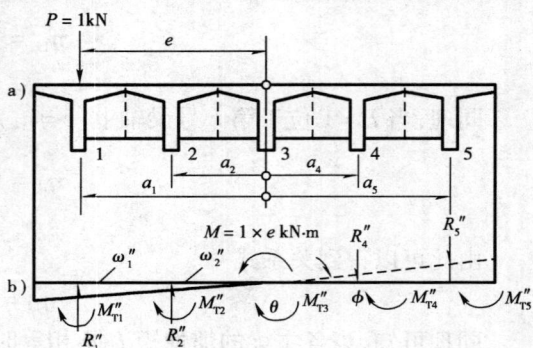

图 2-2-18　修正偏心压力法

$$\varphi = \frac{l M_{Ti}}{4 G I_{Ti}} \text{和} \ \omega''_i = \frac{R''_i l^3}{48 E I_i} \quad (2\text{-}2\text{-}44)$$

式中:G——材料的剪切模量,可取 $G = 0.4E$；

　　E——混凝土的弹性模量；

　　I_{Ti}——i 号梁的抗扭惯性矩。

由几何关系知

$$\varphi \approx \tan\varphi = \frac{\omega''_i}{a_i} \quad (2\text{-}2\text{-}45)$$

将式(2-2-44)带入式(2-2-45)得

$$\varphi = \frac{R''_i l^3}{48 a_i E I_i} \quad (2\text{-}2\text{-}46)$$

将式(2-2-46)带入 M_{Ti} 的关系式得

$$M_{Ti} = R''_i \cdot \frac{l^2 G I_{Ti}}{12 a_i E I_i} \quad (2\text{-}2\text{-}47)$$

另由几何和刚度的比例关系,将 R''_i 用 R''_1 表示,可知 1 号主梁的荷载为

$$\frac{R''_i}{a_i I_i} = \frac{R''_1}{a_i I_1} \Rightarrow R''_i = R''_1 \frac{a_i I_i}{a_1 I_1} \quad (2\text{-}2\text{-}48)$$

84

将式(2-2-48)和式(2-2-47)代入式(2-2-43)得

$$\sum_{i=1}^{n} R''_1 \frac{a_i^2 I_i}{a_1 I_1} + \sum_{i=1}^{n} R''_1 \frac{a_i I_i}{a_1 I_1} \cdot \frac{l^2 G I_{Ti}}{12 a_i E I_i} = e$$

或

$$R''_1 \cdot \frac{1}{a_1 I_1} \left(\sum_{i=1}^{n} a_i^2 I_i + \frac{Gl^2}{12E} \sum_{i=1}^{n} I_{Ti} \right) = e$$

则

$$R''_1 + \frac{ea_1 I_1}{\sum\limits_{i=1}^{n} a_i^2 I_i + \frac{Gl^2}{12E}\sum\limits_{i=1}^{n} I_{Ti}} = \frac{ea_1 I_1}{\sum\limits_{i=1}^{n} a_i^2 I_i} \left[\frac{1}{1 + \frac{Gl^2 \sum\limits_{i=1}^{n} I_{Ti}}{12E \sum\limits_{i=1}^{n} a_i^2 I_i}} \right] = \beta \frac{ea_1 I_1}{\sum\limits_{i=1}^{n} a_i^2 I_i} \qquad (2\text{-}2\text{-}49)$$

即 1 号主梁所承担的总荷载为

$$R_{1e} = \eta_{1e} = \frac{I_1}{\sum\limits_{i=1}^{n} I_i} \pm \beta \frac{ea_1 I_1}{\sum\limits_{i=1}^{n} a_i^2 I_i} \qquad (2\text{-}2\text{-}50)$$

式中：$\beta = \dfrac{1}{1 + \dfrac{Gl^2 \sum\limits_{i=1}^{n} I_{Ti}}{12E \sum\limits_{i=1}^{n} a_i^2 I_i}} < 1$。

任意主梁所承担的总荷载为

$$R_{ie} = \eta_{ie} = \frac{I_i}{\sum\limits_{i=1}^{n} I_i} \pm \beta \frac{ea_i I_i}{\sum\limits_{i=1}^{n} a_i^2 I_i} \qquad (2\text{-}2\text{-}51)$$

修正偏心压力法比偏心压力法的计算精度要高,比较接近于真实值。但是当主梁的片数增多,桥宽增加,横梁与主梁相对弯曲刚度比值降低,横梁不再能看作是无限刚性时,用修正偏心压力法计算仍会产生较大的误差。此时应采用刚接梁法计算。

【例2-2-4】 一座计算跨径 $l = 19.50$m 的简支梁,其横截面如图 2-2-12 所示,纵断面布置如图 2-2-19 所示。试求荷载位于跨中时 1 号边梁的荷载横向分布系数 m_{cq}（汽车荷载）和 m_{cr}（人群荷载）。

【解】 从图 2-2-19 中可知,此桥设有刚度强大的横隔梁,且承重结构的宽跨比为

$$\frac{l}{B} = \frac{19.50}{5 \times 1.60} = 2.4 > 2$$

故可按偏心压力法来计算横向分布系数 m_c,其步骤如下。

（1）求荷载横向分布影响线竖标

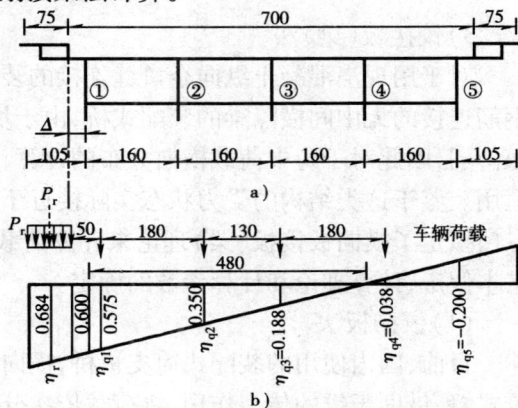

图 2-2-19 偏心受压法计算横向分布系数图式
（尺寸单位:cm）

a)梁桥横截面;b)1 号梁荷载横向分布影响线

该简支梁桥各根主梁的横截面均相等,梁数 $n=5$,梁间距为 1.60m,则

$$\sum_{i=1}^{5} a_i^2 = a_1^2 + a_2^2 + a_3^2 + a_4^2 + a_5^2$$
$$= (2\times1.60)^2 + 1.60^2 + 0 + (-1.60)^2 + (-2\times1.60)^2$$
$$= 25.60\text{m}^2$$

由式(2-2-42)得,1 号梁在两个边主梁处的横向影响线的竖标值为

$$\eta_{11} = \frac{1}{n} + \frac{a_1^2}{\sum\limits_{i=1}^{n} a_i^2} = \frac{1}{5} + \frac{(2\times1.60)^2}{25.60} = 0.20 + 0.4 = 0.60$$

$$\eta_{15} = \frac{1}{n} - \frac{a_1^2}{\sum\limits_{i=1}^{n} a_i^2} = 0.20 - 0.40 = -0.20$$

(2)绘出荷载横向分布影响线,并按最不利位置布载,如图 2-2-19)所示

人行道缘石至 1 号梁轴线的距离 Δ 为

$$\Delta = 1.05 - 0.75 = 0.30\text{m}$$

荷载横向分布影响线的零点至 1 号梁位的距离为 x,可按比例关系求得

$$\frac{x}{0.60} = \frac{4\times1.60-x}{0.2}$$

解得 $x = 4.80\text{m}$

并据此计算出对应各荷载点的影响线竖标 η_{qi} 和 η_r。

(3)计算荷载横向分布系数 m_c

1 号梁的活载横向分布系数计算如下

汽车荷载

$$m_{cq} = \frac{1}{2}\sum \eta_{qi} = \frac{1}{2}\cdot(\eta_{q1} + \eta_{q2} + \eta_{q3} + \eta_{q4})$$

$$= \frac{1}{2}\cdot\frac{0.60}{4.80}(4.60 + 2.80 + 1.50 - 0.30) = 0.538$$

人群荷载

$$m_{cr} = \eta_r = \frac{\eta_{11}}{x}\cdot x_r = \frac{0.60}{4.80}\times\left(4.80 + 0.30 + \frac{0.75}{2}\right) = 0.684$$

3)铰接板(梁)法

对于用现浇混凝土纵向企口缝连接的装配式板桥以及仅在翼板间用焊接钢板或伸出交叉钢筋连接的无中间横隔梁的装配式桥,由于块件间横向具有一定的联结构造,但其连接刚性又很薄弱,因此对于跨中荷载横向分布的计算,上面所述的"杠杆原理法"和"刚性横梁法"均不适用。鉴于这类结构的受力状态实际接近于数根并列而相互横向铰接的狭长板(梁),故对此专门拟定了横向铰接板(梁)理论来计算荷载的横向分布。本节将着重阐明铰接板(梁)法的基本假定、计算理论和计算参数的确定。

(1)铰接板法

目前,国内使用的装配式简支板桥,横向板块宽多采用 1m,安装后板块之间多采用混凝土铰式缝,借助于铰的传力作用,将荷载依次分配给相邻的各块板。也就是说,外荷载是由所有板块(或大部分板块)共同承担,只是每块板所承担的值不同。在设计时,按最大值控制便能保证每个板块的承载力。为了便于分析问题,我们首先做如下的基本假定。

①基本假定

假定板块之间的铰仅传递竖向剪力 $q(x)$，而忽略横向弯矩 $M(x)$、纵向剪力 $\tau(x)$ 和法向力 $N(x)$。

当某块板受到一个集中荷载 P 和从铰接缝传递来的沿桥跨连续分布的荷载，其分布规律是不相同的，荷载无法叠加。但是，采用半波正弦荷载作用于板桥上时，铰接力以及各板所受到的力都是正弦荷载，其分布规律是相同的，荷载可以叠加，所以作用在桥跨上的集中荷载近似地用沿桥跨连续分布的正弦等效荷载 $p\sin\dfrac{\pi x}{l}$ 来代替（图 2-2-20）。另外略去了材料泊松比的影响。

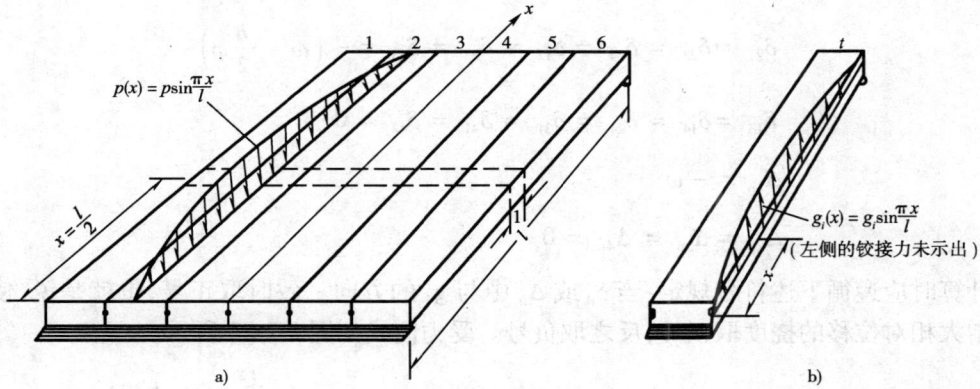

图 2-2-20　铰接板桥受力图式

②计算理论

当单位集中力作用于板块上时，同样可以用一个等效正弦荷载来代替，取跨径中央峰值处一单位长度的横向板带来分析，如图 2-2-21 所示。单位力峰值作用于板块 1 时，每个铰接处将产生一对竖向剪力计算图式 $g_i(x)$，将单位力 $P=1$ 分布到各块板上。各板受到的力为

$$
\left.\begin{array}{llll}
\text{板 1} & p_{11} = \eta_{11} = 1 - g_1 \\
\text{板 2} & p_{21} = \eta_{21} = g_1 - g_2 \\
\text{板 3} & p_{31} = \eta_{31} = g_2 - g_3 \\
\text{板 4} & p_{41} = \eta_{41} = g_3 - g_4 \\
\text{板 5} & p_{51} = \eta_{51} = g_4
\end{array}\right\} \tag{2-2-52}
$$

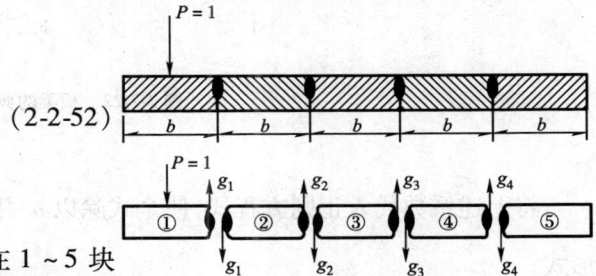

图 2-2-21　铰接板桥计算图式

将 η_{11}、η_{12}、η_{13}、η_{14}、η_{15} 值按比例描绘在 $1\sim5$ 块板的下面，以光滑的曲线连接，若结构形式、支承条件、材料性质等均不发生改变时，按变位互等定理知其即为板块 1 的横向分布影响线。同理 $P=1$ 分别作用于 2、3、4、5 块板上时，便以此得到各块板的横向分布影响线。如能求得 $g_1\sim g_4$ 问题便得到了解决。

为了求得 $g_1\sim g_4$ 的值，我们需要利用相邻两块板在铰接缝处的竖向相对位移（沿跨径方向为正弦函数）为零的变形协调条件，其位移正则方程为

$$
\left.\begin{array}{l}
\delta_{11}g_1 + \delta_{12}g_2 + \delta_{13}g_3 + \delta_{14}g_4 + \Delta_{1\mathrm{p}} = 0 \\
\delta_{21}g_1 + \delta_{22}g_2 + \delta_{23}g_3 + \delta_{24}g_4 + \Delta_{2\mathrm{p}} = 0 \\
\delta_{31}g_1 + \delta_{32}g_2 + \delta_{33}g_3 + \delta_{34}g_4 + \Delta_{3\mathrm{p}} = 0 \\
\delta_{41}g_1 + \delta_{42}g_2 + \delta_{43}g_3 + \delta_{44}g_4 + \Delta_{4\mathrm{p}} = 0
\end{array}\right\} \tag{2-2-53}
$$

式中：g_i——在单位正弦函数的外力作用下,铰接缝处所产生的正弦函数铰接力的峰值;

δ_{ik}——单位正弦函数荷载作用在 k 号板上时,对于 i 铰点处的竖向变位;

Δ_{ip}——外荷载 p 使 i 铰点处所产生的竖向变位。

正则方程中的常系数 δ_{ik}、Δ_{ip} 中可按如下方法确定。

当第一个铰接缝处的剪切为 $1 \times \sin\dfrac{\pi x}{l}$,则在跨中各板边的相对位移为

$$\delta_{11} = 2\left(\omega + \frac{b}{2}\varphi\right) = \delta_{22} = \delta_{33} = \delta_{44}$$

$$\delta_{21} = \delta_{23} = \delta_{34} = \delta_{12} = \delta_{32} = \delta_{43} = -\left(\omega - \frac{b}{2}\varphi\right)$$

$$\delta_{13} = \delta_{14} = \delta_{24} = \delta_{31} = \delta_{41} = \delta_{42} = 0$$

$$\Delta_{1p} = -\omega$$

$$\Delta_{2p} = \Delta_{3p} = \Delta_{4p} = 0$$

计算时应遵循下述符号规定:当 δ_{ik} 或 Δ_{ip} 中与 g_i 的方向一致时取正号,也就是说,使某一铰缝增大相对位移的挠度取正号,反之取负号。受力图式如图 2-2-22 所示。

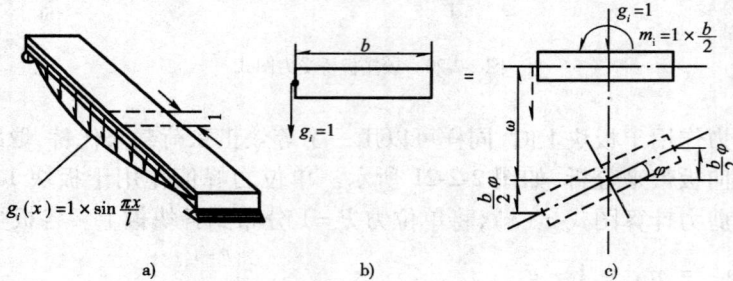

图 2-2-22 板梁的典型受力图式

将上述系数代入正则方程式,使全式除以 ω 并设刚度参数 $\gamma = \dfrac{\dfrac{b}{2}\varphi}{\omega}$,则得正则方程的简化形式

$$\left.\begin{aligned}
2(1+\gamma)g_1 - (1-\gamma)g_2 &= 1 \\
-(1-\gamma)g_1 + 2(1+\gamma)g_2 - (1-\gamma)g_3 &= 0 \\
-(1-\gamma)g_2 + 2(1+\gamma)g_3 - (1-\gamma)g_4 &= 0 \\
-(1-\gamma)g_3 + 2(1+\gamma)g_4 &= 0
\end{aligned}\right\} \tag{2-2-54}$$

当板的扭转位移与其挠度的比值 γ 已知时,便很容易从以上方程中解得 g_1、g_2、g_3、g_4。再将这些值代入各板受力计算式中去,便可以得到所求板块的横向分布影响线。

为了设计使用上的方便,根据不同的 γ 值算出对应的影响线竖标值,编成表格,供设计使用。表 2-2-6 为 9 块铰接板桥荷载横向影响线竖标值。

板	γ	η_{11}	η_{12}	η_{13}	η_{14}	η_{15}	η_{16}	η_{17}	η_{18}	η_{19}
	0.01	185	162	136	115	098	086	077	072	069
	0.02	236	194	147	113	088	070	057	049	046
	0.04	306	232	155	104	070	048	035	026	023
9-1	0.06	355	254	154	094	057	035	023	015	012
	0.08	392	268	150	084	047	027	015	010	007
	0.10	423	277	144	075	039	020	011	006	004
板	γ	η_{21}	η_{22}	η_{23}	η_{24}	η_{25}	η_{26}	η_{27}	η_{28}	η_{29}
	0.01	162	158	141	119	102	099	081	075	072
	0.02	194	189	160	122	095	075	062	053	049
	0.04	232	229	181	121	082	057	040	031	026
9-2	0.06	254	255	194	118	072	044	028	019	015
	0.08	268	274	202	113	063	036	021	013	010
	0.10	277	290	208	108	056	029	016	009	006
板	γ	η_{31}	η_{32}	η_{33}	η_{34}	η_{35}	η_{36}	η_{37}	η_{38}	η_{39}
	0.01	136	141	142	129	111	097	087	081	077
	0.02	147	160	164	141	110	087	072	062	057
	0.04	155	181	195	159	108	074	053	040	035
9-3	0.06	154	194	219	172	105	065	041	028	023
	0.08	150	202	237	182	102	058	033	021	015
	0.10	144	208	254	190	099	052	028	016	011
板	γ	η_{41}	η_{42}	η_{43}	η_{44}	η_{45}	η_{46}	η_{47}	η_{48}	η_{49}
	0.01	115	119	129	133	123	108	097	090	086
	0.02	113	122	141	152	134	106	087	075	070
	0.04	104	121	159	182	151	104	074	057	048
9-4	0.06	094	118	172	208	165	102	065	044	035
	0.08	084	113	182	226	176	099	058	036	027
	0.10	075	108	190	244	185	097	052	029	020
板	γ	η_{51}	η_{52}	η_{53}	η_{54}	η_{55}	η_{56}	η_{57}	η_{58}	η_{59}
	0.01	098	102	111	123	131	123	111	102	098
	0.02	088	095	110	134	148	134	110	095	088
	0.04	070	082	108	151	178	151	108	082	070
9-5	0.06	057	072	105	165	203	165	105	072	057
	0.08	047	063	102	176	224	176	102	063	047
	0.10	039	056	099	185	242	185	099	056	039

注:①该表为铰接板桥荷载横向影响线竖标的一部分,可供参考;

②横向影响线竖标值η_{ik},第一个脚标i表示所要求的板号,第二个脚标k表示受单位正弦荷载作用的板号,η_{ik}的竖标应绘在板的中轴线处;

③表中的η_{ik}值为小数点后的三位数字,例如242即为0.242。

③参数γ的确定

简支板梁在正弦荷载作用下所产生的挠度 ω 和扭转角 φ，由材料力学可知

$$\omega(x) = \frac{pl^4}{EI\pi^4}\sin\frac{\pi x}{l} \qquad (2\text{-}2\text{-}55)$$

$$\varphi(x) = \frac{pbl^2}{2\pi^2 GI_{\mathrm{T}}}\sin\frac{\pi x}{l} \qquad (2\text{-}2\text{-}56)$$

当 $x = \dfrac{l}{2}$ 时，跨中峰值为

$$\omega = \frac{pl^4}{EI\pi^4}$$

$$\varphi = \frac{pbl^2}{2\pi^2 GI_{\mathrm{T}}}$$

$$\gamma = \frac{b\varphi}{2\omega} = \frac{\pi^2 EI}{4GI_{\mathrm{T}}}\left(\frac{b}{l}\right)^2 = 5.8\frac{I}{I_{\mathrm{T}}}\left(\frac{b}{l}\right)^2 \qquad (2\text{-}2\text{-}57)$$

参数实质是板块的抗弯惯性矩 I 与抗扭惯性矩 I_{T} 的比值。

实心矩形 I_{T} 已在 G—M 法中介绍过，若空心矩形截面（图 2-2-23），其抗扭惯性矩

$$I_{\mathrm{T}} = \frac{4b^2 h^2}{\left(\dfrac{2h}{b^2} + \dfrac{b_2}{h_1} + \dfrac{b_2}{h_2}\right)} \qquad (2\text{-}2\text{-}58)$$

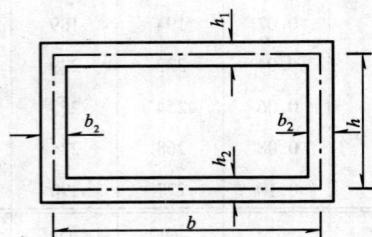

图 2-2-23　空心矩形截面

（2）铰接梁法

小跨径的钢筋混凝土 T 形梁桥，为了便于预制施工，往往不设中间横隔梁，仅对翼板的板边进行适当连接，或者仅由现浇的桥面板使各梁连接在一起。这种梁桥的横向联结刚度很弱，其受力特点就像横向铰接的结构。此外，对于无横隔梁的组合式梁桥，也因横向联结刚度小而可以近似看作横向铰接来计算。下面将阐明横向铰接 T 形梁桥与铰接板桥相比较，在计算荷载横向分布方面的不同特点。

如图 2-2-24a）和 b）所示为一座铰接 T 形梁桥在单位正弦荷载作用下沿跨中单位长度截割段的铰接力计算图式。如果将它们与前面铰接板桥计算图式相比较，可以看出两者对于荷载横向分配的表达式（式 2-2-52）是完全一样的。惟一不同之处是利用正则方程求铰接力 g_i 时，在所有主系数 δ_{ii} 中除了考虑 ω 和 φ 的影响外，还应计入 T 形梁翼板悬臂端的弹性挠度，如图 2-2-24c）和 d）所示。

鉴于翼缘板边缘有单位正弦荷载作用时，翼板可视为在梁肋处固定的悬臂板，其板端挠度接近于正弦分布，即 $f(x) = f \times \sin\dfrac{\pi x}{l}$（$f$ 为挠度峰值），如图 2-2-24c）所示，则得

$$f = \frac{d_1^3}{3EI_1} = \frac{4d_1^3}{Eh_1^3} \qquad (2\text{-}2\text{-}59)$$

式中：d_1——翼板的悬出长度；

　　h_1——翼板厚度，对于变厚度的翼板，可近似地取距离梁肋 $\dfrac{d_1}{3}$ 处的板厚来计算，如图2-2-24c）所示；

　　I_1——单位宽度翼板的抗弯惯矩，$I_1 = \dfrac{h_1^3}{12}$。

90

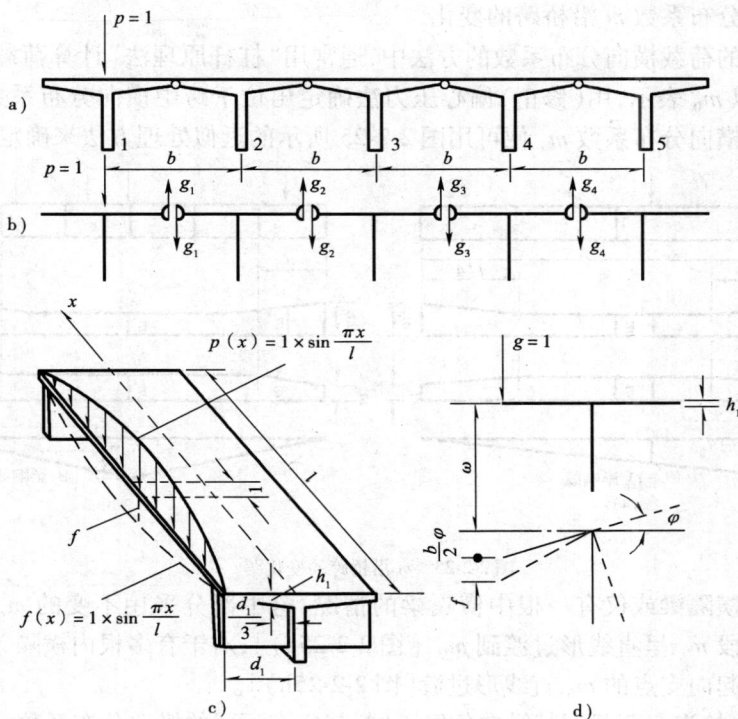

图 2-2-24　铰接 T 形梁桥计算图式

因此,对于铰接 T 形梁桥,正则方程中只有 δ_{ii} 应改为

$$\delta_{11} = \delta_{22} = \delta_{33} = \cdots\cdots = 2\left(\omega + \frac{b}{2}\varphi + f\right) \qquad (2\text{-}2\text{-}60)$$

如令 $\beta = \dfrac{f}{\omega}$,则

$$\beta = \frac{\dfrac{4d_1^3}{Eh_1^3}}{\dfrac{l^4}{\pi^4 EI}} \approx 390\, \frac{I}{l^4}\left(\frac{d_1}{h_1}\right)^3 \qquad (2\text{-}2\text{-}61)$$

将改变后的 δ_{ii} 代入正则方程式并经与铰接板的类似处理后,就得铰接 T 梁的正则方程

$$\left.\begin{aligned}
2(1 + \gamma + \beta)g_1 - (1 - \gamma)g_2 &= 1 \\
-(1 - \gamma)g_1 + 2(1 + \gamma + \beta)g_2 - (1 - \gamma)g_3 &= 0 \\
-(1 - \gamma)g_2 + 2(1 + \gamma + \beta)g_3 - (1 - \gamma)g_4 &= 0 \\
-(1 - \gamma)g_3 + 2(1 + \gamma + \beta)g_4 &= 0
\end{aligned}\right\} \qquad (2\text{-}2\text{-}62)$$

由此可见,只要确定了刚度参数 γ 和 β,就可像在铰接板桥中的一样,解出所有未知铰接力的峰值,并利用 $\eta_{ki} = p_{ik}$ 的关系绘制荷载影响线。

在有必要计入 β 的影响时,也可利用 $\beta = 0$ 的 η_{ii} 和 η_{ik} 计算用表,按下式近似地计算计及 β 值影响的荷载横向影响线坐标值 $\eta_{ii}(\beta)$ 和 $\eta_{ik}(\beta)$

$$\eta_{ii}(\beta) = \eta_{ii} + \frac{\beta}{1 + \gamma}(1 - \eta_{ii}) \qquad (2\text{-}2\text{-}63)$$

$$\eta_{ik}(\beta) = \eta_{ik} - \frac{\beta}{1 + \gamma}\eta_{ik} \qquad (2\text{-}2\text{-}64)$$

3. 荷载横向分布系数 m 沿桥跨的变化

上面所介绍的荷载横向分布系数的方法中,通常用"杠杆原理法"计算荷载位于支点处的横向分布系数,以 m_0 表示,用(修正)偏心压力法确定出位于跨中横向分布系数,以 m_c 表示,其他位置的荷载横向分布系数 m_x 便可用图 2-2-25 所示的近似处理方法来确定。

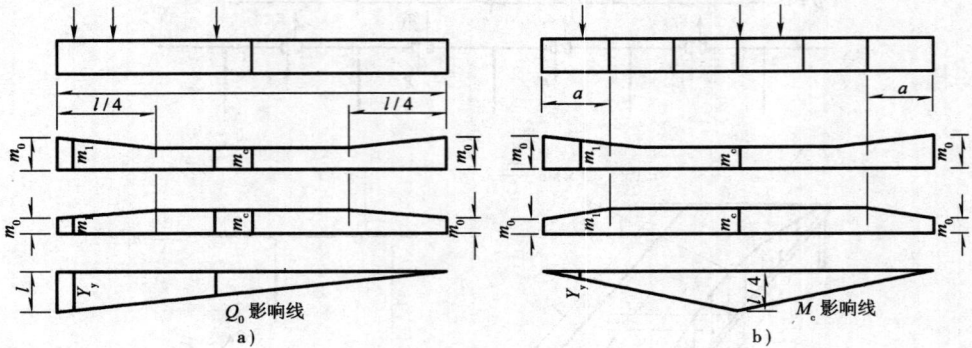

图 2-2-25　m 沿桥跨的变化图

对于无中间横隔梁或仅有一根中横隔梁的情况,跨中部分采用不变的 m_c,从离支点 $l/4$ 处起至支点的区段 m_x 呈直线形过渡到 m_0,[图 2-2-25a)];对于有多根内横隔梁的情况,m_0 从第一根内横隔梁起向支点的 m_0 直线形过渡[图 2-2-25b)]。

这样,主梁上的汽车荷载因其纵向位置不同,就应有不同的横向分布系数。

(1)用于弯矩计算的荷载横向分布系数沿桥跨变化

在实际应用中,当求简支梁跨中最大弯矩时,鉴于横向分布系数沿跨内部分的变化不大,为了简化起见,通常均可按不变化的 m_c 来计算。只有在计算主梁梁端截面最大剪力时,才考虑荷载横向分布系数变化的影响[图 2-2-25a)]。

对于跨内其他截面的计算,一般也可取用不变的 m_c。但对于中梁来说,m_0 与 m_c 的差值可能较大,且内横隔梁又少于三根时,以计及 m 沿跨径变化的影响为宜。

(2)用于剪力计算的荷载横向分布系数沿桥跨变化

在计算主梁的最大剪力(梁端截面)时,鉴于主要荷载位于所考虑一端的 m_c 变化区段内,而且相对应的内力影响线坐标均接近最大值(图 2-2-25),故应考虑该区段横向分布系数变化的影响。对位于远端的荷载,鉴于相应影响坐标值的显著减小,则可近似取用不变的 m_c 来简化计算。

对于跨内其他截面的主梁剪力,也可视具体情况计及 m 沿桥跨变化的影响。

4. 主梁内力计算

对于跨径在 10m 以内的间支梁,通常只需计算跨中截面的最大弯矩和支点截面和跨中截面的剪力;跨中与支点之间各截面的剪力可以近似假定按直线规律变化,弯矩可假设按二次抛物线规律变化,例如梁肋宽或梁高变化,还应计算变化处截面的内力。有了截面内力,就可按钢筋混凝土和预应力混凝土结构的计算原理进行主梁各截面的配筋设计和验算。本书重点介绍如何计算主梁的最不利内力。

主梁活载内力采用车道荷载计算。

弯矩
$$M = (1+\mu)\xi m_c(P_k y_k + q_k \omega_W) \tag{2-2-65}$$

计算支点、$l/8$ 和 $l/4$ 截面的剪力,尚应计入由荷载横向分布系数沿桥跨变化的影响。

剪力 $$Q = (1+\mu)\xi(1.2m_kP_ky_k + m_cq_k\omega_Q) + \Delta Q \qquad (2\text{-}2\text{-}66)$$

式中：$(1+\mu)$——汽车荷载的冲击系数，按《桥规》规定取值；

ξ——多车道桥涵的汽车荷载折减系数，按《桥规》规定取值；

m_c——主梁跨中的荷载横向分布系数；

P_k——车道荷载的集中荷载标准值，按《桥规》规定取值；

q_k——车道荷载的均布荷载标准值，按《桥规》规定取值；

y_k——沿桥跨纵向与 P_k 位置对应的内力影响线竖标值；

m_k——沿桥跨纵向与 P_k 位置对应的荷载横向分布系数；

ω_W——沿桥跨纵向计算截面弯距影响线的面积；

ω_Q——沿桥跨纵向计算截面剪力影响线的面积；

ΔQ——考虑荷载横向分布系数沿桥跨变化（从 m_0 变到 $m_{0.5}$），均布荷载所引起的剪力增值

图 2-2-26　均布荷载作用下 ΔQ 的计算图式

（或减值）。以支点截面为例，此时的计算公式为（图 2-2-26）

$$\Delta Q = \frac{a}{2}(m_0 - m_{0.5})q' (2 + y_a) \times \frac{1}{3} = \frac{aq'}{6}(m_0 - m_{0.5})(2 + y_a) \qquad (2\text{-}2\text{-}67)$$

式中：q'——均布荷载顺桥向的强度；

y_a——对应于横向分布系数转折点处的剪力影响线竖标值。

人群荷载的主梁内力计算可参照车道荷载的均布荷载计算方法进行，即

弯矩 $$M_r = m_{cr}q_r\omega_W \qquad (2\text{-}2\text{-}68)$$

剪力 $$Q_r = m_{cr}q_r\omega_Q + \Delta Q_r \qquad (2\text{-}2\text{-}69)$$

【例 2-2-5】　仍以例 2-2-2 所述五梁式装配式钢筋混凝土简支梁桥为例，计算边主梁在公路—Ⅱ级和人群荷载 $q_r = 3.0\text{kN/m}^2$ 作用下的跨中最大弯矩、最大剪力以及支点截面的最大剪力，对于已经计算过的数据，均汇总于表 2-2-7。

【解】　（1）荷载横向分布系数汇总

荷载横向分布系数　　　　　　　　　　　表 2-2-7

梁　号	荷　载	公路—Ⅱ级	人群荷载	备　　注
边主梁	跨中 m_c	0.538	0.684	按"偏心压力法"计算，见例 2-2-4
	支点 m_0	0.438	1.422	按"杠杆法"计算，见例 2-2-3

（2）均布荷载和内力影响线面积计算（表 2-2-8）

均布荷载和内力影响线面积计算表　　　　　表 2-2-8

类型　　截面	公路—Ⅱ级均布荷载（kN/m）	人群（kN/m）	影响线面积（m²）	影响线图式
$m_{1/2}$	$10.5 \times 0.75 = 7.875$	$3.0 \times 0.75 = 2.25$	$\Omega = \frac{1}{8}l^2 = \frac{1}{8} \times 19.5^2 = 47.53$	

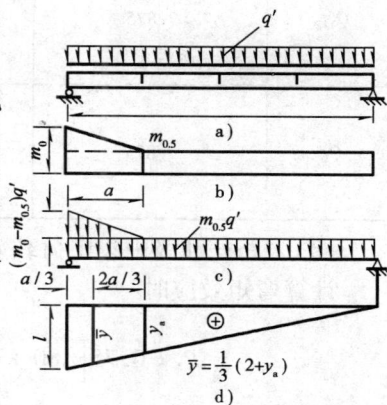

93

类型 截面	公路—Ⅱ级均布荷载 (kN/m)	人群 (kN/m)	影响线面积 (m²)	影响线图式
$Q_{1/2}$	7.875	2.25	$\Omega = \frac{1}{2} \times \frac{1}{2} \times 19.5 \times 0.5 = 2.438$	
Q_0	7.875	2.25	$\Omega = \frac{1}{2} \times 19.5 \times 1 = 9.75$	

(3)公路—Ⅱ级中集中荷载 P_k 计算

计算弯矩效应时

$$P_k = 0.75\left[180 + \frac{360-180}{50-5}(19.5-5)\right] = 0.75 \times 238 = 178.5\text{kN}$$

计算剪力效应时

$$P_k = 1.2 \times 178.5 = 214.2\text{kN}$$

(4)计算冲击系数 μ

简支梁桥基频计算公式见式(1-3-2),则单根主梁

$A = 0.390\ 2\text{m}^2$ $I_c = 0.066\ 146\text{m}^4$ $G = 0.390\ 2 \times 25 = 9.76\text{N/m}$

$$G/g = 9.76/9.81 = 0.995\text{NS}^2/\text{m}^2$$

C30 混凝土 E 取 $3 \times 10^{10}\text{N/m}^2$

$$f = \frac{3.14}{2 \times 19.5^2} \times \sqrt{\frac{3 \times 10^{10} \times 0.066\ 146}{0.995 \times 10^3}} = 5.831\text{Hz}$$

$$\mu = 0.176\ 71\ln f - 0.015\ 7 = 0.296$$

则

$$(1 + \mu) = 1.296$$

(5)跨中弯矩 $M_{1/2}$、跨中剪力 $Q_{1/2}$ 计算,见表 2-2-9。

因双车道不折减,故 $\xi = 1$。

(6)计算支点截面汽车荷载最大剪力

表 2-2-9

截面	荷载类型	q_k 或 q_r (kN/m)	q_k (kN)	$(1+\mu)$	m_c	Ω 或 v	$S(\text{kN}\cdot\text{m}$ 或 kN)	
							S_1	S
$M_{1/2}$	公路—Ⅱ级	7.875	178.5	1.296	0.538	47.53	260.98	867.72
						4.875	606.74	
	人群	2.25			0.684	47.53	73.1	
$Q_{1/2}$	公路—Ⅱ级	7.875	214.2	1.296	0.538	2.438	13.39	88.07
						0.5	74.68	
	人群	2.25			0.684	2.438	3.75	

绘制荷载横向分布系数沿桥纵向的变化图形和支点剪力影响线如图2-2-27a)、b)、c)所示。

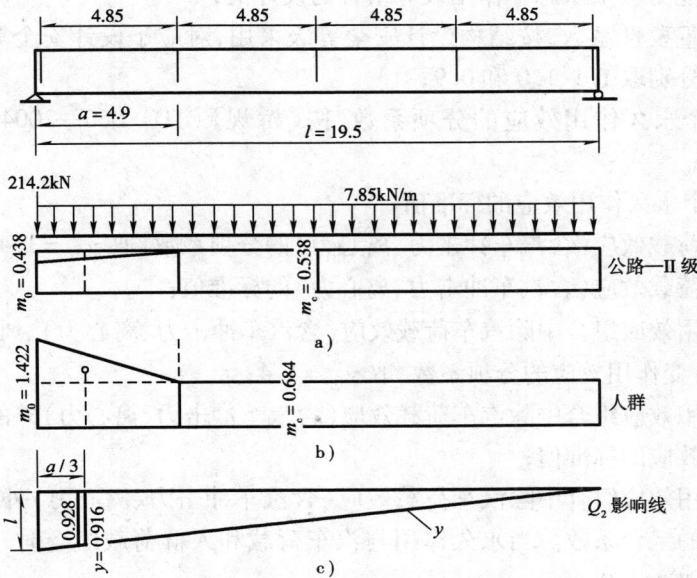

图 2-2-27　支点剪力计算图示(尺寸单位:m)

横向分布系数变化区段的长度,m 变化区荷载重心处的内力影响线坐标为

$$\bar{y} = 1 \times \left(19.5 - \frac{1}{3} \times 4.9\right)/195 = 0.916$$

利用式(2-2-66)和式(2-2-67)计算,则得

$$Q_{0均} = (1+\mu) \cdot \xi q_k \left[m_c \Omega + \frac{a}{2}(m_0 - m_c)\bar{y} \right]$$

$$= 1.296 \times 1 \times 7.875 \times \left[0.538 \times 9.75 + \frac{4.9}{2} \times (0.438 - 0.538) \times 0.916 \right]$$

$$= 51.25\text{kN}$$

$$Q_{0集} = (1+\mu) \cdot \xi m_i P_k y_i = 1.296 \times 1 \times 0.438 \times 214.2 \times 1.0 = 121.59\text{kN}$$

则,公路—Ⅱ级作用下,1 号梁支点的最大剪力为

$$Q_0 = Q_{0均} + Q_{0集} = 51.25 + 121.59 = 172.84\text{kN}$$

(7)计算支点截面人群荷载最大剪力

人群荷载引起的支点剪力按公式(2-2-67)和(2-2-69)计算

$$Q_{0r} = m_c \cdot q_r \cdot \Omega + \frac{a}{2}(m_0 - m_c)q_r \cdot \bar{y}$$

$$= 0.684 \times 2.25 \times 9.75 + \frac{1}{2} \times 4.9 \times (1.422 - 0.684)2.25 \times 0.916$$

$$= 15.00 + 3.73 = 18.73\text{kN}$$

三、主梁内力组合

在梁桥主梁设计中,主梁内力组合可按结构重力内力 + 汽车荷载内力(包括冲击力) + 人群荷载内力进行组合。按《桥规》(JTG D60—2004)规定作用效应组合表达式为

$$\gamma_0 S_{ud} = \gamma_0 \left(\sum_{i=1}^{m} \gamma_{Gi} S_{Gik} + \gamma_{Q1} S_{Q1k} + \psi_c \sum_{j=2}^{n} \gamma_{Qj} S_{Qik} \right) \tag{2-2-70}$$

式中：S_{ud}——承载能力极限状态下作用效应组合的设计值；

γ_0——结构重要性系数，按结构设计安全等级采用，对应于设计安全等级一级、二级和三级分别取 1.1、1.0 和 0.9；

γ_{Gi}——第 i 个永久作用效应的分项系数，按《桥规》(JTG D60—2004) 第 4.1.6 规定采用；

S_{Gik}——第 i 个永久作用效应的标准值；

γ_{Q1}——汽车荷载效应(含汽车冲击力、离心力)的分项系数，取 $\gamma_{Q1} = 1.4$；

S_{Q1k}——汽车荷载效应(含汽车冲击力、离心力)的标准值；

γ_{Qj}——在作用效应组合中除汽车荷载效应(含汽车冲击力、离心力)、风荷载外的其他第 j 个可变作用效应的分项系数，取 $\gamma_{Qj} = 1.4$；

S_{Qik}——在作用效应组合中除汽车荷载效应(含汽车冲击力、离心力)外的其他第 j 个可变作用效应的标准值；

ψ_c——在作用效应组合中除汽车荷载效应(含汽车冲击力、离心力)外的其他可变作用效应的组合系数。当永久作用与汽车荷载和人群荷载组合时，人群荷载的组合系数取 $\psi_c = 0.80$。

计算出结构自重和汽车荷载内力后，根据《桥规》规定，1m 宽板条的最大组合内力见表2-2-10。

1m 板宽内力组合 表 2-2-10

承载能力极限状态	结构重力对结构的承载能力不利时	$S_{ud} = \sum_{i=1}^{m} 1.2 S_{自重} + 1.4 S_{汽} + 0.80 \times 1.4 S_{人}$
	结构重力对结构的承载能力有利时	$S_{ud} = \sum_{i=1}^{m} S_{自重} + 1.4 S_{汽} + 0.80 \times 1.4 S_{人}$
正常使用极限状态	短期效应组合	$S_{sd} = \sum_{i=1}^{m} S_{自重} + 0.7 S_{汽(不计冲击力)} + 1.0 S_{人}$
	长期效应组合	$S_{ld} = \sum_{i=1}^{m} S_{自重} + 0.4 S_{汽(不计冲击力)} + 0.4 S_{人}$

【例 2-2-6】 已知例 2-2-2 所示装配式钢筋混凝土简支梁中 1 号边梁的内力值最大，利用例 2-2-5 的计算结果，列表确定控制设计的计算内力。

【解】 见表 2-2-11。

表 2-2-11

序 号	荷载类别	弯矩 M(kN·m)			剪力 Q(kN)	
		梁端	四分点	跨中	梁端	跨中
(1)	结构自重	0	572.5	763.4	156.6	0
(2)	汽车荷载	0	650.80	867.72	172.84	88.07
(3)	人群荷载	0	54.9	73.1	18.7	3.8
(4)	1.2×(1)	0	687.0	916.1	187.9	0
(5)	1.4×(2)	0	911.12	1 214.81	241.98	123.30
(6)	0.8×1.4×(3)	0	61.49	81.87	20.94	4.26
(7)	$S_{ud} = (4+) + (5) + (6)$	0	1 659.61	2 212.78	450.82	127.56

第三节　横隔梁内力计算

为了保证各主梁共同受力和加强结构的整体性,横隔梁本身或其装配式接头应具有足够的强度。对于具有多根内横隔梁的桥梁,通常就只要计算受力最大的跨中横隔梁的内力,其他横隔梁可偏安全地仿此设计。

下面将介绍按偏心压力法原理来计算横隔梁内力的实用方法。

一、作用在横隔梁上的计算荷载

对于跨中一根横隔梁来说,除了直接作用在其上的轮重外,前后的轮重对它也有影响。在计算中可假设荷载在相邻横隔梁之间按杠杆原理法传布,如图 2-2-28 所示。因此,纵向一列汽车车道荷载轮重分布给该横隔梁的计算荷载为

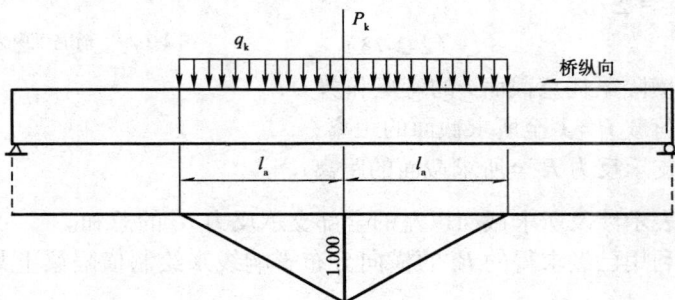

图 2-2-28　横隔梁上计算荷载的计算图示

$$P_{0q} = \frac{1}{2}\left(q_k\Omega + P_k l_a + \frac{1}{2}P_k y_1 \right) \tag{2-2-71}$$

式中:P_k——轴重,应注意将车辆荷载的重轴布置在欲计算的横隔梁上;

　　　y_1——按杠杆原理计算的纵向荷载影响线竖标值。

同理

$$\frac{1}{2}l_c \times 1 + \frac{1}{2}l_0 \times 1 = l_0 = \Omega$$

人群

$$P_{0r} = P_{0r}\Omega_r = P_{0r}l_a \quad \text{(影响线上布满荷载)}$$

式中:P_{0r}——相应为一侧人行道每延米的人群荷载;

　　　Ω_r——相应为人群荷载范围的影响线面积;

　　　l_a——横隔梁的间距;

其他符号意义同前。

二、横隔梁的内力影响线

将桥梁的中横隔梁近似地视作竖向支承在多根弹性主梁上的多跨弹性支承连续梁,如图 2-2-29a)、b)所示。当桥梁在跨中有单位荷载 $P = 1$ 作用时,各主梁所受的荷载将为 $R_1, R_2,$

$R_3, \cdots, R_n$，这也就是横隔梁的弹性支承反力。因此，取 r 截面左侧为隔离体，如图 2-2-29c)所示，由力的平衡条件就可写出横隔梁任意截面 r 的内力计算公式。

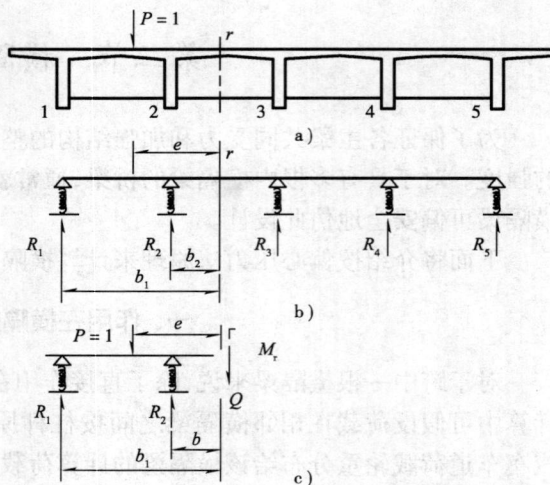

1. 荷载 $P = 1$ 位于截面 r 的左侧时

$$M_r = R_1 b_1 + R_2 \cdot b_2 - 1 \cdot e = \overset{\text{左}}{\sum} R_i b_i - e$$
$$Q_r = R_1 + R_2 - 1 = \overset{\text{左}}{\sum} R_i - 1$$

$$(2\text{-}2\text{-}72)$$

2. 荷载 $P = 1$ 位于截面 r 的右侧时

$$M_r = R_1 \cdot b_1 + R_2 \cdot b_2 = \overset{\text{左}}{\sum} R_i b_i$$
$$Q_r = R_1 + R_2 = \overset{\text{左}}{\sum} R_i$$

$$(2\text{-}2\text{-}73)$$

图 2-2-29 横隔梁内力计算图

式中：M_r 和 Q_r——横隔梁任意截面 r 的弯矩和剪力；

$\qquad e$——荷载 $P = 1$ 至所求截面的距离；

$\qquad b_i$——支承反力 R 至所求截面的距离；

$\qquad \overset{\text{左}}{\sum} R_i$——表示涉及所求截面以左的全部支承反力 R_i 的总和。

由此可以直接利用已经求得的 R_i 的横向分布影响线来绘制横隔梁上某个截面的内力影响线。

三、横隔梁内力计算

用上述的计算荷载在横隔梁某截面的内力影响线上按最不利位置加载，就可以求得横隔梁在该截面上的最大（或最小）内力值

$$S = (1 + \mu) \cdot \xi \cdot P_{oq} \sum \eta \qquad (2\text{-}2\text{-}74)$$

式中：η——横隔梁内力影响线竖标；

$\qquad \mu、\xi$——通常可近似地取用主梁的冲击系数 μ 和 ξ 值。

【例 2-2-7】 计算例 2-2-2 中所示装配式钢筋混凝土简支梁桥跨中横梁在 2 号和 3 号主梁之间 r—r 截面上的弯矩 M_r 和靠近 1 号主梁处截面的剪力 Q_1，荷载等级为公路—Ⅱ级。

【解】 （1）确定作用在中横隔梁上的计算荷载：对于跨中横隔梁的最不利荷载布置如图 2-2-30 所示。

纵向一列车轮对于中横隔梁的计算荷载为

计算弯矩时

$$P_{0q} = \frac{1}{2}(q_k \Omega + P_k y) = \frac{1}{2}\left(7.875 \times \frac{1}{2} \times 4.85 \times 2 \times 1.0 + 178.5 \times 1.0\right) = 108.35 \text{kN}$$

计算剪力时 $\qquad P_{0q} = 1.2 \times 108.35 = 130.02 \text{kN}$

（2）绘制中横隔梁的内力影响线

按例 2-2-4 的偏心压力法可算得 1、2 号梁的荷载横向分布影响线竖坐标值如图 2-2-30a)所示，则 M 的影响线竖标可计算如下

$P = 1$ 作用在 1 号梁轴上时（$\eta_{11} = 0.60, \eta_{15} = -0.20$）

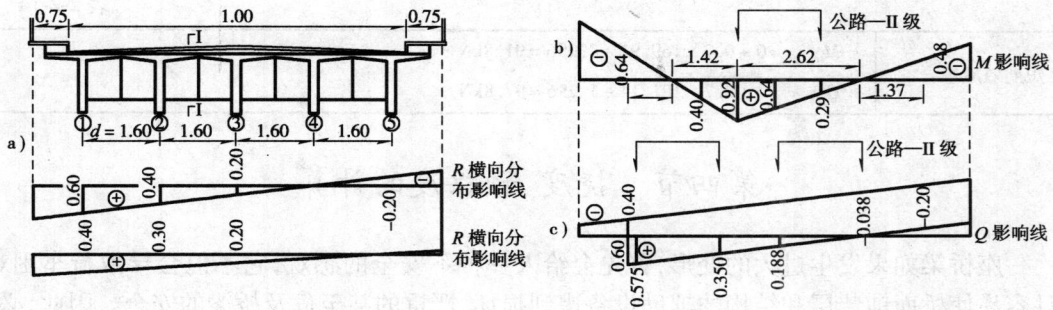

图 2-2-30 中横隔梁内力计算图

$$\eta_{r1}^{M} = \eta_{11} \times 1.5d + \eta_{21} \times 0.5d - 1 \times 1.5d$$
$$= 0.6 \times 1.5 \times 1.6 + 0.4 \times 0.5 \times 1.6 - 1.5 \times 1.6 = -0.64$$

$P = 1$ 作用在 5 号的梁轴上时

$$\eta_{r5}^{M} = \eta_{15} \times 1.5d + \eta_{25} \times 0.5d$$
$$= (-0.20) \times 1.5 \times 1.6 + 0 \times 0.5 \times 1.6 = -0.48$$

$P = 1$ 作用在 2 号梁轴上时

$$\eta_{r2}^{M} = \eta_{12} \times 1.5d + \eta_{22} \times 0.5d - 1 \times 0.5d$$
$$= 0.40 \times 1.5 \times 1.6 + 0.30 \times 0.5 \times 1.6 - 0.5 \times 1.6 = 0.40$$

由力影响的知识可知，M_r 影响线必在 r—r 截面处有突变，根据 η_{r5}^{M} 和 η_{r3}^{M} 连线延伸至 r—r 截面，即为 η_{rr}^{M} 值（ 0.92 ），由此即可绘出 M_r，影响线如图 2-2-30b）所示。

（3）绘制剪力影响线

对于 1 号主梁截面的影响线可计算如下。

$P = 1$ 作用在计算截面以右时

$$Q_1^{右} = R_1 \quad 即 \quad \eta_{1i}^{右} = \eta_{1i}$$

$P = 1$ 作用在计算截面以左时

$$Q_1^{右} = R_1 - 1 \quad 即 \quad \eta_{1i}^{右} = \eta_{1i} - 1$$

绘成 $Q_1^{右}$ 影响如图 2-2-30c）所示。

（4）截面内力计算

将求得的计算荷载 P_{0q} 在相应的影响线上按最不利荷载位置加载，对于汽车荷载一并计入冲击影响力 $(1+\mu)$，则得到表 2-2-12 所示结果。

表 2-2-12

公路—Ⅱ级	弯矩 M_{2-3}	$M_{2-3} = (1+\mu) \cdot \xi \cdot P_{oq} \cdot \sum \eta = 1.296 \times 1 \times 10\,835 \times (0.92 + 0.29) = 169.9 \text{kN} \cdot \text{m}$
	剪力 $Q_1^{右}$	$Q_1^{右} = (1+\mu) \cdot \xi \cdot P_{oq} \cdot \sum \eta = 1.296 \times 1 \times 130.2 \times (0.575 + 0.350 + 0.188 - 0.038) = 181.14 \text{kN} \cdot \text{m}$

（5）内力组合（鉴于横隔梁的结构自重内力甚小，计算中略去不计）

①承载能力极限状态内力组合（表 2-2-13）

表 2-2-13

基本组合	$M_{max,r} = 0 + 1.4 \times 169.91 = 237.9 \text{kN} \cdot \text{m}$
	$Q_{max,1}^{右} = 0 + 1.4 \times 181.14 = 253.6 \text{kN}$

②正常使用极限状态内力组合（表 2-2-14）

表 2-2-14

短期效应组合	$M_{\max, r} = 0 + 0.7 \times 169.91 \div 1.296 = 91.8 \text{kN} \cdot \text{m}$
	$Q_{\max, 1}^{右} = 0 + 0.7 \times 181.14 \div 1.296 = 97.8 \text{kN}$

第四节　挠度、预拱度的计算

一座桥梁如果发生过大的变形,首先会给人一种不安全的感观,它不但会导致行车困难,而且容易使桥面铺装层和结构的辅助设备遭到损坏,严重的甚至危及桥梁的安全。因此,必须计算梁的变形(通常指竖向挠度),以确保结构具有足够的刚度。

《桥规》(JTG D60—2004)规定,对于钢筋混凝土及预应力混凝土梁式桥,用可变荷载频遇值计算的上部结构长期的跨中最大竖向挠度,不应超过 $l/600$, l 为计算跨径;对于悬臂体系,悬臂端点的挠度不应超过 $l'/600$, l' 为悬臂长度。

钢筋混凝土和预应力混凝土简支梁长期挠度值 f_c 可按下式计算

$$f_c = \eta_\theta f \tag{2-2-75}$$

式中:f_c——长期挠度值;

η_θ——挠度长期增长系数,当采用 C40 以下混凝土时,取为 1.60;当采用 C40 ~ C80 混凝土时,取为 1.45 ~ 1.35,中间强度等级可按直线内插取用,计算预应力混凝土简支梁预加力反拱值,取为 2.0;

f——按荷载短期效应组合计算的短期挠度 f 按下式近似计算为

$$f = \frac{5}{48} \cdot \frac{M_s l^2}{B} \tag{2-2-76}$$

$$B = \frac{B_0}{\left(\dfrac{M_{cr}}{M_s}\right)^2 + \left[\left(1 - \dfrac{M_{cr}}{M_s}\right)^2\right]\dfrac{B_0}{B_{cr}}} \tag{2-2-77}$$

$$M_{cr} = \gamma f_{tk} W_0 \tag{2-2-78}$$

$$\gamma = \frac{2S_0}{W_0} \tag{2-2-79}$$

式中:M_s——由荷载的短期效应组合计算的弯矩值;

l——计算跨径;

B——开裂构件等效截面的抗弯刚度;

B_0——全截面的抗弯刚度;

B_{cr}——开裂截面的抗弯刚度,$B_{cr} = 0.95 E_c I_0$;

M_{cr}——开裂弯矩;

γ——构件受拉区混凝土塑性影响系数;

I_0——全截面换算截面惯性矩;

f_{tk}——混凝土轴心抗拉强度标准值;

S_0——全截面换算截面重心轴以上(或以下)部分面积对重心轴的面积矩;

W_0——换算截面抗裂边缘的弹性抗矩。

对于预应力混凝土受弯构件,当计算短期弹性挠度时,对于不开裂的全预应力和 A 类部分预应力构件,截面刚度采用 B_0,即 $0.95E_cI_0$。对于开裂的 B 类预应力构件,M_{cr} 作用时,截面刚度采用 B_0;$(M_s - M_{cr})$ 作用时,截面刚度采用 B_{cr},即 E_cI_{cr},且 $M_{cr} = (\sigma_{pc} + \gamma f_{tk})W_0$。$\sigma_{pc}$ 表示扣除全部预应力损失,预应力钢筋和普通钢筋合力在构件抗裂边缘产生的混凝土预应力,其他符号含义同前。

【例 2-2-8】 验算例 2-2-2 所示 C30 混凝土装配式钢筋混凝土简支梁桥的主要梁变形,已知该主梁开裂构件等效截面的抗弯刚度 $B = 1.750 \times 10^9 \text{N} \cdot \text{m}^2$。

【解】 根据例 2-2-5 可知跨中截面主梁结构自重产生的最大弯矩 M_{GK} 为 763.4kN·m,汽车产生的最大弯矩(不计冲击力)为 669.5kN·m,人群产生的最大弯矩为 73.1kN·m。

(1)验算主梁的变形

按《桥规》规定,验算主梁的变形时,不计入结构自重产生的长期挠度,汽车不计入冲击力。则可变荷载频遇值产生的跨中长期挠度为

$$f = 1.6 \times \frac{5(M_s - M_{GK})L^2}{48 \times B} = 1.6 \times \frac{5 \times (0.7 \times 669.5 + 73.1) \times 10^3 \times 19.5^2}{48 \times 1.750 \times 10^9}$$

$$= 0.0196\text{m} = 1.96\text{cm} < \frac{L}{600} = \frac{1\,950}{600} = 3.25\text{cm}$$

(2)判断是否设置预拱度

根据《桥规》要求,当由荷载短期效应组合并考虑荷载长期效应影响产生的长期挠度超过计算跨径 $L/1\,600$ 时,应设置预拱度。

$$f = 1.6 \times \frac{5M_sL^2}{48 \times B} = 1.6 \times \frac{5 \times (0.7 \times 669.5 + 73.1) \times 10^3 \times 19.5^2}{48 \times 1.750 \times 10^9}$$

$$= 0.047\,3\text{m} = 4.73\text{cm} > \frac{L}{1\,600} = \frac{1\,950}{1\,600} = 1.22\text{cm}$$

(3)计算预拱度最大值

根据《桥规》要求,预拱度值等于结构自重和 1/2 可变荷载频遇值所产生的长期挠度。

$$f = 1.6 \times \frac{5(M_{GK} + \frac{1}{2}M_{可变频遇})l^2}{48 \times B}$$

$$= 1.6 \times \frac{5(763.4 + \frac{1}{2}[0.7 \times 669.5 + 73.1]) \times 10^3 \times 19.5^2}{48 \times 1.750 \times 10^9}$$

$$= 0.037\,5\text{m} = 3.75\text{cm}$$

应做成平顺曲线。

[复习思考题]

1.什么叫板的荷载有效分布宽度?

2.什么叫荷载横向分布影响线?什么叫荷载横向分布系数?

3.计算装配式钢筋混凝土简支梁桥的荷载横向分布系数的方法有哪些?分别说明各计算方法的名称及适用范围。

4.荷载位于跨中和支点的横向分布情况有何不同?

5.试述杠杆法计算荷载横向分布系数的基本原理。

6. 试述偏心受压法计算荷载横向分布系数的基本原理,为什么还要提出修正的偏心受压法?

7. G—M 法的基本思路是什么?

8. 装配式梁式桥横向联结方法有哪些?

9. 简述横隔梁的作用。

10. 偏心受压法计算荷载横向分布系数的基本假定是什么?

11. 杠杆法和偏心受压法计算荷载横向分布系数的适用范围是什么?

12. T 形梁行车道板的结构形式有哪些? 其计算模型是什么?

13. 试画出悬臂板和铰接悬臂板的计算图式。

14. 施工方法与主梁恒载内力计算有什么关系? 试举例说明。

15. 计算如图 2-2-31 所示 T 梁所构成铰接悬臂板的设计内力。荷载为公路—I 级车道荷载,桥面铺装为 2cm 厚的沥青混凝土面层(重度为 21kN/m³)和平均厚 9cm 的 C25 混凝土垫层(重度为 23kN/m³);T 梁翼缘板钢筋混凝土的重度为 25kN/m³。

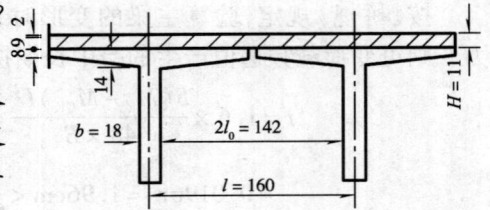

图 2-2-31 习题 16 图(尺寸单位:cm)

16. 有一整体浇筑的 T 形梁桥(由五片梁组成),行车道板厚 18cm,梁肋高度为 82cm,厚度为 20cm,梁肋间距为 200cm,桥面铺装厚度为 11cm,荷载为公路—I 级,求此连续单向板在车辆荷载作用下的最大剪力($a_2 = 0.2m$, $b_2 = 0.6m$, μ 按内插取值)。

17. 如图 2-2-32 所示某双车道公路桥由 6 片截面完全相同的 T 形梁组成,计算跨径 19.5m,设计荷载为公路—I 级。行车道宽度为 7.0m,人行道 2×1.5m,梁肋中心距 1.6m,中间设 3 道横隔板,冲击系数 $1+\mu = 1.19$。

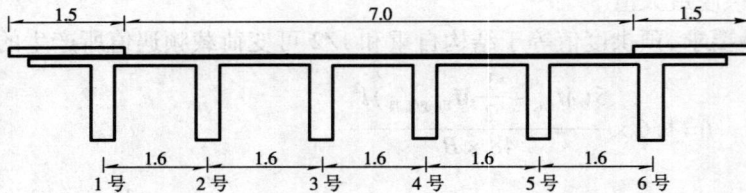

图 2-2-32 习题 18 图桥梁横断面布置(尺寸单位:m)

(1)分别用杠杆法和刚性横梁法计算 1 号梁荷载横向分布系数 m_0、m_c,并画出顺桥跨方向 m 的变化图。

(2)求 1 号梁汽车荷载所产生的跨中最大弯矩 $M_{中max}$。

(3)求 1 号梁汽车荷载所产生的支点处最大剪力 $Q_{支max}$。

第三篇　拱　桥

第一章　拱桥的构造

[提要]　本章简要介绍了拱桥的受力特点及适用范围、拱桥的组成及建筑类型。

第一节　拱桥的受力特点及适用范围

拱桥是我国公路上使用广泛且历史悠久的一种桥梁结构形式。其外形宏伟壮观,且经久耐用。拱桥与梁桥不仅在外形上不同,在受力性能上也有着本质的区别。梁式桥在竖向荷载作用下,梁体内主要产生弯矩,且在支承处仅产生竖向反力,而拱式桥在竖向荷载作用下,支承处不仅有竖向反力,还有水平推力。由于这个水平推力的存在,使拱体内的弯矩大为减小,所以拱是以受压为主的压弯构件。由于轴向压力的作用使大部分截面受压,应力分布均匀,所以可以充分利用材料的抗压强度。

由于拱具有上述受力特点,所以拱桥可以利用钢、钢筋混凝土、混凝土、石、砖等材料修建。用砖、石、混凝土等圬工材料修建的拱桥,称为圬工拱桥。

拱桥的主要优点是:①跨越能力大,从小桥到大、中桥乃至特大桥都可以修建;②能就地取材,与钢材和钢筋混凝土梁式桥相比,可以节约大量的钢材和水泥;③耐久性好,养护、维修费用少;④外形美观;⑤构造简单,施工工艺易于掌握。

拱桥的主要缺点为:①自重较大,相应的水平推力也较大,增加了下部结构的工程数量,对无铰拱来说,地基条件的要求较高;②在砖、石拱桥的建筑中,目前还不能采用机械化和工业化的施工方法,而且需要较多的劳动力,施工期限也较长;③由于圬工拱桥的水平推力较大,在连续多孔的大、中桥中,为防止一孔破坏而影响全桥,需要设置单向推力墩,增加了造价;④与梁式桥相比,上承式拱桥的建筑高度较高,在平原地区修建拱桥,因桥面高程提高,而使两岸接线的工程量增大。

拱桥虽有上述缺点,但由于优点突出,尤其是圬工拱桥省钢材,钢筋混凝土拱无需高强钢材,跨越能力大;在山区修建拱桥有其优越性,基础地质条件好,桥形与环境协调,可就地取材,工程费用节省;近几年来新创的钢管混凝土拱桥因其跨越能力大,施工便利,造价较低,得到了较大的发展。

第二节　拱桥的组成及建筑类型

1.拱桥的组成

拱桥与其他桥梁一样,也是由上部结构(桥跨结构)和下部结构两部分所组成的。

拱桥的桥跨结构是由拱圈及其上面的拱上建筑构成的。拱圈是拱桥的主要承重结构。

由于拱圈是曲线形,一般情况下车辆都无法直接在弧面上行驶,所以在桥面系与拱圈之间需要有传递压力的构件或填充物,以使车辆能在平顺的桥面上行驶。桥面系和这些传力构件或填充物统称为拱上结构或拱上建筑。桥面系包括行车道、人行道及两侧的栏杆或砌筑的矮墙(又称雉墙)等构造。

拱桥的下部结构由桥墩、桥台及基础等组成,用以支承桥跨结构,将桥跨结构的荷载传至地基,并与两岸路堤相连接。对于拱脚处设铰的有铰拱桥,主拱圈与墩(台)帽间还设置了能传递荷载又允许结构变形的拱铰。

拱圈最高处横向截面称为拱顶,拱圈和墩台连接处的横向截面称为拱脚(或起拱面)。拱圈各横向截面(或换算截面)的形心连线称为拱轴线。拱圈的上曲面称为拱背,下曲面称为拱腹。起拱面与拱腹相交的直线称为起拱线。一般将矢跨比大于或等于 1/5 的拱称为陡拱;矢跨比小于 1/5 的拱称为坦拱。拱桥的一般构造和组成如图 3-1-1 所示。

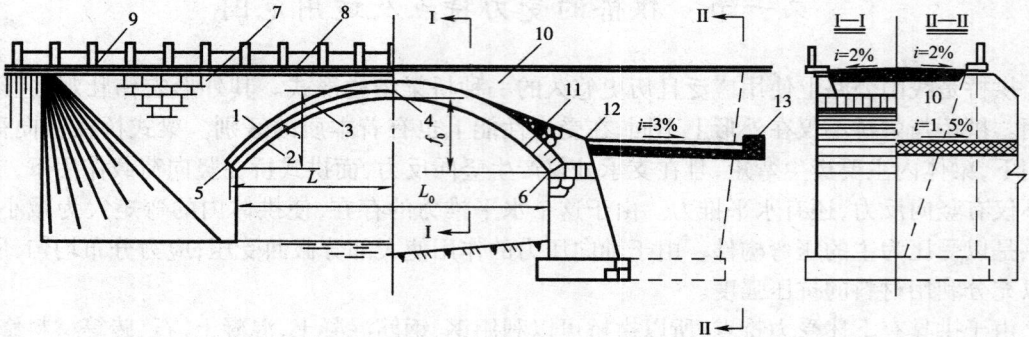

图 3-1-1　实腹式拱桥上部构造

1-拱背;2-拱腹;3-拱轴线;4-拱顶;5-拱脚;6-起拱线;7-侧墙;8-人行道;9-栏杆;10-拱腔填料;11-护拱;12-防水层;13-盲沟

2.拱桥的类型

拱桥的形式应按因地制宜、就地取材的原则,并根据桥位处的地形、水文、通航等要求,结合施工设施等条件综合选择。为了便于研究,我们按照不同的方式将拱桥进行分类。

(1)按建桥材料(主要是针对主拱圈使用的材料)可以分为:圬工拱桥、钢筋混凝土拱桥及钢拱桥等。

(2)按照主拱圈所采用的拱轴线的形式,可将拱桥分为:圆弧拱桥、抛物线拱桥或悬链线拱桥等。

(3)按照拱上结构的形式可以分为:实腹式拱桥与空腹式拱桥。实腹式拱桥构造简单,施工方便,但重力大。对于小跨径拱桥可采用实腹式拱,大、中跨径拱桥宜采用空腹式拱桥。

(4)按静力图式作如下分类。

①三铰拱

三铰拱属于静定结构,温度变化、墩台沉陷均不会在拱圈截面内产生附加内力;由于铰的存在,使其构造复杂,施工困难,而且降低了整体刚度,尤其减小了抗震能力。同时拱的挠度曲线在拱顶铰处出现转折,对行车不利。因此,大、中跨径的主拱圈一般不宜采用三铰拱。三铰拱一般用做大、中跨径空腹式拱上建筑的腹拱。

②无铰拱

无铰拱属于三次超静定结构,在荷载作用下,拱的内力分布比三铰拱好。由于没有设铰,其构造简单,施工方便。但是,温度变化、材料收缩、墩台位移将使拱圈内产生附加内力。所以无铰拱宜在地基良好的条件下修建。

③两铰拱

两铰拱是一次超静定结构。其结构整体刚度较三铰拱好,因地基条件较差,而不宜修建无铰拱时,可采用两铰拱。

(5)按拱圈横截面形式分类如下。

①板拱桥,如图3-1-2a)所示,承重结构的主拱圈在整个宽度内砌成矩形,构造简单,施工方便。但从力学性能方面来看,在相同截面积的条件下,实体矩形截面比其他形式截面的截面抵抗矩小。所以通常只在地基条件较好的中、小跨圬工拱桥中采用板拱形式。

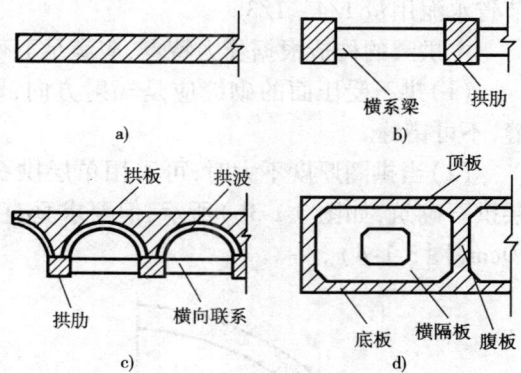

图 3-1-2　主拱圈横截面形状
a)板拱;b)肋拱;c)双曲拱;d)箱形拱

②肋拱桥,如图3-1-2b)所示,将板拱划分成两条或两条以上,并将其分离成独立的拱肋,肋与肋之间用横系梁连接,这样就可用较小的截面积获得较大的截面抵抗矩,以节省材料,减轻拱圈本身重力。该形式多用于较大跨径的拱桥。

③双曲拱桥,如图3-1-2c)所示,主拱圈在纵向和横向均呈曲线形,截面的抵抗矩较相同材料用量的板拱大得多,因此可以节省材料。另外,双曲拱桥还具有装配式桥梁的特点。但它也存在着缺点,如施工程序多,组合截面的整体性较差,易开裂等。因此,双曲拱只宜在中小跨径桥梁中采用。

④箱形拱桥,如图3-1-2d)所示,外形和板拱相似,由于截面挖空,使箱形的截面抵抗矩较相同材料用量的板拱大很多,所以节省材料。又由于它是闭口箱形截面,截面的抗扭刚度大,横向的整体性和稳定性均较好,适用于无支架施工。但箱形截面施工制作较复杂。一般情况下,跨径在50m以上的拱桥宜采用箱形截面。

第三节　主拱圈的构造

一、板　　拱

板拱的主拱圈通常做成实体的矩形截面。常用的板拱有等截面圆弧拱和等截面悬链线拱。按照砌筑拱圈的石料规格可以分为料石拱、块石拱和片石拱。

用来砌筑拱圈的石料,其强度等级不得小于C30。砌筑用的砂浆强度等级,对于大、中跨径拱桥,不得小于M7.5;对于小跨径拱桥,不得小于M5。

拱石的规格,片石厚度不得小于15cm,砌筑时敲去其尖锐凸出部分。块石厚度20~30cm,宽度为厚度的1~1.5倍,长度为厚度的1.5~3倍。粗料石是由岩层或大块石料开劈并经粗略修凿而成,应外形方正,成六面体,厚度20~30cm,宽度为厚度的1~1.5倍,长度为厚度的2.5~4倍,表面凹凸深度不大于2cm。其一般作为公路的镶面面石;对于城市桥梁,有时为了美观,可以用细料石作为拱桥的镶面。

用来砌筑拱圈的石料,要求是未经风化的石料。为了节省水泥,在有条件的地方,可以用小石子混凝土砌筑片石,其砌体强度比用同强度等级的水泥砂浆的砌体强度高,而且一般可以节省水泥用量 1/4 ~ 1/3。

主拱圈的构造根据受力特点,应满足下列要求。

(1)拱石受压面的砌缝应是辐射方向,即与拱轴线相垂直。这种辐向砌缝,一般做成通缝,不可错缝。

(2)当拱圈厚度不大时,可采用单层拱石砌筑,如图 3-1-3a)所示;当拱厚较大,可采用多层拱石砌筑,如图 3-1-3b)所示,但要求垂直于受压面的顺桥向砌缝错开,其错缝间距不小于 10cm(图 3-1-4)。

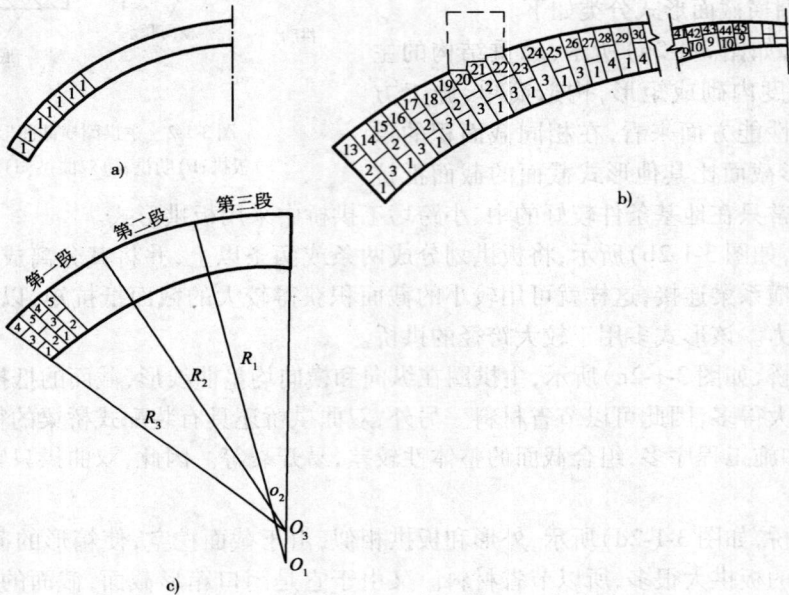

图 3-1-3 拱石的编号
a)圆弧拱;b)变截面悬链线拱;c)等截面悬链线拱

(3)在拱圈的横截面内,拱石的竖向砌缝应当错开,其错开宽度至少 10cm,如图 3-1-4 所示的 I—I 截面及 II—II 截面。这样在纵向或横向剪力作用下,可以避免剪力单纯由砌缝的砂浆承担,从而可以增大砌体的抗剪强度和整体性。

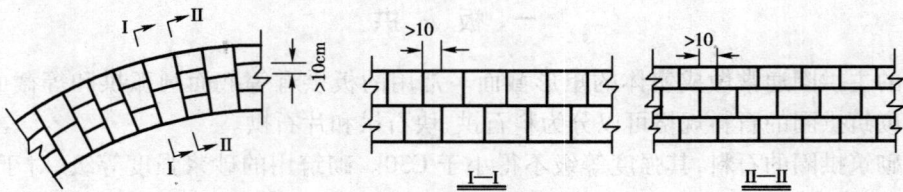

图 3-1-4 拱石的错缝要求(尺寸单位:cm)

(4)砌缝的缝宽不应大于 2cm。若用小石子混凝土砌块石拱圈,砌缝宽度可不大于3 ~ 4cm。

(5)拱圈与墩台及拱圈与空腹式拱上建筑的腹孔墩相连接处,应采用特别的五角石,如图3-1-5a)所示,以改善连接处的受力状况。五角石不得带有锐角,以免施工时易被破坏和被压

106

碎。目前,为了简化施工,也常采用现浇混凝土拱座及腹墩底梁来代替制作复杂的五角石,如图3-1-5b)所示。

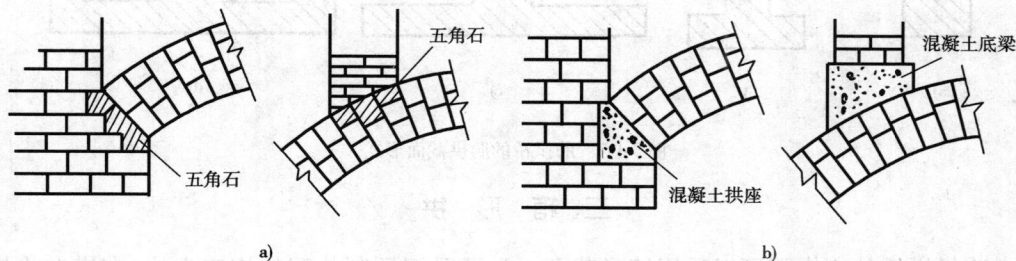

图3-1-5 拱圈车墩台及腹孔墩连接

若用块石砌筑拱圈时,应选择较大的平整面与拱轴线垂直,砌缝必须交错,块石的大头应在上,小头应在下。

二、肋　拱

肋拱桥是由两条或多条分离的平行拱肋,以及在拱肋上设置的立柱和横梁支承的行车道部分组成(图3-1-6),适用于大、中跨径拱桥。由于肋拱较多地减轻了拱体质量,拱肋的恒载内力较小,活载内力较大,故宜用钢筋混凝土结构。

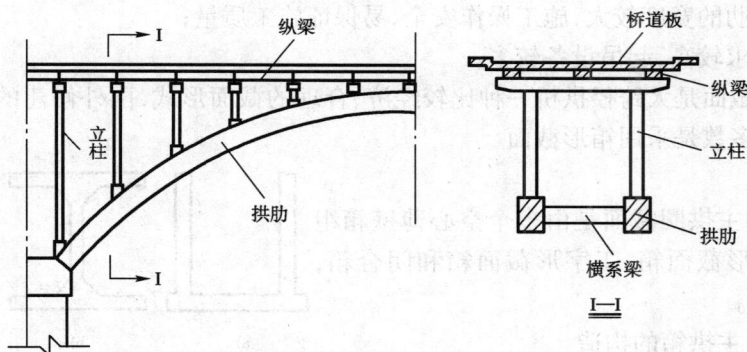

图3-1-6 肋拱桥组成图

拱肋是肋拱桥的主要承重结构,通常是由混凝土或钢筋混凝土做成。拱肋的数目和间距以及拱肋的截面形式等,均应根据使用要求(跨径、桥宽等)、所用材料和经济性等条件综合比较选定。为了简化构造,宜选用较少的拱肋数量。同时,与其他形式拱桥一样,为了保证肋拱桥的横向整体稳定性,肋拱桥两侧的拱肋最外缘间的距离,一般也不应小于跨径的1/20。

拱肋的截面,在小跨径的肋拱桥中多采用矩形,如图3-1-7a)所示。肋高约为跨径的1/60~1/40,肋宽约为肋高的0.5~2.0倍。在较大跨径中,拱肋常做成工字形截面,如图3-1-7b)所示,肋高约为跨径的1/35~1/25,肋宽约为肋高的0.4~0.5倍。其腹板厚度常采用0.3~0.5m。当肋拱桥的跨径大、桥面宽时,拱肋还可以采用箱形截面,这就可以减少更多的圬工体积。

在分离的拱肋间,需设置横系梁,以增加肋拱桥的横向整体稳定性。拱肋的钢筋配置按计算确定。横系梁一般可按构造要求配置钢筋,但不得少于四根(沿四周),并用箍筋连接。因钢筋混凝土肋拱桥的钢筋用量较多,故也有混凝土或石砌拱肋。

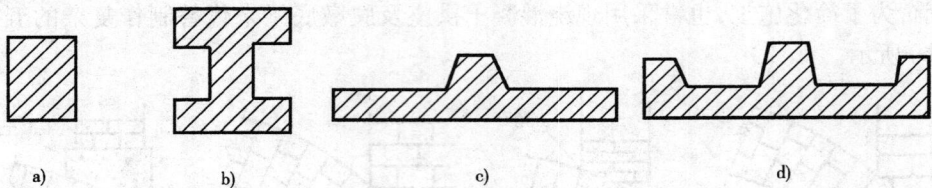

图 3-1-7 肋拱桥的肋拱截面形式

三、箱 形 拱

大跨径拱桥的主拱圈可以采用箱形截面。为了采用预制装配的施工方法,在横向将拱圈截面划分成一些箱肋,在纵向将箱肋分段,待箱肋拼装成拱后,再浇混凝土把各箱肋连成整体,形成主拱圈的截面。箱形拱桥的主要特点是:

(1)截面挖空率大,挖空率可达全截面的 50% ~70%,因此,与板拱相此,可大量节省圬工体积,减轻质量;

(2)箱形截面的中性轴大致居中,对于抵抗正负弯矩具有几乎相等的能力,能较好地适应主拱各截面正负弯矩变化的情况;

(3)由于闭合空心截面,抗弯、抗扭刚度大,拱圈的整体性好,应力分布比较均匀;

(4)单根箱肋的刚度较大,稳定性较好,能单片成拱,便于无支架吊装;

(5)预制箱肋的宽度较大,施工操作安全,易保证施工质量;

(6)制作要求较高,起吊设备较多。

因此,箱形截面是大跨径拱桥一种比较经济、合理的截面形式,国外修建的大跨径钢筋混凝土拱桥,绝大多数是采用箱形截面。

1.结构形式

箱形拱桥的主拱圈截面是由多个空心薄壁箱组成,其形式有槽形截面箱、工字形截面箱和闭合箱,如图 3-1-8 所示。

2.槽形截面主拱箱的构造

拱箱由钢筋混凝土底板、横隔板、盖板以及连接用的角钢组成。

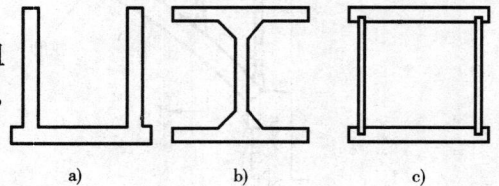

图 3-1-8 箱形拱主拱圈截面形式
a)槽形截面箱;b)工字形截面箱;c)闭合箱

如图 3-1-9 所示,槽形拱箱的组成方式是:将底板和箱壁预制成 U 形拱肋(内有横隔板),纵向分段,吊装合龙后,安装预制盖板,再现浇顶板及箱壁接缝混凝土,组成箱形截面。盖板可做成平板或微弯板。U 形肋的优点是预制时不需要顶面模板,只需在拱胎上立侧模板;虽是开口截面,吊装时仍有足够的纵横向稳定性。缺点是现浇混凝土工作量大;在现浇顶板时边缘部分须立侧模板或加预制块代替模板;盖板在参与拱圈受力时作用不大,但增加了拱圈质量。

横隔板的作用是增加拱箱的横向刚度,加强主拱圈的整体性。横隔板采用中间挖空的钢筋混凝土板,以便施工人员通过。横隔板沿拱轴线间距一般为 2 ~3.5m,在吊点、扣点处也应设置。

为了加强拱箱的整体性,将盖板钢筋伸出与拱箱侧板顶面伸长的钢筋互相连接。盖板上面为现浇混凝土层,最好在上面铺设纵横间距为 20 ~30cm 的钢筋网,以抵抗混凝土收缩和加强各预制块件间的整体性。

拱箱底板两边外伸 4～5cm 的"马蹄",以便浇筑壁间的混凝土。两拱箱"马蹄"间留有4～6cm 的空隙,便于吊装时调整拱箱的横向偏移。

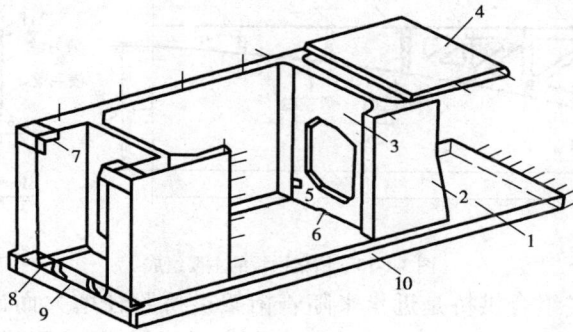

图 3-1-9　槽形拱箱构造
1-底板;2-制板;3-横隔板;4-盖板;5-钢板;6-排水孔;7-定位连接角钢;8-定位角钢;9-连接角钢;10-"马蹄"

拱箱合龙后填筑箱壁间的混凝土,将拱箱联成整体。除此之外,每隔一个横隔板应设置横向连接,即在拱箱侧壁下部预留孔洞,用钢筋穿过,钢筋两端焊接在横隔板的预埋钢板上(或用螺栓夹紧)。

分段拱箱的箱壁和底板设有定位角钢和连接角钢。定位角钢用螺栓夹紧,准确固定接头位置后,再将定位角钢、连接角钢电焊。

拱脚与墩台帽的连接,一般多在墩台帽上预留深约 40cm 的凹槽,在凹槽与箱壁预埋钢板或角钢直接抵接,拱圈合龙定位后焊牢,现浇混凝土封填凹槽。插入槽内的拱箱应将箱壁加厚。

3. 采用 I 字形肋组成的多室箱形截面

I 字形拱肋(内设横隔板)吊装合龙后,翼缘直接对接,将横向连接的钢板电焊即形成拱圈截面,省去了现浇混凝土部分,减少了施工工序。I 字形拱肋的缺点是吊装稳定性差,焊接下翼缘和横隔板的连接钢板时,工作条件差。

4. 采用闭合箱肋组成的多室箱形截面

此种箱肋的特点是在预制的过程中,箱壁采用了分段预制再组合拼装成箱的工艺。先将预制好的箱壁及横隔板按拱箱尺寸拼装起来,再浇筑混凝土及接头混凝土,组合成开口的 U 形箱,最后在 U 形箱内立支架及上模板,浇筑顶板混凝土形成闭合箱肋。为了加强块件之间的连接,在箱壁和横隔板四周预留环状剪力钢筋及连接钢筋。

四、桁架拱桥

我国的桁架拱桥由 20 世纪 80 年代以前的中小跨径的普通钢筋混凝土结构,发展到大跨径预应力桁架拱;90 年代随着施工能力的提高,跨径的增大,桁架拱桥也进一步发展,国内已建成的预应力混凝土桁式组合拱桥已达到 330m。

桁架拱由钢筋混凝土或预应力混凝土桁架拱片、横向联系和桥面系组成,如图 3-1-10 所示。桁架拱片是桁架拱桥主要承重构件,横桥向桁架拱片的片数,由桥梁的宽度、跨径、设计荷载、施工条件、桥面板跨越能力等因素综合考虑确定。

钢筋混凝土桁架拱桥是一种具有水平推力的拱形桁架结构,外形轻巧美观,在结构上兼有桁架和拱的特点,各部件截面尺寸较小,重力较轻,节省材料,对墩台的垂直压力和水平推力也相应减小,结构的整体性能好,装配化程度高,施工程序少。

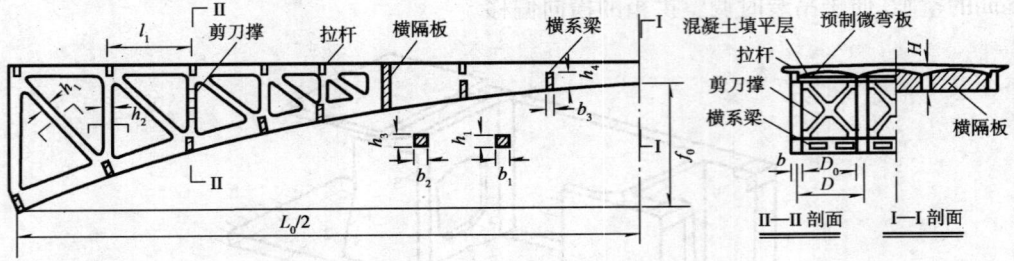

图 3-1-10　桁架拱桥的主要组成

　　预应力混凝土桁式组合拱桥是近年来随着桁架拱桥跨径增大而出现的一种新桥型,桥梁结构从形式上看与钢筋混凝土桁架拱相似,既像是带斜杆的箱形拱,又像上、下弦为闭合箱形断面的桁架拱;从受力体系看是预应力桁架 T 构和行车道板和拱圈闭合箱形断面的无铰箱形拱的组合结构。较之箱形拱桥,它具有桁式体系的优点,拱上建筑与主拱圈联合受力,整体性好。为了其结构受力需要,上弦杆及斜杆常设置预应力钢筋,如此其跨越能力较强,与同跨径的其他桥型比较造价低。该桥型及其相应施工方法是山区大跨径桥梁可选方案之一。

　　1. 桁架拱片

　　上弦杆和实腹段上缘构成桁架拱片的上边缘,它与桥面纵向平行(单孔拱桥也可设置竖曲线);上弦杆的轴线平行于桁架拱片的上边缘。桁架拱片下弦杆的轴线可采用圆弧线、二次抛物线或悬链线。

　　腹杆包括斜杆和竖杆。根据腹杆的不同布置情况,分为竖杆式、斜压杆式、斜拉杆式、三角形式四种(图 3-1-11)。竖杆式桁架拱的优点是外形美观,腹杆少,节点处交汇的杆件只有三根,钢筋布置和混凝土浇筑方便,外形也较整齐。缺点是由于桁架杆件以受弯为主,因此钢筋用量较大;由于节点的刚性,在荷载作用下,节点次应力往往导致竖杆两端开裂,故目前采用较

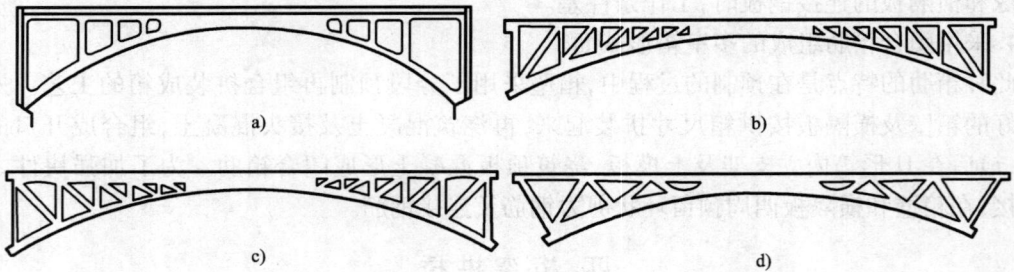

图 3-1-11　桁架拱桥
a)竖杆式;b)斜压杆式;c)斜拉杆式;d)三角形式

少。斜压杆式拱桥的斜杆在永久作用下受压,竖杆受拉;斜拉杆式拱桥的斜杆在永久作用下受拉,竖杆受压,常采用。由于竖杆对于横向联结系的布置较方便,有了竖杆可减小上、下弦杆承受局部荷载的长度,对弦杆受力是有利的,所以带竖杆的斜腹杆桁架采用较多。三角形式腹杆根数比带竖杆的斜腹杆式少,节点数也减少,腹杆总长比带竖杆的短,但是,当跨径过大时,节间过长,上弦杆承受局部弯矩所需的钢筋将增多,故应作技术经济比较,特别是大跨径桁架拱桥更应进行方案比较。中小跨径桁架拱多采用带竖杆的斜腹杆形式。

2. 横向联系

为了将各桁架拱片连成整体，使之共同受力，并保证其横向的稳定性，需在桁架拱片之间设置横向联系，其形式有横系梁、横隔板和剪力撑。横系梁设在上、下弦杆的结点处和实腹段（间距 3~5m）；横隔板设在实腹段与桁架部分的交界处和跨中，板的高度一般都直抵桥面；剪力撑设置在 $L/4$ 附近的上、下结点之间及跨径端部。跨径较大的桥，应在下弦杆平面内设置一些水平剪力撑以增加桥梁的横向刚度。

3. 桥面

桁架拱桥的桥面结构形式很多，有横向微弯板、纵向微弯板和预应力混凝土空心板等。横向微弯板桥面比较省钢材，但跨径较小，因此拱片的片数较多。较大跨径的桁架拱桥，为了减少拱片的片数，可采用空心板或纵向微弯板，但纵向微弯板需要较强的横梁。

4. 桁架拱与墩（台）的连接

桁架拱与墩（台）的连接包括：下弦杆、上弦杆与桥墩（台）的连接和多孔桁架拱桥桥跨结构之间的连接等。连接构造随上、下部结构的形式、施工方法、美观要求等而异，一般常用的形式如图 3-1-12 所示。

中小跨径桁架拱桥目前常采用的下弦杆与墩台连接形式是：在墩台帽上预留深 10cm 左右（或与肋高相同）的槽孔，将下弦杆的端头插入，然后四周用砂浆填塞。在跨径较大时，由于墩台位移等原因，往往造成支承面局部承压，引起反力偏心和结构内力变化，因此不宜采用上述方法，而宜采用较完善的铰接。

桁架拱上部与墩台的连接以及多跨拱间的连接，有悬臂式[图 3-1-12a）、3-1-12b）]、过梁式[图 3-1-12c）、3-1-12d）]和伸入式[图 3-1-12e）、3-1-12f）]三种，一般以过梁式为好。

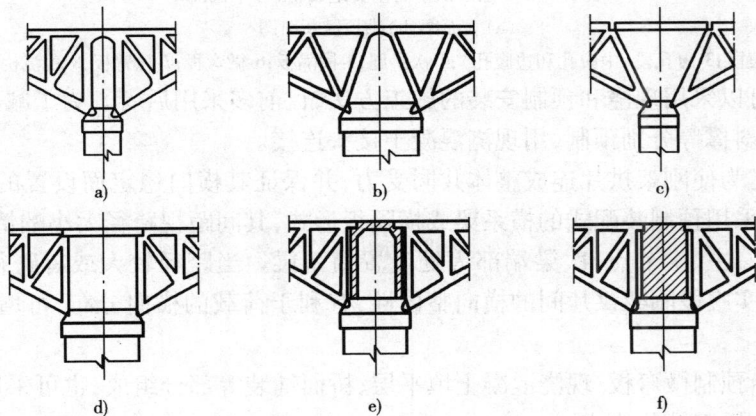

图 3-1-12　桁架拱与墩（台）的连接形式

五、刚 架 拱 桥

刚架拱桥是在桁架拱、斜腿刚架等基础上发展起来的另一种新桥型，属于有推力的高次超静定结构，它具有构件少、自重轻、整体性好、刚度大、施工简便、经济指标较先进、选型美观等优点，在我国得到了广泛应用。

刚架拱桥的上部由刚架拱片、横向联系和桥面系等部分组成（图 3-1-13）。

刚架拱片是刚架拱桥的主要承重结构，一般由跨中实腹段的主梁、空腹段的次梁、主拱腿（主斜撑）、次拱腿（次斜撑）等构成（图 3-1-13）。

主梁和主拱腿的交接处称为主节点,次梁和次拱腿的交接处称为次节点。节点构造一般均按固结设计,并配置钢筋。

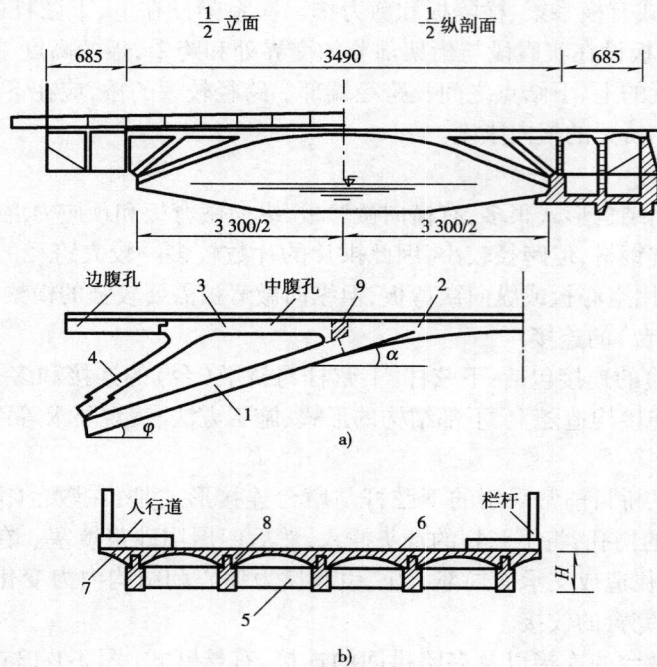

图 3-1-13 刚架拱桥的主要组成(尺寸单位:cm)

a)立面图;b)拱顶横断面图

1-主拱腿;2-实腹段;3-腹孔段(中腹孔和边腹孔);4-次拱腿;5-横隔板;6-微弯板;7-悬臂板;8-现浇桥面;9-现浇接头

刚架拱片可以采用现浇和预制安装的施工方法,目前多采用后者。为了减小吊装质量,可将主梁和次梁、斜撑等分别预制,用现浇混凝土接头连接。

横向联系是为使刚架拱片连成整体共同受力,并保证其横向稳定而设置的。为了简化构造,横向联系可采用预制装配式的横系梁或横隔板形式,其间距视跨径大小酌情布置。一般在刚架拱片的跨中,主、次节点,次梁端部等处设置横系梁。当跨径较大或者跨径小、桥面很宽时,为加强跨中实腹段刚架拱片间的横向整体性,有利于荷载的横向分布,可增设直抵桥面板的横隔板。

桥面系可由预制微弯板、现浇混凝土填平层、桥面铺装等部分组成,也可采用预制空心板、现浇混凝土层及桥面铺装构成。

六、钢管混凝土拱桥

我国近年来发展起来的钢管混凝土拱桥,一方面提高了材料的强度,减轻了拱圈的自重;另一方面使主拱圈本身成为自架设体系,劲性骨架便于无支架施工。因此,钢管混凝土拱桥成为拱桥的发展方向。应用钢管混凝土作为劲性骨架修建的广西邕江大桥 312m 的肋拱(图 3-1-14)和四川万县长江大桥 420m 的箱拱(图 3-1-15),已经进入世界级水平。钢管混凝土拱桥在我国的兴建方兴未艾,跨径在不断突破,形式在不断创新,技术在日益提高。

1. 主拱圈构造

钢管混凝工拱桥中,跨径不大时拱肋可采用单管截面。单管截面主要有圆形和圆端形

（图 3-1-16）。

单圆管加工简单,抗扭性能好,抗轴向力性能由于紧箍力的作用显示出其优越性,但抗弯性能低,主要用于跨径不大的城市桥梁和人行桥中。

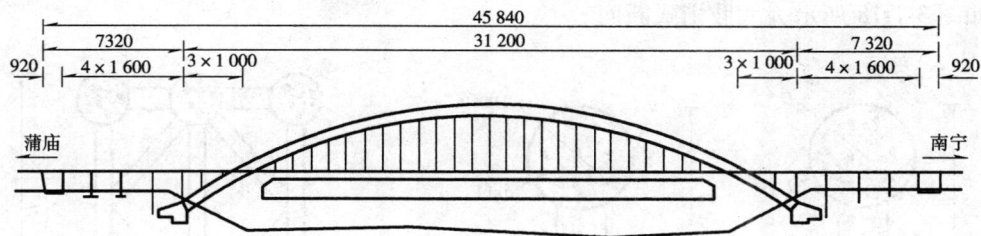

图 3-1-14　广西邕江大桥总体布置图(尺寸单位:cm)

图 3-1-15　四川万县长江大桥

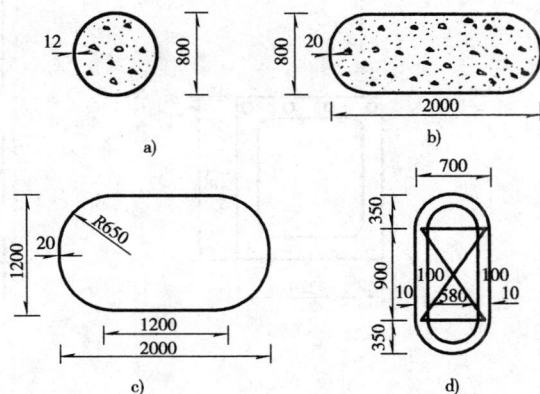

图 3-1-16　单圆管截面(尺寸单位:mm)

a)福建福安群益大桥拱肋截面;b)浙江义乌篁园桥拱肋截面;c)杭州新塘桥挟肋截面;d)浙江诸暨西施桥拱肋截面

肋拱桥中绝大部分为哑铃形断面(图 3-1-17)。哑铃形钢管混凝土肋拱的钢管直径 D 为 $45 \sim 150$ cm,以 $75 \sim 90$ cm 最多,D/L 为 $1/60 \sim 1/150$(上为净跨径);高度 H 为 $120 \sim 270$ cm,以 $180 \sim 200$ cm 最多;$H/L = 1/30 \sim 1/60$;$D/H = 1/2.11 \sim 1/2.67$,以 $1/2.5$ 居多;钢板厚为

8~16mm,10mm最常用。哑铃形截面较之单圆管截面抗弯刚度大。

桁式拱肋能够采用较小的钢管直径取得较大的纵横向抗弯刚度,且杆件以受轴向力为主,能够发挥材料的特性。对跨径超过100m的钢管混凝土肋拱,桁肋是一个比较合适的截面形式。如图3-1-18所示为六肢桁式断面。

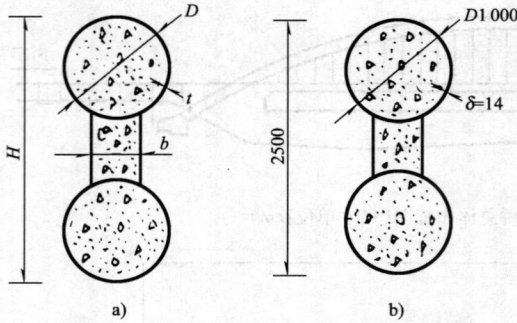

图3-1-17　哑铃形断面(尺寸单位:mm)
a)哑铃形断面;b)江西瓷都大桥拱肋截面

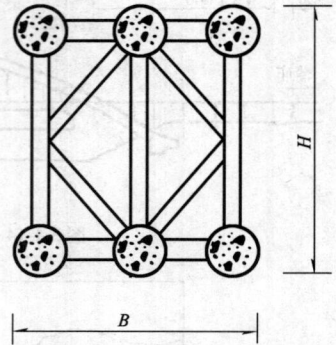

图3-1-18　六肢桁式断面

中、下承形式的肋拱桥,随跨径增大以后,横向稳定问题突出,因而对钢筋混凝土拱桥常采用箱肋截面(图3-1-19)。

2.横向联系构造

拱桥特别是大跨径肋拱桥,横向稳定问题突出,所以,其横向结构的合理采用至关重要。对于中承式拱,一部分拱肋在桥面以下,而桥面以上部分受行车空间限制不可能设置很多的横撑,桥面以下部分可采用刚度较大的K式或X式横撑,以加强拱脚段的横向刚度,如图3-1-20所示为K撑的布置。

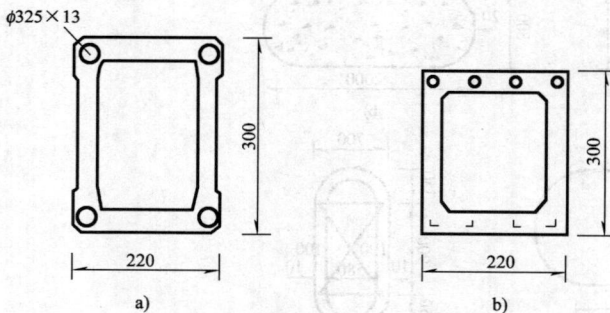

图3-1-19　箱肋式断面(尺寸单位:mm)
a)内江新龙坳桥断面;b)白勉峡大桥断面

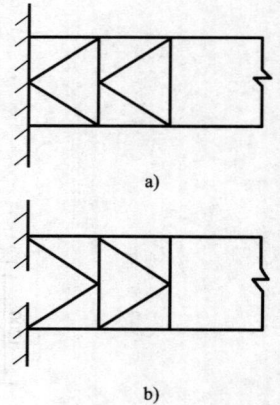

图3-1-20　中承式肋拱拱脚K撑的布置

哑铃形肋拱的横撑常采用单根钢管,焊接于两根拱肋的中部,横撑钢管的直径可与哑铃形中的圆管相同,也可稍大些。哑铃形拱肋的横撑也有用两根管的,不过上下两管之间不像拱肋一样用实腹板相接,而是用腹杆,通常也是钢管;当两根弦管的高度较小时仅用直腹杆(图3-1-21),高度较大时还有斜腹杆。

114

3.桥面系

现代拱桥的桥面多采用梁板式结构,大大地减轻了自重,方便了施工,也是实现大跨度的必然。梁板式桥面系的布置形式有三种,即横铺桥面板式、纵铺桥面板式和整体肋板式(图3-1-22)。在钢管混凝土拱桥中以整体肋板式和纵铺式桥面板式应用最广。

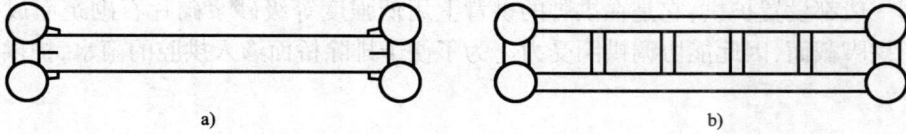

图 3-1-21 横撑形式
a)哑铃形肋拱采用的单管横撑;b)哑铃形肋拱采用的竖平面桁式横撑

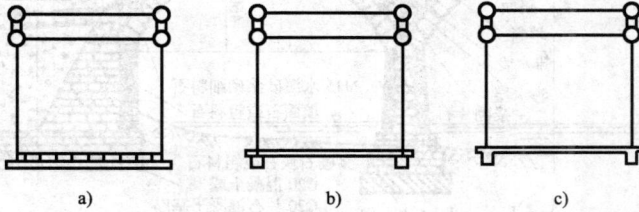

图 3-1-22 桥面系布置形式
a)纵铺桥面板式;b)横铺桥面板式;c)整体肋板式

4.立柱与吊杆

立柱用于上承式拱桥和中承式拱桥上承部分,是桥面系与主拱肋之间的传力结构。钢管混凝土拱桥的立柱主要形式有钢筋混凝土立柱和钢管混凝土立柱。

吊杆是钢管混凝土中下承式拱桥所采用的,吊杆材料有圆钢、高强钢丝和钢绞线。吊杆为局部受力构件,其受力大小与主桥的跨径关系不大。吊杆受力中可变作用占有较大的比例,所以设计荷载直接关系到吊杆的受力。吊杆的工作环境与斜拉桥中的斜拉索类似,要求吊杆有高的承载能力和稳定的高弹性模量(低松弛)、良好的耐疲劳和抗腐蚀能力,易于施工,而且价格便宜。

第四节 拱上建筑的构造

按拱上建筑的形式,分为实腹式和空腹式两类。跨径小于 20m 的板拱桥,因空腹的腹孔墩和腹孔的体积一般超过了实腹的侧墙体积,为施工方便,可用实腹式,但填料较多,永久作用较重。大、中跨拱桥宜采用空腹式拱上建筑。

一、实腹式拱上建筑

实腹式拱上建筑由侧墙、拱腹填料、护拱以及变形缝、防水层、泄水管和桥面等部分组成,如图 3-1-23 所示。

侧墙承受填料和车辆荷载所产生的侧向压力,一般用块石和片石砌筑。为了美观,可用粗料石镶面。侧墙厚度由计算决定,通常顶宽为 0.5~0.75m,向下逐渐加厚,外坡垂直,内坡为 4:1 或 3:1。墙脚厚度取用墙高的 0.4 倍。侧墙与墩、台间必须设伸缩缝分开。

拱腔填料是用来支承桥面,并有传递荷载和吸收冲击力的作用,一般采用粗砂、砾石、碎石及煤渣等透水性良好的散料,分层填实,以防积水造成冻胀。

拱圈一般都设置护拱,它是在拱脚的拱背上用低强度等级砂浆砌片石砌筑而成。由于护拱加厚了拱脚截面,因此能协调拱圈受力。为了便于排除桥面渗入拱腔的雨水,护拱一般做成斜坡式。

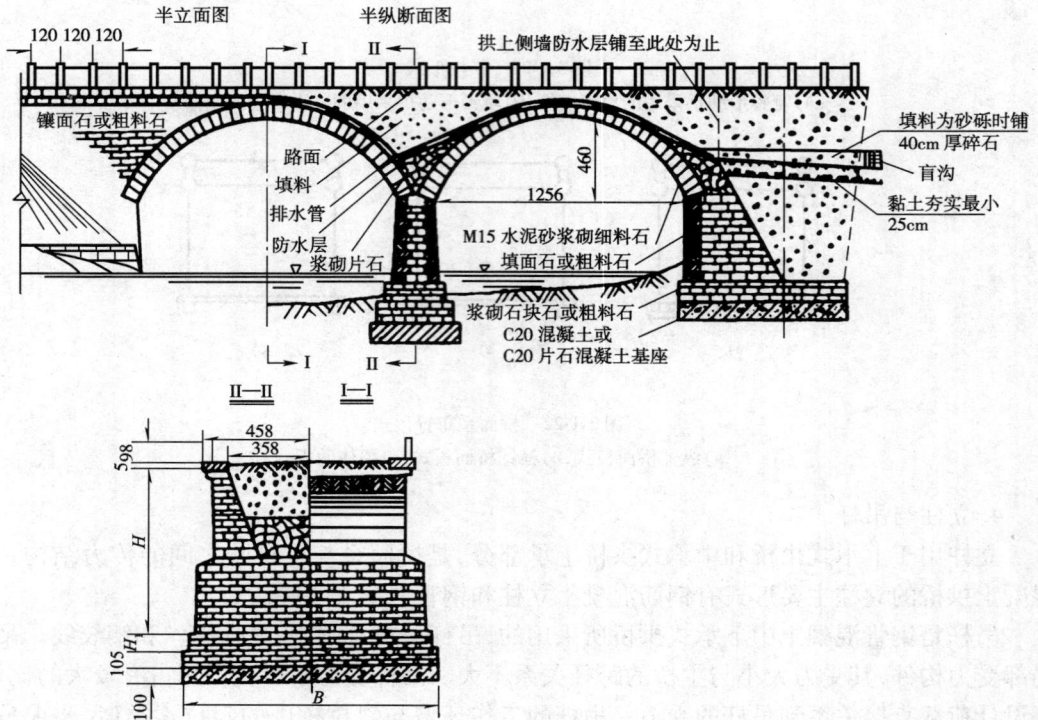

图 3-1-23　实腹式拱桥构造图(尺寸单位:cm)

二、空腹式拱上建筑

空腹式拱上建筑除具有实腹式拱上建筑相同的构造外,还有腹孔和腹孔墩。

1. 腹孔

腹孔的形式、构造、范围应结合主拱圈的类型、构造、几何尺寸以及施工方法和桥位处的具体情况综合考虑。

腹孔的形式分为两类,一类是拱形腹孔,另一类是梁或板式腹孔。在圬工拱桥中,为了省钢材,大部分采用拱形腹孔。

(1)拱形腹孔

腹孔通常对称地布置在主拱圈两侧结构高度所容许的范围内。拱形腹孔(腹拱)跨径一般可选用 2.5~5.5m,且在每半跨内不超过主拱跨径的 1/4~1/3,也不宜大于主拱圈跨的 1/8~1/15,比值随主拱圈跨径的增大而减小。腹拱宜做成等跨的,以利于腹拱墩的受力和

116

施工。

腹拱的拱圈,可以采用石砌、混凝土预制或现浇的圆弧板拱,矢跨比一般为 1/2 ~ 1/6。为了减轻质量,也可以采用双曲拱、微弯板和扁壳等各种形式的轻型腹拱。通常,双曲拱的矢跨比采用 1/4 ~ 1/8(无支架施工的拱桥,腹拱的矢跨比宜用小者),微弯板的矢跨比用 1/10 ~ 1/12。腹拱的拱轴线多用圆弧线。

腹拱圈的厚度,当跨径为 1 ~ 4m 时,可采用厚度不小于 0.3m 的石板拱或厚度不小于 0.15m 的混凝土板拱,也可采用厚度为 0.14m(其中预制厚 0.06m,现浇 0.08m)的微弯板;当腹拱跨径为 4 ~ 6m 时,常采用双曲拱,拱圈厚度一般为 0.3 ~ 0.4m。如果采用钢筋混凝土拱时,拱厚还可减薄。

腹拱在墩台处的支承形式如图 3-1-24 所示。紧靠墩、台的第一个腹孔,可以直接支撑在墩、台上,也可以跨过墩顶,使桥墩两侧的腹孔相连,靠近墩台附近的腹孔应做成三铰拱,大跨径拱桥靠近实腹段的腹孔也可做成二铰拱,以免主拱圈变形时引起腹拱圈开裂。腹拱铰可用油毛毡隔开。

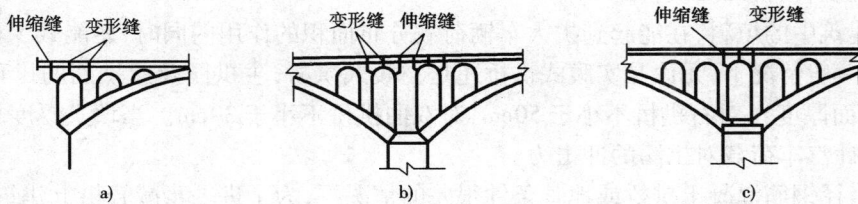

图 3-1-24 腹拱在墩台处支承方案

(2)梁式腹孔

采用梁式腹孔的拱上建筑(图 3-1-25),可以使桥梁造型轻巧美观,减轻拱上质量及地基的承压力,以便获得更好的经济效果。大跨径的钢筋混凝土拱桥绝大多数采用梁式腹孔。梁式腹孔的桥道梁体系可以做成简支的、连续的、连续刚架式等形式。

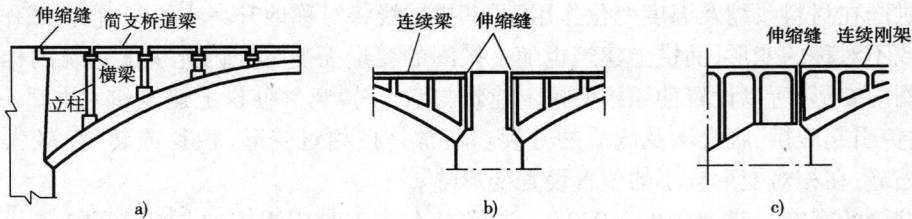

图 3-1-25 梁式腹孔

2. 腹孔墩

腹孔墩可分为横墙(立墙)式和立柱式两种。横墙式通常用石料、混凝土预制块砌筑,或现浇混凝土做成实体墙。有时为了节省圬工、减轻质量或便于检修人员在拱上建筑内通行,也可在横墙上挖孔,如图 3-1-26a)所示。这种横墙式腹孔墩自重大,但可以不用钢材,故多用于砖、石拱桥中。腹孔墩的厚度,用浆砌片石、块石时,不宜小于 0.60m,用混凝土浇筑时,一般应大于腹拱圈厚度的一倍。

立柱式腹孔墩如图 3-1-26b)所示,是由立柱和盖梁组成的钢筋混凝土排架结构。为了使立柱传递给主拱圈的压力不至于过分集中,通常在立柱下面还设置底梁。

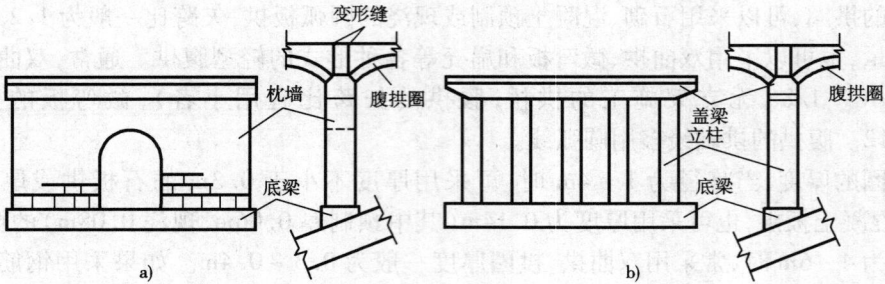

图 3-1-26 腹孔墩构造形式

三、其他细部构造

1.拱上填料、桥面及人行道

拱上建筑中的填料,在能起到扩大车辆荷载分布面积的作用的同时,还能减少车辆荷载的冲击作用,一般情况下,无论是实腹式拱桥还是空腹式拱桥,主拱圈及腹拱圈的拱顶处填料厚度(包括路面厚度),对石拱桥不小于50cm,对双曲拱桥不小于30cm。当填土厚度超过上述数值时,可不计汽车荷载对拱圈的冲击力。

在大跨径钢筋混凝土拱桥或地基条件很差的情况下,为了进一步减轻拱上建筑质量,可以减薄填料厚度,甚至可以不用填料,直接在拱顶上修建混凝土路面。这时,除要采取措施保证主拱圈的横向整体性外,计算时还应计入汽车荷载的冲击力。

拱桥行车道和人行道的桥面铺装要求与梁桥的基本相同。目前一般公路拱桥行车道采用较多的是碎(砾)石路面或沥青混凝土路面,钢筋混凝土轻型拱桥多采用混凝土路面。人行道的铺装视具体情况选用,常用混凝土预制块铺砌。

2.伸缩缝与变形缝

主拱圈在材料收缩及温度变化作用下,其拱轴线将对称地升高或下降;在荷载作用下将产生对称或不对称的变形,而拱上建筑也随主拱圈的变形而变形。因此拱上建筑的构造必须适应主拱圈的变形,所以设置伸缩缝使拱上建筑与墩台分离,并使拱上建筑和主拱圈一起自由的变形,避免引起腹拱、腹孔墩及侧墙的开裂。通常是在相对变形(位移或转角)较大的位置上设置伸缩缝,在相对变形较小的位置设置变形缝。

伸缩缝的宽度一般为0.02~0.03m,通常是在施工时用锯木屑与沥青按1:1比例配合压制而成的预制板嵌入砌体或埋入现浇混凝土中即可。上缘一般做成活动而不透水的覆盖层。伸缩缝内的填充料,亦可采用沥青砂或其他适当材料。变形缝则不留缝宽,可用干砌或油毛毡隔开或用低强度等级砂浆砌筑,以适应主拱圈的变形。

实腹式拱桥的伸缩缝通常设在两拱脚的上方,并需在横桥方向贯通全宽和侧墙的全高及人行道构造。目前多将伸缩缝做成直线形(图3-1-27),以使构造简单,施工方便。

拱式拱上结构的空腹式拱桥,一般将紧靠桥墩(台)的第一个腹拱圈做成三铰拱,并在靠墩台的拱铰上方的侧墙上,也相应地设置伸缩缝,在其余两铰上方的侧墙,可设变形缝(图3-1-28、图3-1-24)。在大跨径拱桥上,根据温度变化情况和跨径长度,必要时还需将靠近拱顶的腹拱圈或其他腹拱也做成两铰或三铰拱。拱铰上面的侧墙也需相应地设置变形缝,以便使拱上建筑更好地适应主拱圈的变形。

图 3-1-27　实腹式拱桥伸缩缝的布置

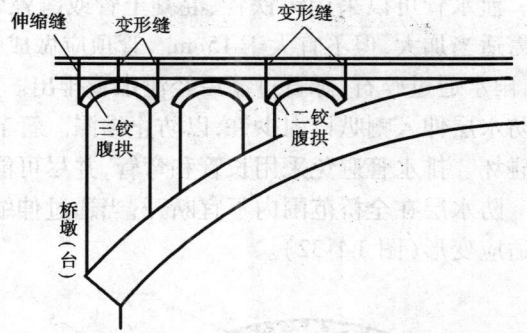

图 3-1-28　空腹式拱桥伸缩缝及变形缝的布置

对于梁式或板式拱上结构,宜在主拱圈两端的拱脚上设置腹孔墩或采取其他措施与桥墩(台)设缝分开,梁或腹孔墩的支承连接处宜采用铰接,以适应主拱圈的变形。

人行道、栏杆、缘石和混凝土桥面,在腹拱铰的上方或侧墙均应设置贯通的伸缩缝和变形缝。

3. 桥面排水和防水设施

对于拱桥,既要排除桥面雨水,又必须将透过桥面铺装而渗入到拱腹内的雨水及时排除,以免冻结时损坏圬工结构。

(1)桥面排水

如图 3-1-29、图 3-1-30 所示,小桥的桥面雨水,可利用顺桥向的纵坡,将水引至两端桥台后面排出,但应注意防止冲刷桥头路堤。

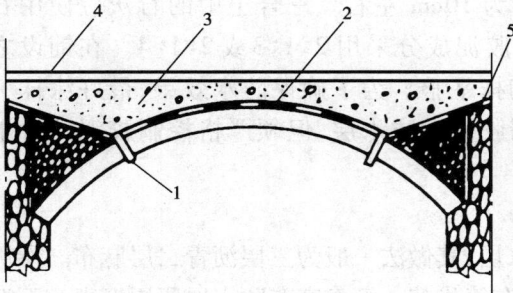

图 3-1-29　实腹式拱桥拱背排水

1-泄水管;2-防水层;3-填料;4-桥面铺装;5-伸缩缝

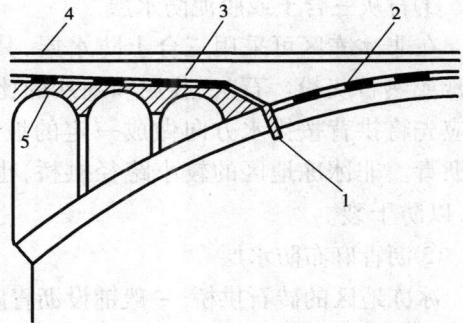

图 3-1-30　空腹式拱桥拱背排水

1-泄水管;2-防水层;3-填料;4-桥面铺装;5-腹拱

大、中桥面应设横坡,并每隔适当距离设置泄水管,将桥面雨水排出。对于混凝土和沥青桥面的横坡,一般为 1.5% ~2.0%,对碎石桥面不宜大于 3%。

人行道设置与行车道反向的横坡,一般为 1% ~2%。

(2)防水设施

渗入到拱腹内的水,应通过防水层汇集于预埋在拱腹内的泄水管排出。防水层和泄水管的铺设方式与上部结构形式有关。

实腹式拱桥,防水层应沿拱背、护拱、侧墙铺设。对单孔桥,可不设泄水管,积水沿防水层流至两桥台后面的盲沟,然后沿盲沟流出路堤。对于多孔桥,可在 $L/4$ 处设泄水管(图3-1-31)。

空腹式拱桥，防水层沿腹拱上方和主拱圈实腹段的拱背铺设。泄水管宜布置在 $L/4$ 附近（图 3-1-30）。

泄水管可以采用铸铁管、混凝土管或陶瓷管。泄水管的内径一般为 6～10cm。在严寒地区需适当加大，但不宜大于 15cm。管顶应做成喇叭形并加罩铁筛盖，在筛盖周围堆放碎石、砾石，雨水通过碎石、砾石过滤后经泄水管排出。施工时，将泄水管四周用水泥砂浆填筑密实，并将防水层伸入喇叭口内少许，以防止渗漏。管节伸出拱圈 10～15cm，但不宜太长，以免被漂浮物碰坏。排水管避免采用长管和弯管，并尽可能减少管节数量。

防水层在全桥范围内不宜断开，当通过伸缩缝或变形缝处应妥善处理，使其既能防水又可以适应变形（图 3-1-32）。

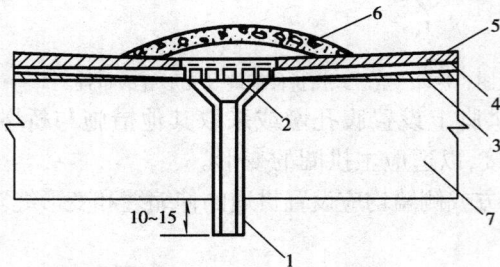

图 3-1-31　泄水管构造（尺寸单位：cm）
1-泄水管；2-铁筛盖；3-三合土或砂浆抹平；4-防水层；5-水泥砂浆抹面（铁丝网）；6-碎石；7-拱圈

图 3-1-32　伸缩缝处的防水层构造
1-伸缩缝或变形缝；2-厚 2mm 的白铁皮；3-防水层；4-1：4 水泥砂浆；5-油脂粗线；6-柏油；7-混凝土保护层

防水层的种类有以下两种。

①石灰三合土或胶泥防水层

在非冰冻区可采用三合土防水层，其厚度可为 10cm 左右。三合土中的石灰应使用石灰膏或熟石灰粉。石灰、胶泥和细沙的比例根据胶泥成分采用 2：1：3 或 2：1：4。在铺设之前应先将拱背按排水方向做成一定的坡度，并砌抹平整。为了确保防水效果，最好涂抹一层沥青。非冰冻地区的较小跨径拱桥，也可采用胶泥做防水层，但须严格控制胶泥的含水量，以防干裂。

②沥青麻布防水层

冰冻地区的砖石拱桥，一般铺设沥青麻布防水层，其做法一般为三层沥青二层麻布。所用麻布应预先用沥青浸透均匀，也可用油毡、玻璃丝布等代替。沥青麻布防水层所用沥青为石沥青或煤沥青。

4. 拱铰

通常，拱桥中有三种情况设铰。一是主拱圈按两铰拱或三铰拱设计时，二是空腹式拱上建筑，其腹拱圈按构造要求需采用两铰或三铰拱，或高度较小的腹孔墩上、下端与顶梁、底梁连接处需设铰时；三是在施工过程中，为消除或减小主拱圈的部分附加内力以及对主拱圈内力作适当调整时，往往在拱脚或拱顶设临时铰。

前两种永久性铰由于必须满足设计计算的要求，并能保证长时期的正常使用，因此要求较高，构造较复杂，造价高。临时铰在施工结束时或基础变形趋于稳定时即将其封固，所以构造较简单。

目前，常用的拱铰形式有弧形铰、平铰、铅垫铰、假铰。

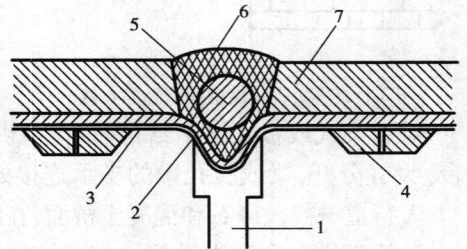

（1）弧形铰（图 3-1-33）

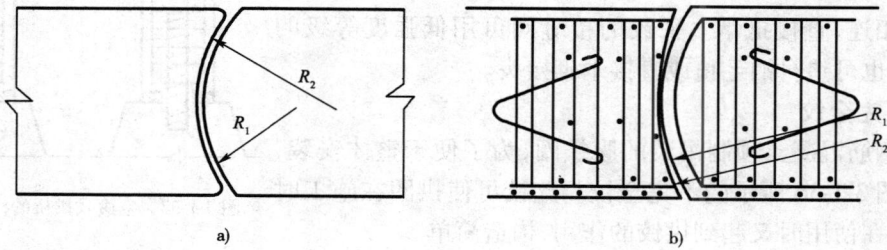

图 3-1-33　弧形铰
a）石铰；b）钢筋混凝土铰

可用钢筋混凝土、混凝土、石料做成。它是由两个不同半径的弧形表面块件合成。一个为凹面（曲率半径为 R_2），一个为凸面（曲率半径为 R_1），R_2 与 R_1 之比值在 1.2～1.5 之间取用。铰的宽度等于拱圈（肋）的宽度，沿拱轴线方向的长度，取为拱厚的 1.15～1.20 倍。设计时应验算接触面的承压应力和横向拉应力。弧形铰的作用并不完善，当圆弧形表面互相位移时压力线的作用点可能偏很多，此时，在靠近铰的拱段中将产生附加弯矩。铰的接触面应精确加工，以保证紧密结合。由于石铰加工困难，目前已用得不多。目前多采用现浇混凝土铰代替石铰。当跨径较大，要求承压强度更高时，可采用钢筋混凝土拱铰。

（2）铅垫铰（图 3-1-34）

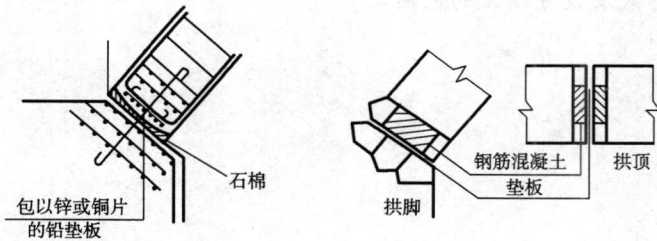

图 3-1-34　铅垫铰

对于中、小跨径的板拱或肋拱，可以采用铅垫铰。铅垫铰用厚度 1.5～2.0cm 铅垫板，外部包以锌、铜（1.0～2.0cm）薄片做成。垫板宽度为拱圈厚度的 1/4～1/3，在主拱圈的全部宽度上分段设置。铅垫铰是利用铅的塑性变形达到支承面的自由转动，从而实现铰的功能。同时，为了使压力正对中心，并且能承受剪力，故设置穿过垫板中心而又不妨碍铰转动的锚杆。为了承受局部压力，在墩、台帽内以及邻近铰的拱段，需要用螺旋钢筋或钢筋网加强。直接贴近铅垫铰的主拱圈混凝土，其强度等级不小于 C25。

（3）平铰（图 3-1-35）

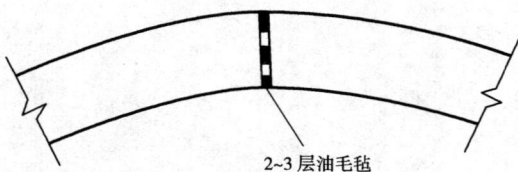

图 3-1-35　平铰

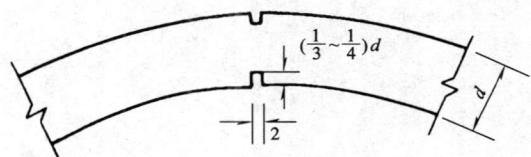

图 3-1-36　腹拱圈的不完全铰的构造（尺寸单位：cm）

由于弧形铰的构造较复杂，铰面的加工既费工又难以保证质量，因此，对于空腹式拱上建筑的腹拱圈，由于跨径较小，也可以采用构造简单的平铰。平铰是平面相连，直接抵承。平铰的接缝间可用低强度等级的砂浆砌筑，也可垫衬油毛毡或直接干砌接头。

(4) 不完全铰

采用钢筋混凝土预制吊装的腹拱圈，为了便于整体安装，可采用如图 3-1-36 所示的不完全铰。此铰可使拱圈在施工时不断开，而在使用时又起到拱铰的作用，构造简单。

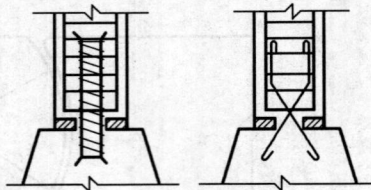

图 3-1-37　空腹式拱桥的柱铰构造

在钢筋混凝土空腹式拱桥腹孔墩上、下端设置柱铰，也是一种不完全铰（图 3-1-37），此铰可以保证支撑截面的转动。

[复习思考题]

1. 实腹式拱桥的主要组成部分有哪些？哪些属于上部结构，哪些属于下部结构？
2. 拱桥分类方式有哪些？主拱圈的横截面有哪几种类型？
3. 石板拱应满足的基本要求有哪些？
4. 简述实腹式拱上建筑的组成。
5. 简述空腹式拱上建筑的组成。
6. 简述布置伸缩缝、变形缝、防水层的位置及做法。
7. 简述拱铰的形式及设置拱铰的原因。

第二章　拱桥的设计

[提要]　本章简要介绍了拱桥的总体设计内容,重点阐述拱轴线的分类及选择的原则,描述了拱轴系数和拱上建筑的形式,介绍了拱桥主要尺寸的规定。

第一节　拱桥的总体设计

公路桥涵应根据所在公路的使用任务、性质和将来的发展需要,按照适用、经济、安全和适当照顾美观的原则进行设计。

在通过必要的桥址方案比较,确定了桥位之后,即可根据当地水文、地质、地形等具体情况进行拱桥的总体设计。总体布置是否合理,考虑问题是否全面,不但影响桥梁总造价,而且对桥梁今后的使用、维修、管理带来直接的影响,所以拱桥的总体设计非常重要。

总体设计主要包括:桥梁的长度、跨径、孔数、桥面高程、主拱圈的矢跨比等。

桥长的确定及有关分孔的原则,在第一篇中的桥梁纵断面设计中已作了介绍,这里就不多加以说明了。

一、设计高程及矢跨比

拱桥的高程主要有四个,即桥面高程、拱顶底面高程、起拱线高程、基础底面高程(图3-2-1)。这几项高程的合理确定对拱桥的设计有直接的影响。

拱桥桥面的高程,一方面由两岸线路的纵断面设计来控制,另一方面还要保证桥下净空能满足宣泄洪水或通航的要求。设计时需按有关规定,并与有关部门(如航运、防洪、水利等)商定。当桥面高程确定后,由桥面高程减去拱顶填料厚度(一般包括路面厚度在内为0.30~0.50m),就可得到拱顶上缘(拱背)的高程。随之就可以根据跨径大小、荷载等级、主拱圈材料规格等条件估算出拱圈的厚度。由此可推求出拱顶底面高程。

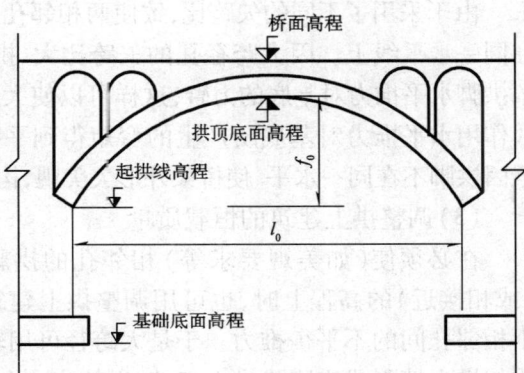

图 3-2-1　拱桥的主要高程示意图

拟定起拱线高程时,为了尽量减小桥墩(台)基础底面的弯矩、节省墩台的圬工数量,一般宜选用低拱脚设计方案。但具体设计时,拱脚的位置又常常受到通航净空、排洪、流水等条件的限制。

至于基础底面的高程,主要根据冲刷深度、地质情况及地基承载能力等因素确定。

拱桥主拱圈矢跨比是设计拱桥的主要参数之一。它的大小不仅影响拱圈内力的大小,而且也影响到拱桥的构造形式和施工方法的选择。计算表明,永久作用的水平推力 H_g 与垂直反力 V_g 之比值,随矢跨比的减小而增大。当矢跨比减小时,拱的推力增大,反之则推力减小。众所周知,推力大,相应地在拱圈内产生的轴向力也大,对拱圈自身的受力状况是有利的,但对墩台基础不利。同时,当拱圈受力后因其弹性压缩,或因温度变化、混凝土收缩,或因墩台位移等原因,都会在无铰拱的拱圈内产生附加的内力,而拱愈坦(即矢跨比越小),附加内力越大。当拱的矢跨比过大时,拱脚区段过陡,给拱圈的砌筑或混凝土浇筑带来困难。另外,拱桥的外形是否美观,与周围景物能否协调等也与矢跨比有很大关系。因此在设计时,矢跨比的大小应经过综合比较后进行选定。

通常,对于砖、石、混凝土板拱桥及双曲拱桥,矢跨比一般为 1/4 ~ 1/6,不宜小于 1/8;箱形拱桥的矢跨比一般为 1/6 ~ 1/8,圬工拱桥的矢跨比一般都不宜小于 1/10。钢筋混凝土桁架拱、刚架拱桥的矢跨比一般为 1/6 ~ 1/10,或者更小一些,但也不宜小于 1/12。

国外曾将跨度的平方与矢高之比值,即 L^2/f 称为"大胆度",并用它作为比较和评价拱桥的规模、设计和施工的复杂与难易程度的指标。一般认为,大胆度在 1 000 以上的拱桥是具有较高水平的,而且是比较复杂的大型拱桥。

二、不等跨的处理

为了便于施工和平衡桥墩上所受的推力。同一方案中各孔跨径最好相等。但有时考虑到通航要求或技术经济问题或考虑到协调周围环境,也可采用不等跨。为了尽量减少因结构重力引起推力不平衡对桥墩和基础的偏心作用,可以采用如下措施。

(1)采用不同的矢跨比

利用在跨径一定的矢跨比与推力大小成反比的关系,在相邻两孔中,大跨径用较陡的拱(矢跨比较大),小跨径用较坦的拱(矢跨比较小),使两相邻孔在永久作用下的不平衡推力尽量减小。

(2)采用不同的拱脚高程

由于采用了不同的矢跨比,致使两相邻孔的拱脚高程不在同一水平线上。因大跨径孔的矢跨比大、拱脚降低,减小了拱脚水平推力对基底的力臂,这样可以使大跨与小跨的永久作用水平推力对基底所产生的弯矩得到平衡(图 3-2-2)。但因拱脚不在同一水平、使桥梁外形欠美观,构造也稍复杂。

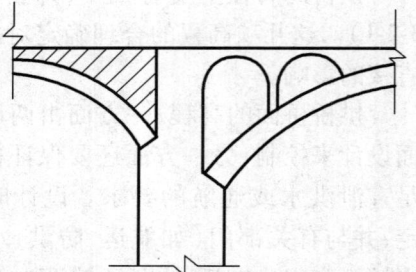

(3)调整拱上建筑的恒载质量

在必须使(如美观要求等)相邻孔的拱脚放置在相同(或相接近)的高程上时,也可用调整拱上建筑的质量来减

图 3-2-2　相邻孔拱脚高程不在同一水平线上

小相邻孔间的不平衡推力。于是大跨径可用轻质的拱上填料或空腹式拱上建筑,小跨径用重质的拱上填料或实腹式拱上建筑,以改变永久作用质量来调整拱桥的永久作用水平推力。

(4)采用不同类型的拱跨结构

小跨径孔采用板式结构,大跨径孔则采用分离式肋拱结构,以减轻大跨径孔的自重来减小其水平推力。

在具体设计时,可采用上述措施中的任意一种或同时采用几种。如果仍不能达到完全平衡永久作用推力的目的,则需设计成体形不对称的或加大尺寸的桥墩基础来解决。

第二节　拱轴线的选择及拱上建筑的布置

从结构力学中我们知道,拱轴线的形状不仅直接影响着拱圈的内力分布及截面应力的大

124

小,同时与结构的耐久性、经济合理性和施工安全性都有着密切关系。

竖向荷载作用下,拱圈各截面上轴向压力作用点的连线称为压力线。选择拱轴线的原则,就是要尽可能降低由于荷载产生的弯矩数值。最理想的拱轴线是与拱上各种荷载作用下的压力线相吻合,这时拱圈截面只受轴向压力,而无弯矩作用,借以能充分利用圬工材料的抗压性能。但事实上是不可能获得这样的拱轴线的,因为除永久作用外,拱圈还要受到可变作用、温度变化和材料收缩等因素的作用。当永久作用压力线与拱轴线吻合时,在可变作用下就不再吻合,而公路拱桥的永久作用占全部荷载的比重较大,因此一般说来,以永久作用压力线作为设计拱轴线,可以认为基本上是适宜的。但是,就在永久作用下,拱圈本身的轴线还将因材料的弹性压缩而变形,致使拱圈的实际压力线与原来设计所采用的拱轴线发生偏离。因此在拱桥设计时,要选择一条能够使永久作用下的截面弯矩都为零的拱轴线,实际上是不可能的。只能是选择的拱轴线使拱圈截面的弯矩尽量减小而已。

目前拱桥常用的拱轴线形有以下几种。

(1)圆弧线

在均布径向荷载作用下,拱的合理拱轴线是圆弧线,所以在一般情况下,圆弧形拱轴线与恒载压力有偏离,但其线形最简单,施工方便,易于掌握,适合于跨径20m以下的小跨径桥梁采用。

(2)悬链线

实腹式拱桥的结构重力从拱顶向拱脚均匀增加,这种荷载引起的压力线是一条悬链线。因此,实腹式拱桥采用悬链线作为拱轴线是合理的。

空腹式拱桥,由于拱上建筑的形式发生变化,结构重力从拱顶向拱脚不再是均匀增加,其相应的结构重力压力线不再是悬链线,而是一个有转折的弧线。为了计算方便,一般仍采用悬链线作拱轴线,并合理布置拱上建筑,使所采用的拱轴线在拱顶、拱脚和拱跨1/4点处与结构重力压力线相吻合,其他点则有偏离。理论分析证明此偏离对控制截面内力是有利的。因此,悬链线是目前大、中跨径拱桥采用最普遍的拱轴线形。

(3)抛物线

在均布荷载作用下,拱的合理拱轴线是二次抛物线。对于结构重力比较接近均布的拱桥,可采用二次抛物线作为拱轴线。

某些特大跨径的拱桥,由于拱上建筑布置的特殊性,为了使拱轴线尽量与结构重力压力线相吻合,可采用高次抛物线(四次或六次抛物线)作拱轴线。因计算工作量很大,目前仍很少采用。

由以上可知,拱上建筑的形式及其布置,与合理选择拱轴线形是有密切联系的。在一般情况下,小跨径拱桥可采用实腹式悬链线拱或实腹式圆弧拱;大、中跨径拱桥可采用空腹式悬链线拱;轻型拱桥或矢跨比较小的大跨径钢筋混凝土拱桥可以采用抛物线拱。

第三节　拱桥主要尺寸的拟定

1. 拱圈的宽度

拱圈的宽度,决定于桥面的宽度(行车道宽度和人行道宽度之和)。中、小跨径拱桥的栏杆(约宽15~25cm),一般布置在人行道块件的悬出部分,如图3-2-3a)所示。

在大跨径拱桥中,为了减小主拱圈的宽度,可将人行道布置在钢筋混凝土悬臂梁上,如图

3-2-3d)所示,或做成钢筋混凝土悬臂人行道,如图 3-2-3b)、图 3-2-3c)所示。

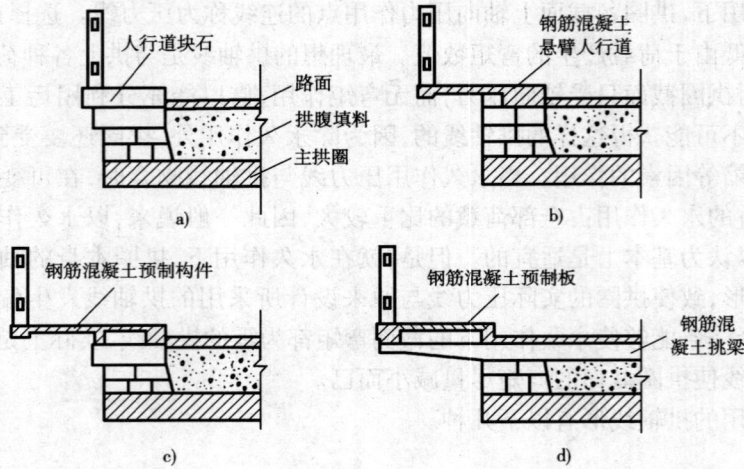

图 3-2-3　拱圈宽度的确定及人行道的布置

2. 拱圈高度及主要构造的尺寸拟定

(1)石拱桥拱圈厚度的拟定

①中、小跨径石拱桥拱圈厚度估算公式

$$d = mk\sqrt[3]{L_0} \tag{3-2-1}$$

式中:L_0——拱桥净跨径(cm);

　　　m——系数,一般为 4.5 ~ 6.0,随矢跨比的减小而增大;

　　　k——荷载系数,按规范规定选取;

　　　d——拱圈厚度(cm)。

②大跨径石拱桥拱圈厚度估算公式

$$d = m_1 k(L_0 + 20) \tag{3-2-2}$$

式中:m_1——系数,一般为 0.016 ~ 0.02,跨径越大,矢跨比越小,系数取大值;

　　　L_0——拱桥净跨径(m)。

其他符号意义同前。

(2)刚架拱、桁架拱桥和箱形拱桥主拱圈高度估算公式(桁架拱肋中距不大于 3m 和刚架拱)

$$d = \left(a + \frac{L_0}{b}\right)k \tag{3-2-3}$$

式中:L_0——拱桥主拱圈净跨径(cm);

　　　a、b——系数,按表 3-2-1 采用;

　　　k——荷载系数,按表 3-2-1 采用;

　　　d——主拱圈厚度(cm)。

a、b、k 系数　　　　　　　　　　　　　　　　表 3-2-1

系数 类型	a	b	k
刚架拱桥	35	100	公路—I 级为 1.2
桁架拱桥	20	70	公路—II 级为 1.2
箱形拱桥	60 ~ 70	100	1

第四节　拱桥上部构造体积计算

拱桥各部分形状比较复杂,体积计算往往不能直接利用简单的几何公式进行,因此,在实际工作中常采用一些近似公式及表格进行计算。

1. 侧墙体积计算和侧墙勾缝面积计算

(1)圆弧拱侧墙体积和侧墙勾缝面积(图3-2-4)

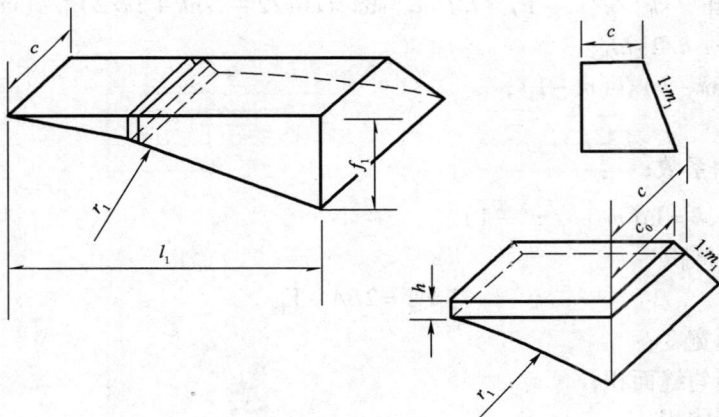

图 3-2-4　侧墙体积和勾缝面积计算

侧墙体积,即半跨一边的体积,侧墙体积和勾缝面积计算

$$V = V_1 + V_2 = B_1 c l_1^2 + B_2 m_1 l_1^3 + \left(c_0 + \frac{m_1 h}{2} \right) h l_1 \qquad (3\text{-}2\text{-}4)$$

侧墙勾缝面积(半跨一边的面积)计算

$$A = A_1 + A_2 = B_1 l_1 + h l_1 \qquad (3\text{-}2\text{-}5)$$

式中:V_1——曲线部分体积,$V_1 = B_1 c l_1^2 + B_2 m_1 l_1^3$;

　　　V_2——直线部分体积,$V_2 = (c_0 + m_1 h/2) h l_1$;

　　　A_1——曲线部分面积,$A_1 = B_1 l_1$;

　　　A_2——直线部分面积,$A_2 = h l_1$;

　B_1、B_2——系数,可查表3-2-2;

　　　l_1——拱圈外弧半跨长度;

　　　c——拱弧顶处的侧墙宽度;

　　　c_0——侧墙顶宽。

B_1、B_2 值　　　　　　　　　　　　　　　　　　　　表3-2-2

系数 $\dfrac{f/l}{}$	1/2	1/3	1/4	1/5	1/6	1/7	1/8	1/9	1/10
B_1	0.214 6	0.182 8	0.150 3	0.126 1	0.106 4	0.092 3	0.081 4	0.072 7	0.065 9
B_2	0.047 9	0.031 3	0.021 2	0.016 1	0.010 7	0.007 8	0.006 2	0.005 5	0.004 6

(2)悬链线拱侧墙体积和侧墙勾缝面积(图3-2-4)

127

侧墙体积(半跨一边的体积)

$V = V_1 + V_2$

$$= \frac{cf_1 l_1}{k(m-1)}(\text{sh}k - k) + \frac{f_1^2 l_1 m_1}{2k(m-1)^2} \times (\frac{1}{2}\text{sh}k \times \text{ch}k - 2\text{sh}k + \frac{3}{2}k) + (c_0 + \frac{m_1 h}{2})hl_1 \quad (3\text{-}2\text{-}6)$$

侧墙勾缝面积(半跨一边的面积)

$$A = A_1 + A_2 = \frac{l_1 f_1}{k(m-1)}(\text{sh}k - k) + hl_1 \quad (3\text{-}2\text{-}7)$$

式中:$V_1 = cf_1 l_1 (\text{sh}k - k)/k(m-1) + f_1^2 l_1 m_1 (\text{sh}k \times \text{ch}k/2 - 2\text{sh}k + 3k/2)/2k(m-1)^2$;

$V_2 = (c_0 + m_1 h/2)hl_1$;

$A_1 = f_1 l_1 (\text{sh}k - k)/k(m-1)$;

$A_2 = hl_1$;

m——拱轴系数;

k——系数,$k = \ln(m + \sqrt{m^2 - 1})$。

2.拱体填料体积

$$V_{填} = 2BA - V_{侧} \quad (3\text{-}2\text{-}8)$$

式中:B——拱圈宽度;

A——侧墙勾缝面积;

$V_{侧}$——侧墙体积。

3.拱圈体积

(1)圆弧拱

$$V = sBd \quad (3\text{-}2\text{-}9)$$

式中:s——拱轴线长度。

(2)悬链线拱

$$V = \frac{1}{v_1}lBd \quad (3\text{-}2\text{-}10)$$

式中:$1/v_1$——悬链线拱轴长度系数,可查下章表3-3-8。

[复习思考题]

1.拱桥的总体布置有哪些主要内容?

2.确定拱桥的高程要考虑哪些因素?

3.矢跨比的影响因素有哪些?

4.不等跨连续拱桥有哪些处理方法?

5.简述常用拱轴线的类型及选择拱轴线的基本要求。

6.简述变截面和等截面拱圈的特点。

7.解释悬链线拱拱圈体积公式 $V = \frac{1}{v_1}lBd$ 中各符号的含义。

第三章　拱桥的计算

[提要]　本章简要介绍了等截面悬链线、圆弧无铰拱桥的几何性质及弹性中心、拱轴系数 m 的确定;永久作用下拱的内力计算,可变作用下拱的内力计算;温度变化和混凝土收缩产生的拱圈内力,拱圈强度及稳定性验算,裸拱圈强度验算。

第一节　无铰拱的几何性质及弹性中心

一、等截面无铰拱的几何特性

1. 等截面悬链线拱的几何特性

（1）拱轴线方程

实腹式悬链线拱是采用恒载压力线(不计弹性压缩)作为拱轴线。所以在永久作用下,拱顶截面的弯矩 $M=0$,剪力 $Q=0$,则拱顶截面仅有永久作用水平推力 H_g(图 3-3-1)。

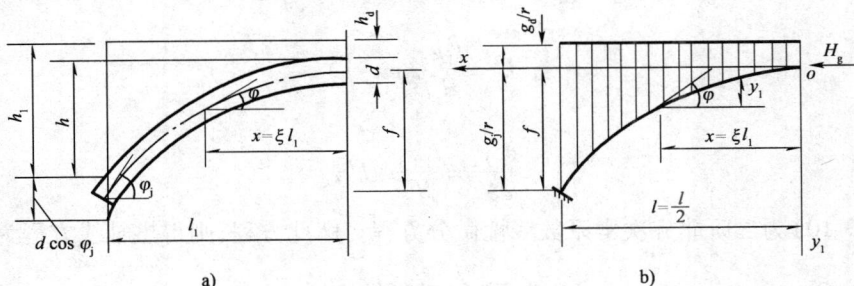

图 3-3-1　悬链线拱轴计算图式

对拱脚截面取矩

$$H_g = \frac{\sum M_j}{f} \qquad (3\text{-}3\text{-}1)$$

式中: $\sum M_j$——半拱永久作用对拱脚截面的弯矩;

$\quad\quad H_g$——拱的永久作用水平推力(不考虑弹性压缩);

$\quad\quad f$——拱的计算矢高。

对任意截面取矩,可得

$$y_1 = \frac{M_x}{H_g} \qquad (3\text{-}3\text{-}2)$$

式中: M_x——任意截面以右的全部永久作用对该截面的弯矩值;

$\quad\quad y_1$——以拱顶为坐标原点,拱轴上任意点的坐标。

式(3-3-2)即为求算永久作用压力线的基本方程。将上式两边对 x 两次取导数得

$$\frac{\mathrm{d}^2 y_1}{\mathrm{d}x^2} = \frac{1}{H_g} \cdot \frac{\mathrm{d}^2 M_x}{\mathrm{d}x^2} = \frac{g_x}{H_g} \qquad (3\text{-}3\text{-}3)$$

式(3-3-3)为求算永久作用压力线的基本微分方程式。为了得到拱轴线(即永久作用压力线)的一般方程,必须知道永久作用的分布规律。由图 3-3-1b)所示,任意点的永久作用强度

g_x 可以下式表示

$$g_x = g_d + \gamma y_1 \tag{3-3-4}$$

式中：g_d——拱顶处永久作用强度；

γ——拱上材料单位体积重力。

由式(3-3-4)得

$$g_j = g_d + \gamma f = mg_d \tag{3-3-5}$$

式中：g_j——拱脚处永久作用强度；

m——拱轴系数(或称拱轴曲线系数)。

$$m = \frac{g_j}{g_d} \tag{3-3-6}$$

由式(3-3-5)得

$$\gamma = (m-1)\frac{g_d}{f} \tag{3-3-7}$$

将式(3-3-7)代入(3-3-4)可得

$$g_x = g_d + (m-1)\frac{g_d}{f}y_1 = g_d\Big[1 + (m-1)\frac{y_1}{f}\Big] \tag{3-3-8}$$

再将式(3-3-8)代入基本微分方程(3-3-3)。为使最终结果简单,引入参数

$$x = \xi l_1，则 \ \mathrm{d}x = l_1\mathrm{d}\xi$$

可得

$$\frac{\mathrm{d}^2 y_1}{\mathrm{d}\xi^2} = \frac{l_1^2}{H_g}g_d\Big[1 + (m-1)\frac{y_1}{f}\Big]$$

令

$$k^2 = \frac{l_1^2 g_d}{H_g f}(m-1) \tag{3-3-9}$$

则

$$\frac{\mathrm{d}^2 y_1}{\mathrm{d}\xi^2} = \frac{l_1^2 g_d}{H_g} + k^2 y_1 \tag{3-3-10}$$

式(3-3-10)为二阶非齐次常系数线性微分方程。解此方程,则得拱轴线方程为

$$y_1 = \frac{f}{m-1}(\mathrm{ch}k\xi - 1) \tag{3-3-11}$$

式(3-3-11)一般称为悬链线方程。

以拱脚截面 $\xi = 1$, $y_1 = f$ 代入上式得

$$\mathrm{ch}k = m$$

通常,m 为已知值,则 k 值可由下式求得

$$k = \mathrm{ch}^{-1}m = \ln(m + \sqrt{m^2-1}) \tag{3-3-12}$$

当拱的跨径和矢高确定之后,拱轴线纵坐标 y_1 值仅随拱轴系数 m 的变化而变化。也就是说,不同的 m 值便可得到不同的拱轴线形状。

在跨径 1/4 处,$\xi = 1/2$,代入式(3-3-11),得

$$y_{1/4} = \frac{f}{m-1}\Big(\mathrm{ch}\frac{k}{2} - 1\Big)$$

因为

$$\mathrm{ch}\frac{k}{2} = \sqrt{\frac{\mathrm{ch}k+1}{2}} = \sqrt{\frac{m+1}{2}}$$

所以

$$\frac{y_{1/4}}{f} = \frac{\sqrt{\frac{m+1}{2}} - 1}{m-1} = \frac{1}{\sqrt{2(m+1)} + 2} \tag{3-3-13}$$

或

$$m = \frac{1}{2}\left(\frac{f}{y_{1/4}} - 2\right)^2 - 1 \qquad (3\text{-}3\text{-}14)$$

根据 $y_{1/4}$ 与 f 的比值（级差取 0.01）计算拱轴系数 m。m 共有 10 级。将 $y_{1/4}/f$ 和 m 的对应关系列于表 3-3-1，并绘制 $y_{1/4}/f$ 和 m 的关系图式，如图 3-3-2 所示。从图中可以看出，$y_{1/4}$ 值随 m 的增大而减小（拱轴线抬高），随 m 的减小而增大（拱轴线下降）。

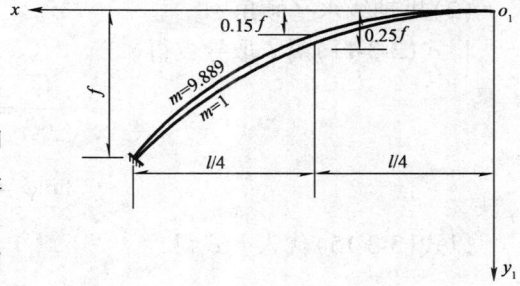

图 3-3-2　$y_{1/4}/f$ 和 m 的关系

$y_{1/4}/f$ 和 m 的对应关系值　　　　　　　　　　表 3-3-1

$y_{1/4}/f$	0.25	0.24	0.23	0.22	0.21	0.20
m	1.00	1.347	1.756	2.240	2.814	3.500
$y_{1/4}/f$	0.19	0.18	0.17	0.16	0.15	
m	4.324	5.321	6.536	8.031	9.889	

为了计算方便，根据不同的 m 值，计算各点（分半跨拱在水平方向投影为 12 等分）的拱轴线坐标，并编制表格（表 3-3-2），供设计时查用。

拱轴坐标 y_1/f 值；$y_1 = [$表值$]f$　　　　　　　　表 3-3-2

截面号 \ m	1.347	1.543	1.756	1.988	2.240	2.514	2.814	3.142	3.500
0	1.000 00	1.000 00	1.000 00	1.000 00	1.000 00	1.000 00	1.000 00	1.000 00	1.000 00
1	0.833 06	0.829 33	0.825 58	0.821 78	0.817 93	0.814 02	0.810 05	0.806 02	0.801 92
2	0.683 02	0.677 22	0.671 36	0.665 44	0.659 46	0.653 41	0.647 29	0.641 10	0.634 83
3	0.549 29	0.542 61	0.535 89	0.529 11	0.522 28	0.515 41	0.508 47	0.501 48	0.494 43
4	0.431 22	0.424 57	0.417 88	0.411 16	0.404 42	0.397 64	0.390 82	0.383 97	0.377 08
5	0.328 28	0.322 27	0.316 24	0.310 20	0.304 14	0.298 07	0.291 99	0.285 89	0.279 78
6	0.240 00	0.235 00	0.230 00	0.225 00	0.220 00	0.215 00	0.210 00	0.205 00	0.200 00
7	0.165 97	0.162 16	0.158 36	0.154 56	0.150 77	0.146 99	0.143 22	0.139 45	0.135 69
8	0.105 86	0.103 25	0.100 66	0.098 04	0.095 46	0.092 88	0.090 31	0.087 75	0.085 20
9	0.059 39	0.057 84	0.056 30	0.054 77	0.053 24	0.051 72	0.050 21	0.048 71	0.047 21
10	0.026 34	0.025 63	0.024 93	0.024 22	0.023 52	0.022 83	0.022 13	0.021 45	0.020 76
11	0.006 58	0.006 40	0.006 22	0.006 04	0.005 86	0.005 68	0.005 51	0.005 33	0.006 16
12	0	0	0	0	0	0	0	0	0

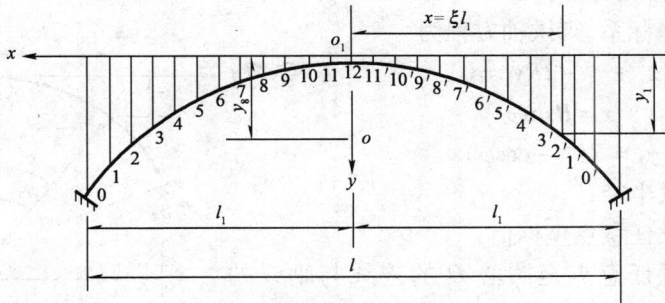

注：表中 m 值为半级。

131

(2)拱轴线水平倾角

将式(3-3-11)对 ξ 取导数得

$$\frac{\mathrm{d}y_1}{\mathrm{d}\xi} = \frac{fk}{m-1}\mathrm{sh}k\xi \qquad (3\text{-}3\text{-}15)$$

$$\tan\varphi = \frac{\mathrm{d}y_1}{\mathrm{d}x} = \frac{\mathrm{d}y_1}{l_1\mathrm{d}\xi} = \frac{2\mathrm{d}y_1}{l\mathrm{d}\xi}$$

以式(3-3-15)代入上式得

$$\tan\varphi = \frac{2fk\mathrm{sh}k\xi}{l(m-1)} = \eta\mathrm{sh}k\xi \qquad (3\text{-}3\text{-}16)$$

式中: $\eta = \dfrac{2kf}{l(m-1)}$

从式(3-3-16)可以看出,任意一点拱轴线水平倾角 φ 可根据已知的拱轴系数 m 确定。$\tan\varphi$ 也可由表 3-3-3 查得。

拱轴斜度 1 000 $l\tan\varphi/f$ 值;$\tan\varphi$ = [表值]$f/1\,000l$　　　　　表 3-3-3

m 截面号	1. 347	1. 543	1. 756	1. 988	2. 240	2. 514	2. 814	3. 142	3. 500
0	4 216.8	4 328.0	4 441.1	4 556.2	4 673.3	4 792.7	4 914.3	5 038.4	5 164.9
1	3 800.9	3 868.9	3 937.5	4 006.7	4 076.6	4 147.2	4 218.5	4 290.5	4 363.3
2	3 402.3	3 436.7	3 470.9	3 505.1	3 539.2	3 573.1	3 606.9	3 640.6	3 674.2
3	3 019.3	3 028.4	3 037.0	3 045.3	3 053.1	3 060.5	3 067.4	3 073.8	3 079.8
4	2 650.0	2 641.1	2 631.7	2 621.8	2 611.4	2 600.6	2 589.2	2 577.3	2 564.8
5	2 292.9	2 272.2	2 251.0	2 229.5	2 207.7	2 185.4	2 162.7	2 139.5	2 115.9
6	1 946.2	1 919.0	1 891.6	1 863.9	1 836.0	1 807.8	1 779.3	1 750.6	1 721.6
7	1 608.5	1 579.2	1 549.9	1 520.5	1 490.9	1 461.3	1 431.5	1 401.7	1 371.4
8	1 278.0	1 250.4	1 222.8	1 195.2	1 167.6	1 140.0	1 112.4	1 084.8	1 057.2
9	953.5	930.3	907.2	884.1	861.1	838.2	815.4	792.6	769.9
10	633.2	616.6	600.1	583.6	567.2	550.9	534.7	518.6	502.5
11	315.9	307.2	298.6	290.1	281.6	273.1	264.7	256.4	248.1
12	0	0	0	0	0	0	0	0	0

2. 等截面圆弧无铰拱的几何性质

设 AOB 为一圆弧拱轴线(图 3-3-3),取拱顶 O 为坐标原点,采用直角坐标系,则拱轴方程为

$$x^2 + y_1^2 - 2Ry_1 = 0 \qquad (3\text{-}3\text{-}17)$$

$$x = R\sin\varphi$$

$$y_1 = R(1 - \cos\varphi)$$

式中: R——圆弧拱半径;

x,y_1——圆弧拱任意点坐标值;

φ——圆弧拱任意点至圆心 O 的连线与垂线的交角。

若计算矢高 f 及计算跨径 l 为已知,则

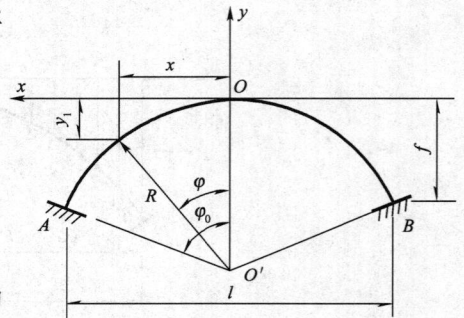

图 3-3-3　圆弧拱轴方程图式

$$R = \frac{l}{2}\left(\frac{1}{4} \times \frac{l}{f} + \frac{f}{l}\right) = \frac{l}{2}\left(\frac{1}{4D} + D\right) \tag{3-3-18}$$

式中：$D = \dfrac{f}{l}$。

由图可知

$$\left.\begin{array}{l} \sin\varphi_0 = \dfrac{l}{2R} \\[3mm] \cos\varphi_0 = 1 - \dfrac{f}{R} \end{array}\right\} \tag{3-3-19}$$

半圆心角 $\varphi_0 = \arcsin\dfrac{l}{2R} = \arccos\left(1 - \dfrac{f}{R}\right)$ 若计算半径 R 和半圆心角 φ_0 为已知，则

$$f = R(1 - \cos\varphi_0) \tag{3-3-20}$$
$$l = 2R\sin\varphi_0 \tag{3-3-21}$$

圆弧拱各几何量之间的关系见表 3-3-4。

圆弧拱各几何量关系　　　　　　　　　　表 3-3-4

f/l	s	l	f	R	φ_0		φ_0(rad)	$\sin\varphi_0$	$\cos\varphi_0$
1/2	3.141 59	2.000 00	1.000 00	0.500 00	90°	90.000 0°	1.570 80	1.000 00	0
1/3	2.352 02	1.846 16	0.615 38	0.541 67	67°22′50″	67.380 6°	1.176 01	0.923 08	0.384 62
1/4	1.854 61	1.600 00	0.400 00	0.625 00	53°7′50″	53.130 6°	0.927 30	0.800 00	0.600 00
1/5	1.522 02	1.379 30	0.275 86	0.725 00	43°36′08″	43.602 8°	0.761 01	0.689 66	0.724 14
乘数	R	R	R	l	—	—	—	—	—

二、弹性中心

从结构力学中可得知，位移典型方程

$$\begin{cases} \delta_{11}X_1 + \delta_{12}X_2 + \delta_{13}X_3 + \Delta_{1\mathrm{p}} = 0 \\ \delta_{21}X_1 + \delta_{22}X_2 + \delta_{23}X_3 + \Delta_{2\mathrm{p}} = 0 \\ \delta_{31}X_1 + \delta_{32}X_2 + \delta_{33}X_3 + \Delta_{3\mathrm{p}} = 0 \end{cases}$$

由于 X_1、X_2 正对称，X_3 反对称，所以

$$\delta_{13} = \delta_{31} = \delta_{23} = \delta_{32} = 0$$

为了简化计算手续，常用简支曲梁为基本结构，将三个未知力加在弹性中心位置（图 3-3-4）。

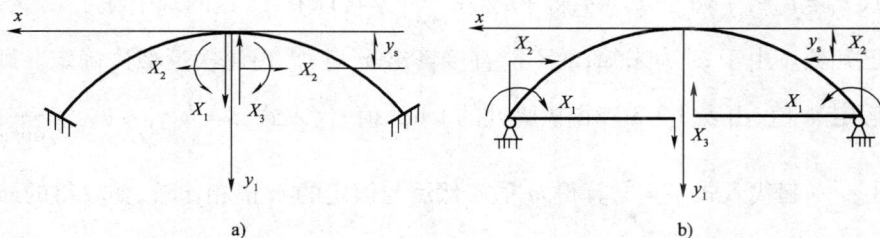

图 3-3-4　拱的弹性中心

根据弹性中心特性，副变位均为零，即 $\delta_{12} = \delta_{21} = 0$，所以，方程式为

$$\begin{cases} \delta_{11}X_1 + \Delta_{1p} = 0 \\ \delta_{22}X_2 + \Delta_{2p} = 0 \\ \delta_{33}X_3 + \Delta_{3p} = 0 \end{cases}$$

弹性中心至拱顶的距离求得

$$y_s = \alpha f \qquad\qquad (3\text{-}3\text{-}22)$$

式中：α——系数，查表 3-3-5。

弹性中心位置 y_s/f 值；$y_s = [$表值$(\alpha)]f$ 　　　　　　表 3-3-5

f/l \ m	1.347	1.543	1.756	1.988	2.240	2.514	2.814	3.142	3.500
1/5	0.350 67	0.347 81	0.344 94	0.342 07	0.339 19	0.336 31	0.333 43	0.330 54	0.327 65
1/6	0.344 24	0.341 21	0.338 17	0.335 12	0.332 07	0.329 01	0.325 95	0.322 88	0.319 81

三、拱轴系数 m 的确定

1. 实腹式拱轴系数 m 的确定

因为

$$m = \frac{g_j}{g_d}$$

由图 3-3-5 可知，拱顶处永久作用强度为

$$g_d = h_d\gamma_1 + \gamma d \qquad (3\text{-}3\text{-}23)$$

在拱脚处 $h_j = h_d + h$，则其永久作用强度为

$$g_j = h_d\gamma_1 + h\gamma_2 + \frac{d}{\cos\varphi_j}\gamma \qquad (3\text{-}3\text{-}24)$$

式中：h_d——拱顶填料厚度，一般为 0.30 ~ 0.50m；

　　　d——拱圈厚度；

　　　γ——拱圈材料单位重力；

　　　γ_1——拱顶填料及路面的平均单位重力；

　　　γ_2——拱背填料平均单位重力；

　　　φ_j——拱脚处拱轴线的水平倾角；

　　　h——拱脚处拱背填料高度（不包括拱顶填料高度）。

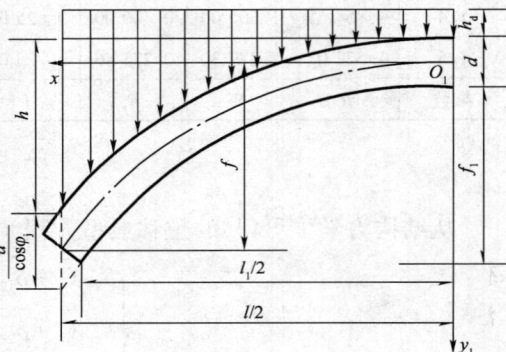

图 3-3-5　实腹式结构重力强度分布

$$h = f + \frac{d}{2} - \frac{d}{2\cos\varphi_j} \qquad (3\text{-}3\text{-}25)$$

从公式 $g_d = h_d\gamma_1 + \gamma d$ 和 $g_j = h_d\gamma_1 + h\gamma_2 + \frac{d}{\cos\varphi_j}\gamma$ 可以看出，这两式中除了 φ_j 为未知数外，其余均为已知数。由于 φ_j 为未知，故不能直接算出 m 值，需用逐次近似法确定。即先根据跨径和矢高假定 m 值，由表 3-3-3 查得拱脚处的 $\tan\varphi_j$ 值，代入式 $g_j = h_d\gamma_1 + h\gamma_2 + \frac{d}{\cos\varphi_j}\gamma$ 求得 g_j 后，再连同 g_d 一起代入式 $m = \frac{g_j}{g_d}$ 算得 m 值。然后与假定的 m 值相比较，如算得的 m 值与假定的 m 值相符，则假定的 m 值即为真实值；如两者不符，则应以算得的 m 值作为假定值（为了计算的方便，m 值应按表 3-3-1 所列数值假定），重新进行计算，直至两者接近为止。

2. 空腹式拱拱轴系数 m 的确定

134

空腹式拱桥中,桥跨结构的永久作用可视为由两部分组成:即主拱圈与实腹段自重的分布力与空腹部分通过腹孔墩传下的集中力。由于集中力的存在,拱的恒载压力线是一条在集中力下有转折的曲线,它不是悬链线,甚至也不是一条光滑的曲线。在设计空腹式拱桥时,由于悬链线拱的受力情况较好,又有完整的计算表格可供利用,亦多用悬链线作为拱轴线。为使悬链拱轴与其恒载压力接近,一般采用"五点重合法"确定悬链线拱轴的 m 值,即要求拱轴线在全拱有五点(拱顶、两 1/4 点和两拱脚)与其三铰拱永久作用压力线重合。可由上述五点弯矩为零的条件确定 m 值。

拱顶仅有通过截面重心的结构重力水平推力 H_g,其他内力为零,对拱跨 $l/4$ 点和拱脚取力矩,并令力矩为零(图 3-3-6),则

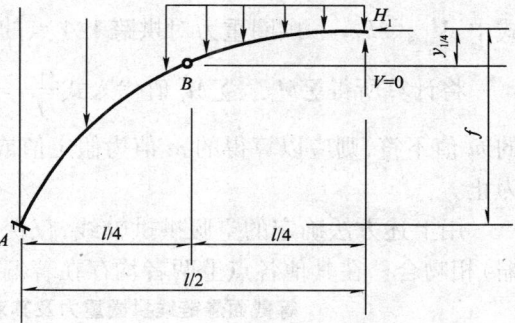

图 3-3-6 空腹式结构重力强度分布

$$\sum M_B = H_g y_{1/4} - \sum M_{1/4} = 0$$

$$\sum M_A = H_g f - \sum M_j = 0$$

解得

$$\frac{y_{1/4}}{f} = \frac{\sum M_{1/4}}{\sum M_j} \tag{3-3-26}$$

式中:$\sum M_{1/4}$——自拱顶至拱跨 $1/4$ 点部分结构重力对拱跨 $1/4$ 点截面的力矩;

$\sum M_j$——半跨结构重力对拱脚的力矩。

求得 $y_{1/4}/f$ 值后,代入式 $m = \frac{1}{2}(\frac{f}{y_{1/4}} - 2)^2 - 1$ 求 m 值。

从式 3-3-14 可以看出,只要求出 $y_{1/4}/f$ 值后,即可求得 m 值。为了求 $y_{1/4}/f$ 值,必须计算结构重力对拱跨 $1/4$ 点的力矩 $\sum M_{1/4}$ 和拱脚的力矩 $\sum M_j$。但是一开始拱轴线是不知道的,也无法计算结构的重力,因此,需先假定一个 m 值,根据假定的 m 值,计算拱轴线坐标,并拟定拱圈尺寸和布置拱上建筑,算出实腹段部分的重力 P_1、P_2 及重心距拱脚的距离 a_1、a_2,距 $l/4$ 点的距离 a_1'、a_2';空腹部分的重力 P_3、P_4、P_5 及其重心距拱脚的距离 a_3、a_4、a_5,P_3 距 $l/4$ 点的距离 a_3',如图 3-3-7 所示。并将拱圈分段,算出每段拱圈的重力及其重心到拱脚、重心到 $l/4$ 点的距离,从而算出上述重力对拱跨 $1/4$ 点的力矩 $\sum M_{1/4}$ 和对拱脚的力矩 $\sum M_j$,即

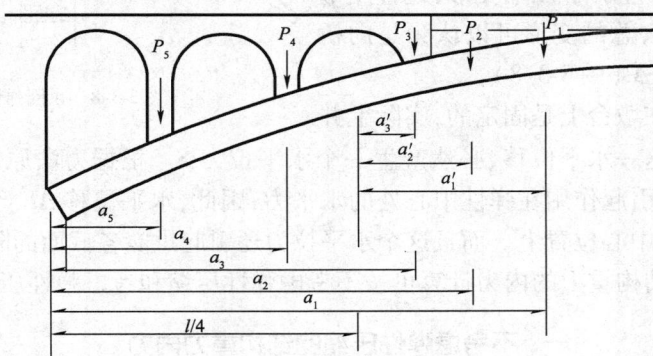

图 3-3-7 空腹拱拱轴系数计算图式

$$\sum M_{1/4} = M_{1/4} + P_1 a_1' + P_2 a_2' + P_3 a_3' \tag{3-3-27}$$

$$\sum M_j = M_j + P_1 a_1 + P_2 a_2 + P_3 a_3 + P_4 a_4 + P_5 a_5 \tag{3-3-28}$$

式中：$M_{1/4}$、M_j——拱圈重力对拱跨 1/4 点的力矩和对拱脚的力矩，可应用表 3-3-6 进行计算。

将计算所得 $\sum M_{1/4}$、$\sum M_j$ 值代入式 $\dfrac{y_{1/4}}{f} = \dfrac{\sum M_{1/4}}{\sum M_j}$ 算出 $y_{1/4}/f$，由 $y_{1/4}/f$ 算得 m 值。若与假定的 m 值不符，则应以算得的 m 值为假定值或调整拱上建筑尺寸，重新进行计算，直至两者接近为止。

用上述方法确定的空腹拱拱轴线，仅保证了全拱有五点与结构重力压力线（不计弹性压缩）相吻合。在其他各点上两者均存在着偏离，但偏离对拱脚、拱顶都是有利的。

等截面悬链线拱圈重力及其对拱脚力矩（M_j）和 $l/4$ 点力矩（$M_{1/4}$）　　　　　表 3-3-6

f/l	m x	1.347	1.543	1.756	1.988	2.240	2.514	2.814	3.142	3.500
$\dfrac{1}{5}$	P_j	0.549 96	0.550 40	0.550 86	0.551 34	0.551 84	0.552 35	0.552 88	0.553 42	0.553 99
	M_j	0.524 63	0.524 35	0.524 08	0.523 81	0.523 54	0.523 28	0.523 03	0.522 78	0.522 53
	$P_{1/4}$	0.256 06	0.255 82	0.255 59	0.255 37	0.255 16	0.251 94	0.254 73	0.254 53	0.254 33
	$M_{1/4}$	0.126 51	0.126 44	0.126 38	0.126 31	0.126 25	0.126 19	0.126 14	0.126 08	0.126 03
$\dfrac{1}{6}$	P_j	0.535 53	0.535 87	0.536 23	0.536 59	0.536 97	0.537 36	0.537 77	0.538 19	0.538 63
	M_j	0.517 38	0.517 19	0.517 19	0.516 82	0.516 64	0.516 46	0.516 29	0.516 11	0.515 95
	$P_{1/4}$	0.254 23	0.254 06	0.253 91	0.253 75	0.253 60	0.253 45	0.253 31	0.253 16	0.253 02
	$M_{1/4}$	0.126 05	0.126 00	0.125 96	0.125 92	0.125 87	0.128 3	0.125 79	0.125 75	0.125 71

注：$P = A\gamma l \times$[表值]；$M = \dfrac{A\gamma l^2}{4} \times$[表值]；$\gamma$——拱圈材料重度；$l$——计算跨径；$A$——拱圈截面面积。

第二节　永久作用下拱的内力计算

由于采用结构重力压力线作为拱轴线，所以在结构重力作用下，拱圈任意截面的轴向力都应该通过该截面的重心，截面上的弯矩为零。但是，拱圈是一个弹性体，在结构重力的轴向压力作用下，沿拱轴线方向产生弹性压缩变形，这种变形的结果使拱轴线缩短，总的变形可以认为是向桥跨内侧移动一个位移 Δl（图 3-3-8）。

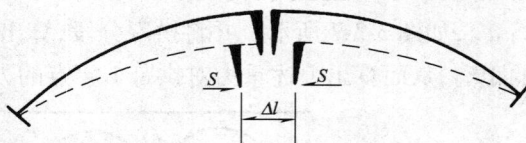

然而，由于拱脚在墩台上是固定的，实际上并没有缩短，为了抵消这一水平位移，必然产生一个水平拉力 S。根据力法原理，在弹性中心处产生的水平位移只能引起作用在弹性中心处的水平力，因此，水平位移 ΔL 产生的向外水平拉力 S 必须作用于弹性中心位置上。而且这个水平拉力还引起拱圈各截面的附加内力。

为了计算方便，结构重力的内力计算可按不考虑弹性压缩和考虑弹性压缩两部分进行。

图 3-3-8　拱圈弹性压缩

一、不考虑弹性压缩的结构重力内力

1. 实腹拱的水平推力和垂直反力

136

（1）水平推力

实腹式悬链线拱的拱轴线与结构重力压力线完全重合，因此，在结构重力作用下拱圈任意截面上都只存在轴向压力。

$$k^2 = \frac{l_1^2 g_{\mathrm{d}}(m-1)}{H_{\mathrm{g}} f}$$

得结构重力水平推力为

$$H_{\mathrm{g}} = \frac{(m-1) g_{\mathrm{d}} l^2}{4 k^2 f} = k_{\mathrm{g}} \frac{g_{\mathrm{d}} l^2}{f} \qquad (3\text{-}3\text{-}29)$$

式中：k_{g}——结构重力水平推力系数，$k_{\mathrm{g}} = (m-1)/4k^2$，由表 3-3-7 查得。

（2）垂直反力

在结构重力作用下，拱脚的垂直反力为半跨拱的结构重力，即

$$V_{\mathrm{g}} = \int_0^{l_1} g_x \mathrm{d}x = \int_0^1 g_x l_1 \mathrm{d}\xi = \frac{\sqrt{m^2-1}}{2\left[\ln(m+\sqrt{m^2-1})\right]} g_{\mathrm{d}} l = k'_{\mathrm{g}} g_{\mathrm{d}} l \qquad (3\text{-}3\text{-}30)$$

式中：k'_{g}——结构重力垂直反力系数，$k'_{\mathrm{g}} = \sqrt{m^2-1}/2k$，由表 3-3-7 查得。

结构重力产生的水平推力系数 k_{g} 和垂直反力系数 k'_{g} 表 3-3-7

m	1.347	1.543	1.756	1.988	2.240	2.514	2.814	3.142	3.500
k_{g}	0.132 00	0.135 77	0.139 74	0.143 92	0.148 34	0.153 00	0.157 93	0.163 15	0.168 69
k'_{g}	0.556 63	0.587 62	0.620 60	0.655 74	0.693 23	0.733 27	0.776 11	0.822 01	0.871 26

拱圈各截面的轴向力 N_{g} 按下式计算

$$N_{\mathrm{g}} = \frac{H_{\mathrm{g}}}{\cos\varphi}$$

弯矩与剪力均为零。

2.空腹拱的水平推力和垂直反力

空腹拱是悬链线无铰拱，其拱轴线与永久作用压力线有偏离，拱顶、拱脚和拱跨 1/4 点都有永久作用弯矩。为了设计方便，一般不考虑这种偏离，认为"五点"的拱轴线与压力线重合。

（1）水平推力

$$H_{\mathrm{g}} = \frac{\sum M_j}{f} \qquad (3\text{-}3\text{-}31)$$

（2）垂直反力

$$V_{\mathrm{g}} = \sum P（半拱的结构重力）$$

拱圈拱顶、拱跨 1/4 点和拱脚处截面内力为

$$N_{\mathrm{g}} = \frac{H_{\mathrm{g}}}{\cos\varphi} \qquad (3\text{-}3\text{-}32)$$

二、考虑弹性压缩引起的内力

弹性压缩产生的赘余力 S（图 3-3-9），可由拱顶变形协调条件求得。

$$S\delta'_{22} - \Delta l = 0$$

所以

$$S = \frac{\Delta l}{\delta'_{22}} \qquad (3\text{-}3\text{-}33)$$

从拱中取出一微段 ds，如图 3-3-7b）所示，在轴向力 N 作用下缩短 Δds，其水平分量为 Δdx = Δd$s\cos\varphi$，则整个拱轴缩短的水平分量为

$$\Delta l = \int_0^1 \Delta \mathrm{d}x = \int_s \Delta \mathrm{d}s\cos\varphi = \int_s \frac{N_g \mathrm{d}s}{EA}\cos\varphi \qquad (3\text{-}3\text{-}34)$$

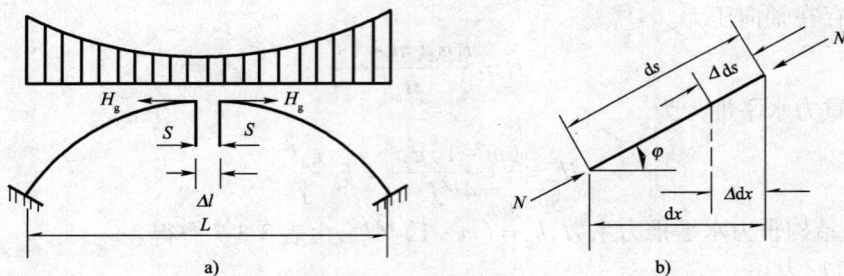

图 3-3-9　拱圈弹性压缩

将式(3-3-32)代入上式得

$$\Delta l = \int_0^1 \frac{H_g \mathrm{d}x}{EA\cos\varphi} = H_g \int_0^1 \frac{\mathrm{d}x}{EA\cos\varphi} \qquad (3\text{-}3\text{-}35)$$

由单位水平力作用在弹性中心产生的水平位移(考虑轴向力影响)为

$$\delta'_{22} = \int_s \frac{\overline{M_2^2}\mathrm{d}s}{EI} + \int_s \frac{\overline{N_2^2}\mathrm{d}s}{EA} = \int_s \frac{y^2 \mathrm{d}s}{EI} + \int_s \frac{\cos^2\varphi \mathrm{d}s}{EA} = (1+\mu)\int_s \frac{y^2 \mathrm{d}s}{EI} \qquad (3\text{-}3\text{-}36)$$

式中

$$\mu = \frac{\displaystyle\int_s \frac{\cos^2\varphi \mathrm{d}s}{EA}}{\displaystyle\int_s \frac{y^2 \mathrm{d}s}{EI}} \qquad (3\text{-}3\text{-}37)$$

以式(3-3-35)、式(3-3-36)代入式(3-3-33)得

$$S = H_g \frac{1}{1+\mu} \cdot \frac{\displaystyle\int_0^1 \frac{\mathrm{d}x}{EA\cos\varphi}}{\displaystyle\int_s \frac{y^2 \mathrm{d}s}{EI}} = H_g \cdot \frac{\mu_1}{1+\mu} \qquad (3\text{-}3\text{-}38)$$

式中:

$$\mu_1 = \frac{\displaystyle\int_0^1 \frac{\mathrm{d}x}{EA\cos\varphi}}{\displaystyle\int_s \frac{y^2 \mathrm{d}s}{EI}} \qquad (3\text{-}3\text{-}39)$$

为了便于制表计算,对于等截面拱,可将式(3-3-37)、式(3-3-39)的分子项改写为

$$\int_s \frac{\cos^2\varphi \mathrm{d}s}{EA} = \frac{l}{EA}\int_0^1 \cos\varphi \frac{\mathrm{d}x}{l} = \frac{l}{EA}\int_0^1 \frac{\mathrm{d}\xi}{\sqrt{1+\eta^2 \mathrm{sh}^2 k\xi}} = \frac{l}{Ev A}$$

$$\int_0^1 \frac{\mathrm{d}x}{EA\cos\varphi} = \frac{l}{EA}\int_0^1 \frac{1}{\cos\varphi} \cdot \frac{\mathrm{d}x}{l} = \frac{l}{EA}\int_0^1 \sqrt{1+\eta^2 \mathrm{sh}^2 k\xi}\,\mathrm{d}\xi = \frac{l}{Ev_1 A}$$

于是

$$\mu = \frac{l}{Ev A \displaystyle\int_s \frac{y^2 \mathrm{d}s}{EI}} \qquad (3\text{-}3\text{-}40)$$

$$\mu_1 = \frac{l}{Ev_1 A \displaystyle\int_s \frac{y^2 \mathrm{d}s}{EI}} \qquad (3\text{-}3\text{-}41)$$

式中：$1/v$——系数，由表 3-3-8 查得；

　　$1/v_1$——系数，由表 3-3-8 查得；

$\displaystyle\int_s\frac{y^2\mathrm{d}s}{EI}$——由表 3-3-9 查得。

1/v 值和 1/v₁ 值表 表 3-3-8

系　数	m f/l	1.347	1.543	1.756	1.988	2.240	2.514	2.814	3.142	3.500
$\dfrac{1}{v}$	1/5	0.915 12	0.914 75	0.914 38	0.914 00	0.913 62	0.913 23	0.912 84	0.912 44	0.912 05
	1/6	0.937 00	0.936 63	0.936 25	0.935 86	0.935 46	0.935 06	0.934 65	0.934 23	0.933 81
$\dfrac{1}{v_1}$	1/5	1.099 92	1.100 81	1.101 73	1.102 68	1.103 67	1.104 70	1.105 75	1.106 84	1.107 97
	1/6	1.071 07	1.071 75	1.072 45	1.073 18	1.073 94	1.074 73	1.075 54	1.076 38	1.077 25

$\displaystyle\int_s\frac{y^2\mathrm{d}s}{EI}=[\,表值\,]\times\frac{lf^2}{EI}$ 表 3-3-9

m f/l	1.347	1.543	1.756	1.988	2.240	2.514	2.814	3.142	3.500
1/5	0.101 02	0.100 72	0.100 43	0.100 15	0.099 88	0.099 62	0.099 37	0.099 14	0.098 91
1/6	0.097 33	0.096 94	0.096 56	0.096 18	0.095 82	0.095 46	0.095 12	0.094 78	0.094 45

三、永久作用下拱圈各截面的总内力

在拱桥计算中，拱中内力的符号，习惯上采用下述规定：拱中弯矩以使拱圈内缘受拉为正，拱中剪力以绕脱离体逆时针转为正，轴向力则使拱圈受压为正。如图 3-3-10 所示 M、Q、N 均为正。

当不考虑空腹拱永久作用压力线偏离拱轴线的影响时，拱圈各截面的永久作用内力为：不考虑弹性压缩的永久作用内力加上弹性压缩产生的内力。

轴向力

$$N=\frac{H_g}{\cos\varphi}-\frac{\mu_1}{1+\mu}H_g\cos\varphi \qquad (3\text{-}3\text{-}42)$$

图 3-3-10　弹性压缩产生的内力

弯矩

$$M=\frac{\mu_1}{1+\mu}H_g(y_s-y_1) \qquad\qquad\qquad (3\text{-}3\text{-}43)$$

剪力

$$Q=\mp\frac{\mu_1}{1+\mu}H_g\sin\varphi\,(式中，上边符号适用于左半拱，下边符号适用于右半拱)$$

$$(3\text{-}3\text{-}44)$$

《公路圬工桥涵设计规范》（JTG D61—2005）规定，在下列情况下，设计时可以不计弹性压缩的影响。

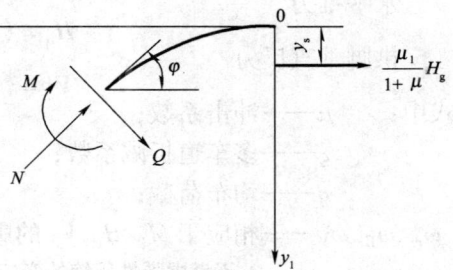

$$l \leqslant 30\text{m}, \frac{f}{l} \geqslant \frac{1}{3}$$

$$l \leqslant 20\text{m}, \frac{f}{l} \geqslant \frac{1}{4}$$

$$l \leqslant 10\text{m}, \frac{f}{l} \geqslant \frac{1}{5}$$

第三节　可变作用下拱的内力计算

在求拱的可变内力时,为了便于利用等代荷载以简化计算工作,先计算不考虑弹性压缩(不计轴向力对变位的影响)的可变荷载内力,然后再计入弹性压缩对活载内力的影响。

一、不考虑弹性压缩的活载内力

在计算圬工拱桥时,认为荷载在横桥向均匀分布在拱的全宽上。石拱桥常取1m拱宽作为计算单元,则石拱桥的荷载横向分布系数为

$$m = \frac{C}{B}$$

式中:C——列车行数;

　　B——拱圈宽度。

超静定无铰拱桥汽车荷载内力计算的方法是:先计算赘余力影响线,然后用迭加的方法计算内力影响线,最后根据内力影响线按最不利情况布载,求得最不利内力值,用相关计算用表来计算拱桥可变作用内力还是相当方便的。人群荷载是一种均布荷载,它的内力计算步骤与汽车荷载相同。

1.均布荷载的内力计算(表3-3-10)

截面弯矩

$$M_{\text{q}} = (1 + \mu) \cdot \xi \cdot m \cdot q_{\text{m}} \cdot \omega_{\text{m}} \tag{3-3-45}$$

水平推力

$$H_{\text{q}} = (1 + \mu) \cdot \xi \cdot m \cdot q_{\text{H}} \cdot \omega_{\text{H}} \tag{3-3-46}$$

拱脚垂直反力

$$V_{\text{q}} = (1 + \mu) \cdot \xi \cdot m \cdot q_{\text{V}} \cdot \omega_{\text{V}} \tag{3-3-47}$$

式中:　　μ——冲击系数;

　　　　ξ——多车道折减系数;

　　　　q——均布荷截;

ω_{m}、ω_{H}、ω_{V}——相应于M_{P}、H_{P}、V_{P}的影响线面积。

不考虑弹性压缩的弯矩影响线最大峰值(拱顶的M_{max}及对应的H)　　　表3-3-10a)

m	f/l	正弯矩		负弯矩	
		M_{max}	H	M_{min}	H
2.814	1/5	0.054 05	0.233 02	−0.011 46	0.108 97
	1/6	0.053 61	0.234 33	−0.011 30	0.108 48
3.142	1/5	0.054 85	0.233 18	−0.011 24	0.109 58
	1/6	0.054 40	0.234 55	−0.011 08	0.109 10
3.500	1/5	0.055 65	0.233 31	−0.011 00	0.110 18
	1/6	0.055 19	0.234 75	−0.010 85	0.109 71

注:影响线竖标值:$M = [\text{表值}] \times l; H = [\text{表值}] \times \dfrac{l}{f}$。

不考虑弹性压缩的弯矩影响线最大峰值($\frac{l}{4}$点的 $M_{\max}$ 及对应的 H)　　　表 3-3-10b)

m	f/l	正弯矩		负弯矩	
		$M_{\max}$	H	$M_{\min}$	H
2.814	1/5	0.059 10	0.138 08	−0.029 73	0.207 41
	1/6	0.058 70	0.137 84	−0.029 51	0.208 20
3.142	1/5	0.058 95	0.138 65	−0.030 09	0.207 71
	1/6	0.058 53	0.138 43	−0.029 86	0.208 56
3.500	1/5	0.058 79	0.139 21	−0.030 45	0.208 00
	1/6	0.058 35	0.139 02	−0.030 22	0.208 91

不考虑弹性压缩的弯矩影响线最大峰值(拱脚的 $M_{\max}$ 及对应的 H、V)　　　表 3-3-10c)

m	f/l	正弯矩			负弯矩		
		$M_{\max}$	H	V	$M_{\min}$	H	V
2.814	1/5	0.054 01	0.198 46	0.293 51	−0.059 13	0.064 49	0.937 57
	1/6	0.055 15	0.199 09	0.292 06	−0.060 10	0.063 86	0.938 70
3.142	1/5	0.054 87	0.198 81	0.293 73	−0.058 38	0.065 03	0.937 33
	1/6	0.056 07	0.199 49	0.292 24	−0.059 40	0.064 40	0.938 51
3.500	1/5	0.055 72	0.199 14	0.293 96	−0.057 63	0.065 57	0.937 09
	1/6	0.056 98	0.199 88	0.292 42	−0.058 68	0.064 93	0.938 31

2. 集中荷载的内力计算

$$S_{\mathrm{p}} = (1+\mu)\xi P_i y_i \tag{3-3-48}$$

式中：P_i——集中荷载；

　　y_i——相应于 M_{p}、H_{p}、V_{p} 对应的影响线竖标值，查表 3-3-10c)。

计算车道荷载引起的正弯矩时，拱顶、拱跨 $l/4$ 处应乘以折减系数 0.7，拱脚乘以折减系数 0.9，中间各截面的正弯矩折减系数，可采用直线插入法确定。

二、考虑弹性压缩的活载附加内力

1. 附加水平推力

可变作用下弹性压缩的附加水平推力计算与求结构重力弹性压缩的原理一样，为

$$S_{\mathrm{P}} = \frac{\mu_1}{1+\mu} H_{\mathrm{P}} \tag{3-3-49}$$

2. 拱圈各截面附加内力

（1）附加轴向力

拱顶

$$\Delta N_{\mathrm{d}} = S_{\mathrm{P}} \tag{3-3-50}$$

拱跨 $l/4$

$$\Delta N_{l/4} = S_{\mathrm{P}} \cos\varphi_{l/4} \tag{3-3-51}$$

拱脚

$$\Delta N_j = S_{\mathrm{P}} \cos\varphi_j \tag{3-3-52}$$

（2）附加弯矩

拱顶

$$\Delta M_{\mathrm{d}} = -S_{\mathrm{P}} y_{\mathrm{s}} \qquad (3\text{-}3\text{-}53)$$

拱跨 $l/4$

$$\Delta M_{l/4} = -S_{\mathrm{P}}(y_{\mathrm{s}} - y_{l/4}) \qquad (3\text{-}3\text{-}54)$$

拱脚

$$\Delta M_{j} = -S_{\mathrm{P}}(y_{\mathrm{s}} - f) \qquad (3\text{-}3\text{-}55)$$

（3）附加剪力

拱脚剪力

$$\Delta Q_{j} = \pm S_{\mathrm{P}} \sin\varphi_{j} \qquad (3\text{-}3\text{-}56)$$

3. 拱圈各截面的总内力

（1）轴向力

拱顶

$$N = N_{\mathrm{d}} + \Delta N_{\mathrm{d}} \qquad (3\text{-}3\text{-}57)$$

拱跨 $l/4$

$$N = N_{l/4} + \Delta N_{l/4} \qquad (3\text{-}3\text{-}58)$$

拱脚

$$N = N_{j} + \Delta N_{j} \qquad (3\text{-}3\text{-}59)$$

（2）弯矩

拱顶

$$M = M_{\mathrm{d}} + \Delta M_{\mathrm{d}} \qquad (3\text{-}3\text{-}60)$$

拱跨 $l/4$

$$M = M_{l/4} + \Delta M_{l/4} \qquad (3\text{-}3\text{-}61)$$

拱脚

$$M = M_{j} + \Delta M_{j} \qquad (3\text{-}3\text{-}62)$$

（3）剪力

拱脚

$$Q = Q_{j} + \Delta Q_{j} \qquad (3\text{-}3\text{-}63)$$

第四节　温度变化和混凝土收缩产生的拱圈内力

超静定拱除了在结构重力和可变作用下产生内力外,温度变化、混凝土收缩都会产生主拱圈内力,因此,不能忽视温度变化和混凝土收缩对拱圈内力的影响。

一、温度变化产生的附加内力

温度变化引起拱圈的伸长和缩短,当大气温度比拱圈合龙温度(即主拱圈封顶时的温度)低时(称为温度下降),拱圈收缩引起跨径缩短,其情况与弹性压缩相同;当大气温度比拱圈合龙温度高时(称为温度上升),拱圈膨胀引起跨径增长,情况与弹性压缩相反。

设温度变化引起跨径方向的变化为 Δl_{t},为了平衡这种变位,必须在弹性中心处施加水平力 H_{t}。当温度上升时,H_{t} 为正(压向拱体);当温度下降时,H_{t} 为负(拉离拱体),由正则方程

142

式得

$$H_t = -\frac{\Delta l_t}{\delta_{22}} = -\frac{\alpha l \Delta t}{(1+\mu)\int_s \frac{y^2 \mathrm{d}s}{EI}} \tag{3-3-64}$$

式中:α——材料的线膨胀系数,混凝土或钢筋混凝土结构$\alpha = 0.000\ 01$;混凝土预制块砌体 $\alpha = 0.000\ 009$;石砌体$\alpha = 0.000\ 008$;

$\int_s \frac{y^2 \mathrm{d}s}{EI}$——由表3-3-9中查得;

Δt——温度变化值,指桥梁所在地区拱圈合龙时气温与最高月平均气温或最低月平均气温之差。

由温度变化引起的拱圈截面的附加内力为

$$N_t = H_t \cos\varphi \tag{3-3-65}$$
$$M_t = -H_t y = -H_t(y_s - y_1) \tag{3-3-66}$$
$$Q_t = \pm H_t \sin\varphi \tag{3-3-67}$$

二、混凝土收缩产生的内力

混凝土在结硬过程中的收缩变形,因其作用与温度下降相似,通常将混凝土收缩的影响折算为温度的额外降低。《公路钢筋混凝土及预应力混凝土桥涵设计规范》(JTG D62—2004)建议。

(1)整体浇筑的混凝土结构的收缩影响,对于一般地区相当于降低温度20℃,干燥地区为30℃;整体浇筑的钢筋混凝土结构的收缩影响,相当于降低温度15~20℃。

(2)分段浇筑的混凝土或钢筋混凝土结构的收缩影响,相当于降低温度10~15℃。

(3)装配式钢筋混凝土结构的收缩影响,相当于降低温度5~10℃。

计算拱圈的温度变化和混凝土收缩影响时,可根据实际资料考虑混凝土徐变的影响,如缺乏实际资料,计算内力可乘以的系数:温度变化影响力,取0.7;混凝土收缩影响力,取0.45。

对于跨径不大于25m的砖、石、混凝土预制块砌体的拱桥,当矢跨比大于或等于1/5时,可不计温度变化的影响。

第五节　拱圈强度及稳定性验算

求出了各种荷载作用下的内力后,即可进行最不利情况下的荷载组合,进而验算控制截面的强度及拱的稳定性。一般无铰拱桥,拱脚和拱顶是控制截面。中、小跨径的无铰拱桥,只验算拱顶、拱脚就行了。大、中跨径无铰拱桥,常验算拱顶、拱脚和拱跨1/4等三个截面;采用无支架施工的大跨径拱桥,必要时需加算1/8和3/8截面。

一、拱圈强度验算

在《公路圬工桥涵设计规范》(JTG D61—2005)中规定,圬工结构的设计采用以概率理论为基础的极限状态设计方法,以可靠指标度量结构构件的可靠度,采用分项系数的设计表达式进行计算。

满足圬工桥涵结构的承载能力极限状态的要求,并同时满足正常使用极限状态的要求。

但根据圬工桥梁结构的特点,其正常使用极限状态的要求,一般情况下可由相应的构造措施来保证。

圬工结构的设计原则是:作用效应不利组合的设计值小于或等于结构构件承载力的设计值。

其表达式

$$\gamma_0 s \leqslant R(f_d, \alpha_d) \tag{3-3-68}$$

式中:γ_0——结构重要性系数,对应于桥规规定的一级、二级、三级设计安全等级分别取用 1.1、1.0、0.9;

    s——作用将就组合设计值,按桥规的规定计算;

$R(\cdot)$——构件承载力设计值函数;

    f_d——材料强度设计值;

    α_d——几何参数设计值,可采用几何参数标准值 α_k 即设计文件规定值。

1. 偏心矩在限值内的圬工受压构件轴向承载力计算

(1)砌体

砌体(包括砌体与混凝土组合)受压构件,当轴向力偏心距在限值以内时,承载力按下式计算

$$\gamma_0 N_d \leqslant \varphi A f_{cd} \tag{3-3-69}$$

式中:N_d——轴向力设计值;

    A——构件截面面积,对于组合截面按强度比换算;

    f_{cd}——砌体或混凝土抗压强度设计值;

    φ——构件轴向力的偏心距 e 和长细比 β 对受压构件承载力的影响系数。

$$\varphi = \frac{1}{\dfrac{1}{\varphi_x} + \dfrac{1}{\varphi_y} - 1}$$

$$\varphi_x = \frac{1 - \left(\dfrac{e_x}{i_y}\right)^m}{\left(1 + \dfrac{e_x}{i_y}\right)^2} \cdot \frac{1}{1 + \alpha\beta(\beta_x - 3)\left[1 + 1.33\left(\dfrac{e_x}{i_y}\right)\right]^2}$$

$$\varphi_y = \frac{1 - \left(\dfrac{e_y}{y}\right)^m}{\left(1 + \dfrac{e_y}{i_x}\right)^2} \cdot \frac{1}{1 + \alpha\beta_y(\beta_y - 3)\left[1 + 1.33\left(\dfrac{e_y}{i_x}\right)\right]^2}$$

其中:φ_x、φ_y——分别为 x 方向和 y 方向偏心受压构件承载力影响系数;

    x、y——分别为 x 方向和 y 方向截面重力至偏心方向的截面边缘的距离;

    e_x、e_y——轴向力在 x 方向和 y 方向的偏心距,$e_x = M_{yd}/N_d$,$e_y = M_{xd}/N_d$,其值不应超过桥规在某些方面 x 方向和 y 方向的规定,其中 M_{yd}、M_{xd} 分别为绕 x 轴和 y 轴的弯矩设计值,N_d 为轴向力。

(2)混凝土受压构件

混凝土偏心受压构件,在表 3-3-11 规定的受压偏心距限值范围内,当按受压承载力计算时,假定受压区的法向应力图形为矩形,其应力取混凝土坑压强度设计值,此时,取轴向力作用点与受压区法向应力的全力作用点相重合的原则确定受压区面积 A_c。受压承载力应按下列

144

公式计算

$$\gamma_0 N_d \leq \varphi f_{cd} A_c \qquad (3\text{-}3\text{-}70)$$

受压偏心距限值范围　　　　　　　　　　　　表 3-3-11

荷载组合	结构名称	偏心距限值 e
基本组合	中、小跨径拱圈	$\leq 0.6s$
	其他结构	$\leq 0.5s$
偶然组合	中、小跨径拱圈	$\leq 0.7s$
	其他结构	$\leq 0.6s$

注:①混凝土结构单向偏心的受拉一边或双向偏心的受拉一边,当设有不小于截面面积 0.005% 的钢筋时,表内规定值可增加 $0.1s$;

②表中 s 值为截面或换算截面重心轴至偏心方向截面的距离。

①单向偏心受压

受压区高度 h_c,应按下列条件确定

$$e_c = e$$

矩形截面的受压承载力可按下列公式计算

$$\gamma_0 N_d \leq \varphi f_{cd} b(h - 2e) \qquad (3\text{-}3\text{-}71)$$

式中:N_d——轴向力设计值;

φ——弯曲平面内受压构件弯曲系数,查桥规;

f_{cd}——混凝土轴心抗压强度设计值;

e_c——受压区混凝土法向应力合力作用点至截面重心的距离;

e——轴向力的偏心距;

b——矩形截面宽度;

h——矩形截面高度。

当构件弯曲平面外长细比大于弯曲平面内长细比时,应按轴心受压构件验算其承载力。

②双向偏心受压

受压区高度和宽度,应按下列条件确定

$$e_{cy} = e_y$$

$$e_{cx} = e_x$$

矩形截面的偏心受压承载力可按下列公式计算

$$\gamma_d N_d \leq \varphi f_{cd} [(h - 2e_y)(b - 2e_x)] \qquad (3\text{-}3\text{-}72)$$

式中:φ——偏心受压构件弯曲系数;

e_{cy}——受压区混凝土法向应力合力作用点在 y 轴方向至截面重心距离;

e_{cx}——受压区混凝土法向应力作用点在 x 轴方向至截面重心距离;

其他符号意义同前。

2. 偏心距超过限值时的圬工受压构件轴向承载力计算

当轴向力的偏心距 e 超过表 3-3-11 规定的偏心距值时,构件承载力应按下列公式计算

单向偏心

$$\gamma_0 N_d \leq \varphi \frac{A f_{tmd}}{\dfrac{Ae}{w} - 1} \qquad (3\text{-}3\text{-}73)$$

双向偏心

$$\gamma_0 N_d \leq \varphi \frac{A f_{tmd}}{\left(\dfrac{A e_x}{w_y} + \dfrac{A e_y}{w_x} - 1 \right)} \tag{3-3-74}$$

式中:N_d——轴向力设计值;

　　A——构件截面面积,对于组合截面应按弹性模量比换算为换算截面面积;

　　w——单向偏心时,构件受拉边缘的弹性抵抗矩,对于组合截面应按弹性模量换算为换算截面弹性抵抗矩;

w_y、w_x——双向偏心时,构件 x 方向受拉边缘绕 y 轴的截面弹性抵抗矩和构件 y 方向受拉边缘绕 x 轴的截面弹性抵抗矩(对于组合截面应按弹性模量比换算为换算截面弹性抵抗矩);

　　f_{tmd}——构件受拉边缘的弯曲抗拉强度设计值;

　　e——单向偏心时,轴向力偏心距;

e_x、e_y——双向偏心时,轴向力在 x 方向和 y 方向的偏心距。

其他符号意义同前。

3. 圬工构件抗弯和抗剪承载计算

(1)抗弯承载力计算

圬工砌体在弯矩的作用下,可能沿通缝和齿缝截面产生弯曲受拉而破坏。因此,对于超偏心受压构件以及受弯构件,均应进行承载力的计算。《桥规》(JTG D60—2004)规定:结构构件正截面受弯时,按下列公式计算

$$\gamma_0 M_d \leq W f_{tmd} \tag{3-3-75}$$

式中:M_d——弯矩设计值;

　　W——截面受拉边缘的弹性抵抗矩,对于组合截面应按弹性模量比换算为换算截面受拉边缘弹性抵抗矩;

　　f_{tmd}——构件受拉边缘的弯曲抗拉强度设计值。

(2)抗剪承载力计算

在拱脚的水平推力作用下,桥台截面受剪。当拱脚采用砖或砌块砌体,可能产生沿水平缝截面的受剪破坏;当拱脚处采用片石砌体,可能产生沿齿缝截面的受剪破坏。在受剪构件中,除水平剪力外,还作用有垂直压力。砌体构件的受剪实验表明,砌体沿水平缝的抗剪承载能力及作用在截面上的垂直力所产生的摩擦力之和。因为随着剪力的加大,砂浆产生很大的剪切变形,一层砌体对另一层砌体产生移动,当有压力时,内摩擦力将参加抵抗滑移。因此,构件截面直接受剪时,其抗剪承载力按下式计算

$$\gamma_0 V_d \leq A f_{vd} + \frac{1}{1.4} \mu_f N_k \tag{3-3-76}$$

式中:V_d——剪切设计值;

　　A——受剪截面面积;

　　f_{vd}——砌体或混凝土抗剪强度设计值;

　　μ_f——摩擦系数,按《桥规》(JTG D60—2004)取用;

　　N_k——与受剪截面垂直的压力标准值。

二、拱圈的稳定性验算

拱圈或拱肋的稳定性验算分为纵向稳定(又称面内稳定)和横向稳定(又称面外稳定或侧倾稳定)。跨径不大的实腹式拱桥可以不验算其纵、横向稳定性;在拱上建筑完成后再卸落拱架的大、中跨径拱桥,由于拱上建筑与主拱圈的共同作用,不致产生纵向失稳,此时,无需验算拱的纵向稳定性。采用无支架施工或在拱上建筑完成前就脱架的拱桥,应验算拱的纵向稳定。当拱圈宽度小于跨径的 1/20 时,应验算拱的横向稳定。

1. 纵向稳定性验算

当拱的长细比不大,且矢跨比在 0.3 以下时,钢筋混凝土拱的纵向稳定性验算可表达为强度校核形式,即将拱肋换算为相当长度的压杆(图

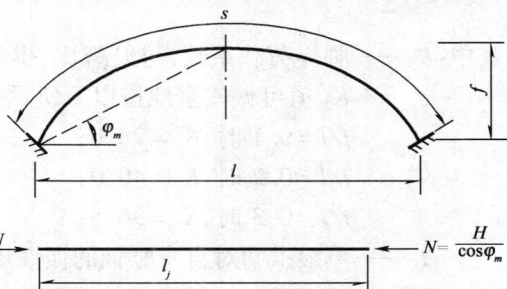

图 3-3-11 拱肋纵向稳定验算

3-3-11),按平均轴力采用钢筋混凝土轴向受压构件强度计算公式

$$\gamma_0 N_d \leqslant 0.9\varphi(f_{cd}A + f'_{sd}A'_s) \tag{3-3-77}$$

$$N_d = \frac{H_d}{\cos\varphi_m} \tag{3-3-78}$$

$$\cos\varphi_m = \frac{1}{\sqrt{1 + 4(f/l)^2}}$$

式中:N_d——轴向力组合设计值;

H_d——拱的水平推力组合设计值;

φ_m——拱脚至拱顶连线与水平线的夹角;

φ——构件的稳定系数;

f_{cd}、f'_{sd}——混凝土抗压强度设计值和纵向钢筋抗压强度设计值;

A——构件截面面积,对于变截面拱,若拱截面变化不大,则直接取 $l/4$ 处拱的横截面面积,当纵向配筋率大于 3% 时,A 改用 $A_h(A_h = A - A'_s)$;

A'_s——全部纵向钢筋截面面积。

2. 横向稳定性验算

拱的横向稳定性验算,目前尚无成熟的计算方法,工程上常用与纵向稳定相似的公式来验算拱的横向稳定性,即

$$N_j \leqslant \frac{N_L}{\gamma_m} \tag{3-3-79}$$

式中:N_j——按承载能力极限状态组合计算的平均轴向力;

N_L——拱丧失横向稳定时的临界轴向力;

γ_m——横向稳定安全系数,一般为 4~5。

(1)对于拱圈或采用单肋合龙时的拱肋,丧失横向稳定时的临界轴向力,常用竖向均布荷载作用下,等截面抛物线双铰拱的横向稳定公式计算

$$N_L = \frac{H_L}{\cos\varphi_m} \tag{3-3-80}$$

式中:φ_m——半拱的弦与水平线的夹角

$$\cos\varphi_\mathrm{m} = \frac{1}{\sqrt{1 + 4(f/l)^2}}$$ (3-3-81)

H_L——临界推力,按下式计算

$$H_\mathrm{L} = K_2 \frac{EI_\mathrm{y}}{8fl}$$ (3-3-82)

其中:K_2——临界荷载系数,与矢跨比、拱端固定方式等有关,在设计中,为了简化计算工作, K_2 值可偏安全地按以下所示进行

$f/l = 0.1$ 时,$K_2 = 28.0$;

$f/l = 0.2$ 时,$K_2 = 40.0$;

$f/l = 0.3$ 时,$K_2 = 36.5$;

I_y——单根拱肋对自身竖轴的惯性矩。

理论与实践证明:无铰拱的临界荷载比有铰拱大得多。悬链线无铰拱的横向稳定,精确的方法是作空间有限元电算分析,手算时,可偏安全地采用两铰拱的计算公式,或者近似采用圆弧无铰拱的公式计算临界轴向力。

(2)对于肋拱或无支架施工时采用双肋合龙的拱肋,在验算横向稳定性时,可视为组合压杆,组合压杆的长度等于拱轴长度 S。

临界轴向力可按下式计算

$$N_\mathrm{L} = \frac{\pi 2 E_\mathrm{a} I_\mathrm{y}}{l_0^2}$$ (3-3-83)

式中:I_y——两拱肋对桥纵轴(y—y 轴)的惯性矩;

E_a——拱肋材料的弹性模量;

l_0——组合压杆计算长度

$$\alpha_0 = \rho \cdot \alpha \cdot S$$

其中:α——与支承条件相关的系数,无铰拱为 0.5,两铰拱为 1.0;

S——拱轴线长度;

ρ——考虑剪力对稳定的影响系数

$$\rho = \sqrt{1 + \frac{\pi^2 E_\mathrm{a} I_\mathrm{y}}{L_j^2}\left(\frac{ab}{12 E_\mathrm{b} I_\mathrm{b}} + \frac{a^2}{24 E_\mathrm{a} I_\mathrm{a}} \cdot \frac{1}{1-\beta} + \frac{na}{b A_\mathrm{b} G}\right)}$$

$$L_j = \alpha S$$

$$\beta = \frac{N_\mathrm{L} a^2}{2\pi^2 E_\mathrm{a} I_\mathrm{a}}$$

其中:a——横系梁的间距;

b——两拱肋中距,即横系梁的计算长度;

I_a——单根拱肋对自身重心轴(与 y—y 轴平行)的惯性矩;

I_b——单根横系梁对自身重心轴(与 y—y 轴平行)的惯性矩;

E_b——横系梁的弹性模量;

G——横系梁的剪切模量;

A_b——横系梁的截面积;

n——与横系梁截面形状有关的系数,矩形截面取 1.20,圆形截面取 1.11;

β——考虑节间稳定的系数,与临界力有关,当横系梁足以保证节间稳定时,可以略去;

148

第六节　裸拱圈强度验算

拱桥在施工过程中,为了提高拱架的周转率并使主拱圈逐次受力,逐渐地完成弹性压缩,常采用脱架施工法,即主拱圈封拱合龙达到一定强度后,即卸落拱架。拱圈在自身重力作用下,由于裸拱圈压力线的拱轴系数 m 接近于1,与拱圈设计拱轴系数 m 相差较大(即压力线偏离设计拱轴线较大),将在拱圈内产生较大的附加内力,因此,必须计算拱圈在自身重力作用下的内力,并进行强度验算。

拱圈在自身重力作用下弹性中心处产生的弯矩和水平力为

$$M_s = -\frac{\Delta_{1p}}{\delta_{11}} = -\frac{\int_s \frac{\overline{M}_1 M_p \mathrm{d}s}{EI}}{\int_s \frac{\overline{M}_1^2}{EI}\mathrm{d}s} = -\frac{\int_s \frac{M_p \mathrm{d}s}{EI}}{\int_s \frac{\mathrm{d}s}{EI}} = \frac{A\gamma l^2}{4}V_1 \qquad (3\text{-}3\text{-}84)$$

$$H_s = -\frac{\Delta_{2P}}{\delta_{22}} = -\frac{\int_s \frac{\overline{M}_2 M_p \mathrm{d}s}{EI}}{(1+\mu)\int_s \frac{y^2}{EI}\mathrm{d}s} = -\frac{\int_s \frac{yM_p \mathrm{d}s}{EI}}{(1+\mu)\int_s \frac{y^2}{EI}\mathrm{d}s} = \frac{A\gamma l^2}{4(1+\mu)f}V_2 \qquad (3\text{-}3\text{-}85)$$

拱圈任意截面的弯矩和轴向力为

$$M = M_s - H_s(y_s - y_1) - \sum_1^x M \qquad (3\text{-}3\text{-}86)$$

$$N = H_s \cos\varphi + \sin\varphi \sum_1^x P \qquad (3\text{-}3\text{-}87)$$

式中:M_s——拱圈结构重力在弹性中心处产生的弯矩;

H_s——拱圈结构重力在弹性中心处产生的水平推力;

A——拱圈截面积;

γ——拱圈材料密度;

V_1——系数,可查表3-3-12;

V_2——系数,可查表3-3-13;

$\sum_1^x M$——拱顶至 x 截面区段拱圈重力对 x 截面的弯矩,$M_{1/4}$、M_j 可查表3-3-11;

$\sum_1^x P$——拱顶至 x 截面区段拱圈重力,$P_{1/4}$、P_j 可查表3-3-12。

V_1　值　　　　　　　　　　　　　表3-3-12

m 〳 f/l	1.347	1.543	1.756	1.988	2.240	2.514	2.814	3.142	3.500
1/5	0.184 40	0.184 71	0.185 02	0.185 35	0.185 68	0.186 01	0.186 36	0.186 71	0.187 07
1/6	0.179 46	0.179 70	0.179 94	0.180 19	0.180 45	0.180 71	0.180 98	0.181 26	0.181 54
1/8	0.174 17	0.174 32	0.174 48	0.174 63	0.174 80	0.174 97	0.175 14	0.175 32	0.175 50

V_2 值

表 3-3-13

f/l 〱 m	1.347	1.543	1.756	1.988	2.240	2.514	2.814	3.142	3.500
1/5	0.525 01	0.526 38	0.527 74	0.529 06	0.530 36	0.531 64	0.532 88	0.534 09	0.535 28
1/6	0.518 64	0.521 06	0.521 66	0.523 14	0.524 59	0.526 03	0.527 43	0.528 82	0.530 18
1/8	0.512 21	0.513 88	0.515 54	0.517 19	0.518 82	0.520 43	0.522 03	0.523 60	0.525 16

裸拱强度验算可按式 $S_d(\gamma_{s0}\psi\sum\gamma_{s1}Q) \leqslant R_d\left(\dfrac{R^j}{\gamma_m},\alpha_k\right)$ 进行。

[复习思考题]

1. 何谓合理拱轴线?

2. 求拱圈内力之前,为什么必须先求弹性中心的内力?

3. 空腹式拱桥腹拱圈跨径大小是根据什么原则确定的?

4. 空腹式拱拱轴系数的确定为什么不能用 $m = q_j/q_d$ 式进行?

5. 为什么目前修建的桥梁的拱轴线常采用悬链线拱,而不采用圆弧拱和抛物线拱?

6. 在现行设计中,为什么一般不计压力线与拱轴线偏离产生的偏离弯矩的影响?

7. 结构重力作用下,弹性压缩引起的轴向力计算时,为什么将所有的力在轴向力方向上投影,而不在水平力方向上投影?

8. 拱圈除进行强度验算之外,为什么还需进行偏心验算?

9. 拱圈在结构重力、可变荷载和温度变化引起的内力求出之后,接着验算其强度,强度即使足够,下面还要进行裸拱圈强度验算,为什么?

第四篇 斜拉桥及悬索桥

第一章 斜 拉 桥

[提要] 本章简要介绍斜拉桥的构造特点、结构体系等;斜拉桥的主要组成部分——拉索与锚具、主梁及索塔的构造及连接形式、连接构造;斜拉桥的设计等内容。

第一节 概 述

斜拉桥是一个由索、梁、塔三种基本构件组成的结构,又称斜张桥,属组合体系桥。其主要组成部分为主梁、斜拉索和索塔(图 4-1-1)。由图可以看出,斜拉桥从索塔上用若干斜拉索将梁吊起,使主梁在跨内增加了若干弹性支点,从而大大减小了梁内弯矩,使梁高降低并减轻质量,提高了梁的跨越能力。

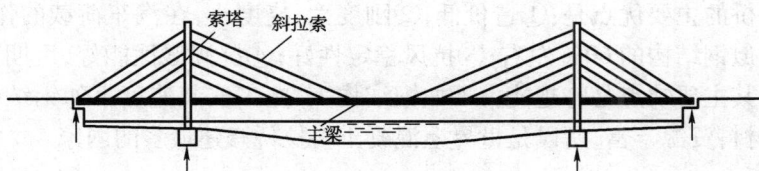

图 4-1-1 斜拉桥概貌

斜拉桥的构想比较古老,在 17~19 世纪之间曾经出现过一些人行斜拉桥,但由于材料和复杂超静定结构的计算手段等原因,建成不久便遭破坏,未能得到发展。但随着高强材料的使用、结构分析方法的进步以及施工手段的进步,到 20 世纪中叶,以瑞典斯特勒姆桑德桥(Stromsund)为代表的现代斜拉桥开始得到很快发展。斯特勒姆桑德桥建于 1955 年,由德国工程师迪辛格尔(P. Dischinger)设计,是第一座钢斜拉桥。

我国第一座公路斜拉桥是 1975 年在四川省云阳县建成的云阳桥,其跨径为 76m。我国第一座铁路斜拉桥是 1980 年建成的广西红水河铁路斜拉桥,其跨径为 96m。其后,又先后修建了上海泖港大桥、济南黄河大桥、重庆石门大桥、上海南浦大桥与杨浦大桥、重庆长江二桥及武汉长江二桥等。杨浦大桥与南浦大桥的建成标志着我国斜拉桥已达到世界领先水平。

1956~1998 年,全世界约建成 300 余座斜拉桥,中国建成了 30 余座。

一、预应力混凝土斜拉桥迅速发展的主要原因

(1)电子计算技术及有限元结构分析软件的发展,为计算高次超静定结构奠定了基础。

(2)试验技术的提高加深了对大跨径结构受力性能的理解。

151

（3）高强度钢丝的出现,为提高斜拉索的抗疲劳能力、增强结构的刚度等提供了有利条件。

（4）预应力技术的进步保证了斜拉索的良好锚固性能。

（5）高吨位新型橡胶支座的研制成功,解决了大吨位支座制造的困难。

二、斜拉桥今后的发展趋势

1. 桥面系
以混凝土桥面为主要形式,兼有叠合梁桥面及钢桥面形式,采用悬浮式或半悬浮式主梁。

2. 主塔
混凝土主塔采用 Y 形或钻石形,且塔身为空心断面,从而使其造型简洁。

3. 斜拉索
发展钢铰线索及大吨位张拉体系,提高斜拉索的阻尼以降低其振动。

4. 结构分析
由线性的、静力的、不计初始内力的平面分析发展到非线性的、动力的、考虑初始内力的空间结构分析。

三、斜拉桥的分类

1. 按主梁所用材料分类

（1）混凝土斜拉桥

此类斜拉桥的主梁为钢筋混凝土和预应力混凝土结构。

混凝土斜拉桥的主要优点是:①造价低;②刚度大、挠度小,在汽车荷载的作用下,产生的主要挠度约为类似钢结构的 60% 左右;③抗风稳定性好;④抗潮湿性能好,后期养护工作比钢桥简单和便宜。其主要缺点是跨越能力不如钢结构大,施工安装速度不如钢结构快。我国由于钢材少,砂石材料资源丰富,所以是世界上混凝土斜拉桥修建最多的国家。

（2）钢斜拉桥

此类斜拉桥的主梁及桥面系均为钢结构。

钢斜拉桥的主要优点是跨越能力大,构件可在工厂预制,质量可靠,施工速度快。主要缺点是价格昂贵、后期养护工作量大及抗风稳定性较差。世界上钢主梁使用得最多的国家是德国和日本。

（3）钢—混凝土结合梁(叠合梁)斜拉桥

此类斜拉桥的主梁为钢结构,桥面系为混凝土结构,主梁与桥面系结合在一起共同受力。

钢—混凝土结合梁(叠合梁)斜拉桥除具有与钢主梁相同的优缺点之外,还能节省钢材用量且其刚度及抗风稳定性均优于钢主梁斜拉桥。

（4）钢—混凝土混合梁斜拉桥

此类斜拉桥的主跨采用钢主梁,两侧边跨采用混凝土梁。

钢—混凝土混合梁斜拉桥的主要优点是:①由于加大了边跨主梁的刚度和质量,大大减小了主跨内力和变形;②能减小或避免边跨端支点出现负反力;③混凝土梁容易架设,主跨钢梁也可较容易地从主塔开始用悬伸法连续架设;④减小全桥钢梁长度,节约造价。它特别适用于边跨与主跨比值较小的情况。但采用这种结构形式,必须处理好钢与混凝土连接处的构造细节。

2. 按索塔数量分类

（1）独塔（或单塔）斜拉桥

当跨越宽度不大或基础、桥墩工程数量不是很大时，可采用图 4-1-2b）所示的单塔式斜拉桥，因为单塔式斜拉桥主孔较短，两侧可用引桥跨越，总造价可降低。

（2）双塔斜拉桥

桥下净空要求较大时，多采用图 4-1-2a）所示的双塔式斜拉桥。

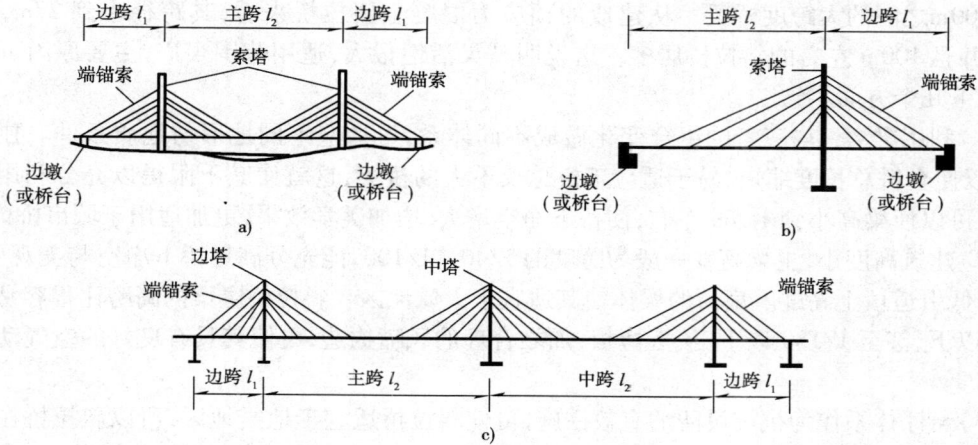

图 4-1-2　斜拉桥跨径布置

（3）多塔斜拉桥

在跨越宽阔水面时，由于桥梁长度大，可采用图 4-1-2c）所示的多塔式斜拉桥。

四、斜拉桥的特点

1. 斜拉桥的受力特点

斜拉桥是组合体系桥，结构轻巧，适用性强，可将梁、索、塔的组合变化做成不同体系，适用于不同地质和地形情况。

（1）与梁式桥相比

①斜拉索可以作为主梁的弹性支承，以代替中间桥墩，从而大大降低主梁的弯矩，改善主梁的受力状态；降低梁高，提高跨越能力；而梁式桥用于大跨结构时，为保证主梁刚度，必须加大截面，进而降低了跨越能力。

②斜拉索的水平分力对主梁产生强大的轴向压力，起到预应力作用，增加主梁强度和抗裂性，并节约钢材用量。

（2）与悬索桥相比

①悬索桥主缆不使主梁受轴力，无纵向预应力作用。

②悬索桥受竖向荷载时，大缆要发生大的位移才能平衡；而斜拉桥的斜拉索被张拉成直线形状，不发生大的位移，故斜拉桥整体刚度大。

③悬索桥主梁通过吊杆与大缆柔性连接，对风振敏感；而斜拉桥通过拉紧的斜拉索直接与主塔相连，使主梁具有较大的抗弯和抗扭刚度，可有效减小主梁竖向和扭转振动。斜拉索的长度不同，自振频率也各不相同，使结构的阻尼增大，有效地防止主梁产生大振幅共振，许多风洞试验和动力试验表明，在空气动力稳定性及其他动力特性上，斜拉桥远比悬索桥优越，而预应力混凝土斜拉桥又显著地比钢斜拉桥优越。

153

④斜拉桥是自锚体系,不需要昂贵的锚碇构造。

2.经济性

依靠斜拉索的索力调整,可使主梁受力均匀,节省材料,获得较好的经济效果。

3.结构轻巧,适应性强

预应力混凝土斜拉桥的灵活性很大,可以适应各种地质、地形条件,一般适用于100～600m之间的大跨度桥梁。从建成的预应力混凝土斜拉桥来看,其跨径小到27m,大到550m,并且100m左右的斜拉桥居多。这说明其灵活性很大,适用范围很广,主要原因可以归结为以下几个方面。

(1)利用梁、索、塔三者的组合变化做成不同体系,可适应不同地形与地质条件。独塔方案,可以使全桥总长度缩短,易于适应正桥总长不大的桥梁,这就使其下限得以充分利用。密索体系可以使梁高小到1.5m左右,使桥下净空增大,增加美学效果,更加适用于城市桥梁。

(2)建筑高度小,主梁高度一般为跨度的1/40～1/100,能充分满足桥下净空与美观要求,并能降低引道填土高度。扁薄的梁体使其适宜于大风地区。斜拉桥主梁的高跨比很容易达到1/100以下,甚至1/180以下,接近薄板,加之合理的风嘴构造,更使其具有良好的空气动力稳定性。

(3)悬浮体系作为抗震设防的有效措施,可使斜拉桥适宜于地震地区,所以斜拉桥在地震地区有更多的应用可能性。

4.施工特点

利用斜拉索发挥无支架施工的优越性。斜拉桥可以利用永久斜拉索作为临时拉索,使悬臂施工更加容易,施工安全可靠,提高了建桥速度。

五、斜拉桥的结构体系

斜拉桥的主要组成部分是主梁、斜拉索和索塔,这三者还可以按相互的结合方式组成四种不同的结构体系,即飘浮体系、支承体系、塔梁固结体系、刚构体系(图4-1-3)。它们各具特点,在设计中应依据具体情况选择最合适的体系。下面简述这四种基本体系的特点。

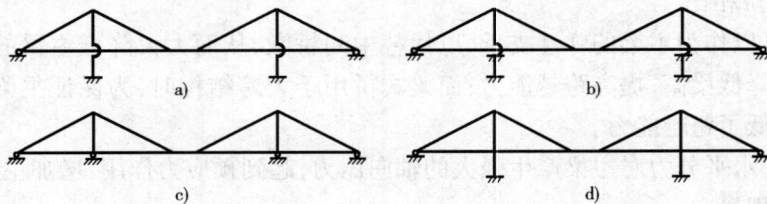

图4-1-3 斜拉桥的结构体系
a)飘浮体系;b)支承体系;c)塔梁固结体系;d)刚构体系

1.飘浮体系

又称悬浮体系,该体系塔墩固结、塔梁分离,主梁除两端外全部用缆索吊起而在纵向可稍作浮动,是一种具有多跨弹性支承的单跨梁。

这种体系的优点是:全跨满载时,塔柱处主梁无负弯矩峰值;由于主梁可以随塔柱的缩短而下降,所以温度、收缩和徐变的内力均较小,密索体系主梁各截面的变形和内力变化较平缓,受力较均匀;地震时,允许全梁纵向摆荡,成为长周期运动,从而抗震消能,因此地震烈度较高地区可考虑选择这类体系。

该体系的缺点是：当采用悬臂施工时，塔柱处主梁需临时固结。

另外，斜拉索不能对梁提供有效的横向支承，为抵抗由风力等引起的横向摆动，必须增加一定的横向约束。

2. 支承体系

该体系塔墩固结、塔梁分离，主梁在塔墩上设置竖向支承，接近于在跨度内具有弹性支承的三跨连续梁，又称半飘浮体系。这种体系的主梁内力在塔墩支点处产生急剧变化，出现了负弯矩尖峰，通常须加强支承区段的主梁截面。

支承体系的主梁一般均设置活动支座，在横桥方向亦须在桥台和塔墩处设置侧向水平约束。

3. 塔梁固结体系

塔梁固结并支承在墩上，斜拉索为弹性支承，相当于梁顶面用斜拉索加强的一根连续梁。这种体系的优点是：减小了塔墩弯矩和主梁中央段的轴向拉力。缺点是：中孔满载时，主梁在墩顶处转角位移导致塔柱倾斜，显著增大主梁跨中挠度和边跨负弯矩；上部结构重力和可变作用反力都需由支座传给桥墩，这就需要设置很大吨位的支座。在大跨径斜拉桥中，这种结构体系可能要设置上万吨级的支座，支座的设计制造及日后的养护、更换均较困难。

4. 刚构体系

梁、塔、墩互为固结，形成跨度内具有多点弹性支承的刚构。这种体系的优点是：既免除了大型支座，又能满足悬臂施工的稳定要求；结构的整体刚度比较好；主梁挠度小。然而，刚度的增大是由梁、塔、墩固结处能抵抗很大的负弯矩而来的，因此这种体系在固结处附近区段内主梁的截面必须加大。

第二节　斜拉桥的构造特点

一、拉索与锚具

拉索是斜拉桥的一个重要组成部分，同时也显示了斜拉桥的特点。斜拉桥桥跨结构的重力和桥上可变作用，绝大部分或全部通过拉索传递到索塔上。

1. 拉索的索面布置

拉索按其组成通常分为单索面和双索面，而双索面又可分为双平行索面和双斜索面。

双平行索面如图4-1-4a)所示，有两种布置方式：一是将索平面布置在桥面宽度外侧，另一是将索平面布置在桥面宽度之内。

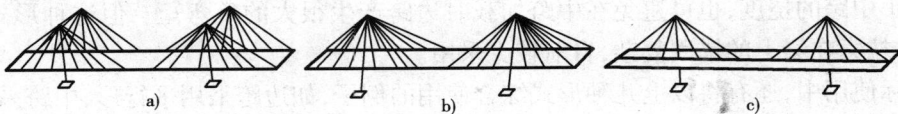

图4-1-4　索面布置
a)双平行索面；b)双斜索面；c)单索面

当索塔在横向为 A 形、钻石形时，就可能需要双斜索面[图4-1-4b)]与之配合。双斜索面的拉索可以提高梁的抗扭能力，抗风动力性能较好。

单平面拉索[图4-1-4c)]设置在桥梁纵轴线上，这对于设置分隔带的桥梁特别合适，基本上不需要增加桥面宽度,具有最小的桥墩尺寸和最佳的视觉效果。但是,单平面拉索只能支承竖向荷载,由于横向不对称可变作用或(和)风力产生的作用而使主梁受扭,主梁横截面应采用闭合箱梁为宜。

2. 拉索的索面形式

根据拉索在索面内的布置,拉索索面可以分为如图4-1-5所示的四种形式。

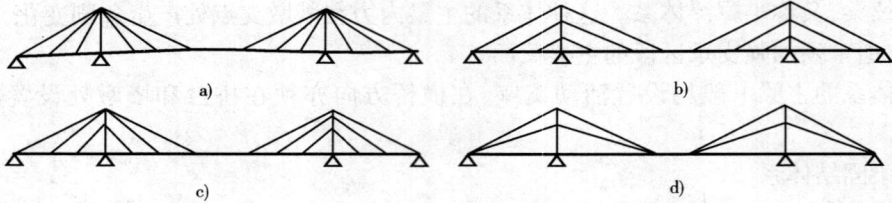

图 4-1-5　索面形式
a)辐射形;b)平行形;c)扇形;d)星形

(1)辐射形

这种布置方法是将全部拉索汇集到塔顶,使各根拉索都具有可能的最大倾角。由于索力主要由垂直力的需要而定,因此拉索拉力较小;而且辐射索使结构形成几何不变体系,对变形及内力分布都有利。这种做法的缺点是:有较多数量的拉索汇集到塔顶,将使锚头拥挤,构造处理较困难;塔身从顶到底都受到最大压力,自由长度较大,塔身刚度要保证压曲稳定的要求。另外,拉索倾角不一,也使锚具垫座的制作与安装稍显复杂。

(2)平行形(竖琴形)

这种形式中各拉索彼此平行,因此各索倾角相同。各对拉索分别连接在索塔的不同高度上,索与塔的连接构造易于处理;由于倾角相同,各索的锚固设备构造相同,塔中压力逐段向下加大,有利于塔的稳定性。但是这种形式索的用钢量大;由于各对索拉力的差别,将在塔身各段产生较大的弯矩;由于是几何可变体系,对内力及变形的分布较不利,不过可以用边跨内设置辅助墩的办法来加以改善。

(3)扇形

扇形是介于辐射形和平行形之间的形式,一般在塔上和梁上分别按等间距布置,兼顾了以上两种形式的优点而减少其缺点,因此有较多的斜拉桥采用这种形式。

(4)星形

将分散锚固在索塔上的拉索合并锚在边跨梁端与桥台上,或锚固在边跨的桥墩上,这样可以显著减小中跨的挠度,也可避免在中跨加载时边跨产生很大的负弯矩。但这种形式的拉索倾角最小,拉索在梁上的锚固复杂,目前较少采用。

在实际使用中,还有将以上几种形式综合使用的例子,如边跨采用平行形,中跨采用扇形。

3. 索距的选择

根据拉索在主梁上的间距,有稀索(对于钢梁,间距为30~60m;对于混凝土梁,为15~30m)与密索(约6~8m)两类。早期斜拉桥采用稀索较多,目前则多用密索。

密索体系斜拉桥有下述优点:索间距较短,主梁弯矩减小;每束的拉力较小,锚固点的构造简单;伸臂施工时所需辅助支撑较少,甚至可以不要;每根拉索的截面较小,每索只用一根在工厂制造的外套PE保护管的钢索;拉索更换较容易。

156

4. 拉索的种类与构造

拉索必须用高强度的钢筋、钢丝或钢绞线制作,主要有以下几种形式(图4-1-6)。

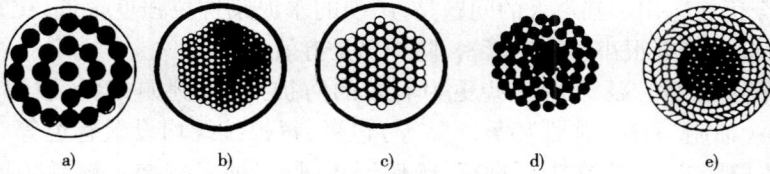

图4-1-6 拉索的截面

a)平行钢筋索;b)平行(半平行)钢丝索;c)平行(半平行)钢铰线索;d)单股钢绞缆;e)封闭式钢缆

(1)平行钢筋索

平行钢筋索由若干根高强钢筋平行组成,钢筋直径在 $\phi 10 \sim \phi 16$mm 之间,其抗拉强度标准值f_{pk}不宜低于 1 470MPa。平行钢筋索必须在现场架设过程中形成,操作过程复杂,而且由于钢筋的出厂长度受到限制,用于大跨斜拉桥时,索中必定存在接头,从而降低疲劳强度,故现在钢筋索已很少采用。

(2)平行(半平行)钢丝索

平行钢丝索是将若干根钢丝平行并拢、扎紧、穿入聚乙烯套管,在张拉结束后注入水泥浆防护,就成为平行钢丝索。平行钢丝索宜于现场制作。

半平行钢丝索,是将若干根钢丝,平行并拢,同心同向作轻度扭绞,扭绞角 2° ~4°,再用包带扎紧,最外层直接裹聚乙烯套作防护,就成为半平行钢丝索。半平行钢丝索挠曲性能好,可以盘绕,具备长途运输的条件,适宜于工厂机械化生产。

钢丝索配用镦头锚或冷铸锚。目前钢丝索普遍使用 $\phi 5$mm 或 $\phi 7$mm 钢丝制作,要求钢丝的抗拉强度标准值f_{pk}不低于 1 570MPa。

(3)平行(半平行)钢铰线索

目前钢绞线的抗拉强度标准值f_{pk}已达到 1 860MPa,用钢绞线制作钢索可以进一步减轻索的质量。索中的钢绞线若平行排列,则称为平行钢绞线索;索中的钢绞线若集中后再加轻度扭绞,形成半平行排列,则称为半平行钢绞线索。

一般而言,平行(半平行)钢绞线索多半在现场制作,半平行钢绞线索则在工厂制作好后运至工地。

(4)单股钢绞缆

单股钢绞缆是以一根钢丝为缆芯,逐层增加钢丝,同一层内的钢丝直径相同,但逐层钢丝的扭绞方向相反,最后形成一根单股钢绞缆。

单股钢绞缆用作斜拉索时,钢绞缆采用镀锌钢丝制作,最外层加涂防锈涂料。这种只能在工厂中生产的钢绞缆柔性好,可以盘绕运输。单股钢绞缆正常配用热铸锚。

(5)封闭式钢缆

封闭式钢缆是以一根较细的单股钢绞缆为缆芯,逐层绞裹断面为梯形的钢丝,接近外层时,绞裹断面为 Z 形的钢丝,相邻各层的旋扭方向相反,最后得到一根粗大的钢缆。

5. 拉索的防护

为了提高拉索的耐久性,延长其使用寿命,减少养护工作量,在斜拉桥中对拉索的防护要加以重视。防护工作主要是防止外索锈蚀,为此要求防护层有足够强度而不致开裂,有良好的附着性而不脱落,有良好的耐久性以延长使用寿命。

在过去,多数拉索是安装在管道内,并灌注水泥浆以保护拉索钢丝、钢绞线或钢筋免于腐蚀,这种方法至今仍在应用。其最大的问题是,结硬的水泥浆抗拉强度很低,拉索弹性伸长时会开裂。但只要此种裂缝很小且管道紧密,防护仍是有效的。

近年来,现代斜拉桥广泛采用一些更为有效的防护措施,例如,钢丝镀锌,将钢丝或钢绞线用塑料材料(油脂、石蜡、弹性环氧产品等)包裹,每根绞线均设置管道等。实际上常采用上述的综合防护措施,且都在工厂进行,既保证质量,又便于安装。锚具防护示例如图4-1-7所示。

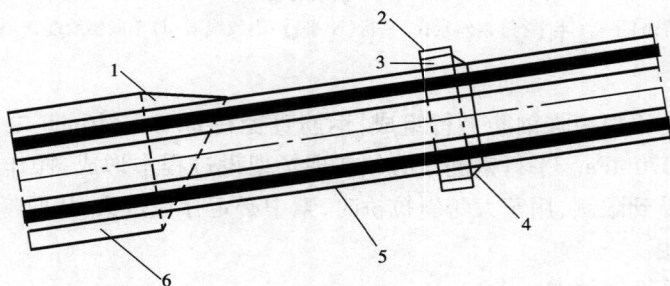

图 4-1-7　锚具防护
1-砂胶或其他材料填塞;2-防水层;3-绕拉索的水密模塑制品;4-填塞物;5-包裹材料;6-锚环

(1)拉索管道

除了封闭式拉索外,一般拉索均设置于钢制或塑料管道中,这在一定程度上防止了侵蚀环境的影响。这种措施的有效性主要取决于拉索的类型和附加的防护措施,特别是灌入材料和包裹材料。

塑料管道(如聚乙烯材料)具有柔性,易于放置和安装。然而,这种柔性导致沿拉索轴线轻微的不平整起伏,损坏结构的视觉外观。这可以通过设置足够的隔板和限定灌注水泥浆的压力(可达2MPa)得到改善。

(2)镀锌

将钢丝浸入镀锌池,自动控制完成。镀锌量取 $250 \sim 330 g/m^2$,形成的防护层厚度为 $25 \sim 45 \mu m$。尽管采用镀锌方法对材料强度有所降低,但由于其良好的防护效果,采用此法还是可靠的。

(3)锚具防护

管道和锚具之间连接构造必须防止水的流入或汇集,在关键部位的防水有不同的设施布置,如图4-1-7所示。

(4)事故防护

拉索设计必须考虑事故造成的危险,例如,车辆撞击、火灾、爆炸和破坏等防护。为此应考虑以下几方面:

①拉索下部2m范围内用钢管防护,生根于桥面并和拉索管道相接。

②钢管的尺寸(厚度、间距)和锚固区的加强要足以抵抗火灾和破坏的危险。

③锚固区要予以加强以抵抗车辆撞击。

④防护构件的替换不影响拉索本身,并尽可能的不影响交通。

6. 锚具

拉索上的锚具,目前常用的有以下四种。

（1）热铸锚（图4-1-8）

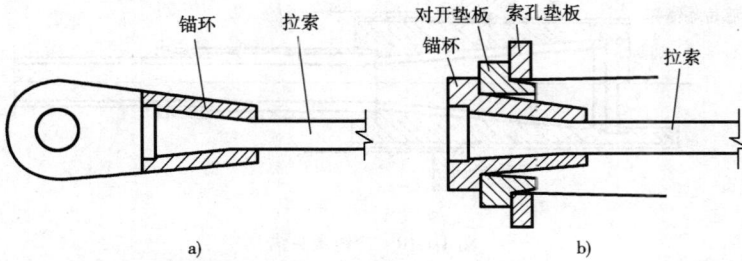

图 4-1-8　热铸锚
a) 销接式; b) 垫块式

热铸锚是将一个内壁为锥形的钢质套管套在钢索上,然后将钢索端部钢丝散开,在套筒中灌入熔融的低熔点合金,合金凝固后,即和散开的钢丝在套筒内形成一个头小尾大的塞子。钢索受拉后,通过套筒传力给结构。锚杯与结构的连接方式不同,则锚杯的构造也不相同。

热铸锚适用于单股钢绞缆和封闭式钢缆。

热铸锚的缺点是:虽然使用的是低熔点合金,但其浇铸时的温度仍然超过400℃,该温度对钢丝的力学性能会造成不利的影响。

（2）镦头锚（图4-1-9）

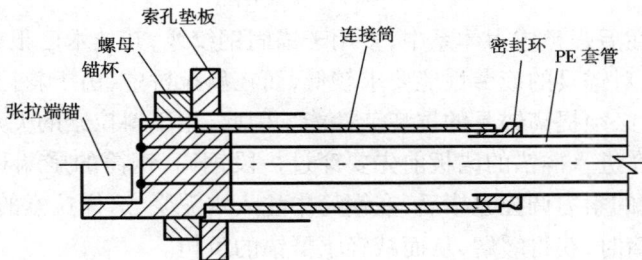

图 4-1-9　镦头锚

镦头锚是将穿过锚杯或端锚的单根钢丝端部镦粗,使其镦粗后不能通过锚杯或端锚上的孔眼,借此传递钢丝的拉力到索孔垫板上。

用于张拉端和固定端的镦头锚的形式是不同的。用于张拉端的镦头锚杯,要具有能和张拉设备连接的螺纹,通常用内螺纹。

镦头锚适用于钢丝束,具有良好的耐疲劳性能。在使用铸头锚时,必须选用具有可镦性的钢丝。

（3）冷铸镦头锚（图4-1-10）

冷铸锚的构造和热铸锚构造相似,只是在锚杯锥形腔的后部增设了一块定位板,钢索中的钢丝通过锚杯后,再各自穿过定位板上的对应孔眼,镦头就位,锚杯中的空隙用特制的环氧混合料填充。环氧混合料固化后,即和锚杯中的钢丝结合成一个整体。

环氧混合料中必须加入铸钢丸,铸钢丸在混合料中形成承受荷载的构架。钢索受力后,由于楔形原理,铸钢丸受到锚杯内壁的挤压,对索中的钢丝形成啮合,使钢丝获得锚固。

环氧混合料在室温下浇铸,相对于400℃以上浇铸的热铸锚而言,称为冷铸锚。由于钢丝端部被镦粗，又称为冷铸墩头锚，国外与之类似的锚具称为耐高应力的锚具。

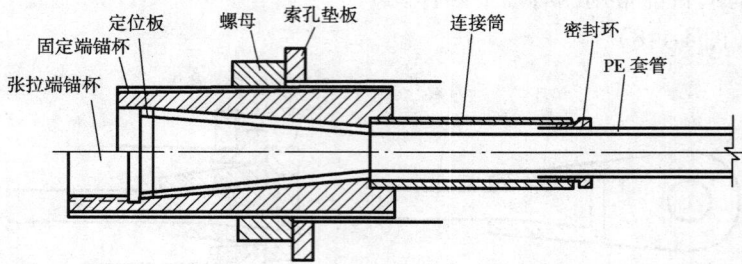

图 4-1-10　冷铸镦头锚

配用冷铸锚的拉索应具有很好的抗疲劳强度，其耐疲劳应力幅度大于200MPa。

（4）夹片群锚（图 4-1-11）

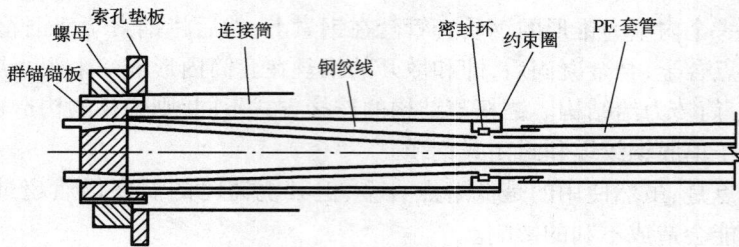

图 4-1-11　夹片群锚

夹片群锚锚具在后张预应力体系中，多用于锚固钢绞线，其技术已很成熟。但是在有黏结的预应力混凝土中，对锚具的疲劳性能要求较低，而在斜拉桥中，由于斜拉索相当于体外索，在此要使用夹片群锚，必须提高锚具的抗疲劳性能。因此，用于斜拉索的夹片群锚具有一些特殊的构造。钢绞线索在进入群锚的锚板前先要穿过一段钢筒，钢筒的尾端和群锚锚板间具有可靠的连接，在斜拉索的索力调控完毕后，在钢筒中注入水泥浆，这样拉索的静载由群锚承受，动载则在拉索通过钢筒时，获得缓解，从而减轻了群锚的负担。

热铸锚、镦头锚和冷铸镦头锚具都可以事先装在拉索上，张拉时用千斤顶张拉锚具，称拉锚式锚具。配装夹片群锚的拉索，张拉时千斤顶直接拉钢索，张拉结束后锚具才发挥作用，所以夹片群锚又称拉丝式锚具。

二、主　梁

主梁是斜拉桥的主要承重构件之一，与其连接的桥面系一起共同承受车辆荷载。

1. 主梁截面形式

（1）混凝土主梁

一般来说，适用于梁式桥的横截面形式均可用于斜拉桥，只有 T 形截面由于抗扭刚度小、锚梁弯矩大，一般很少采用。通常主梁的横断面采用抗弯和抗扭刚度大的箱形截面。混凝土主梁常用的截面形式如图 4-1-12 所示。

图 4-1-12a）为板式截面，构造简单、建筑高度小、抗风性能好，适用于双索面密索体系的窄桥。当板厚较高时，可做成圆孔或椭圆孔的空心板截面。

图 4-1-12b）、f）为分离式双箱（或双主肋）截面，箱梁中心对准斜拉索平面，两个箱梁（或

160

主肋)用于承重及锚固拉索,箱梁之间设置桥面系。该种截面形式的优点是施工比较方便。

图4-1-12c)、d)为闭合箱形截面,具有极大的抗弯和抗扭刚度,适用于双索面稀索体系和单索面斜拉桥。图4-1-12d)中的倾斜腹板虽然施工略为困难,但在抗风和美观方面均优于垂直腹板,此外还能减小墩、台宽度。

图4-1-12e)为半封闭双室梯形或三角形箱形截面,横截面两侧为三角形或梯形封闭箱,外缘做

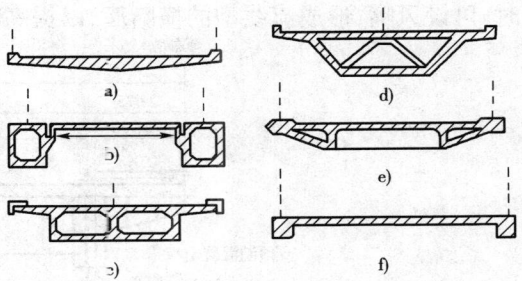

图4-1-12 混凝土主梁常用截面形式

成风嘴状,以减小迎风阻力,端部加厚以便锚固拉索,两三角形之间为整体桥面板。这种截面形式具有良好的抗风性能,特别适用于风载较大的双索面密索体系。

(2)钢梁

钢梁常用的截面形式主要有双主梁、钢箱梁、桁架梁等。双主梁一般采用两根工字形钢主梁,上置钢桥面板,主梁之间用钢横梁连接。钢箱梁截面的形式多样,有单箱单室、多箱单室、多箱多室等布置形式。为了提高抗风稳定性,大跨度钢斜拉桥往往采用扁平钢箱梁。斜拉桥采用钢桁架梁则主要是为了满足布置双层桥面(公铁两用)的需要。如图4-1-13所示,给出了几座实桥的钢梁截面形式。

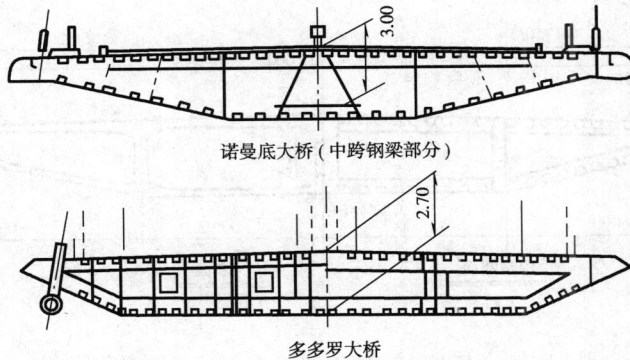

诺曼底大桥(中跨钢梁部分)

多多罗大桥

图4-1-13 钢梁常用截面形式(尺寸单位:m)

(3)钢—混凝土结合梁(叠合梁)

与混凝土主梁相比,钢—混凝土结合梁自重较小、施工方便;与正交异性钢桥面相比,混凝土桥面耐磨耗、造价低,构件的工厂化制造程度较高,易于组装。

如图4-1-14所示为上海南浦大桥的主梁截面。斜拉索锚于两片钢主梁上,钢主梁之间设钢横梁,钢主梁外设人行道钢伸臂梁,梁顶铺混凝土桥面板。

2.主梁截面尺寸

(1)梁宽的确定

虽然梁宽主要是根据车道宽来决定的,但根据理论分析和振动计算可得,凡斜拉桥的跨宽比大于15,尤其是大于20时,就容易发生风致振动。所以一般情况下应使跨宽比在20以下。

(2)梁高的确定

在斜拉桥中由于双索面体系可以提供很大的抗扭刚度,尤其是梁较宽和密索时,所以对主梁的抗扭刚度要求不是很高。抗风稳定性要求宽高比≥10或至少≥8。当不能满足该条件

161

时,可设风嘴,形成流线型的横断面,以提高其抗风稳定性。

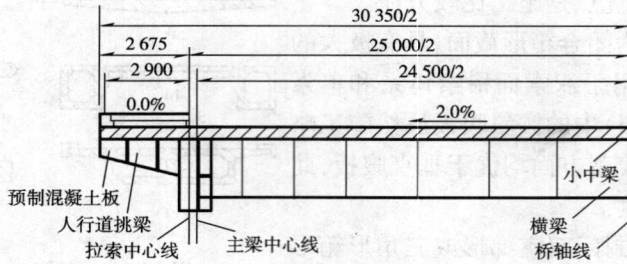

图 4-1-14　南浦大桥主桥截面图(叠合梁)(尺寸单位:mm)

　　主梁通常采用等高度梁,梁高一般与索的疏密有关。由以上两个比值可以得到跨高比在 160 左右,实用上,疏索体系梁高为跨径的 1/70～1/40,密索体系梁高为跨径的 1/200～1/70。

　　一般来说斜拉桥的梁高都宜≤2.5m,将来或许可发展到≤1.5m。

　　3. 混合式主梁的连接构造

　　混合式斜拉桥与其他类型斜拉桥的主要区别在于:其主跨与边跨采用两种不同的材料,即 两边跨为预应力混凝土主梁,而主跨则为钢梁。图 4-1-15 所示为上海杨浦大桥初步设计中的 一个主梁方案。

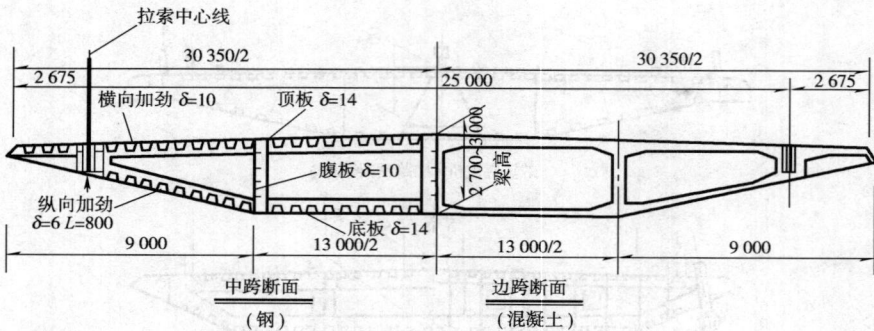

图 4-1-15　杨浦大桥主梁方案(混合式主梁)(尺寸单位:mm)

　　预应力混凝土梁与钢梁的连接是混合式斜拉桥的最重要构造之一。可以这样说,钢梁与 预应力混凝土梁连接位置的选择和可靠的连接,是混合式斜拉桥成功的关键之一。

　　根据混合式斜拉桥的结构特点,预应力混凝土梁与钢梁的连接位置(图 4-1-16)宜选在弯

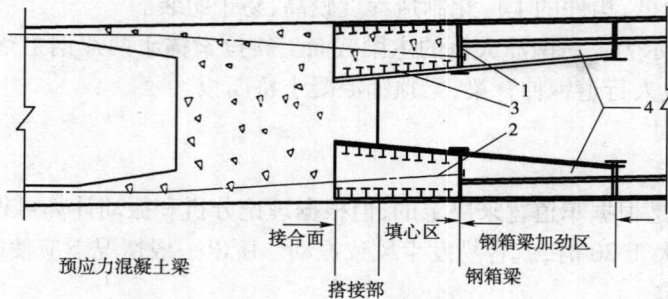

图 4-1-16　结合部构造立面图
1-箱壁;2-填心;3-型钢;4-加劲区

162

矩及剪力较小的地方,这样结构处理就较简单。要选择一个合理的连接位置,一般应从结构受力性能合理、施工工艺简便和造价经济三个方面来考虑。

（1）一般来说索塔中心处的主梁,由于风力产生的横向弯矩和活载产生的纵向弯矩均较大,因此,连接部位宜选择离索塔中心一定距离。但偏离索塔中心过大会给施工带来一定难度。

（2）从施工角度考虑,预应力混凝土梁伸入主跨以 20~40m 为宜。这样,这一段梁仍可沿用边跨的施工架设方法。

（3）从经济角度考虑,由于预应力混凝土梁伸入主跨,主跨钢梁长度可相应减小,这对造价是经济的。

4.主梁与拉索的连接构造

主梁上锚固拉索的构造是一个很重要的部位,它要求保证连接的可靠性,承担集中应力并将其分散到全截面;要有防锈蚀能力,并不使拉索产生颤振和应力腐蚀;如需在梁端张拉,应具有足够的操作空间;要便于拉索的养护和更换。

拉索在锚固区的锚固方式根据索面及主梁截面形状的不同,大体上分为以下几种类型:顶板设置锚固块;箱梁内设横隔板锚固;在三角形箱边缘锚固;在梁底锚固。

如图 4-1-17 所示给出了几种常见的锚固构造形式。

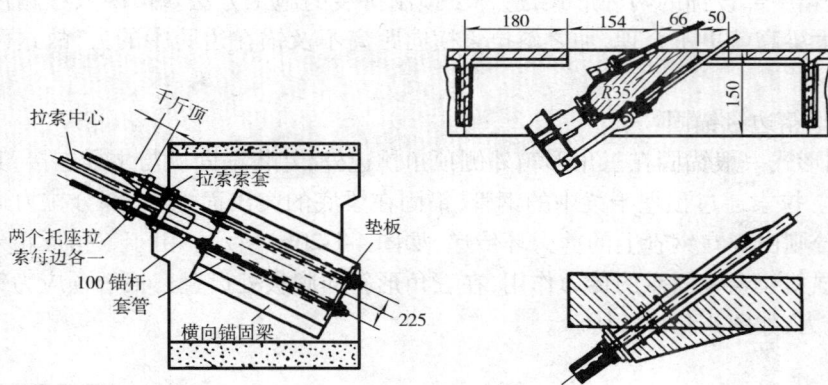

图 4-1-17 常见的主梁与拉索锚固构造形式(尺寸单位:mm)

（1）顶板设置锚固块

该类型一般用于单索面整体箱的锚固构造,斜拉索直接锚固在截面中部箱梁顶板上,并与一对斜撑连接,斜撑作为受拉杆件将索力传递到整个截面。斜拉索在锚固点通过锚固块与主梁截面连接,锚固块构造根据张拉设备与施工要求进行设计。采用这种锚固方式,局部受力非常复杂,在锚固块内设一对交叉布置的箍筋是非常必要的。其构造形式如图 4-1-18 所示。

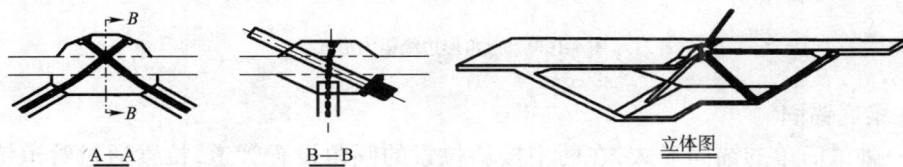

图 4-1-18 锚固块内布置交叉箍筋

163

（2）箱梁内设横隔板锚固

该种锚固形式一般用于双索面分离双箱或单索面整体箱及梁、板组合断面形式中,斜拉索在箱梁内通过锚固板或锚固块与主梁连接。其构造如图4-1-19所示。

如图4-1-19a）所示,锚固板是与箱梁连成一体的斜向横隔板,其斜度与拉索一致。锚固板厚度应满足锚具排列的构造要求。为减小锚固板体积,可设计成底宽上窄的楔形锚板,拉索通过该锚固板锚固于箱梁底板,锚头可外露,也可缩至底板以内,前者受力好,后者反之。

如图4-1-19b）所示,锚固块的形式是在边箱内部设置与顶板及两侧腹板固结的锚块,靠近顶板并与斜拉索斜度一致,锚头

图 4-1-19　箱梁中部锚固构造形式

设在箱内。经局部应力分析,得出在锚固点附近的两侧腹板拉应力较大,因此,除在锚块与腹板交接处设置承托外,还采取了加预应力箍筋和钢筋等加强措施。为便于张拉施工,主梁分段均应设在斜拉索锚固块位置。该种锚固外形比较美观。

以上在边箱中部设锚的两种形式,适合于预制拼装的施工方法。但因人在箱内操作不方便,若为此加大梁高就更不合理,加之斜拉索横向距离不及锚在边肋中的大,故这两种锚固形式很少采用。

（3）三角形箱边缘锚固

该种锚固形式一般锚固在三角形箱外侧顶角挑边外,并将锚固块与主梁连接,其构造如图4-1-20a）所示。拉索通过预埋于梁中的钢管,锚固在梁底的突出面上,一部分拉力通过承压面传递,另一部分则由焊在钢管上的剪力环传递,如图4-1-20b）所示。由于三角形箱外伸部分比较薄弱,为加强斜拉索锚固点的传力作用,在三角形斜向腹板处设置三根短预应力钢束来平衡拉索的竖向分力,如图4-1-20c）所示。

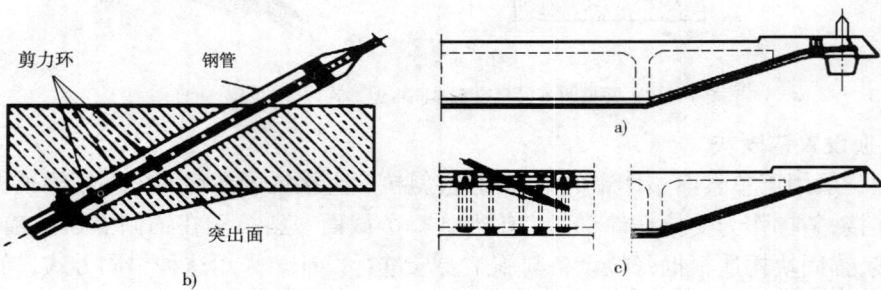

图 4-1-20　三角形边缘锚固形式

（4）在梁底锚固

这是一种最简单的锚固形式,在肋中按斜拉索的倾角设置管道,拉索通过管道锚固在梁底,为美观起见,锚头一般不外露,如图4-1-21所示。为弥补主梁在锚固区的断面削弱,在一般区段采用钢锚箱和增加钢筋的办法,在近塔柱两侧由于压力增大,还需采取局部加厚梁肋的

164

措施。

(5)锚固横梁

这种锚固形式是设置横贯主梁全宽的横梁。横梁与主梁浇筑在一起,倾斜设置于主梁内,两端悬出主梁外侧,斜拉索锚固在横梁两端。由于横梁悬出主梁且其局部受力很大,故横梁的断面一般比较大,需设置横向预应力筋予以加强。斜拉索通过在横梁端部内的钢管,锚固在横梁下缘,如图4-1-22所示。该类锚固方式可以承受较大的索力,适用于疏索布置的情况,但材料用量较大,增加了主梁的自重,现已很少采用。

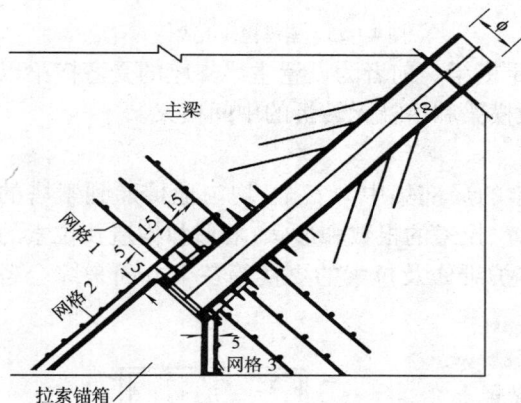

图4-1-21　梁底锚固形式(尺寸单位:cm)

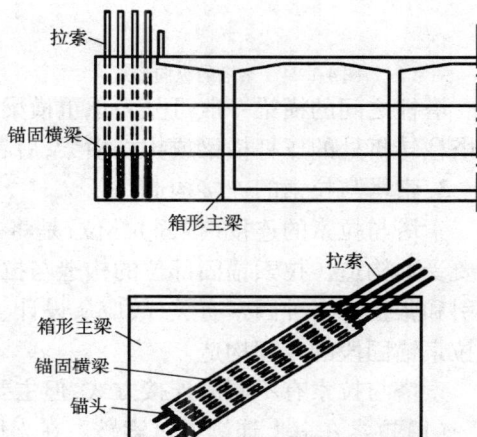

图4-1-22　锚固横梁构造形式

三、索　塔

索塔要承受巨大的轴向力,有的索塔还要承受很大的弯矩,又存在上端与拉索的连接,下端与桥墩或主梁的连接,也是斜拉桥中很重要的组成部分。

1. 索塔的造型

从桥梁横向看,索塔可做成独柱式、双柱式、门式、斜腿门式、倒 V 式、钻石式和倒 Y 式等多种形式(图4-1-23)。

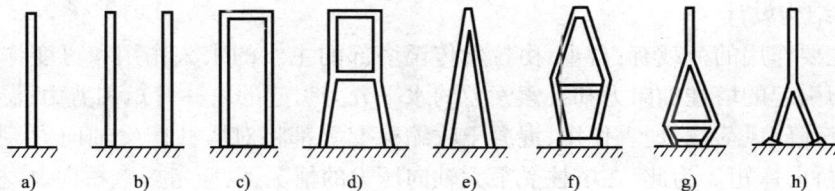

图4-1-23　索塔的横向形式

索塔的纵向一般为单柱式,如图4-1-24a)所示。在需要将桥塔的纵向刚度做得较大时,常常做成如图4-1-24b)和图4-1-24c)所示的倒 V 式与倒 Y 式。倒 V 式也可增设一道中间横梁(虚线所示)变为 A 式。

2. 索塔构件组成

组成索塔的主要构件是塔柱、塔柱之间的横梁或其他连接构件,如图 4-1-25 所示。

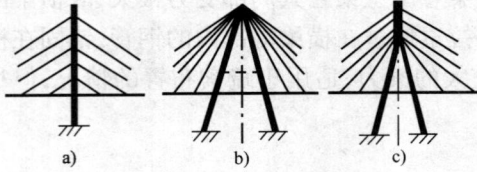

图 4-1-24 索塔的纵向形式

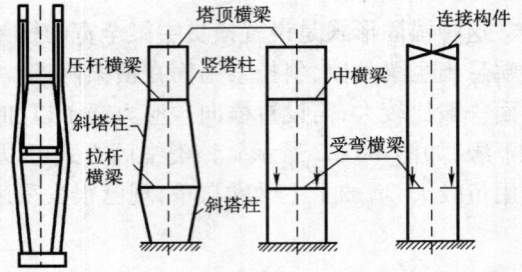

图 4-1-25 索塔构件组成

塔柱之间的横梁一般可分为承重横梁与非承重横梁。前者为设置主梁支座的受弯横梁以及塔柱转折处的压杆横梁或拉杆横梁;后者为塔顶横梁和塔柱无转折的中间横梁。

3. 索塔与拉索的连接构造

索塔与拉索的连接(锚固)部位,是将一个拉索的局部集中力安全、均匀地传递到索塔的重要受力构造。拉索锚固部位的构造与拉索的布置、拉索的根数和形状、塔形和构造及拉索的牵引和张拉等多种因素有关,故应从设计、施工、养护维修及拉索的更换等各个方面来综合考虑拉索锚固段的合理构造。

索塔与拉索有不同的连接方式,但主要有两类。

(1)拉索在塔上连续通过索鞍。在索塔上用混凝土做成鞍形支承,辐射式拉索分一层或两层分布在索鞍上(图 4-1-26)。为防止钢束滑动,可用螺栓将盖板压紧。这种做法钢索连续通过索鞍,钢索长度大,张拉只能在梁一端进行,但是构造比较简单。

(2)拉索不连续通过索塔,而用锚头将拉索锚固在索塔上。每根拉索在索塔上分散锚固,索塔构造较复杂,但索的连续长度短,各束可以分批张拉,不需特别大的千斤顶,而且两端皆可张拉。

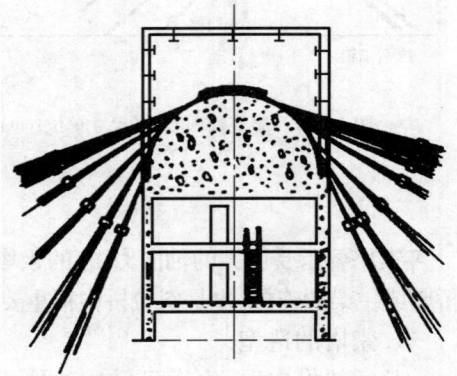

图 4-1-26 拉索在塔上连续通过索鞍

4. 索塔结构设计和钢筋混凝土索塔设计要点

(1)索塔结构设计

索塔上主要作用的荷载有:自重、由拉索传至塔部的主梁的永久作用和可变作用、拉索索力的垂直分力引起的塔柱轴向力和拉索索力的水平分力引起的塔柱弯矩和剪力;温度变化、日照影响、支座沉降、风荷载、地震作用、混凝土收缩徐变等都将对塔柱产生轴向力、水平力扭矩和顺桥向、横桥向弯矩。为此,在塔柱受很大轴向压力的情况下,应考虑顺桥向、横桥向双向弯矩的影响,在角点进行相应各类工况条件下的应力叠加。特别在大跨径斜拉桥中,由于塔柱中巨大的轴向力和施工可能产生的累计偏差以及各类外力的作用引起的塔的水平位移而造成附加弯矩,因此,要对塔进行验算,确保塔的屈曲稳定性。

塔柱的内力和变形,通常采用小变形理论分析。一般情况下,对永久作用、可变作用等垂直作用,将梁、索、塔用平面杆系有限元分析。对于风荷载等横向荷载作用,则可将塔作为一个平面框架分析。对于结构动力特性和结构抗风、抗震稳定计算,应通过结构空间有限元法,进行专题分析和计算。此外,对于拉索锚固区,塔与主梁的连接区的结构分析和应力集中、局部

166

应力的分析,都可采用有限元分析法计算内力和变形。

（2）钢筋混凝土索塔设计要点

根据斜拉桥主塔设计特点,主塔结构既要承受巨大轴力,又要承受很大的弯矩。在构造布置上,主塔上端(对于辐射形索面和扇形索面)或塔身(对于竖琴形平行索面)与斜拉索连接,塔底和主梁或基础连接,因此,主塔设计的重点除了满足桥梁结构的强度、刚度和稳定性要求外,还应详细地考虑主塔与斜拉索的连接部位(拉索锚固区,主塔与主梁或桥墩基础连接处)的受力及细部构造。

与主梁桥面系计算相同,主塔结构必须计算结构自重(包括主塔自身重力、拉索及通过拉索传来的主梁桥面系的重力)、可变作用、风力、地震作用等作用引起的内力,也要计算由温度变化、混凝土收缩、徐变、基础不均匀沉降、体系转换等非荷载因素引起的内力。

以钻石形空心截面主塔结构为例,主塔设计计算应包括下列内容:

①顺桥向按平面杆系有限元方法计算斜拉桥结构的总体内力和变形,按各种荷载状况组合内力,并进行应力验算。

②横桥向按平面图框架用杆系有限元计算内力,再按各种荷载状况组合内力进行应力验算。

③角点方向按顺桥向与横桥向可能同时出现的荷载组合,进行角点最大或最小应力叠加。

④扭矩计算。除了计算由于索力偏心引起的扭矩外,对于中塔柱和下塔柱,由于柱身倾斜,还应计算在顺桥向各种作用下,顺桥向力矩矢量的分量所引起的扭矩。

⑤稳定计算。对于一般跨径的斜拉桥,可按照规范进行偏心受压构件的稳定计算。对于大跨径或特大跨径斜拉桥,需考虑挠曲对轴力的影响,按空间稳定理论进行整体计算。

⑥地震作用计算。一般跨径斜拉桥的地震作用可按《公路工程抗震设计规范》(JTJ 004—89)静力法计算。对于特大跨径或特大斜拉桥地震作用计算需进行专题研究。

⑦拉索锚固区段计算。对于空心截面主塔,在拉索锚固区段,如布置受拉钢梁平衡拉索的水平力,则需分析钢梁的受力。如在塔柱周壁布置钢筋或预应力钢束,则可采用平面应力有限元法计算主塔锚固区段的混凝土周壁应力。在拉索锚固处还需验算牛腿(或锚固凸块)的局部承压应力、劈裂应力和剪应力。

⑧施工阶段验算。按施工实际情况,顺桥向、横桥向分别计算。对于大跨径斜拉桥,由于主塔高度高,特别需要注意裸塔风力计算。

第三节　斜拉桥设计简介

计算机技术的进步对斜拉桥的发展起到了重要的促进作用。斜拉桥由于是高次超静定结构,因此不论是方案比较,还是技术设计,其结构计算都要采用有限元法并借助电子计算机来进行。其结构分析的内容大致包括静力分析、稳定性分析和动力分析三大类,即:

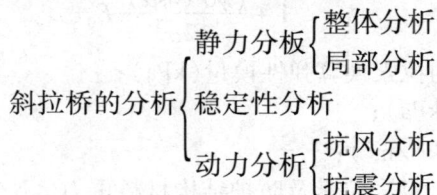

$$
斜拉桥的分析
\begin{cases}
静力分析\begin{cases}整体分析\\局部分析\end{cases}\\
稳定性分析\\
动力分析\begin{cases}抗风分析\\抗震分析\end{cases}
\end{cases}
$$

现对斜拉桥在设计计算中的主要问题简要介绍如下。

一、计算图式与计算原则

斜拉桥是一个空间结构,其受力分析相当复杂,通常在计算中需要根据斜拉桥的结构特性来简化计算图式。例如,在竖向荷载作用下,可以将双索面斜拉桥简化为两片平面结构,而将荷载在两片平面结构间分配。这种做法略去了可变作用偏心作用下结构的扭转效应,而用横向分布系数来粗略计入空间影响。另外,由于对斜拉索施工阶段所施加的初始张拉力(指可变作用前的索力)足以抵消可变作用下对索产生的压力,斜拉索始终处于张紧状态,因此,即使对于柔性索,计算中仍可将其作为受拉杆单元对待;对于主梁和索塔,则作为梁单元处理。尽管目前已有商用软件可对斜拉桥结构进行精细的空间分析,但许多采用有限元法编制的实用电算程序中,仍将斜拉桥作为平面体系结构来处理。

结构计算图式的规定如下。

(1)结构计算简图、几何特性、边界条件必须与实际结构相一致。

(2)结构计算简图必须能反映结构分阶段形成的特点,正确反映各重要工况下的结构特性及荷载状况,如结构形成、体系转换、拉索张拉与索力调整、永久作用、可变作用及施工荷载等。

斜拉桥结构计算的原则是:

(1)对于一般跨径的混凝土斜拉桥结构计算,可按经典结构力学或有限元方法计算;

(2)对于跨径较大的斜拉桥,应计入结构几何非线性及材料非线性对结构的影响;

(3)斜拉桥为空间结构体系,在静力分析时可将空间结构简化为平面结构进行计算,动力分析应按空间结构计算;

(4)在结构计算中,必须计入拉索垂度对结构的非线性影响,可采用拉索换算弹性模量的方法计入其影响;

(5)除对结构进行总体计算外,尚应对一些特殊部位进行局部分析。

二、非线性影响

无论计算图式是否简化,在对斜拉桥进行结构分析时,应注意到这是一个非线性结构体系。结构非线性主要表现在:结构刚度较小,变形较大;索塔及主梁中有弯矩与轴向压力的相互影响,考虑非线性影响时弯矩有增大趋势;拉索自重垂度引起的索力与变形之间的非线性变化影响等。

对通常规模(跨度)的斜拉桥,前两种非线性影响并不十分重要,甚至可略去不计,但拉索的非线性影响是必须考虑的。由于拉索存在一定的自重垂度,故其弹性模量也存在一定的下降或损失。在大跨度斜拉桥中,为考虑拉索的非线性影响,一般常用下面的公式来计算有效(或修正)弹性模量

$$E_i = \frac{E_0}{1 + \frac{(\gamma S \cos\alpha)^2}{12\sigma^3}E_0}$$

式中:E_i——考虑垂度影响的拉索换算弹性模量(kPa);

E_0——拉索弹性模量(kPa);

γ——拉索换算重度(kN/m³);

$$\gamma = \frac{每米拉索及防护结构材料重力(kN/m)}{拉索截面面积(m^2)}$$

S——拉索长度(m);

α——拉索与水平线的夹角(°);

σ——拉索应力(kPa)。

该公式表明,选用高强度的线材,提高拉索的工作应力,采用轻而有效的拉索防护手段,使拉索每延米的重力不致有过多的增加,都有助于提高拉索的刚度,降低其非线性影响。

三、永久作用与可变作用的内力计算

1. 永久作用内力

与梁式桥一样,斜拉桥的结构内力分析分为永久作用内力计算和可变作用内力计算两部分。但与梁式桥相比,斜拉桥的永久作用内力计算更为复杂。

一方面,斜拉桥的施工往往不是一次完成的,而是随着施工的进展,体系逐渐变化,最终形成整个结构。因此,永久作用内力计算应按施工程序分阶段进行(这往往需要采用桥梁专用结构分析程序),并将各阶段的内力和变形逐次累加,以得到最终的恒载内力和变形。

另一方面,由于拉索的拉力大小直接影响主梁和索塔的内力,且可以在一定范围内调整,因此有条件使结构(尤其是主梁)的永久作用内力得到更合理的分布,从而优化设计,取得更好的经济效益,这就是斜拉桥的内力调整。

在如图4-1-27所示的两跨斜拉桥简图中,图4-1-27a)为无拉索的结构图式及相应的主梁永久作用弯矩图,图4-1-27b)为张拉一对拉索时在梁内引起的弯矩,图4-1-27c)则为两种弯矩图叠加后的总弯矩图。若总弯矩图不尽合理,就可调整索力大小,重新分析。当然,在多跨多拉索的情况下,分析就不这么简单了。原则上,成桥后的主梁永久作用弯矩及变形应尽可能分布均匀合理。

此外,计算中还要考虑混凝土主梁的收缩、徐变、预加力等的影响。

拉索初始张拉力(指施工时人为张拉的索力)的确定是永久作用内力计算中的关键性问题。它与施工方法有关,且往往要通过反复试算才能得到较理想的数值。拉索的初始张拉力可按以下原则确定:①塔的偏心力矩小;②主梁弯矩小;③索力相对均匀。目前,通常采用计算机程序来(正向或反向)模拟施工全过程,从中确定比较合理的主梁(也包括索塔)内力及挠度值对应的初始张拉力。

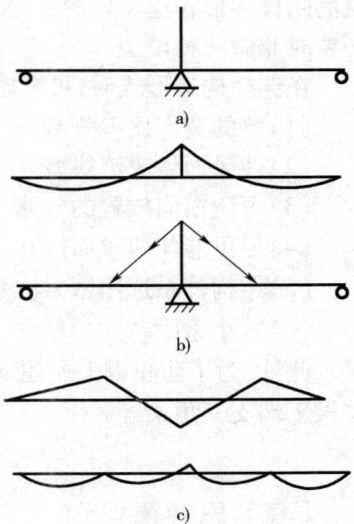

图4-1-27　连续梁法示意图

2. 可变作用内力

按平面杆系来分析斜拉桥时,其可变作用内力计算仍是先作出内力及挠度影响线,然后进行影响线加载,并以计入横向分布系数的办法来考虑空间影响。计算横向分布系数时,可根据结构构造的特点采用合适的方法。

对于公路斜拉桥,由于可变作用内力占总内力的比重较小,而可变作用时拉索已有相当大的拉力,因此计算可变作用内力时可不考虑拉索的非线性影响。对混凝土斜拉桥,活载对徐变的影响也可不予考虑。因此,可变作用内力计算可按一般线性结构的分析方法计算。

四、风振问题及抗风措施

在桥梁设计中,对一般的中、小跨径桥梁往往仅作静力计算,对风荷载也化为静力处理。然而在大跨径桥梁中,除了考虑风的静力作用外,还必须考虑风的动力作用。

桥梁的风振包括两大类,一类是当自然风达到某一临界值时,桥梁振幅不断增大直至结构损坏的自激振动,它是一种发散振动;另一类是限幅振动,它所引起的振幅有限,不会发散,但在低风速下经常发生。对桥梁危害最大的就是自激发散振动。

除上面介绍的桥梁风振外,对于斜拉桥,其斜拉索还可能出现多种形式的风致振动。其中危害最大的是:当索面中两排拉索横桥向并列布置时,背风侧拉索由迎风侧拉索的尾流引起尾流驰振。下雨时,风(风速约为 $5 \sim 15 \text{m/s}$)使雨水在拉索表面驻留并形成"上水路"时,拉索出现的雨—风激励振动,简称雨振。由于这种拉索风振的振动振幅较大,可能引起索端疲劳,并引起行人不安,有时甚至引起索与索相碰,从而导致拉索保护层的损坏等。

风振对钢斜拉桥的影响更大些,因为其自重较轻(目前已达 3.4kN/m^2)。混凝土斜拉桥的自重大(约为 14kN/m^2),情况较钢斜拉桥为好。

关于风振问题的计算,目前尚无完善的纯理论方法,因此对一些大型悬吊结构往往需借助航空模型试验中的风洞试验方法来取得结构抗风振的特性。所谓风洞,通常指一个可产生气流的闭合环形管道。风洞试验可根据试验的要求和风洞的大小,作全桥的或节段的模型试验,必要时兼做两种模型。

在选择构造形式时,可考虑以下几点增加风动力稳定性的措施:

(1)梁的宽高比 B/h 要大于 6,最好在 $6 \sim 10$ 之间。

(2)迎风面做成流线型。

(3)可用横向放置的 π 形人行道板之类来形成导流器,以减少桥面局部真空。

(4)尽可能使两索面拉开,以增加抗扭刚度,用三角形索面效果最好。

(5)结构体系选用密索体系的连续梁。

(6)减小索距。

此外,为了防止以上所述的拉索振动,可采取的措施有:用夹板将几根拉索夹在一起,或在拉索下端支三角架等。

[复习思考题]

1.斜拉桥属于哪一类桥梁结构体系,其主要组成构件有哪些?

2.根据塔、梁、墩的不同连接方式,斜拉桥有哪几种体系?

3.斜拉桥的拉索的纵、横向布置分别有哪些基本形式?

4.斜拉桥的索塔的支承体系有哪几种?各有何特点?

5.斜拉桥按拉索的锚拉体系可分为哪几类?各有何特点?

6.斜拉桥采用密索体系有何优点?索距选择要考虑哪些因素?

7.斜拉桥的非线性主要有哪些方面?

第二章 悬索桥

[提要] 本章主要介绍悬索桥的主要特点、构造特点及设计计算理论,悬索桥的景观设计时应当注意的一些问题。

第一节 概 述

悬索桥又称吊桥,是一种古老的桥型。很早以前人们就利用藤条和竹子等材料来制作悬索桥。在中国古代就已经有用铁链做悬索桥主缆的实例。

现代悬索桥通常由桥塔、锚碇、主缆、吊索、加劲梁及鞍座等部分组成(图4-2-1)。加劲梁在吊索的悬吊下,相当于多个弹性支承上的连续梁,弯矩显著减小;吊索将主梁的重力传递给主缆,承受拉力;桥塔将主缆支起,主缆承受拉力,并被两侧的锚碇锚固;桥塔承受主缆的传力,主要受轴向压力,并将力传递给基础。

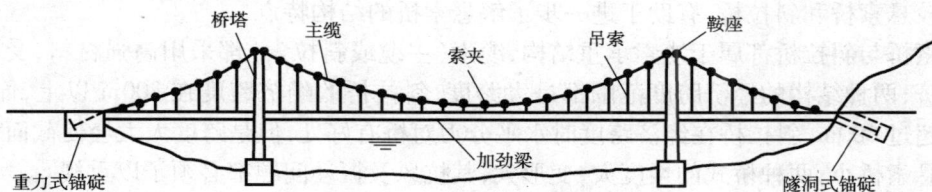

图 4-2-1 悬索桥概貌

悬索桥结构受力性能好,其轻盈悦目的抛物线形,强大的跨越能力,深受人们的欢迎。

一、悬索桥的特点

同其他体系的桥梁相比,跨度越大,悬索桥的优势越明显。

在材料用量和截面设计方面,其他各种桥型的主要承重构件的截面积,总是随着跨度的增加而增加,致使材料用量增加很快。但大跨度悬索桥的加劲梁(就工程数量讲,加劲梁在悬索桥中要占相当大的比例)却不是主要承重构件,其截面积并不需要随着跨度而增加。

在构件设计方面,其他结构许多构件,例如梁的高度、杆件的外廓尺寸、钢材的供料规格等是容易受到客观制约的,但悬索桥的主缆、锚碇和桥塔三项主要承重构件在扩充其截面积或承载能力方面所遇到的困难则较小。

作为主要承重构件的主缆具有非常合理的受力方式。众所周知,对于拉、压构件,其应力在截面上的分布是比较均匀的,而对受弯构件,在弹性范围内,其应力分布呈三角形;就充分发挥材料的承载能力来说,拉、压的受力方式较受弯合理,而受压构件需要考虑稳定性问题,因此受拉就成为最合理的受力方式。由于主缆受拉,且其截面设计较容易,因此悬索桥的跨越能力是目前所有桥型中最大的。目前正在修建和计划修建的大跨度桥梁中,跨度超过1 000m的桥型几乎无一例外地选择了悬索桥。

在施工方面,悬索桥的施工总是先将主缆架好,这样,主缆就是一个现成的悬吊式脚手架。

在架梁过程中,梁段可以挂在主缆之下,为了防御飓风在这时的袭击,虽然也必须采取防范措施,但同其他桥所用的悬臂施工方法相比,风险较小。

悬索桥由于跨越能力大,常可因地制宜地选择一跨跨过江河或海峡主航道的布置方案,这样可以避免水中深水桥墩的修建,满足通航要求。由于跨度大,相对来讲,悬索桥的构件就显得特别柔细,外形美观。因此,大跨度悬索桥的所在地几乎都成为重要的旅游景点。

当然,悬索桥也有一些缺点:由于悬索是柔性结构,刚度较小,可变作用会改变悬索的几何形状,引起桥跨结构产生较大的挠曲变形;在风荷载、车辆冲击荷载等动荷载作用下容易产生振动。历史上悬索桥发生破坏的事故较多,但自从1940年开展桥梁抗风稳定性研究以来,暴风损毁桥梁的事故已可避免,但对于其动力响应(车振响应、风振及地震响应)方面则应继续开展研究。

1. 跨度大

(1)与梁式桥比较

①跨越能力更大。从受力上,因为主要承重结构悬索受拉、无弯曲和疲劳引起的应力折减。

②刚度小。悬索桥的悬索是柔性结构,当荷载作用时,悬索会改变几何形状,引起桥跨及结构产生较大的挠曲变形,所以刚度较小。

(2)与斜拉桥相比较

比较悬索桥和斜拉桥,有助于进一步了解悬索桥的结构特点。

悬索桥与斜拉桥都属于缆索承重结构,缆索(主缆或斜拉索)都采用高强材料,受力合理,比较经济;两种结构的经济跨度范围都是大跨度,斜拉桥的经济跨度在200m以上,而悬索桥的跨度超过600m,斜拉桥在经济跨度时水平分力对桥有好处,但是跨度太大会使截面增大,故跨度较悬索桥小;两种桥式的柔度大,变形大,其抗风及振动问题都必须予以重视。

悬索桥与斜拉桥也有许多不同之处,具体表现在以下几方面。

①结构受力方面

悬索桥主要靠主缆承受荷载,并通过主缆将拉力传给锚固体系,加劲梁仅仅起到局部承受和传递荷载的作用,采用地锚体系时,加劲梁中不受轴向力作用,由加劲梁自重引起的永久作用内力较小。斜拉桥由斜拉索与主梁共同承受荷载,由于斜拉索的水平方向分力,主梁中存在较大的轴向力,恒载内力将占很大的比重。

悬索桥只有通过调整矢跨比才能改变主缆的永久作用内力,而斜拉桥可直接通过张拉斜拉索就能调整索、梁的永久作用内力。悬索桥施工时各节段上缘铰接,下缘不连接,可以自由变形,故永久作用弯矩为零或很小,梁线性稳定后才固结,因此只有可变作用由梁和主缆共同承受,故总荷载小,截面尺寸小,跨度大。而斜拉桥从一开始就固结,承受永久作用和可变作用,总的荷载较大,故跨度较悬索桥逊色。

②材料方面

已建成的大跨度悬索桥的加劲梁大部分采用钢材,因其自重轻,可减小主缆的截面积;斜拉桥的主梁可以是钢梁,也可以是混凝土梁,还可以是结合梁。

③刚度方面

悬索桥的竖向刚度主要由主缆提供,但因其刚度比较小,调整其竖向刚度的方法主要靠调整主缆的永久作用拉力;而斜拉桥的竖向刚度由斜拉索与主梁共同提供,主梁刚度的大小对结构刚度有较大影响,可通过改变结构的布置形式的办法来调整其竖向刚度。

④施工方面

悬索桥的施工顺序是锚碇、桥塔、主缆、吊索、加劲梁，施工需要的机械、技术和工艺都不复杂，结构的线形主要由主缆线形和吊索长度控制，施工控制实际是测量与质量的控制。在斜拉桥的施工中，斜拉索及主梁交替悬臂伸出，施工时结构体系发生多次转换，需要严格控制结构的线形和斜拉索的张拉内力，施工技术难度相对悬索桥来说要大。特别是混凝土斜拉桥，结构线形的控制是施工的关键。斜拉桥的施工事故往往与施工控制失误有关。

（3）与拱桥相比较

①拱桥主要由拱承重，为压弯构件，易失稳。

②悬索桥由主缆承重，而主缆受拉，且受力均匀，不受疲劳的控制。缆索供应长度大，截面无接头，不会被消弱，而且缆索本身为高强钢材，承载力高，适应大跨度。

2. 大跨度悬索桥的总用料最省

主缆承受所有永久作用，而梁承受荷载小，梁内钢筋及混凝土用量大幅减小。而主缆强度高，受力均匀，不像梁的腹板不能充分利用，故用钢量也不大。

3. 减小了下部结构造价

由于悬索桥跨度大，可一跨跨过河谷和海湾，可以避免深水基础和高墩，缩短了工期，减少了下部结构造价。

4. 结构简单、轻便、线形美观

由于跨度大，悬索桥的构件就显得特别柔细。加劲梁受力小，截面尺寸小，建筑高度也小，纤细美观。

5. 施工简便、风险小

缆索是现成的悬臂脚手，加劲梁可以预制，机械设备少，临时施工机具少，费用低，施工周期短，可避免飓风。而斜拉索悬臂施工，跨中合龙，施工周期较悬索施工长，飓风袭击的危险性大。

6. 刚度小，但可采取措施

由于悬索是柔性结构，刚度较小，在可变作用时，悬索改变几何形状，引起桥跨结构产生较大的挠曲变形；在风荷载、车辆冲击荷载等动荷载作用下容易产生振动。历史上悬索桥发生破坏的事故较多，但是，自从 1940 年开展桥梁抗风稳定性研究以来，暴风损毁桥梁的事故已经可以避免，但其动力响应（车振响应风振及地震响应）方面的研究就继续开展。

第二节　悬索桥的构造

一、主　缆

主缆是吊桥的主要承重构件。主缆除承受自身自重外，本身又通过索夹和吊索承受可变作用和加劲梁（包括桥面）的永久作用。除此之外，主缆还承担一部分横向风载，并将它直接传递到桥塔顶部。

主缆先后经历钢结构眼杆式缆链、钢丝绳缆、封闭钢绞索缆，最终发展到现代的平行钢丝主缆。平行钢丝主缆由高强度镀锌平行钢丝束组成，其架设方法分为空中编丝法（AS 法）和预制平行束股法（PPWS 法）两种。

（1）AS 法

它是由通过牵引索作来回走动的编丝轮，每次将 2 根钢丝在高空从桥的一端拉向另一端（图 4-2-2），待所拉钢丝达到一定数量后，即可编扎成一根索股。AS 法每股钢束的钢丝数量可达四、五百根之多。

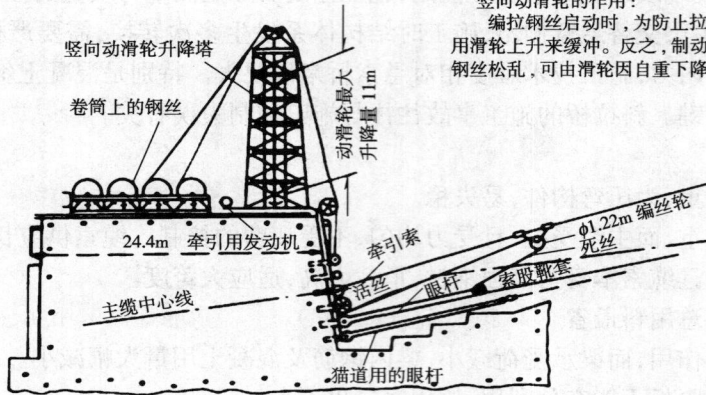

竖向动滑轮升降塔
卷筒上的钢丝

竖向动滑轮的作用：
　　编拉钢丝启动时，为防止拉力过大而将钢丝拉断，用滑轮上升来缓冲。反之，制动时，为防止卷筒上的钢丝松乱，可由滑轮因自重下降来避免

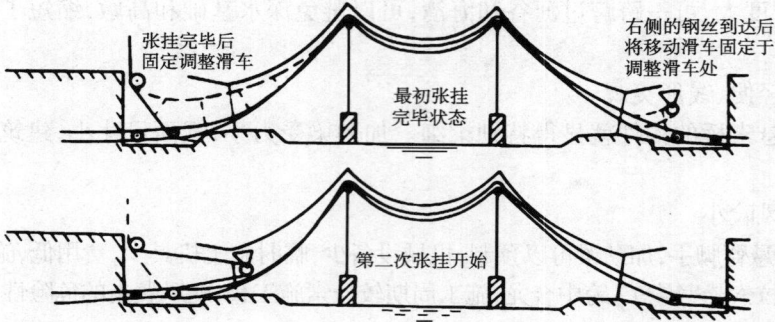

动滑轮最大升降量11m

φ1.22m 编丝轮
死丝
索股靴套
眼杆
活笔

24.4m　牵引用发动机
牵引索
主缆中心线

猫道用的眼杆

张挂完毕后固定调整滑车
最初张挂完毕状态
右侧的钢丝到达后将移动滑车固定于调整滑车处

第二次张挂开始

图 4-2-2　AS 法编丝示意

（2）PPWS 法

先预制平行钢丝束股，一般每股有 127 根 φ5mm 左右的钢丝，再通过大吨位的起重运输设备和拖拉设备来搬运跨越全桥的整根钢丝束股。

主缆在全桥一般是布置 2 根，分别布置在加劲梁两侧吊点之上。只有极少数悬索桥（如美国的维拉扎诺桥和乔治·华盛顿桥）在全桥设有 4 根平行的主缆。日本的北港桥只有位于桥中线的单根主缆。

主缆一般先由 φ5mm 左右的镀锌钢丝组成钢丝束股，然后再由若干根钢丝束股构成一根主缆（图 4-2-3）。每根主缆截面大小由各具体悬索桥主缆的设计拉力大小确定，一旦钢丝直径选定，其主缆所含钢丝总数 n 即随之而定。

具有 n 根钢丝的主缆应有多少束股 n_1 和每股钢束含多少根钢丝 n_2 则需根据主缆的编制方法而确定。

采用 AS 法的束股较大，每缆所含总股数 n_1 较少，约 30 ~ 90 束，每股所含丝数 n_2 多达 300 ~ 500 根，因而其单股锚固吨位大，锚固空间相对集中。

钢丝

图 4-2-3　主缆断面

采用 PPWS 法的束股通常按六边形平行排列，每股丝数 n_2 通常取值 61、91、127、169，组成

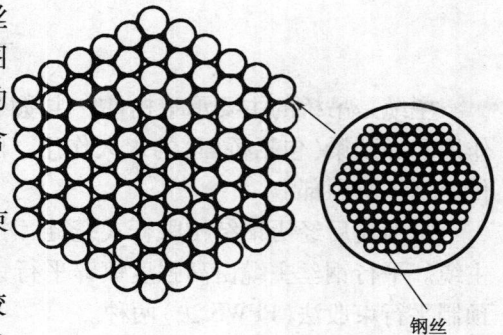

174

形状稳定的正六边形。每缆总股数 n_2 一般为 100 ~ 300 束,锚固空间相对较大。因其采用工厂预制,故现场架索施工时间相对缩短,气候因素影响小,成缆工效提高。

二、加 劲 梁

加劲梁的主要功能是提供桥面和防止桥面发生过大的挠曲变形和扭曲变形。加劲梁是承受风荷载和其他横向水平力的主要构件。

加劲梁结构,主要有英国流派的扁平钢箱梁式和美国流派的桁架式。

扁平钢箱加劲梁的优点是:建筑高度小,自重较桁架梁轻,用钢量省,结构抗风性能好(风的阻力系数仅为桁架梁的 1/2 ~ 1/4)。典型的扁平钢箱梁的截面如图 4-2-4 所示,是由带加劲肋的钢板焊接而成,在箱内还设有横隔板或由杆件组成的横撑,桥面通常采用正交异性钢桥面板。

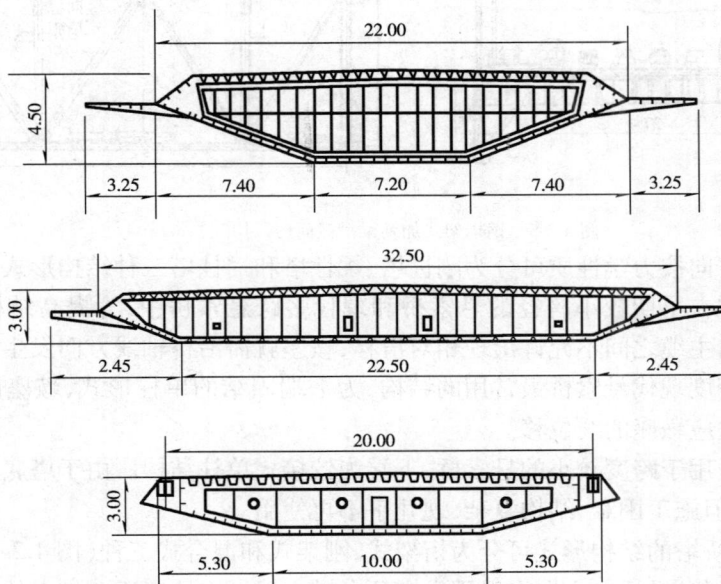

图 4-2-4　扁平状钢箱加劲梁截面(尺寸单位:m)

钢桁架式加劲梁在双层桥面的适应性方面远较钢箱梁优越,因此适合于交通量较大或公铁两用的悬索桥。桁架加劲梁的立面布置多采用有竖杆的简单三角形形式,其横向布置应根据是否设双层桥面而定。桥面常采用钢筋混凝土板或正交异性钢桥面板。图 4-2-5 所示为典型的钢桁架式加劲梁横断面。

三、桥　塔

桥塔是支承主缆的重要构件。悬索桥的可变作用和永久作用以及加劲梁是支承在塔身上的永久作用,都将通过桥塔传递到下部的塔墩和基础。桥塔同时还受到风力与地震的作用。桥塔的高度主要由垂跨比确定。

桥塔早期采用石砌材料,后来以美国为代表的大跨度悬索桥桥塔基本采用钢结构。随着预应力混凝土和爬模技术的发展,近代欧洲各国、中国的悬索桥多采用混凝土结构。但近代修建的日本悬索桥却一直沿用钢结构桥塔,这主要是从日本钢材市场价格低、人工费用高以及地

175

震频繁的实际情况考虑。

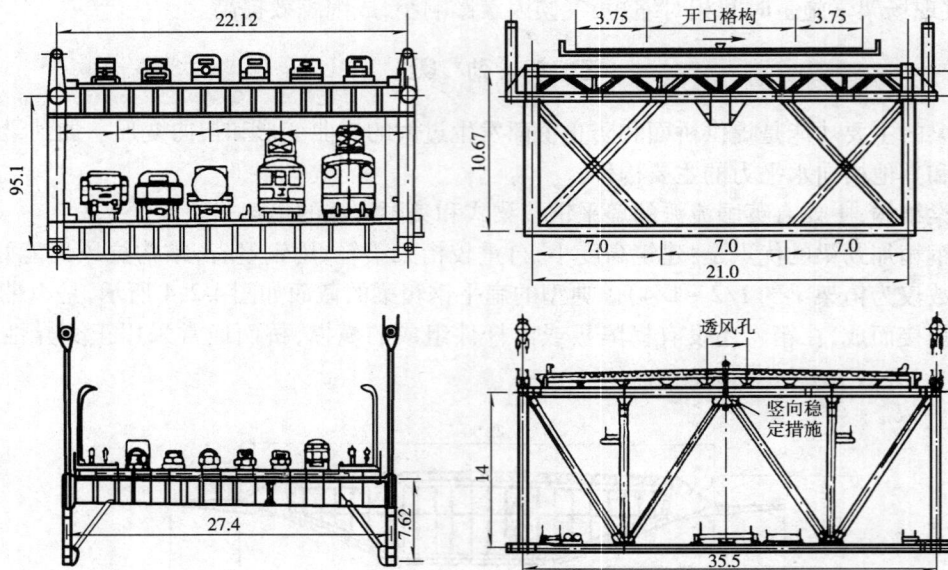

图 4-2-5 钢桁架式加劲梁横截面(尺寸单位:m)

桥塔在顺桥方向按力学性质可分为刚性塔、柔性塔和摇柱塔三种结构形式。

刚性塔多出现在早期较小跨径的悬索桥和现代多跨悬索桥中,为提高结构刚度时采用。由于塔顶的鞍座与主缆之间不允许出现相对滑移,鞍座就需沿桥轴线方向发生线位移。

柔性塔是大跨度现代悬索桥最常用的结构,为下端固结的单柱形式,鞍座固定于塔顶,由塔的弹性变形来适应鞍座的线位移。

摇柱塔也只适用于跨度较小的悬索桥,下端为铰接式单柱结构。由于塔底设铰,大大减小了塔所受的弯矩,但施工困难,结构复杂,现几乎不再使用。

在横桥方向,桥塔的结构形式可分为桁架式、刚架式和混合式三种(图 4-2-6)。

桥塔的外部形状,沿桥轴方向多采用由塔顶向塔底以一定坡度逐渐扩大的形式,横桥轴方向则多为等宽度。

桥塔断面形状千差万别,从外部形状分类,可分为长方形、十字形和丁字形等(图 4-2-7)。

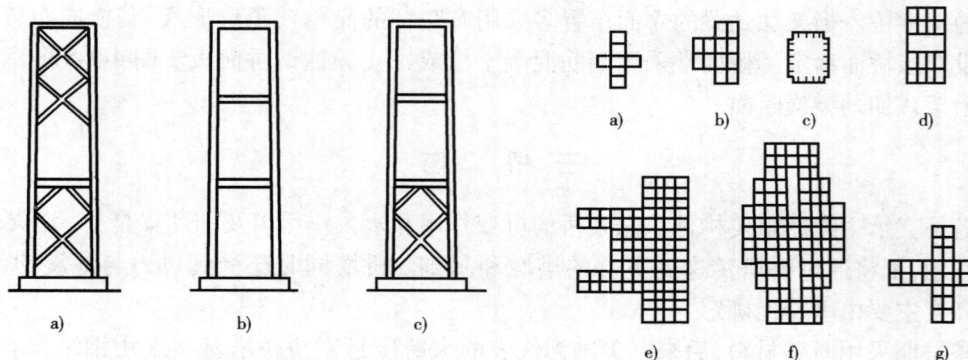

图 4-2-6 桥塔形式
a)桁架式;b)刚架式;c)混合式

图 4-2-7 桥塔断面形式

四、锚 碇

锚碇是主缆的锚固体。锚碇将主缆中的拉力传递给地基基础。

锚碇一般由锚碇基础、锚块、主缆的锚碇架及固定装置、遮棚等部分组成;当主缆需要改变方向时,锚碇中还应包括主缆支架和锚固鞍座(又称扩展鞍座)。

锚碇结构有重力式锚碇和隧洞式(或称岩隧式)锚碇两种(图4-2-8)。

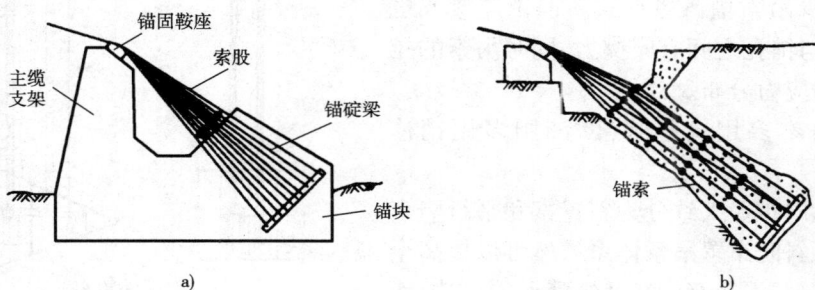

图 4-2-8　锚碇的形式
a)重力式锚碇;b)隧洞式锚碇

重力式锚碇为一庞大的混凝土结构,依其自重实现对主缆拉力的锚固。其中预埋锚固主缆束股用的钢结构锚杆和钢结构锚固架,束股通过锚头与锚杆连接,再由锚杆将束股拉力传至锚固架分散至混凝土锚体。

隧洞式锚碇则借助两岸天然坚固的岩体开凿隧洞再浇筑混凝土形成,利用岩体强度对混凝土锚体形成嵌固作用,达到锚固主缆拉力的目的,因而其锚碇混凝土用量较重力式锚碇大为节省,经济性能更为显著。

当主缆在锚碇处改变方向时,则需设置主缆支架。主缆支架可以独立地分开设置在锚碇之前,也可以设置在锚碇之内,它是主缆的支点。

主缆支架主要有三种形式:钢筋混凝土刚性支架、钢制柔性支架和钢制摇杆支架(图4-2-9)。

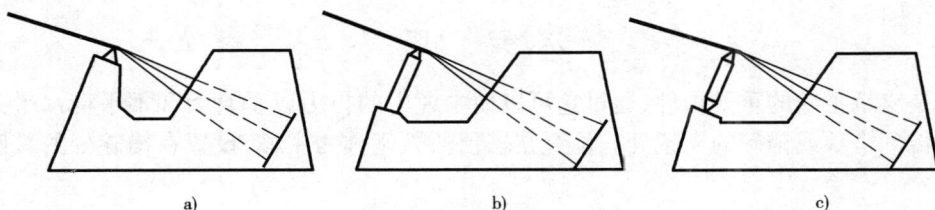

图 4-2-9　主缆支架的形式
a)刚性支架;b)柔性支架;c)摇杆支架

五、吊索及索夹

吊索也称吊杆,是将可变作用和加劲梁的永久作用传递到主缆的构件。吊索上端通过索夹与主缆连接,下端与加劲梁连接(图4-2-10)。

吊索可用钢丝绳、平行钢丝束或钢绞线等材料制作。

吊索与主缆的连接方式有两种:骑挂式和销连接式(图4-2-11)。

骑挂式的优点在于：索夹应力不直接受吊杆拉力的影响，结构简单。但其需对应于主缆倾角的变化而改变吊索槽的角度，致使铸造形式变多；同时，骑跨于索夹的吊索要产生弯曲应力，从而导致吊索强度下降。

销连接式索夹的倾斜角变化仅改变销孔的位置即可，可减少吊索槽铸造形式。但销连接式也存在缺点：销与销孔之间有摩擦力，同时吊索的拉力影响索夹的应力分布。

美国和日本多用骑挂式，欧洲则多用销连接式。

吊索的纵向布置大致分为斜置索和平行竖直索两种形式。斜向布置吊索体系虽然可以提高全桥振动阻尼，但并不具有构造及经济上的优势，而且有关疲劳的问题没有完全解决，因此大部分已建成或在建的大跨度悬索桥的吊索在纵向布置上均采用平行竖直索的布置形式，以方便设计和施工。

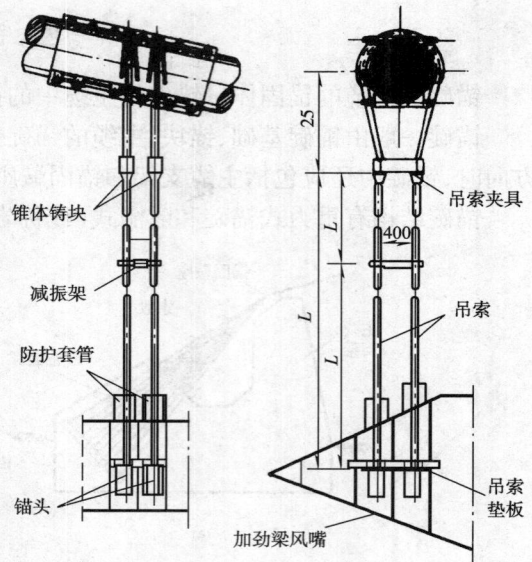

图 4-2-10　吊索与主缆、加劲梁的连接（尺寸单位：cm）

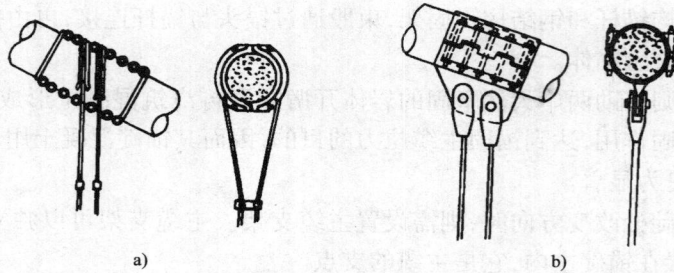

a)　　　　　　　　　b)

图 4-2-11　索夹的种类
a) 骑挂式；b) 销连接式

六、鞍　　座

鞍座是支承主缆的重要构件，通过它可以使主缆中的拉力以垂直力和不平衡水平力的方式均匀地传到塔顶或锚碇的支架处。设置在塔顶的鞍座称为主鞍，设置在锚碇处的鞍座一般为散索鞍。

塔顶鞍座（主鞍）的结构主要由鞍槽、座体和底板三大部分组成，如图 4-2-12 所示。

鞍槽用以直接容纳和支承主缆束股，纵向呈圆弧状，半径约为主缆直径的 8 ~ 12 倍；横向呈台阶状，台阶由中央向两侧渐次抬高，与主缆束股圆形排列相适应，台阶宽度与束股尺寸相近。座体是鞍座传递竖向压力的主体，上部直接与鞍槽底部连为一体，下部与底座板相连。底板是预置于塔顶用以支承鞍座座体的部分，它使鞍座反力均匀分布于塔顶。

为满足悬索桥施工过程中鞍座预偏复位滑移的需要，底板与座体底板之间需设置滑动装置，如辊轴、四氟滑板或其他减摩技术。

在锚碇前墙处（或在锚碇内支架处），主缆需要散开成束股。当缆在散开的同时有一向下的转折角时，就需要在这里设置散索鞍（或展索鞍），如图 4-2-13 所示。散索鞍功能，一是改变

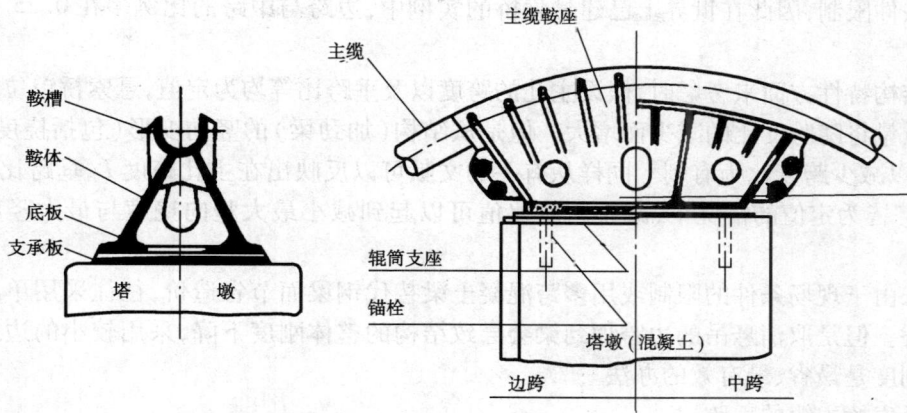

图 4-2-12　塔顶鞍座

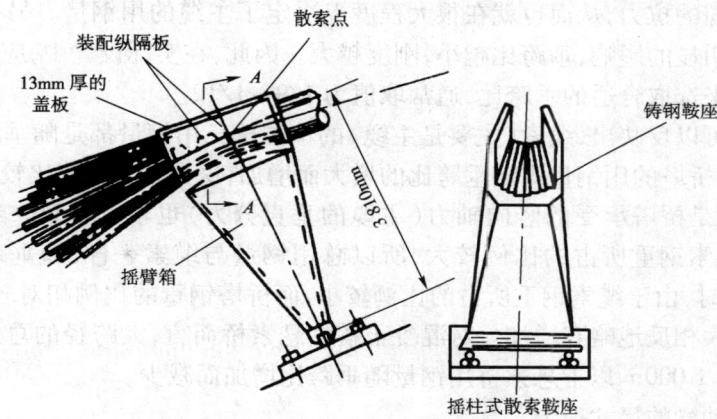

图 4-2-13　散索鞍

缆索的方向,二是把主缆的束股在水平和竖直方向分散开,然后将束股引入各自的锚固位置。与塔顶鞍座不同的是,散索鞍在主缆受力或温度变化时要随主缆同步移动,因而在结构形式上又有摇柱式和滑移式两种基本类型。散索鞍的形状较复杂:在主缆进口端应有圆槽,以便与主缆圆截面相适应;在束股出口处,应让外层各束股的上端交汇于一点,下端指向锚块混凝土前锚面的指定束股位置。

第三节　悬索桥设计简介

一、悬索桥的设计

实际设计中,设计者首先要研究地形、地质、水文及接线等条件限制,从而决定采用何种形式的悬索桥进行总体布置。然后再针对选定的桥式进一步确定悬索桥的跨度比、垂跨比、加劲梁高宽尺寸及其支承约束体系等要素,再进行方案设计的初步估算,概略地框算主要工程数量。

1.悬索桥的边跨与主跨度比

从总体受力角度要求边跨与主跨的主缆水平分力在塔顶处互相平衡,这要通过边跨与主跨的主缆在塔顶两侧的夹角尽量相等来保证。但在实际设计中往往受锚碇远近及锚固点高低

179

等客观条件限制,因此在世界上已建悬索桥的实例中,边跨与中跨的比例多在 0.25 ~ 0.50 之间取值。

从结构特性方面来考虑时,假设主孔的跨度以及垂跨比等均为定值,悬索桥单位桥长所需的钢料质量将随跨度比的减少而增大。但是从结构(加劲梁)的竖向变形(包括挠度与挠角)来看,则以减少跨度比为有利。同样从有关的文献可以反映出在主孔跨度 L、垂跨比 f/L 及永久作用 W 皆为定值的情况下,减小跨度比值可以起到减小最大竖向挠度与最大竖向挠角的作用。

近来由于现场条件的限制或用多跨混凝土梁替代钢梁而节省造价,往往采用单跨或双跨的悬索桥。但是取消悬吊的边跨加劲梁会导致结构的整体刚度下降,采用较小的边跨比来增加结构刚度是最省、最有效的办法。

2. 悬索桥主缆的垂跨比

悬索桥的垂跨比是指主缆在主孔的垂度 f 与主孔的跨度 L 的比值 f/L。垂跨比的大小一方面直接影响主缆的拉力,从而也就在很大程度上决定了主缆的用钢量。另一方面还对悬索桥的整体刚度有明显的影响,垂跨比越小,刚度越大。因此,在实际设计中,应结合对刚度的要求和主缆用钢量来选取合适的垂跨比,通常取值为 1/9 ~ 1/12。

从有关文献可以反映出,缆索(主要是主缆)的单位桥长用钢量都是随垂跨比的增大而减小,但相反的是钢桥塔的用钢量则随垂跨比的增大而增加,这是由于垂跨比较大时首先要增加桥塔的高度,其次是桥塔承受的竖向轴力(主缆的垂直分力)也较大所致。当 $L = 1\,500\mathrm{m}$ 及 $1\,000\mathrm{m}$ 时,由于缆索钢重所占的比例较大,所以总用钢量与缆索一样,随垂跨比的加大而减小。当 $L = 500\mathrm{m}$ 时,由于缆索钢重所占的比例较小,而桥塔钢重的比例相对较大,所以总用钢量随垂跨比的加大相反地略有增加。对混凝土塔的悬索桥而言,大跨径的总用钢量随垂跨比加大略有增加,而 $1\,000\mathrm{m}$ 以下悬索桥用钢量随垂跨比增加而减少。

3. 悬索桥加劲梁的尺寸拟定

悬索桥加劲梁的高宽尺寸,对大跨度悬索桥而言,似乎不存在与跨度有固定的比例关系,设计中主要需要根据抗风理论分析和风洞试验来验证所取的加劲梁高度和宽度是否具备优良的动力特性。通常,桁式加劲梁梁高一般为 6 ~ 14m,箱形加劲梁的梁高一般为 2.5 ~ 4.5m,加劲梁的宽度则由车道宽度及桥面构造布置等决定。

宽跨比是指桥梁上部结构的梁宽(或主缆中心距)W 与主孔跨度 L 的比值。在理论上,当主孔跨度 L 为定值时,宽跨比越大表示梁体越宽。因此,代表梁体横向挠曲刚度的梁体截面横向惯性矩 I_y 也越大。增大 I_y 值(也就是在一定程度上相当于增大宽跨比)可以非常有效地减小边孔梁体的横向最大挠度与横向最大挠角以及主孔梁体的横向最大挠角;对主孔梁体的横向最大挠度虽也可以起到减小的作用,但后者的减小程度相对来说较小一些。

4. 悬索桥加劲梁的支承体系

关于加劲梁支承体系的问题,主要是加劲梁在塔墩处是否连续。一般三跨悬索桥中的加劲梁绝大多数是非连续的,通常称为三跨双铰加劲梁,也就是三跨加劲梁的两端均设有简支的铰支承。三跨双铰式加劲梁的布置在结构上是比较合理的。但采用非连续的双铰加劲梁时,梁端的角变量和伸缩量以及跨中的最大挠度(包括竖向的和横向的)均较大。这对一般公路桥梁来说问题不太大,但对有铁路通过的悬索桥来说,采用连续加劲梁好,还是双铰加劲梁好就必须进行研究比较。早期美国建造的悬索桥多为非连续的,即在每跨加劲梁两端分别设置支承体系。自 1959 年法国建成的坦卡维尔(Tancarville)桥开始,越来越多的大跨度悬索桥加劲梁采用连续支承体系,取消了在主塔两侧设置的传统吊拉支承,这对整体抗风及营运平顺性和舒适性均有利。因此,采用连续支承体系已逐渐成为发展趋势。

二、悬索桥的景观设计

悬索桥是非常突出于周围环境的巨型工程建筑物,其景观设计也就显得尤为重要。

悬索桥以其刚劲挺拔的主塔、流畅起伏的主缆和凌空飞渡的加劲梁构成了几何线形清晰、形态生动的建筑景观,充分体现了结构简洁、建筑比例匀称、功能与形式统一的优美形态。

悬索桥的景观设计通常主要包含总体造型、主塔建筑造型、锚碇外观、加劲梁的截面、桥面栏杆扶手细节处理、全桥结构色彩以及景观照明效果设计等方面。

1. 总体造型

桥梁的总体选型应与周围环境相适应,并重视当地的地质条件、引道接线条件和抗风受力要求等,尽量使悬索桥各主构要素间的比例均衡、总体布局对称和谐,做到结构造型的表观性与内在的受力实用性相统一,在充分利用材料和高科技创新来获取总体设计经济效益的同时,达到总体形态的美观要求。

2. 桥塔

桥塔在景观设计中至关重要,其高耸挺拔的丰姿引人注目,增强了悬索桥的壮美气势,起着象征和标志的作用。古老的悬索桥粗大的圬工桥塔与现代悬索桥钢或钢筋混凝土桥塔都不宜太纤细而显得柔弱,结构要简洁而有一定的强壮感。

3. 锚碇

锚碇通常为一庞大的混凝土构造物,若不注意其美学处理则会影响悬索桥的整体美形象。

设计中要结合地形条件进行结构美化处理,常用的手法有:消去法、融合法和对比法。如果地形条件适于做隧洞式锚,则锚体可隐于岩层,融于周围环境之中。对于重力式锚,锚碇大部分突兀可见,应对锚体的造型进行精心设计,并对外形进行处理,适当增设线条或空透措施,提高视觉观赏效果。图4-2-14所示为较好的锚碇外形处理方案。

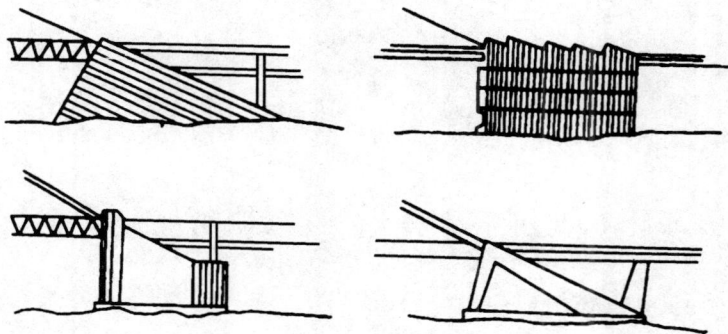

图 4-2-14　锚碇的造型

4. 加劲梁

不论加劲梁采用桁架还是箱梁,都应做到轻巧、纤柔、连续而流畅的视觉效果。

5. 栏杆扶手

对桥面栏杆扶手等细节处理也应精益求精、精雕细刻,因为这些细节都是社会公众视觉、触觉日常所及之处,是满足公众审赏建筑艺术的基本构成。

6. 结构色彩

悬索桥的加劲梁与桥塔多位钢和钢筋混凝土构造，淡灰色的基调显得朴素端庄与深沉稳重，但大面积的单一色彩又显得单调而缺乏生气，致使总体印象不够清晰。为使桥梁形象更加优美并强调其存在，可对桥塔、主缆、梁缘、栏杆等构造进行着色处理。

7. 景观照明

对夜间景观照明效果的设计，应结合周边环境突出结构物的主题，表现其夜间特有的视觉效果，让公众从不同的角度欣赏大桥的美学艺术。

景观照明设计，一般对主缆和加劲梁设置均匀分布的点式照明灯，用以突出大桥夜间总体的线形轮廓效果。对桥塔和锚碇则需用特殊的投光灯来刻画结构物不同部位光照效果，突出和渲染结构物的质感和空间造型。值得注意的是，这些照明设施在白天应尽量隐蔽，不能有碍观瞻。

[复习思考题]

1. 斜拉桥的拉索与悬索桥的主缆同属于柔性索，试分析二者的不同之处。

2. 试对比分析斜拉桥和悬索桥在结构受力方面的不同之处。

3. 悬索桥与斜拉桥的主要区别有哪些？

4. 试述悬索桥的组成构件，其中哪些是主要的承重构件？

5. 悬索桥的主缆和拱桥的拱均为具有曲线形状的承重结构，二者的曲线凸向相反，试从对桥墩（或台）及锚碇的作用分析两者在受力上的差异。

6. 悬索桥的主要结构类型有哪些？

7. 根据加劲梁的立面布置的不同，悬索桥可分为哪三种形式？

8. 悬索桥的加劲梁的主要功能有哪些？

9. 悬索桥的景观设计时，应注重哪些方面？

第五篇 桥 梁 墩 台

第一章 桥梁墩台结构设计

[提要] 本章简要介绍了桥梁墩台结构的类型及适用条件、构造；阐述了常用桥墩与桥台的构造；重点介绍了重力式桥墩、轻型桥墩及重力式桥台、埋置式桥台、轻型桥台的受力特点及设计计算要点。

第一节 概 述

桥梁墩台是桥梁结构的重要组成部分，称为桥梁的下部结构。它主要由**墩台帽**、**墩台身**和**基础**三部分组成（图 5-1-1）。

桥墩是指多跨（不少于两跨）桥梁的中间支承结构，是支承桥跨结构（又称上部结构）和传递桥梁荷载的结构物。它除承受上部结构自重以及作用于其上的车辆荷载作用外，还将荷载传给地基，而且还承受流水压力、水面以上风力以及可能出现的冰压力、船只和漂流物的撞击力等。桥台是设置在桥的两端，支承桥跨结构并与两岸接线路堤衔接的构造物，它既要挡土护岸，还要承受台背填土及填土上车辆荷载所产生的

图 5-1-1 重力式墩台

附加土侧压力。因此，桥梁墩台不仅自身应具有足够的强度、刚度和稳定性，而且对地基的承载能力、沉降量、地基与基础之间的摩擦阻力等提出一定的要求，以避免在上述荷载作用下产生危害桥梁整体结构的水平位移、竖向位移和转角位移。这一点对超静定结构桥梁尤为重要。

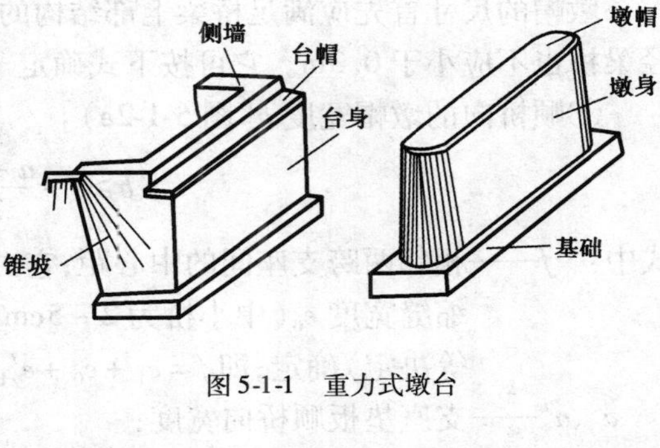

桥梁墩台设计应遵循安全耐久、满足交通要求、造价低、养护费用少、施工方便、工期短、与周围环境协调、造型美观等原则。桥梁墩台设计与桥跨结构形式及其受力有关；与地质构造和土质条件有关；与水文、水流流速和河床性质以及其埋置深度有关；与通航要求有关。因此，桥梁墩台设计应充分考虑各种因素的组合作用，确保墩台在洪水、地震、桥梁活载等动力作用下安全、耐久。

桥梁墩台的修建，在很多情况下较之建造桥跨结构更为复杂和困难。

桥梁墩台的形式总体上可分为两大类。

1. 重力式墩台

重力式墩台的主要特点是靠自身重力来平衡外力而保持稳定，它主要适用于地基良好的

桥梁。主要使用天然石材或片石混凝土砌筑,基本不用钢筋。重力式墩台的优点是承载能力大、就地取材、节约钢筋,其缺点是圬工数量大、自重大。

2.轻型墩台

轻型墩台形式很多,大多采用钢筋混凝土和少量配筋的混凝土建造,对于小跨径桥梁,也可采用石料砌筑。轻型墩台能减轻墩身重力、节约圬工材料,同时外形比较美观,并减轻了地基的应力。但是由于轻型墩台各自的特点和使用条件,应根据桥址处的地形、地质、水文及施工条件等因素综合考虑确定。

第二节　桥　墩　构　造

桥墩按其构造可分为重力式、桩(柱)式、柔性排架桩式、钢筋混凝土薄壁和空心薄壁式及轻型桥墩等。

一、梁桥桥墩

1.重力式桥墩

重力式桥墩由墩帽、墩身和基础组成。

(1)墩帽

墩帽是桥墩的顶端,它通过支座承托上部结构,并将相邻两孔桥上的恒载和活载传到墩身上。由于它受到支座传来的很大的集中力作用,所以要求其有足够的厚度和强度。

墩帽的尺寸首先应满足桥梁上部结构的支座布置,其最小厚度一般不小于 0.4m,中小跨径梁桥也不应小于 0.3m。它可按下式确定

①顺桥向的墩帽宽度 b[图 5-1-2a)]

$$b \geqslant f + \frac{a + a'}{2} + 2c_1 + 2c_2 \tag{5-1-1}$$

式中： f——相邻两跨支座间的中心距;它由支座中心至主梁端部的距离(e_1、e'_1)和两跨间伸缩缝宽度 e_0(中小桥为 2～5cm;大跨径桥可按温度变化及施工可能出现的误差等决定)确定;即 $f = e_1 + e_0 + e'_1$;

　a、a'——支座垫板顺桥向宽度;

　c_1——出檐宽度,一般为 5～10cm[图 5-1-2b)];

　c_2——支座边缘到墩身边缘的距离,其值按表 5-1-1 规定的数值采用。

支座到台、墩身边的最小距离(cm)　　　　　　　　表 5-1-1

桥向跨径	顺桥向	横 桥 向	
		圆弧形端头(自支座边角量起)	矩形端头
大桥	25	25	40
中桥	20	20	30
小桥	15	15	20

注：①采用钢筋混凝土悬臂式墩台帽时,上述最小距离为支座至墩台帽边缘的距离;

　　②跨径 100m 以上的桥梁,应按实际情况决定。

一般情况下,对于小跨径桥梁,墩帽纵向宽度不得小于 100cm;中等跨径桥梁不宜小于 100～200cm。

②横桥向墩帽最小宽度 B［图 5-1-2b）］

$B \geqslant$ 桥跨结构两外侧主梁中心距 + 支座底板横向宽度 + $2c_1$ + $2c_2$

墩帽的厚度对于中、小跨径的桥梁不得小于 30cm，大跨径桥梁则不得小于 40cm。

拟定墩帽尺寸除满足上述构造要求外，还应符合墩身顶宽的要求，安装上部结构的要求以及抗震设防措施所需要的宽度。

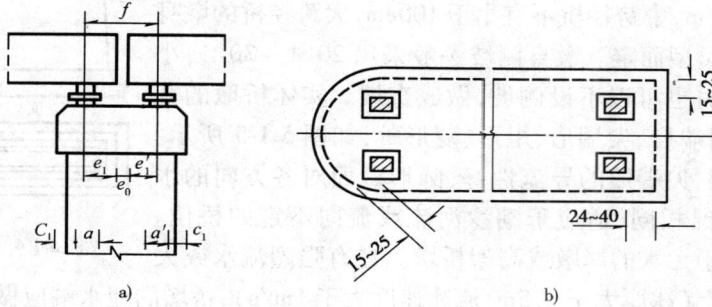

图 5-1-2　桥墩尺寸拟定（尺寸单位:cm）

墩帽一般要用 C20 以上的混凝土浇筑，加配构造钢筋，小跨径桥非严寒地区可不设构造钢筋。构造钢筋直径一般取 8 ～ 12mm，采用间距 20cm 左右的网格布置。支座下墩帽内应布置一层或多层加强钢筋网，其平面分布范围取支座支承垫板面积的两倍，钢筋直径为 8 ～ 12mm，网格间距 5 ～ 10cm，墩帽钢筋布置如图 5-1-3 所示。对于小桥，也可用 M5 以上砂浆砌筑，MU25 以上料石作墩帽。

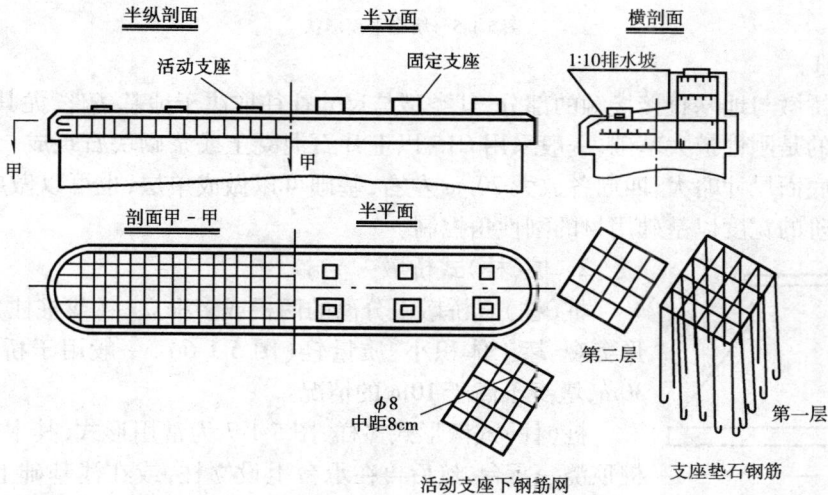

图 5-1-3　墩帽钢筋布置

当桥面的横向排水坡不用桥面三角垫层调整时，可在墩帽顶面从中心向两端横桥向做成一定的排水坡，四周应挑出墩身约 5 ～ 10cm 作为滴水（檐口）。

对一些宽桥或高墩桥梁，为了节省墩身圬工体积，常常将墩帽做成悬臂式或托盘式。悬臂的长度和宽度根据上部结构的形式、支座的位置及施工荷载的要求确定，悬臂的受力钢筋需计算确定。一般要求，挑臂式墩帽的混凝土强度等级要高些，墩帽端部的最小高度不小于 0.3 ～ 0.4m。

（2）墩身

185

墩身是桥墩的主体部分,实体重力式桥墩如图 5-1-4 所示。

石砌桥墩应采用强度等级不低于 MU25 的石料,大中桥用 M5 以上砂浆砌筑,小桥涵用不低于 M2.5 砂浆砌筑。混凝土桥墩多由 C15 或 C15 以上混凝土浇筑,并可掺入不多于 25% 的片石。混凝土预制块不低于 C20。用于梁式桥的墩身顶宽,小跨径桥不宜小于 80cm,中跨径桥不宜小于 100cm,大跨径桥的墩身顶宽视上部结构类型而定。墩身侧坡一般采用 20:1 ~ 30:1,小跨径桥桥墩不高时也可以不设侧坡,做成直坡。实体桥墩的截面形式有圆形、圆端形、尖端形、矩形、菱形等,如图 5-1-5 所示。其中圆形、圆端形、尖端形的导流性好,圆形截面对各方向的水流阻力和导流情况相同,适应于潮汐河流或流向不定的桥位。矩形桥墩主要用于无水的岸墩或高架桥墩。在有强烈流水或大量漂浮物的河道上(冰厚大于 0.5m,流冰速度大于 1m/s),桥墩的迎水端应做成破冰棱体的防撞墩形式(图 5-1-6)。破冰体可由强度较高的石料砌成,也可用强度等级高的混凝土辅以钢筋加固。

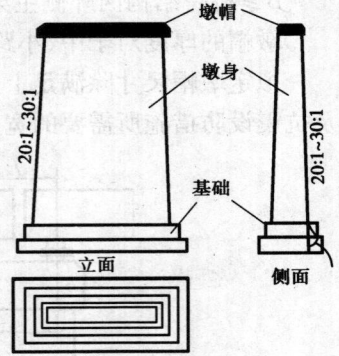

图 5-1-4 实体重力式墩

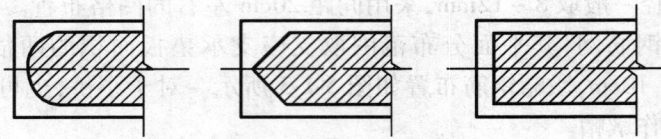

图 5-1-5 墩身平面形状

(3)基础

基础是桥墩与地基直接接触的部分,其类型与尺寸往往取决于地基条件,尤其是地基承载力。最常见的是刚性扩大基础,一般采用 C15 以上片石混凝土或浆砌块石筑成。基础的平面尺寸较墩身底面尺寸略大,四周各放大 20cm 左右,基础可以做成单层,也可以做成 2 ~ 3 层台阶式的。台阶的宽度以基础用材的刚性角控制。

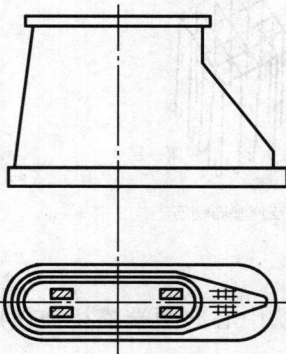

图 5-1-6 防撞墩形式

2. 桩(柱)式桥墩

桩(柱)式桥墩由分离的两根或多根立柱(或桩柱)组成。其外形美观、圬工体积小、质量轻(图 5-1-6),一般用于桥跨径不大于 30m,墩身不高于 10m 的情况。

桩(柱)式墩形式多样,图 5-1-7 为常用形式,其中 a)型为灌注桩顶浇一承台,然后再在承台上设立柱,或在浅基础上设立柱[b)型],再在立柱上浇盖梁。c)、d)、f)、g)均为双柱式,其中 c)型双柱间设哑铃式隔梁;d)型为柱实体式的混合墩;f)型和 g)型桩既作墩身,又作基础,在桩上浇盖梁,当采用大直径灌注桩时,水面以上部分可减小桩径,但在变径处需设置横系梁;e)型为单柱式,适用于窄桥。

墩柱与桩的构造如图 5-1-8 所示。墩柱一般采用 C20 ~ C30 的钢筋混凝土,直径 0.6 ~ 1.5m 的圆柱或方形、六角形柱。墩柱配筋由计算确定,纵向受力钢筋的直径应不小于 12mm,纵向受力钢筋截面积应不小于混凝土计算截面的 0.5%,当混凝土等级为 C50 及以上

186

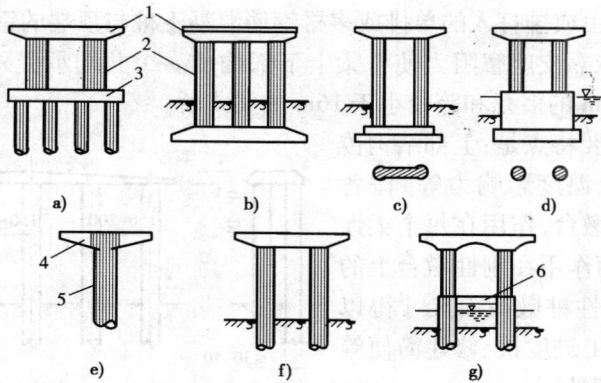

图 5-1-7 梁桥桩（柱）式桥墩
1-盖梁；2-立柱；3-承台；4-悬臂盖梁；5-单立柱；6-横系梁

时不应小于 0.6%，同时一侧钢筋的配筋率不小于 0.2%；纵向受力筋净距应不小于 5cm，且不应大于 35cm，最小保护层厚不小于 3cm；箍筋直径不应小于纵向受力钢筋直径的 1/4，且不小于 8mm，箍筋间距不应大于纵向受力钢筋直径的 15 倍、不大于构件短边尺寸（圆形截面采用 0.8 倍直径），亦不大于 400mm；在受力钢筋接头处，箍筋间距应不大于纵向钢筋直径的 10 倍或构件短边尺寸，亦不大于 20cm。

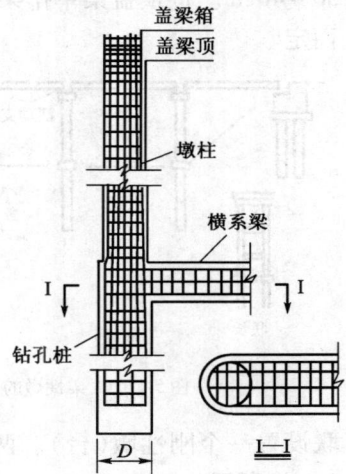

图 5-1-8 墩柱与桩的构造

　　盖梁是柱式桥墩的墩帽，一般采用钢筋混凝土就地浇筑，混凝土采用 C20～C30，也有采用预制安装或预应力混凝土的。跨高比不大于 5 的盖梁宜采用强度等级较高的混凝土，应不低于 C25。盖梁截面内应设箍筋，其直径不应小于 8mm，间距不宜大于 20cm。盖梁两侧应设纵向水平钢筋，其直径不宜小于 12mm，间距不宜大于 20cm。盖梁的横截面形状一般为矩形或 T 形。盖梁宽度 B 根据上部构造形式、支座间距和尺寸等确定。盖梁高度 H 一般为梁宽的 0.8～1.2 倍。盖梁的长度应大于上部结构两边梁（或边肋）间的距离，并应满足上部构造安装时的要求。设置橡胶支座的桥墩应预留更换支座所需的位置，即支座垫石的高度依端横隔板底与墩顶面之间的距离能安置千斤顶来确定，盖梁悬臂高度 h 不小于 30cm。各截面尺寸与配筋需要通过计算确定。

　　为使桩柱与盖梁或承台有较好的整体性，桩柱顶一般应嵌入盖梁或承台 15～20cm，露出桩柱顶的主筋可弯成与铅垂线约成 15° 倾斜角的喇叭形，伸入盖梁或承台中。单排桩柱式墩的主筋应与盖梁主筋连接。喇叭形主筋外围应设置直径不小于 8mm 的箍筋，间距一般为 10～20cm。

　　为加强桩柱的整体性，柱式墩台的柱身间应设置横系梁，其截面高度和宽度可分别取桩（柱）径的 0.8～1.0 倍和 0.6～0.8 倍。横系梁一般不直接承受外力，可不作内力计算，按横截面面积的 0.10% 配置构造钢筋即可，四角应设置直径不小于 16mm 的纵向钢筋，构造钢筋伸入桩内与主筋连接，并设直径不小于 8mm 的箍筋，箍筋间距不应大于横系梁的短边尺寸或 40cm。

　　3. 柔性排架桩墩

柔性排架桩墩是由成排打入的单排或多排钢筋混凝土桩与顶端的钢筋混凝土盖梁连接而成(图 5-1-9)。它是依靠支座摩阻力使桥梁上下部构成一个共同承受外力和变形的整体,多用于桥墩高小于 6~7m 的多孔和跨径小于 16m 的梁式桥。

柔性排架桩墩主要特点是:上部结构传来的水平力(制动力、温度影响力等)按各墩台的刚度分配到各墩台,作用在每个柔性墩上的水平力较小,而作用在刚性墩台上的水平力很大,因此,柔性桩墩截面尺寸得以减小,具有用料省、施工进度快、修建简便等优点。主要缺点是用钢量大。

柔性桩墩可采用单排或双排,桩墩高于
5m 时宜采用双排。柔性桩墩一般采用矩形桩,其截面尺寸常为 25cm × 35cm、30cm ×

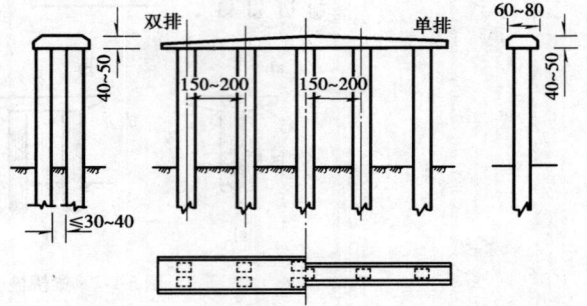

图 5-1-9 柔性排架桩墩(尺寸单位:cm)

35cm 和 30cm × 40cm 等,桩长不超过 14m,桩间中距为 1.5~2.0m。双排架的两排间距不大于 30~40cm。桩顶盖梁单排架为 60~80cm,高 40~50cm。双排桩盖梁宽度视桩的尺寸和间距而定。

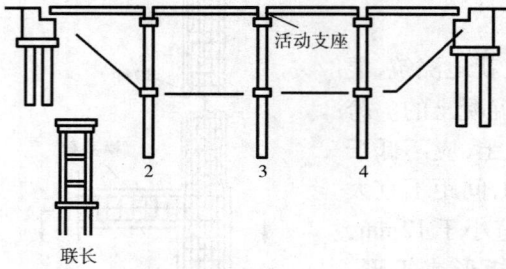

图 5-1-10 柔性墩的布置

柔性墩是桥墩轻型化的途径之一,一般布设在两端具有较大刚性桥台的多跨桥中,全桥除一个中墩设置活动支座外,其余墩台均采用固定支座,如图 5-1-10 所示。

由于柔性墩在布置上只设一个活动支座,当桥孔数较多且桥较长时,柔性墩固定支座的墩顶位移量过大而处于不利状态,活动支座的活动量也大,刚性桥台的支座所受的水平力也大。因此,多跨长桥采用柔性墩时宜分成若干联,每联设置一个刚性墩(台)。两个活动支座之间或刚性台与第一个活动支座间称为一联,如图 5-1-11 所示。

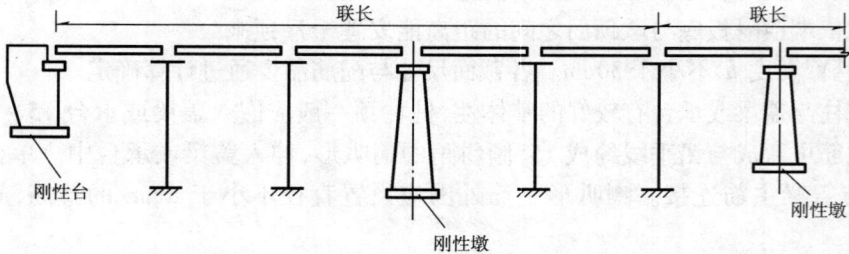

图 5-1-11 多跨柔性墩的布置

柔性排架墩多用于墩高为 5.0~7.0m,跨径 13m 以下,桥长 50~80m 的中小型桥中。不宜用在山区河流或漂流物严重的河流。

4. 钢筋混凝土薄壁和空心薄壁式墩

钢筋混凝土薄壁式桥墩[图 5-1-12a)]墩身直立,厚度约为墩高的 1/10~1/15,一般为 30~50cm。采用 C15 以上混凝土。其特点是圬工体积小,结构轻巧,比重力式桥墩节约圬工

188

数量70%左右,但耗用较多的钢材及立模所需的木料。

钢筋混凝土空心墩[图5-1-12b)]外形与重力式墩无大的差别。其主要区别是,墩身内部做成空腔体,大大减轻了墩的自重。它介于重力式桥墩与轻型桥墩之间。

空心桥墩有两种形式,一种为中心镂空式桥墩,另一种为薄壁空心桥墩。

中心镂空式桥墩,是在重力式桥墩基础上镂空中心一定数量的圬工体积,旨在减少圬工数量,使结构更经济,减轻桥墩自重,降低对地基承载力的要求。但镂空有一个基本前提,即保证桥墩截面强度和刚度足以承担和平衡外力,从而保证桥墩的稳定性。

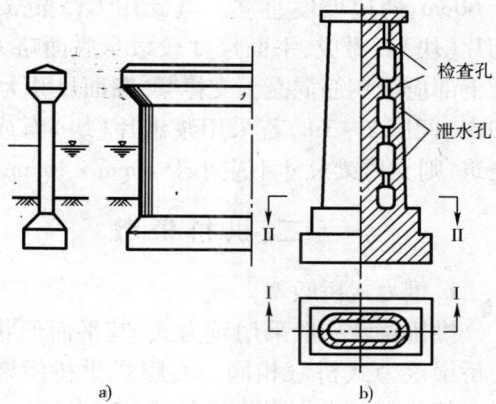

图5-1-12 钢筋混凝土薄壁式桥墩及空心墩
a)薄壁式;b)空心式

薄壁空心墩系用强度高、墩身壁较薄的钢筋混凝土构筑而成的空格形桥墩。其最大特点是大幅度削减了墩身圬工体积和墩身自重,减小了地基负荷,因而适用于软弱地基。常见的几种空心桥墩如图5-1-13所示。

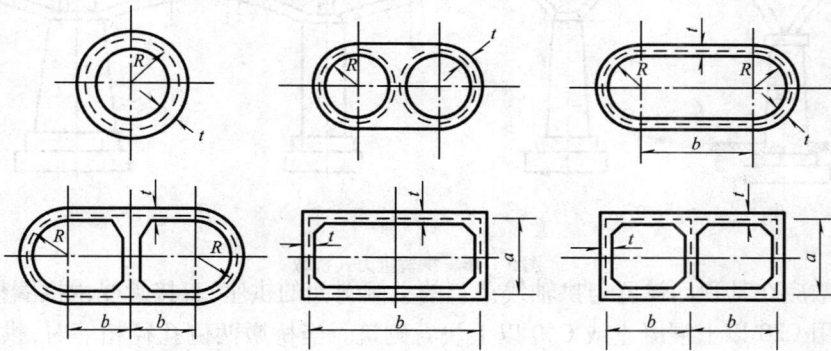

图5-1-13 空心桥墩横截面

5. 刚构式墩

大跨径桥梁,为加大跨径,减轻墩身质量,可采用各种刚构式墩(图5-1-14),由于这种桥墩能缩短上部结构的跨径,又减小了上部结构所产生的弯矩。除了图中所示的 V 形、Y 形、X 形外,还有斜腿形等。刚构式墩外形美观,减小了桥墩数量,但施工比较复杂,需设置临时墩和钢脚手架支承斜臂的重力。

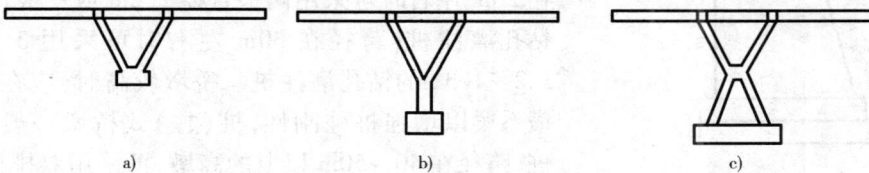

图5-1-14 刚构式桥墩

6. 轻型桥墩

小跨径的梁桥,一般可采用石砌的或混凝土的轻型桥墩(图5-1-15)。

墩帽用混凝土建筑,厚度不小于30cm,墩帽上预埋栓钉,以与上部结构栓孔相适应。

墩身用混凝土或浆砌片(块)石做成,宽度不小于60cm,两边坡度直立。基础用 C15 混凝土或浆砌片(块)石做成,平面尺寸较墩身底面略大20cm。墩下部应设钢筋混凝土支撑梁,断面尺寸为20cm×30cm,间距 2～3m,若采用浆砌片(块)石或混凝土浇筑,则支撑梁尺寸不应小于40cm×40cm。

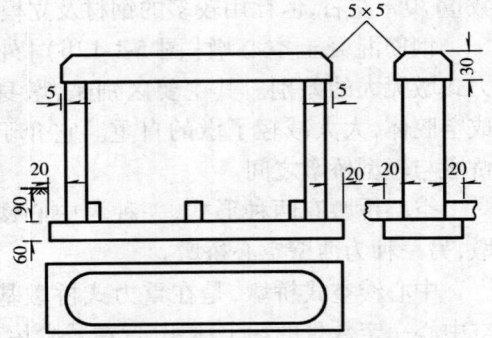

图 5-1-15 轻型桥墩(尺寸单位:cm)

二、拱桥桥墩

1.重力式桥墩

拱桥桥墩一般采用重力式,其平面形状基本上与桥梁重力式桥墩相同。实腹式拱桥桥墩在墩帽以上部分常做成与侧墙平齐[图 5-1-16a)],而空腹式拱桥桥墩在墩帽以上可以做成密壁式,也可用跨越式[图 5-1-16b)]、立柱式[图 5-1-16c)]和横墙式[图 5-1-16d)]等。

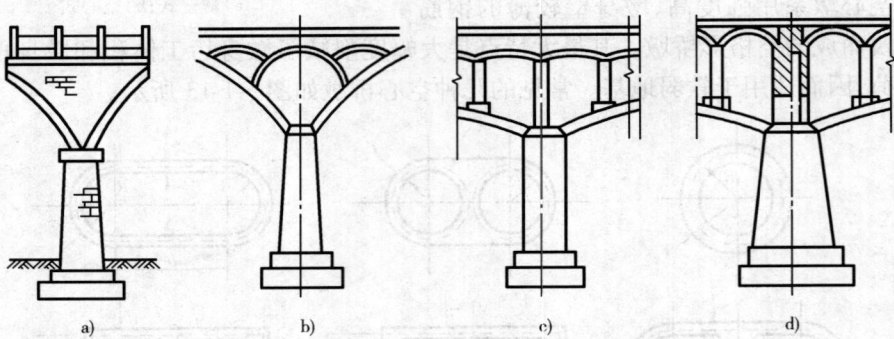

图 5-1-16 拱桥重力式桥墩

拱桥桥墩应在其顶面设置与拱轴线重直的呈倾斜面的拱座,直接承受由拱圈传来的压力。拱座一般采用 C20 以上混凝土或 C40 以上块石砌筑。当桥墩两侧孔径相等时,拱座设置在桥墩顶部的起拱线高程上。由于其他原因墩两侧拱座高程不一致时,桥墩墩身可在推力小的一侧变坡,为了美观,变坡点可设在常水位以下(图 5-1-17)。

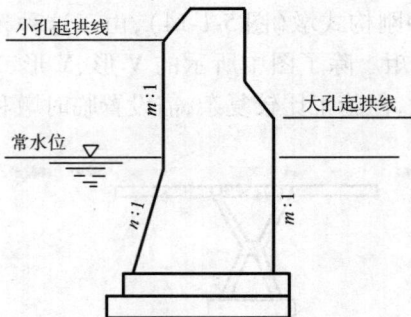

图 5-1-17 拱桥桥墩边坡变化

2.桩(柱)式桥墩

拱桥桩(柱)式桥墩的构造与梁桥相同。由于桥墩承受较大的水平力,其直径要比梁桥大,当拱桥跨径在10m 左右时,常采用两根直径为 1m 的钻孔灌注桩;跨径在 20m 左右时可采用两根直径 1.2m 或三根直径 1m 的钻孔灌注桩;跨径在 30m 左右时可采用 3 根直径为1.2～1.3m的钻孔灌注桩。桥墩较高时,应在桩内设置横系梁以增强桩柱刚性,桩(柱)式桥墩一般采用单排桩,跨径在 40～50m 以上的高墩,可采用双排桩,在桩顶设置承台,与墩柱连接成整体。如果柱与桩直接连接,则应在接合处设置横系梁,若柱高于 6～8m 时,还应在柱的中部设置横系梁(图 5-1-18)。

3.单向推力墩

多跨拱桥采用桩(柱)式墩时,应 每隔 3～5 孔设置单向推力墩。其形式应根据单向推力

190

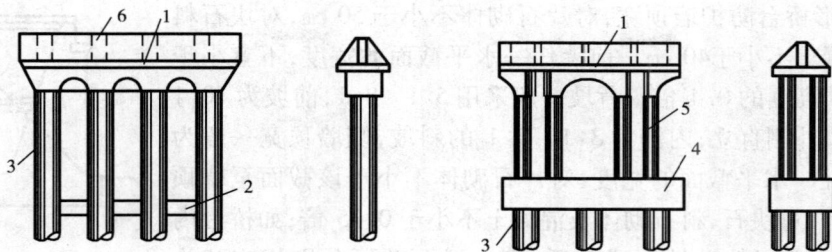

图 5-1-18　拱桥桩(柱)式桥墩
1-盖梁;2-横系梁;3-钻孔灌注桩;4-承台;5-墩(柱);6-预留孔槽

大小、基础形式、埋置深度等因素,因地制宜选择。目前常用的有如下几种形式。

(1)普通柱墩增设斜撑及拉杆式单向推力墩

这种墩的特点是在普通墩的墩柱上,在两侧对称地增设钢筋混凝土斜撑和水平拉杆,在接头处只承受压力不承受拉力(图5-1-19)。这种形式适用于桥不太高的旱地上。

(2)悬臂式单向推力墩

悬臂式单向推力墩是桥墩上双向挑出悬臂,在悬臂上搁置两铰双曲拱(图5-1-20),当邻孔遭到破坏后,由于悬臂端的存在,使拱支座竖向反力通过悬臂端而成为稳定力矩,保证了单向推力墩不致遭到损坏。

(3)实体单向推力墩

当桥墩较矮及单向推力不大时,只需加大实体墩身的尺寸即可。

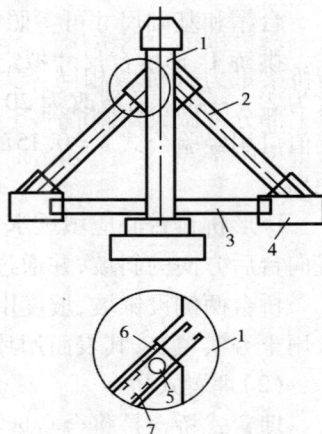

图 5-1-19　普通柱加斜撑和拉杆的单向推力墩
1-立柱;2-斜撑;3-拉杆;4-基础板;5-钢筋扣环;6-现浇混凝土;7-主筋接头

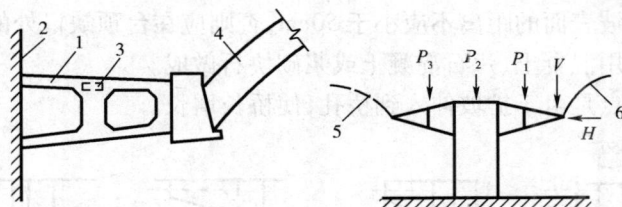

图 5-1-20　悬臂式单向推力墩
1-悬臂;2-承台;3-横系梁;4-拱圈;5-破坏孔;6-完好孔

第三节　桥台构造

桥台按其构造形式分为重力式、薄壁式、组合式和轻型式等。

一、梁桥桥台

1.重力式桥台

(1)U形桥台

U形桥台台身由前墙(含上端的防护墙)和侧墙组成,如图5-1-21所示。

梁桥 U 形桥台防护墙顶宽,对片石砌体不小于 50 cm,对块石料石砌体及混凝土不小于 40 cm。前墙任一水平截面的宽度,不宜小于该截面至墙顶高度的 0.4 倍。背坡一般采用 5∶1~8∶1,前坡为 10∶1 或直立。侧墙外侧直立,内侧为 3∶1~5∶1 的斜坡,侧墙顶宽一般为 60~100cm,任一水平截面的宽度,对片石砌体不小于该截面至墙顶高度的 0.4 倍,对块石、料石砌体及混凝土不小于 0.35 倍;如桥台内填料为透水性良好的砂性土或砂砾,则上述两项可分别相应减为 0.35 倍和 0.3 倍,侧墙尾端应有 0.75m 以上的长度伸入路堤,以保证与中路堤衔接良好。

台帽和基础尺寸可参照桥墩拟定。

拱桥 U 形桥台尺寸拟定与梁桥 U 形桥台基本相同,唯前墙背坡改为 2∶1~4∶1,前坡改为 20∶1~30∶1或直立。前墙顶宽比梁桥大,其值可用经验公式 $b = 0.15L_0$ 估算(b 为起拱线至前墙背坡顶间水平距离)。

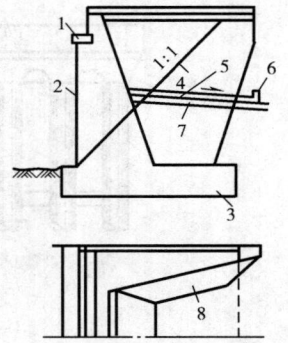

图 5-1-21 U 形桥台
1-台帽;2-前墙;3-基础;4-锥形护坡;5-碎石;6-盲沟;7-夯实填土;8-侧墙

U 形桥台台心应填透水性良好的土,如砂性土或砂砾。台内一定高度处设黏土隔水层,设置向台后方向的斜坡,并通过盲沟将水排向路基外。

桥台两侧设锥坡,坡度由纵向的 1∶1 逐渐变到横向的 1∶1.5,锥坡的平面形状为 1/4 椭圆,坡用土夯实填筑,其表面用片石砌筑。

（2）埋置式桥台

埋置式桥台是将台身埋在锥形护坡内,只露出台帽在外,以安置支座及上部构造。系利用台前锥坡产生的土压力抵消台后的主动土压力,增加桥台的稳定性。埋置式桥台形式多样,如图 5-1-22 所示,其中 a)型为后倾式,b)型为桩柱式,c)型为框架式,d)型为双柱式。

埋置式桥台不设侧墙,仅设短小的钢筋混凝土耳墙,伸进路堤长度一般不小于 50cm,台顶部分的内角到路堤锥坡表面的距离不应小于 50cm,否则应在台顶缺口处的两侧设置横隔板。

埋置式桥台台身用混凝土、片石混凝土或浆砌块石做成。

埋置式桥台的缺点是由于护坡伸入到桥孔,使桥长增长。

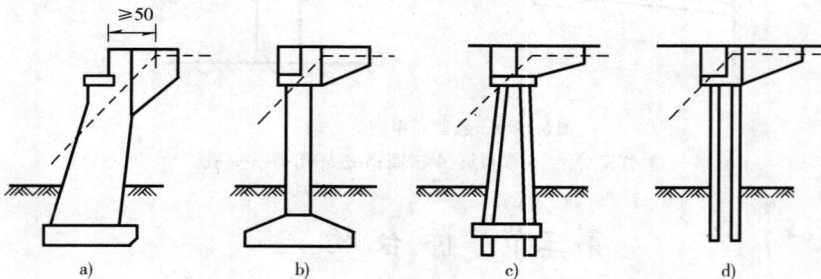

图 5-1-22 埋置式桥台(尺寸单位:cm)
a)后倾式;b)桩柱式;c)框架式;d)双柱式

后倾式埋置桥台实质上属于实体重力式桥台,其工作原理是靠台身后倾,使重心落在基底截面的形心之后,以平衡台后填土产生的倾覆力矩以减少永久作用产生的偏心矩,但需注意后倾斜度要适当。下部台身和基础用浆砌块石,上部台身、台帽及耳墙用混凝土,其中台帽和耳墙应配置钢筋。后倾式桥台结构稳定性好,可以用于 10m 及 10m 以上的高桥台。

将后倾式桥台台身挖空,即可做成肋形埋置式桥台,其台身由两块后倾式肋板与顶面帽梁连接而成,台高在10m或10m以上者,肋板之内设系梁连接,帽梁、系梁和耳墙均需配置钢筋,台身与基础之间只需布置少量接头钢筋。台身和基础可采用C15混凝土。

桩柱式埋置式桥台适于各种土壤地基,根据具体情况,可采用双柱或多柱式,当只有一排钢筋混凝土桩与桩顶盖(帽)梁连接而成称柔性桩台,桩柱式埋置桥台的台帽和耳墙采用C25混凝土,桩柱采用C20钢筋混凝土,一般适用于桥孔跨径8~20m,填土高度小于5m。

当填土高度大于5m时,宜采用框架式桥台,框架式桥台比桩柱式桥台刚度大,又比肋形埋置式桥台挖空率高,更节约圬工。框架式桥台利用斜杆的水平分力平衡土压力,加之基底较宽,又通过系梁连成一个框架体,具有较好的稳定性,适用跨径为16~20m的梁桥,其不足之处在于必须用双排桩基,钢材水泥耗用量均比桩柱式要多。

(3)八字式或一字式桥台

八字式或一字式桥台(图5-1-23),基本与重力式桥台相同,仅不设锥形护坡,用八字墙或一字墙代替,在河堤上修建桥梁时可采用。

当台身两侧为独立的翼墙,将台身与翼墙分开,并在其间设变形缝。其中,台身与翼墙斜交时,为八字式桥台;台身与翼墙在同一平面则为一字式桥台。八字翼墙和一字翼墙除挡住路堤填土外,还起引导河流的作用。这类桥台适用于河岸稳定、桥台不高、河床压缩小的中小跨桥以及跨越人工河道的桥和立交桥。

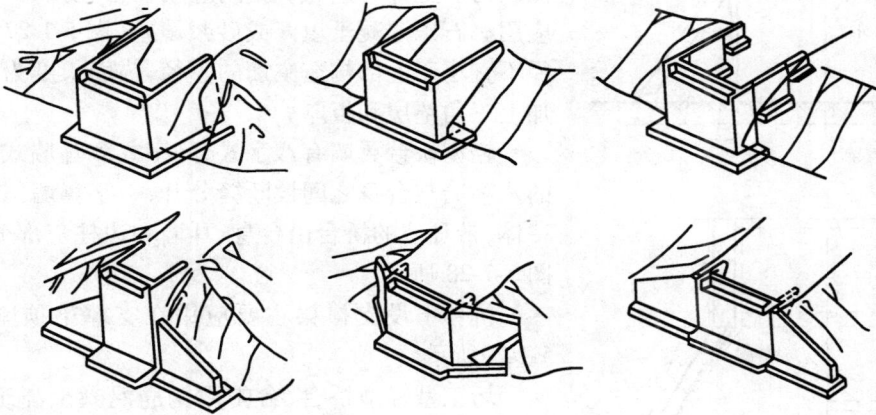

图5-1-23 八字式和一字式桥台

2. 薄壁式桥台

薄壁式桥台常用的形式有悬壁式、扶壁式、撑墙式和箱式,如图5-1-24所示,其主要特点是利用钢筋混凝土结构的抗弯能力来减少圬工体积,从而使桥台轻型化。相对而言,悬臂式桥台的柔性较大、钢筋用量较大,而撑墙式和箱式桥台刚度大,但模板用量多。

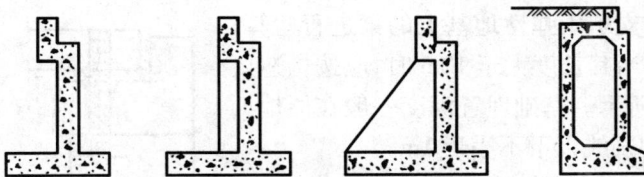

图5-1-24 薄壁轻型桥台

钢筋混凝土薄壁式桥台是由扶壁式挡土墙和薄壁侧墙组成(图5-1-25)。挡土墙由厚度不小于15cm(一般为15～30cm)的前墙及每隔2.5～3.5m设置的扶壁所组成。台顶由竖直矮墙和支承于扶壁上的水平梁构成。用于支承桥跨结构,两侧薄壁可与前墙垂直,有时也可与前墙斜交。

钢筋混凝土薄壁桥台可以减少圬工体积达40%～50%,同时因自重减轻而减小了对地基的压力。故适用于软弱地基情况,但是其构造复杂,施工较困难,并且钢筋用量较多。

对于单跨或少跨的小跨径桥,在条件许可的情况下,可在轻型桥墩台基础间设置3～5根支撑梁,成为支撑梁轻型桥台(图5-1-26)。其主要特点是:

①利用上部结构及下部的支撑梁作为桥台的支撑,以防止桥台向跨中移动或倾覆。

②整个构造物成为四铰刚构系统。

③除台身按上下铰接支承的简支竖梁承受水平土压力外,桥台还应作为弹性地基梁加以验算。

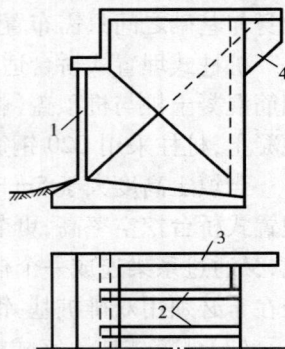

图5-1-25 钢筋混凝土薄壁桥台
1-前墙;2-扶壁;3-侧墙;4-耳墙

3. 轻型桥台

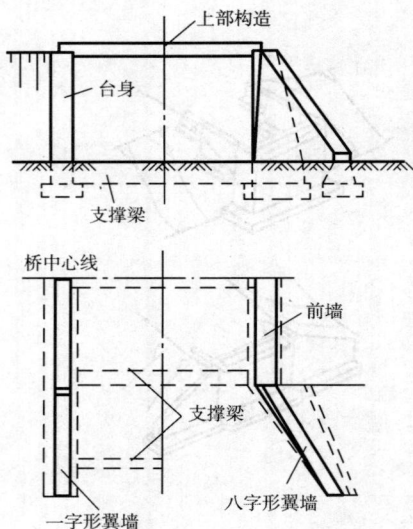

图5-1-26 支撑梁轻型桥台

轻型桥台与前述轻型桥墩类似,但尚需承受台后土侧压力。上部构造与台帽间应用栓钉连接,其中间空隙应用小石子混凝土填塞或砂浆填塞(图5-1-27),栓钉直径不宜小于上部构造主筋的直径,锚固长度为台帽厚度加上三角垫层和板厚。

轻型桥台翼墙有八字式、一字式和耳墙式。八字形的八字墙与台身之间设断缝分开,一字翼墙与台身连成一体,带耳墙的桥台由台身、耳墙和边柱三部分组成,如图5-1-28所示。

桥台下设支撑梁主要应用在支撑梁顶座上,如图5-1-29所示。

圬工型轻型桥台,台帽用钢筋混凝土浇筑,混凝土强度等级不低于C20,厚度不小于25～30cm,并有5～10cm的挑檐。填土高度较高或跨径较大时,宜采用有台背的台帽,它具有良好的支持作用,台帽的钢筋构造要求和布置如图5-1-30所示。

台身可用混凝土或浆砌块石砌筑,混凝土强度等级不低于C20,砂浆强度不低于M5,块石强度不低于MU30。台身厚度不宜小于60cm。

轻型桥台基础按支承于弹性地基上的梁进行验算,一般用混凝土浇筑。当其长度大于12m时,应按构造要求配筋,如图5-1-31所示。基础埋置深度一般在原地面(无冲刷时)或局部冲刷线以下不小于1m。

为了保持桥台的稳定,一般均需设支撑梁。支撑梁可用20cm×30cm的钢筋混凝土筑成,或用尺寸不小于40cm×40cm的混凝土或块石砌筑。支撑梁按基础长度

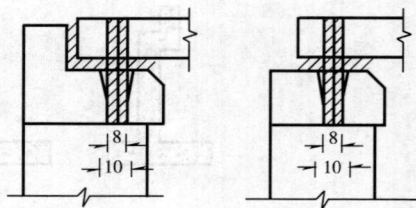

图5-1-27 栓钉连接构造(尺寸单位:cm)

之中线对称布置,其间距约 2~3m,当基础能嵌入风化岩层 15~25cm 时,可不设支撑梁。

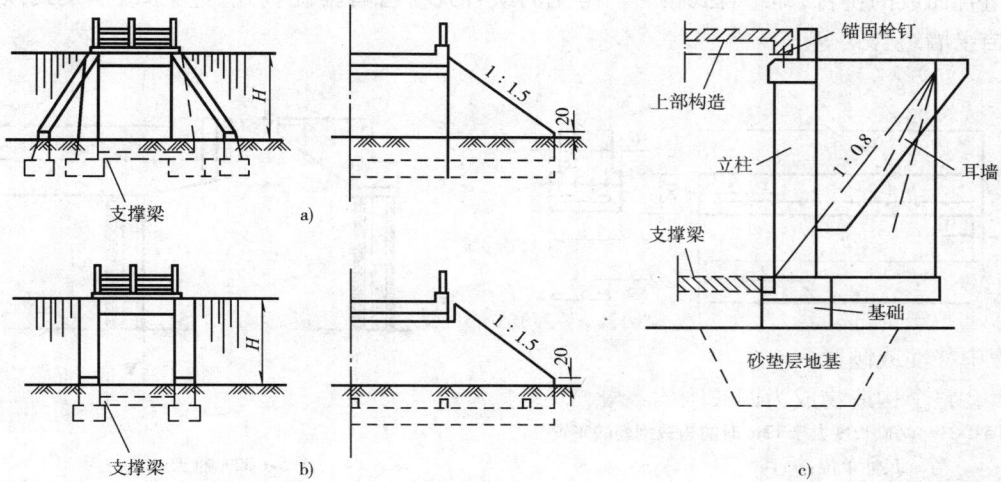

图 5-1-28　轻型桥台形式
a)八字式;b)一字式;c)耳墙式

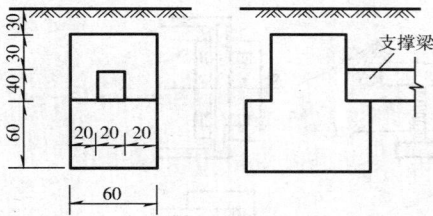

图 5-1-29　支撑梁顶座(尺寸单位:cm)

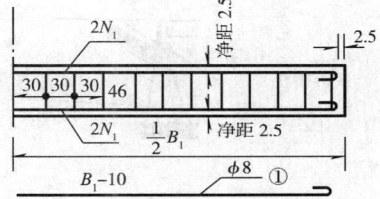

图 5-1-30　台帽钢筋构造(尺寸单位:cm)

广泛应用的钢筋混凝土薄壁轻型桥台,是由扶壁式挡土墙和两侧的薄壁侧墙构成。挡土墙由厚度不小于 15cm 的前墙和间距为 2.5~3.5m 的扶壁组成。其台帽及背墙成 L 形,并与其下的倒 T 形竖墙台身及底板连成钢筋混凝土整体结构。

4.框架式桥台

框架式桥台由台帽、桩柱及基础或承台组成,是一种在横桥向呈框架式结构的桩基础轻型桥台。桩基埋入土中,所受土压力较小,适用于地基承载力较低、台身高度大于 4m、跨径大于 10m 的梁桥。其构造形式有双柱式、多柱式、肋墙式、半重力式和双排架式、板凳式等。

柱式桥台指台帽置于立柱上,台帽两端设耳墙以便与路堤衔接,是一种结构简单、圬工数量小的桥台形式,适用于填土高度小于 5m 的情况(图 5-1-32)。

当填土高度大于 5m 时,用少筋薄墙代替立柱支承台帽,即成为墙式桥台。若墙中设骨架肋,则又成为肋墙式桥台(图 5-1-33)。

半重力式桥台与墙式桥台相似,只是墙更厚,不设钢筋。

当水平力较小时,桥台可采用双排架式或板凳式,它由台帽、台柱和承台组成。其中柱有两排,以形成抗推力偶。

5.组合式桥台

为使桥台轻型化,可以将桥台上的外力分配给不同对象来承担,如让桥台本身主要承受桥跨结构传来的竖向力和水平力,而台后的土压力由其他结构来承担,这就形成了由分工不同的结构组合而成的桥台,即组合式桥台。常见的组合式桥台有锚碇板式、过梁式、框架式以及桥台与挡土墙组合式等。

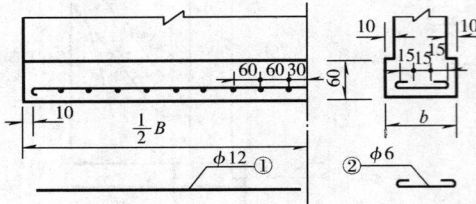

图 5-1-31　基础长度大于 12m 时的构造钢筋的布置
（尺寸单位:cm）

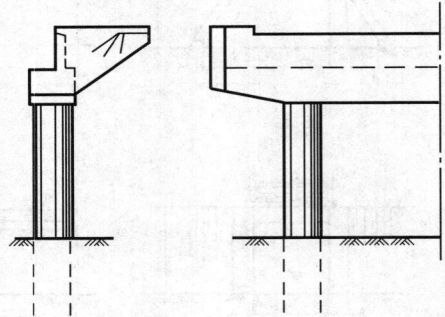

图 5-1-32　框架柱式桥台

锚碇板式组合桥台由台身承受竖向力,锚碇板提供抗拔力与土压力平衡。根据结构不同又有分离式与结合式之分。分离式是将承受竖向力的台身与承受水平力的锚碇板和挡土结构分开;而结合式是将这两部分结合在一起,台身兼做立柱和挡土板(图 5-1-34)。

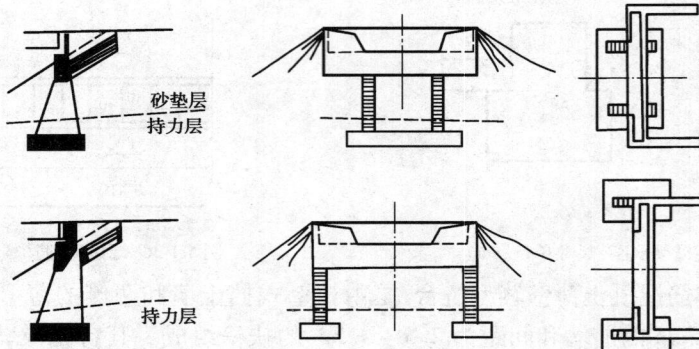

图 5-1-33　框架式肋墙式桥台

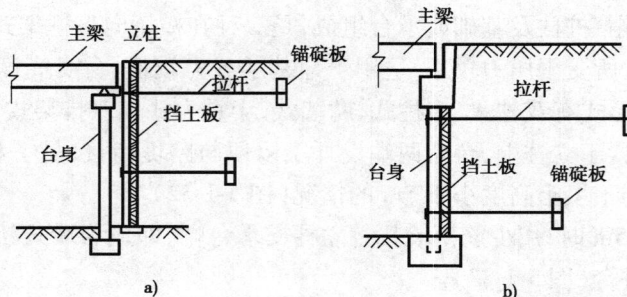

图 5-1-34　锚碇板式桥台

过梁式组合桥台系将桥台与挡土墙用梁连接起来,使桥台成为框架式组合桥台(图5-1-35)。

桥台与挡土墙组合桥台由轻型桥台支承上部结构,台后设挡土墙承受土压力,台身与挡土墙分离,受力明确。当地基条件比较好时,也可将桥台与挡墙放在同一基础之上(图5-1-36)。这种桥台主要优点是可以不压缩河床,但构造比较复杂。

6. 承拉桥台

某些情况下,桥台可以承受拉力,因而要求在进行设计时考虑满足桥台受力要求,这就是承拉桥台(图5-1-37)。该种桥上部结构通常为单箱单室截面,箱梁的两个腹板延伸至桥台形成悬臂腹板,它与桥台顶梁之间设氯丁橡胶支座受拉,悬臂腹板与台帽之间设氯丁橡胶支座支承上部结构。

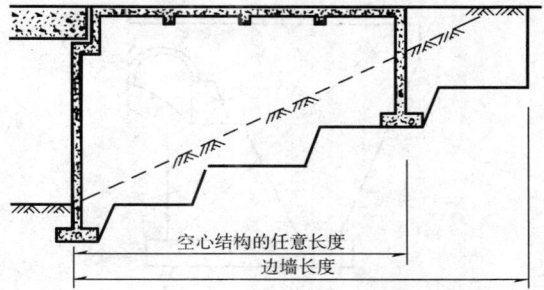

图 5-1-35　框架式组合桥台

二、拱桥桥台

1. 重力式桥台

重力式桥台是拱桥桥台使用最广泛的一种形式,其构造和外形与重力式梁桥 U 形桥台相仿。主要差别在于拱脚截面处前墙顶宽比梁桥桥台前墙宽,用以抵抗拱桥产生的水平推力和直接剪力。空腹式拱桥前墙顶部还应设置防护墙(背墙),因此挡住路堤填土(图5-1-38)。

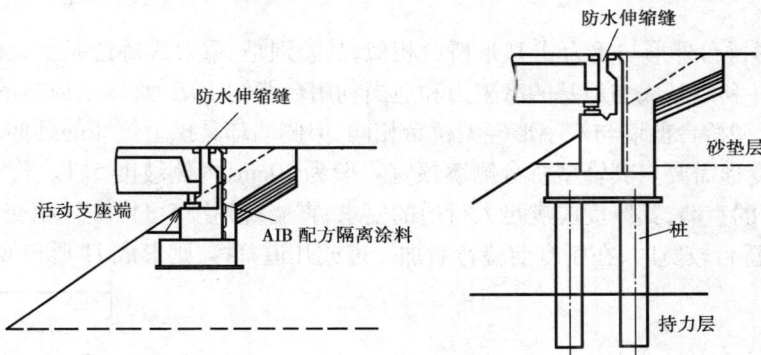

图 5-1-36　桥台与挡土墙组合桥台

2. 组合式桥台

组合式桥台由台身和台座两部分组成(图5-1-39)。台身及基础承受竖向力,一般采用桩(柱)基础或沉井基础,拱的水平推力则由台座基底的摩擦力及台后的土侧压力来平衡。组合式桥台承台与台座间应设置沉降缝,但必须密切贴合,以适应两者之间的不均匀沉降及荷载传递。后座基底高程应低于拱脚下缘高程,力求台后土侧压力和基底摩阻力的合力作用点司拱座中心高程一致。

3. 轻型桥台

轻型桥台适用于 13m 以内的小跨径拱桥和桥台水平位移很小的情况。其工作原理是当桥台受到拱的推力后,便发生绕基底形心轴而向路堤方向的转动,由此而产生的台后土抗力来平衡水平推力,从而大大减小了

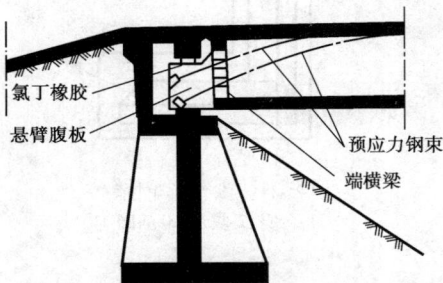

图 5-1-37　承拉桥台

桥台尺寸(其体积约为重力式桥台的65%左右)。

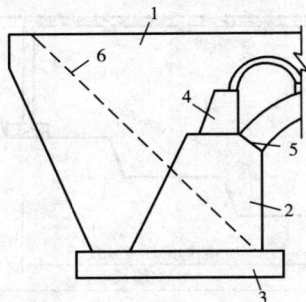

图5-1-38 拱桥U形桥台
1-侧墙;2-前墙;3-基础;4-防护墙;5-台座;6-锥坡

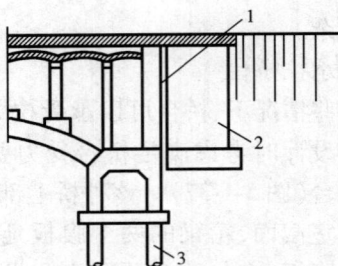

图5-1-39 组合式桥台
1-沉降缝;2-台座;3-基桩

轻型桥台形式多样,常用的有八字形和U字形桥台以及派生出来的Ⅱ形、E形、靠背式框架桥台等,下面对主要形式作一简单介绍。

(1)八字形桥台

八字形桥台构造简单,台身由侧墙和两侧的八字翼墙构成(图5-1-40)。两者之间通常留沉降缝分开,前墙可以是等厚的,也可以是变厚的,变厚度台身的背坡为2:1~4:1。翼墙顶宽一般为40cm,前坡为10:1,后坡为5:1,基础应有足够的埋置深度,台后填土必须分层夯实。

(2)U形桥台

轻型式U形桥台外形与重力式U形桥台相似,其差别是:重力式桥台靠扩大桥台底面积,以减小基底压力,并利用基底与地基的摩阻力和适当利用台背侧土压力,以平衡拱的水平推力(图5-1-41)。U形轻型桥台前墙与八字形轻型桥台相同,但侧墙却是拱上侧墙的延伸,它们之间应设变形缝,以适应变形需要。其轻型桥台侧墙顶宽一般为50cm,内侧坡度5:1。若有人行道,则上端需做成等厚度的直墙,其厚度应满足人行道的要求,直墙直到按5:1内坡线相交为止,以下仍采用5:1坡度。当桥台较宽时,在桥台前墙背后加一道或几道背撑,则形成Ⅱ形和E形轻型桥台。

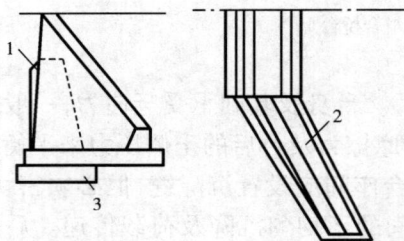

图5-1-40 八字形轻型桥台
1-台身;2-翼墙;3-基础

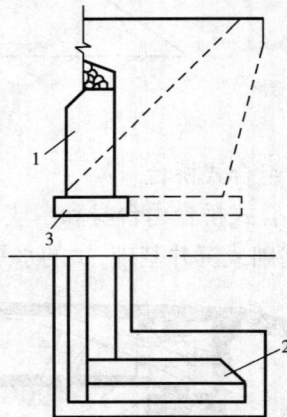

图5-1-41 U形轻型桥台
1-台身;2-翼墙;3-基础

(3)靠背式框架桥台

靠背式框架桥台将台帽、前壁、耳墙和设置在不同高程且具有不同斜度的分离式基础连接而成(图5-1-42)。桥台的底板一定要紧贴未扰动的老土。

198

靠背式框架桥台受力合理,圬工体积小,比重力式桥台节约85%左右,且基坑挖方量小,主要缺点是多用了一些钢筋。适合于在非岩石地基上修建拱桥桥台。

4.其他形式桥台

(1)齿槛式桥台

齿槛式桥台又称履齿式或飞机式桥台,它由前墙、侧墙、底板和撑墙组成(图5-1-43),底板一般用片石混凝土浇筑,厚度50cm左右,不设钢筋;底板下的齿槛用以增加摩阻力和抗滑动的稳定性,深度和宽度一般均不小于50cm,底板上设撑墙以增强刚度。

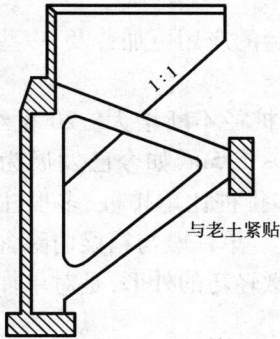

图5-1-42　靠背式框架桥台

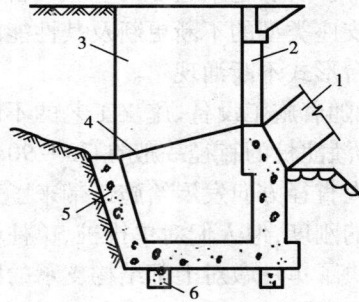

图5-1-43　齿槛式桥台

1-主拱圈;2-前墙;3-侧墙;4-撑墙;

5-后墙板;6-齿槛

台背设斜挡板,紧贴老土,利用尾部斜墙背后的老土及前墙背面新填土的水平土压力来平衡拱的推力。但需验算地基土的稳定性。

(2)屈膝式桥台

屈膝式桥台是直接利用原状土作拱座,构造简单,其受力面如图5-1-44所示,受力面最好与桥台外力的合力方向垂直,且没有偏心最为理想。必要时也应验算地基土的稳定性。

(3)空腹式桥台

空腹式桥台由前墙、后墙、基础板和撑墙等组成(图5-1-45)。前墙承受拱圈传来的荷载,后墙支承台后的土压力。在前、后墙之间设置3～4道支撑墙作为传力杆件,并对后墙起到扶壁、对基础板起到加劲作用,上下游的边撑墙还起到挡土的作用,为供人们上下河岸,边撑墙可做成阶梯踏步。空腹可以是敞口的,也可以加设盖板,如地基承载力许可,也可在腹内填土。

空腹式桥台主要适用于软土地基、河床无冲刷或冲刷轻微,水位变化小的河道。

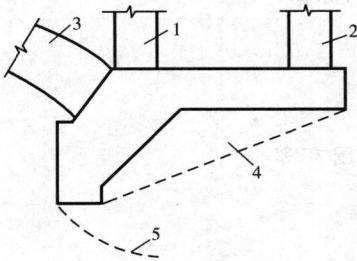

图5-1-44　屈膝式桥台

1-前墙;2-后墙;3-压力线;4-受力

面;5-滑动面

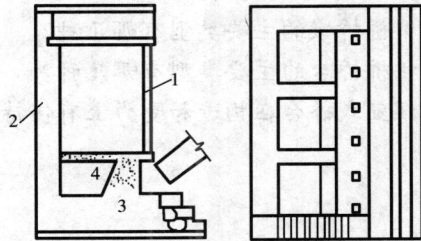

图5-1-45　空腹式桥台

1-前墙;2-后墙;3-基础板;4-撑墙

三、关于桥梁墩台形式的选择与发展

桥梁墩台形式选择应按适用、经济、安全、美观的原则和因地制宜、就地取材、方便施工等基本要求进行,应结合实际地形、地质、水文等客观条件来具体确定合理形式。虽然不能笼统定论某一种形式的先进性,但是墩台的发展是具有时代特点的。

尽管重力式墩台在一些场合难以被其他形式墩台所替代,如考虑冰或船只等漂浮物的撞击时,但由于其巨大的圬工数量以及因此给地基带来的过重负担,许多情况下轻型墩台成为更合理的选择。所以越来越多的轻型墩台被广泛采用。

由于支座类型的不断更新及其性能的逐步提高,柔性墩台的应用更加普及,一些外形轻巧优美的墩台形式不断涌现。

同样,随着施工设备、施工工艺的不断发展,桩柱式墩的桩径不断增大。20 世纪 60 年代之前,钻孔灌注桩的直径一般在 70 ~ 90cm,之后发展到 1.0 ~ 1.5m,如今已发展为超过 3m。桩柱式墩大直径方向发展给施工带来了进度与效益。尽管多排桩比单排桩、多根柱比单根柱具有更好的刚度,但人们对单排桩、单柱墩仍然有特别的兴趣。单柱墩与箱梁内隐含式盖梁的结合既解决了单柱墩对上部结构支承的困难,又保持了单柱墩轻巧的外形,是对单柱墩发展的有益补充。

预应力的引入使得轻型墩台和柔性墩台如虎添翼,抗力效应和抗裂性能得到加强。

随着科学技术不断发展,桥梁墩台不仅在形式上会进一步更新,在材料应用方面亦将不断推陈出新,我们期待着新的进步、新的发展。

[复习思考题]

1. 简述桥梁墩台的组成及作用。
2. 简述桥梁墩台的分类特点及使用条件。
3. 简述桥梁重力式桥墩与拱桥重力式桥墩的区别。
4. 简述桥梁轻型桥墩的种类、特点及使用条件。
5. 简述 U 形桥台的构造。
6. 简述轻型桥台的种类、特点及使用条件。
7. 简述柱式桥墩的构造。
8. 分析柱式桥墩和桩柱式桥墩在桥梁中较广泛应用的原因。
9. 简述框架墩的构造。
10. 梁桥桥墩的主要类型有哪几种?
11. 拱桥桥台的主要类型有哪几种?
12. 埋置式桥台在构造和受力上有何持点? 其适用范围有哪些?

第二章 桥墩计算

[提要] 本章简要介绍了桥墩上的作用布置及作用效应组合,主要阐述重力式桥墩、桩柱式桥墩的计算及验算内容、方法和步骤。简要介绍了桩柱式桥墩的计算要点。

第一节 作用及其组合

前面绪论中对公路桥涵有关作用及其组合作了详细介绍,本节将对桥墩计算可能涉及的作用及其组合作更具体的阐述。

一、桥墩计算作用

1. 永久作用

作用于桥墩的永久作用主要有以下几种。

(1)结构物重力,包括桥面系、主梁及其他附属物重力对墩帽或拱座产生的支承反力以及桥墩自身的重力,包括基础台阶上的土的重力,用 G 表示。

(2)上部结构混凝土收缩、徐变的影响力。

(3)桥墩内预应力。

(4)侧向土压力,指土体自重作用下的土侧压力。

(5)基础变位影响力,对超静定结构桥墩,基础的任何变位都将对桥墩产生附加内力,这种附加内力只与结构本身和基础变位大小有关。

(6)水的浮力。

上述永久作用中,土侧压力和水的浮力有必要加以说明。

土侧压力是指土体对结构物的侧向压力。任何埋在土体中的结构物都将受到土压力作用,只是对于一个结构物来讲,当其前后或左右两侧土侧压力不对称时才有计算的实际意义。假如重力式墩或薄壁墩存在这种情况,那么应该考虑土侧压力。例如岸墩在验算截面强度及整体稳定性时,当溜坡有适当防护措施不致被水流冲毁时,可考虑来自填土及墩前溜坡的主动土压力。否则,应按溜坡被冲毁后墩后单向主动土压力验算。

在《桥规》(JTG D60—2004)中,水的浮力对不同的土质和不同的计算内容有不同的规定。位于透水性地基上的桥墩,当验算稳定时,应计算设计水位时的浮力;当验算地基应力时,仅考虑低水位时的浮力,或不考虑水的浮力;基础嵌入不透水性地基的桥墩,可不计水的浮力;当地基的透水性难以确定时,可分别按透水和不透水两种情况以最不利的荷载组合进行计算。

2. 可变作用

可变作用包括以下几种。

(1)作用在上部构造上的汽车荷载和人群荷载。

(2)汽车冲击力,对钢筋混凝土柱式桥墩及其他轻型桥墩应计入冲击力,对于重力式实体桥墩,由于冲击力作用衰减很快所以不计冲击力。

（3）汽车离心力,对弯道半径小于或等于250m的弯桥桥墩应计离心力,其着力点在桥面以上1.2m处。

（4）作用在上部结构和墩身上的纵横向风荷载,用 W_1 表示。

（5）汽车的制动力,是桥墩承受的主要纵向水平力之一,当汽车荷载在桥上制动或减速时,在车轮与桥面之间产生的相互作用力。其方向与车辆行进方向相同,对于梁式桥桥墩其作用位置可移至支座中心(铰或滚轴中心)或滑动支座、橡胶支座、摆动支座的底座面上。

（6）作用在墩身上的流水压力。

（7）作用在墩身上的冰压力。严寒地区位于有冰棱的河流或水库中的桥墩,应根据当地冰棱的具体情况与桥墩的结构形式计算冰压力。如流冰的动压力,风和水流作用于大面积冰层产生的静压力,冰覆盖层受温度影响膨胀时产生的静压力,冰堆整体推移产生的静压力,冰层因水位升降产生的竖向作用力等。

（8）温度影响力,主要指上部结构受温度变化发生伸缩而对桥墩产生的水平力。

（9）支座摩阻力。

3.偶然作用

作用于桥墩的上的偶然作用有以下几种。

（1）地震作用:地震动峰值加速度大于或等于0.10g地区的公路桥涵应进行抗震设计。桥墩的抗震设计应考虑上部结构的地震荷载,其作用点的位置,顺桥向为支座顶面,拱桥为上部结构质量重心。

（2）作用在墩身上的船只或漂流物撞击力作用:位于通航河流或有漂浮物的河流中的桥墩,设计时应考虑船舶或漂流物的撞击力作用。

（3）汽车的撞击作用。

上述各种荷载的计算方法可参见第一篇总论中的第三章桥梁上的作用或《桥规》(JTG D60—2004)。

二、作用布置及作用效应组合

在所有桥墩的计算荷载中,不同的桥梁出现的作用种类和大小不一样,不同作用之间的组合效果也不一样;选择什么样的荷载组合与所计算的对象有关。桥墩计算一般需验算墩身截面强度、作用在墩身截面上的合力偏心距、基底应力及偏心距以及桥墩的稳定性等,那么可能出现的作用情况和作用效应组合应包括以下内容。

1.梁桥桥墩计算作用情况与作用效应组合

（1）作用情况(图5-2-1)

①桥墩在顺桥向承受最大竖向作用。

它是用来验算墩身强度和基底最大应力,因此除了有关的永久作用外,应在相邻两跨满布人群荷载,并使车道荷载中的集中力布置在桥墩截面重心处,另外,还有如制动力、支座阻力、纵向风力和船舶撞击作用等纵向作用。

②桥墩各截面在顺桥向可能产生最大偏心距和最大弯矩。

它是用来验算墩身强度、基底应力、偏心距以及桥墩稳定性。除永久作用外,应在相邻两孔的一孔上(当为不等跨桥梁时则在其中跨径较大的一孔上)布置汽车荷载和人群荷载以及可能产生的其他纵向作用,如纵向风力,汽车制动力和支摩阻力,或者偶然作用中的一种。

③按桥墩各截面在横桥方向上可能产生最大偏心和最大弯矩的情况布置。

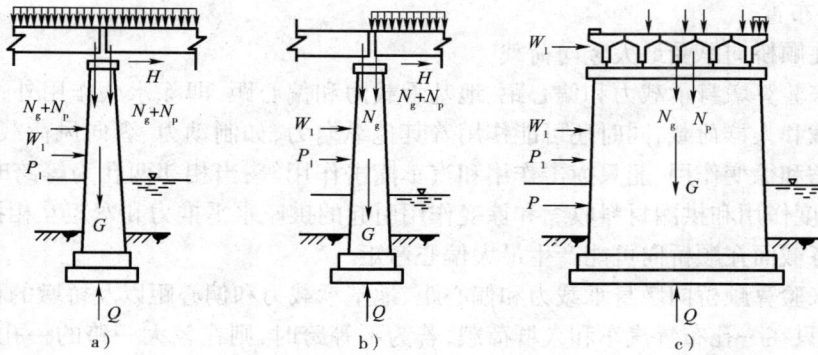

图 5-2-1 作用在梁桥桥墩上的荷载

它是用来验算在横桥方向上墩身强度、基底应力、偏心距以及桥墩的稳定性。布载时,除永久作用外,要注意将汽车荷载、人群荷载偏于桥面的一侧布置,此外还应考虑其他可能作用,如离心横向风力、流水压力、冰压力等,或者偶然作用中的船舶或漂流物的撞击力等。

④施工阶段各种可能的作用状况。

⑤考虑地震力作用的状况。

(2)作用效应组合

①顺桥向作用效应组合

a.上部结构重力 + 计算截面以上桥墩重力 + 浮力。

b.上部结构重力 + 计算截面以上桥墩重力 + 浮力 + 汽车荷载 + 人群荷载。

c.上部结构重力 + 计算截面以上桥墩重力 + 浮力 + 汽车荷载 + 人群荷载 + 纵向风力 + 支座摩阻力(或制动力 + 温度影响力)。

其中:支座摩阻力与(制动力 + 温度影响力)取小者进行组合。

d.上部结构重力 + 计算截面以上桥墩重力 + 浮力 + 汽车荷载 + 人群荷载 + 船只撞击力或漂浮物撞击力。

e.上部结构重力 + 计算截面以上桥墩重力 + 浮力 + 汽车荷载 + 人群荷载 + 汽车撞击力。

②横桥向(以双车道为例)作用效应组合

a.上部结构重力 + 计算截面以上桥墩重力 + 浮力 + 双孔双行汽车荷载偏载 + 双孔单边人群荷载 + 横向风力 + 水压力或冰压力。

b.上部结构重力 + 计算截面以上桥墩重力 + 浮力 + 双孔单行汽车荷载偏载 + 双孔单边人群荷载 + 横向风力 + 水压力或冰压力。

c.上部结构重力 + 计算截面以上桥墩重力 + 浮力 + 双孔双行汽车荷载偏载 + 双孔单边人群荷载 + 船只撞击力或漂浮物撞击力。

d.上部结构重力 + 计算截面以上桥墩重力 + 浮力 + 双孔双行汽车荷载偏载 + 双孔单边人群荷载 + 汽车撞击作用。

e.上部结构重力 + 计算截面以上桥墩重力 + 浮力 + 双孔单行汽车荷载偏载 + 双孔单边人群荷载 + 船只撞击力或漂浮物撞击力。

f.上部结构重力 + 计算截面以上桥墩重力 + 浮力 + 双孔单行汽车荷载偏载 + 双孔单边人群荷载 + 汽车撞击作用。

2.拱桥桥墩计算作用情况与作用效应组合

（1）作用布置

①桥墩在顺桥向承受最大竖向荷载

它是用来验算墩身承载力和偏心距、地基承载力和偏心距,即除永久作用外,相邻两孔都布满汽车荷载和人群荷载,同时还可能作用着其他纵向力,如制动力、纵向风荷载、温度作用、拱圈材料收缩和徐变作用、船只撞击作用和汽车撞击作用等;当相邻两孔为等跨时,则由上部结构重力、温度作用和拱圈材料收缩和徐变作用引起的拱座水平推力和弯矩互相抵消。

②桥墩各截面在顺桥向可能产生最大偏心弯矩

它是用来验算顺桥向墩身承载力和偏心距、地基承载力和偏心距以及桥墩的稳定性,即除永久作用外,只在一孔布置汽车和人群荷载,若为不等跨时,则在较大一跨的一孔布置汽车和人群荷载,同时还作用着其他纵向力,如制动力、拱圈材料收缩作用、船只撞击作用和汽车撞击作用等(图 5-2-2)。

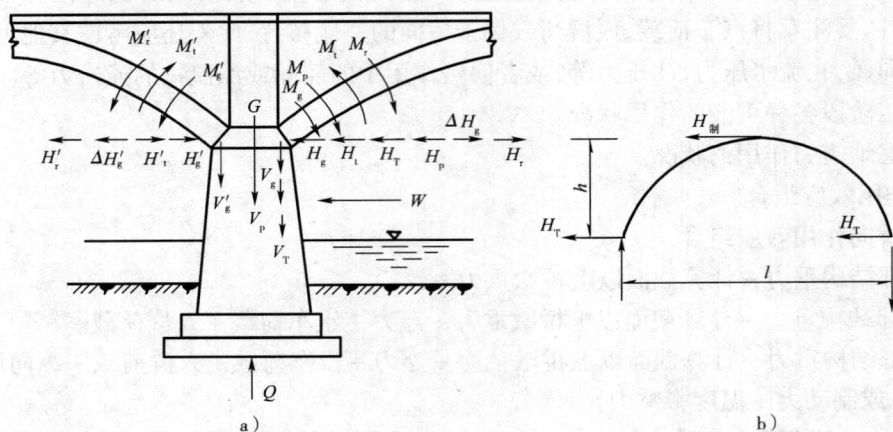

图 5-2-2　拱桥桥墩上的作用情况

图 5-2-2 中的符号意义如下:

G——桥墩自重;

Q——水的浮力(仅在验算稳定时考虑);

V'_g、V_g——相邻两孔拱脚处因结构自重产生的竖向反力;

V_p——与车辆荷载产生的 V_p 最大值相对应的拱脚竖向反力,可按支点反力影响线求得;

V_T——由桥面处制动力 $H_制$ 引起的拱脚竖向反力,即 $V_T = H_制 h/Lv$,其中 h 为桥面至拱脚的高度,L 为拱的计算跨径;

H_g、H'_g——不计弹性压缩时在拱脚处由恒载引起的水平推力;

ΔH_g、$\Delta H'_g$——由恒载产生弹性压缩所引起的拱脚水平推力,方向与 H_g 和 H'_g 相反;

H_p——在相邻两孔中较大的一孔上由车辆活载所引起的拱脚最大水平推力;

H_T——制动力引起的在拱脚处的水平推力,按两个拱脚平均分配计算,即 $H_T = H_制/2$;

H_t、H'_t——温度变化引起的在拱脚处的水平推力;

H_r、H'_r——拱圈材料收缩引起的拱脚水平推力;

M_g、M'_g——由恒载引起的拱脚弯矩;

M_p——由车辆荷载引起的拱脚弯矩,由于它是按 H_p 达到最大值时的活载布置计算,

204

故产生的拱脚弯距很小,可以忽略不计;

M_t、M'_t——温度变化引起的拱脚弯距;

M_r、M'_r——拱圈材料收缩引起的拱脚弯距;

W——墩身纵向风力。

③横桥向桥墩作用

在横桥方向可能作用于桥墩上的外力有风荷载、流水压力、冰压力、船只或漂浮物撞击作用、汽车撞击作用或地震作用等。但对于公路拱桥,横桥方向的受力验算一般不控制设计,除非桥的长宽比特别大,或者受到地震作用、冰压力和船只撞击力作用时才考虑。

(2)顺桥向作用效应组合

作用效应组合(双孔布置和单孔布置分别组合)

①上部结构重力 + 计算截面以上桥墩重力 + 浮力 + 混凝土收缩和徐变作用。

②上部结构重力 + 计算截面以上桥墩重力 + 浮力 + 混凝土收缩和徐变作用 + 汽车荷载 + 人群荷载。

③上部结构重力 + 计算截面以上桥墩重力 + 浮力 + 混凝土收缩和徐变作用 + 汽车荷载 + 人群荷载 + 纵向风力 + 制动力 + 温度影响力。

④上部结构重力 + 计算截面以上桥墩重力 + 浮力 + 混凝土收缩和徐变作用 + 汽车荷载 + 人群荷载 + 船只撞击作用或漂浮物撞击作用。

⑤上部结构重力 + 计算截面以上桥墩重力 + 浮力 + 混凝土收缩和徐变作用 + 汽车荷载 + 人群荷载 + 汽车撞击作用。

需要特别强调的是,以上各种作用组合均应满足《桥规》(JTG D60—2004)中所规定的强度安全系数、容许偏心距和稳定系数;而且,有的作用不能同时组合,如汽车制动力不能与流水压力、冰压力和支座摩阻力中任意一种同时组合(表 5-2-1)。

可变作用不同时组合

表 5-2-1

编号	荷载名称	不与该荷载同时参与组合的荷载编号	编号	荷载名称	不与该荷载同时参与组合的荷载编号
1	风力	—	4	冰压力	2,3
2	汽车制动力	3,4,6	5	温度影响力	—
3	流水压力	2,4	6	支座摩阻力	2

第二节　重力式桥墩计算

对于梁桥和拱桥的重力式桥墩计算,虽然在作用效应组合的内容上稍有不同,但是就某个截面而言,这些外力都可以合成为竖向和水平方向的合力(用 $\sum N$ 和 $\sum H$ 表示),以及绕该截面 x—x 轴和 y—y 轴的弯矩(用 $\sum M_x$ 和 $\sum M_y$ 表示),如图 5-2-3 所示。

因此,它们的验算内容和计算方法基本相同。

一、重力式桥墩计算或验算的步骤

(1)根据构造要求和经验拟定各部分尺寸。

（2）计算作用在桥墩上的作用。

（3）进行作用的布置与作用效应组合，并选取截面，计算各截面的内力。

（4）验算墩身截面承载力和偏心距。

（5）验算地基承载力和偏心距。

（6）验算桥墩倾覆和滑动稳定性。

除此之外，还应结合施工情况进行必要的验算。如拱桥在施工过程中可能产生的单向水平推力，可使砌体强度和基底的承载能力提高，使倾覆和滑动稳定性系数降低。

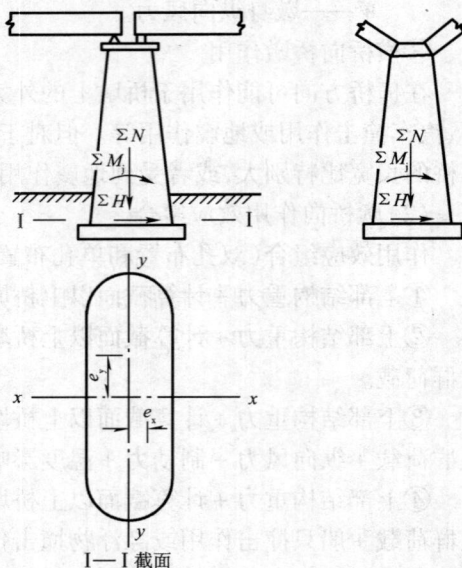

图 5-2-3　墩身截面强度验算

二、验算内容

1. 墩身强度验算

重力式桥墩主要采用圬工材料建造，一般为偏心受压构件，截面强度的设计验算采用分项安全系数的极限状态法。在不利作用效应组合作用下，验算桥墩各控制截面的作用效应设计值（内力）应小于或等于结构抗力效应的设计值，用方程表示为

$$S_d(\gamma_{s0}\varphi\sum\gamma_{s1}Q)\leqslant R_d(R_j\gamma_m,\alpha_k) \qquad (5\text{-}2\text{-}1)$$

式中：S_d——作用效应函数；

Q——作用在结构上产生的效应；

γ_{s0}——结构的重要性系数；

γ_{s1}——作用效应安全系数；

φ——作用效应组合系数；

R_d——结构抗力效应函数；

γ_m——材料或砌体的安全分数；

α_k——结构的几何尺寸；

R_j——材料或砌体的极限强度。

（1）选取验算截面

通常选取墩身的底面及墩身截面突变处。对于采用悬臂式墩帽的墩身，墩身与墩帽交界截面需予以验算。当桥墩较高时，沿墩高每 23m 选一个验算截面。

（2）验算截面的内力计算

按照各种作用效应组合，分别计算各验算截面的竖向力、水平力和弯矩，以得到 $\sum N$、$\sum H$ 及 $\sum M$。

（3）验算截面的偏心距计算

桥墩一般属偏心受压构件，各验算截面在各种作用效应组合下，受压偏心距按下式计算

$$e = \sum M/\sum N \qquad (5\text{-}2\text{-}2)$$

（4）截面的承载力验算

重力式桥墩主要采用圬工材料建造，一般属偏心受压构件。《公路圬工桥涵设计规范》

（JTG D61—2005）规定如下。

①砌体（包括砌体与混凝土组合）受压构件，当受压偏心距在限值（表5-2-2）范围内时，桥墩各控制截面的承载能力按下式计算

$$\gamma_0 N_d < \varphi A f_{cd} \tag{5-2-3}$$

式中：γ_0——结构重要性系数，对应于《公路圬工桥涵设计规范》（JTG D61—2005）规定的一级、二级、三级设计安全等级分别取用1.1、1.0、0.9；

N_d——轴向力设计值；

A——构件截面面积。对于组合截面按强度比换算，即$A = A_0 + \eta_1 A_1 + \eta_2 A_2 + \cdots$，$A_0$为标准层截面面积，$A_1$，$A_2$…为其他层截面面积，$\eta_1 = f_{c1d}/f_{c0d}$，$\eta_2 = f_{c2d}/f_{c0d}$，…，$f_{c0d}$为标准层轴心抗压强度设计值，$f_{c1d}$，$f_{c2d}$…为其他层的轴心抗压强度设计值；

f_{cd}——砌体或混凝土轴心抗压强度设计值，按《公路圬工桥涵设计规范》（JTG D61—2005）3.3.2、3.3.3及3.3.4条的规定采用，对组合截面应采用标准层轴心抗压强度设计值；

φ——构件轴向力的偏心距e和长细比β对受压构件承载力的影响系数，按式（5-2-4）计算。

$$\varphi = \frac{1}{\dfrac{1}{\varphi_x} + \dfrac{1}{\varphi_y} - 1} \tag{5-2-4}$$

$$\varphi_x = \frac{1 - \left(\dfrac{e_x}{x}\right)^m}{1 + \left(\dfrac{e_x}{i_y}\right)^2} \cdot \frac{1}{1 + \alpha\beta_x(\beta_x - 3)\left[1 + 1.33\left(\dfrac{e_x}{i_y}\right)^2\right]} \tag{5-2-5}$$

$$\varphi_y = \frac{1 - \left(\dfrac{e_y}{y}\right)^m}{1 + \left(\dfrac{e_y}{i_x}\right)^2} \cdot \frac{1}{1 + \alpha\beta_y(\beta_y - 3)\left[1 + 1.33\left(\dfrac{e_y}{i_x}\right)^2\right]} \tag{5-2-6}$$

式中：φ_x、φ_y——分别为x方向和y方向偏心受压构件承载力影响系数；

x、y——分别为x方向和y方向截面重心至偏心方向的截面边缘的距离（图5-2-4）；

e_x、e_y——轴向力在x方向和y方向的偏心距，$e_x = M_{yd}/N_d$，$e_y = M_{xd}/N_d$，其值不应超过表5-2-2及图5-2-4所示在x方向、y方向的规定值，其中M_{yd}、M_{xd}分别为绕y轴、x轴的弯矩设计值，N_d为轴向力设计值；

m——截面形状系数，对于圆形截面取2.5；对于T形或U形截面取3.5；对于箱形截面或矩形截面（包括两端设有曲线形或圆弧形的矩形墩身截面）取8.0；

i_x、i_y——弯曲平面内的截面回转半径，$i_x = \sqrt{I_x/A}$，$i_y = \sqrt{I_y/A}$；I_x，I_y分别为截面绕x轴和绕y轴的惯性矩，A为截面面积；对于组合截面，A，I_x，I_y应按弹性模量比换算[《公路圬工桥涵设计规

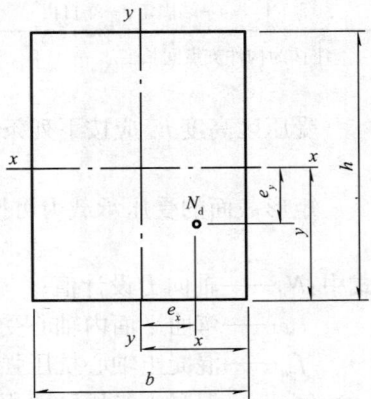

图5-2-4　砌体构件偏心受压

范》(JTG D61—2005)];

α——与砂浆强度等级有关的系数,当砂浆强度等级大于或等于 M5 或为组合构件时,α 为 0.002;当砂浆强度为 0 时,α 为 0.013;

β_x、β_y——构件在 x 方向、y 方向的长细比,按公式(5-2-7)和公式(5-2-8)计算,当 β_x、β_y 小于 3 时取 3。

$$\beta_x = \frac{\gamma\beta l_0}{3.5 i_y} \qquad (5\text{-}2\text{-}7)$$

$$\beta_y = \frac{\gamma\beta l_0}{3.5 i_x} \qquad (5\text{-}2\text{-}8)$$

式中,不同砌体材料构件的长细比修正系数,按表 5-2-3 的规定取用;构件计算长度,按表 5-2-4 的规定取用。

受压构件偏心距限值　表 5-2-2

作用组合	偏心距限值 e
基本组合	$\leq 0.6s$
偶然组合	$\leq 0.7s$

注:①混凝土结构单向偏心的受拉一边或双向偏心的各受拉一边,当设有不小于截面面积 0.05% 的纵向钢筋时,表内规定值可增加 0.1s;
②表中 s 值为截面或换算截面中心轴至偏心方向截面边缘的距离(图 5-2-5)。

长细比修正系数　表 5-2-3

砌体材料类别	$\gamma\beta$	砌体材料类别	$\gamma\beta$
混凝土预制块砌体或组合构件	1.0	粗料石、块石、片石砌体	1.3
细料石、半细料石砌体	1.1		

②混凝土受压构件,当受压偏心距在限值(表 5-2-2)范围内时,根据《公路圬工桥涵设计规范》(JTG D61—2005)4.0.8,桥墩各控制截面的承载能力按下式计算

$$\gamma_0 N_d \leq \varphi f_{cd} A_c \qquad (5\text{-}2\text{-}9)$$

a. 单向偏心受压

构件计算长度 l_0　　表 5-2-4

构件及其两端约束情况		计算长度 l_0
直杆	两端固结	0.5l
	一端固结,一端为不移动的铰	0.7l
	两端均为不移动的铰	1.0l
	一端固定,一端自由	2.0l

注:l 为构件支点间长度。

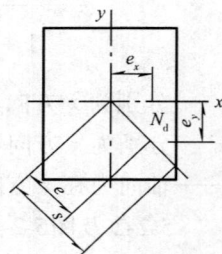

图 5-2-5　受压构件偏心距

受压区高度 h_c 应按下列条件确定[图 5-2-6a)]

$$e_c = e \qquad (5\text{-}2\text{-}10)$$

矩形截面的受压承载力可按下列公式计算

$$\gamma_0 N_d \leq \varphi f_{cd} b(h - 2e) \qquad (5\text{-}2\text{-}11)$$

式中:N_d——轴向力设计值;

φ——弯曲平面内轴心受压构件弯曲系数,按表 5-2-5 采用;

f_{cd}——混凝土轴心抗压强度设计值;

A_c——混凝土受压区面积;

e_c——受压区混凝土法向应力合力作用点至截面重心的距离;

e——轴向力的偏心距;

b——矩形截面宽度;

h——矩形截面高度。

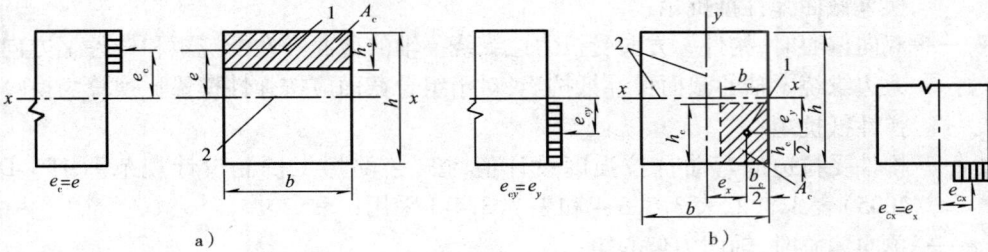

图 5-2-6　混凝土构件偏心受压

a)单向偏心受压;b)双向偏心受压

1-受压区重心(法向压应力作用点);2-截面重心轴

当构件弯曲平面外长细比大于弯曲平面内长细比时,尚应按轴心受压构件验算其承载力。

混凝土轴心受压构件弯曲系数　　　　　　　　表 5-2-5

l_0/b	<4	4	6	8	10	12	14	16	18	20	22	24	26	28	30
l_0/i	<14	14	21	28	35	42	49	56	63	70	76	83	90	97	104
φ	1.00	0.98	0.96	0.91	0.86	0.82	0.77	0.72	0.68	0.63	0.59	0.55	0.51	0.47	0.44

注:①l_0 为计算长度,按表 5-2-4 的规定采用;

②在计算 l_0/b 或 l_0/i 时,b 或 i 的取值:对于单向偏心受压杆件,取弯由平面内截面高度或回转半径;对于轴心受压构件及双向偏心受压构件,取截面短边尺寸或截面最小回转半径。

b.双向偏心受压

受压区高度和宽度,应按下列条件确定[图 5-2-6b)]

$$e_{cy} = e_y \qquad (5-2-12)$$
$$e_{cx} = e_x \qquad (5-2-13)$$

矩形截面的偏心受压承载力可按下列公式计算

$$\gamma_0 N_d \leqslant \varphi f_{cd}(h - 2e_y)(b - 2e_x) \qquad (5-2-14)$$

式中:φ——轴心受压构件弯曲系数,见表 5-2-5;

e_{cy}——受压区混凝土法向应力合力作用点在 y 轴方向至截面重心距离;

e_{cx}——受压区混凝土法向应力合力作用点在 x 轴方向至截面重心距离;

e_y——轴向力 y 轴方向的偏心距;

e_x——轴向力 x 轴方向的偏心距。

③砌体和混凝土的单向及双向偏心受压构件,当轴向力的偏心距 e 超过偏心距限值(表 5-2-2)时,构件承载力应按下列公式计算

单向偏心

$$\gamma N_d \leqslant \varphi \frac{A f_{tmd}}{\dfrac{Ae}{W} - 1} \qquad (5-2-15)$$

双向偏心

$$\gamma N_d \leqslant \varphi \frac{A f_{tmd}}{\dfrac{Ae_x}{W_y} + \dfrac{Ae_y}{W_x} - 1} \qquad (5-2-16)$$

209

式中：N_d——轴向力设计值；

A——构件截面面积，对于组合截面应按弹性模量比换算为换算截面面积；

W——单向偏心时，构件受拉边缘的弹性抵抗矩，对于组合截面应按弹性模量比换算为换算截面弹性抵抗矩；

W_y、W_x——双向偏心时，构件 x 方向受拉力边缘绕 y 轴的截面弹性抵抗矩和构件 y 方向受拉力边缘绕 x 轴的截面弹性抵抗矩，对于组合截面应按弹性模量比换算为换算截面弹性抵抗矩；

f_{tmd}——构件受拉边的弯曲抗拉强度设计值，按《公路圬工桥涵设计规范》（JTG D61—2005）表3.3.2、表3.3.3-4 和表3.3.4-3 采用；

e——单向偏心时，轴向力偏心矩；

e_x、e_y——双向偏心时，轴向力在 x 方向和 y 方向的偏心矩；

φ——砌体偏心受压构件承载力影响系数或混凝土轴心受压构件弯曲系数，分别按式（5-2-4）计算和见表5-2-5。

④抗剪强度的验算

当拱桥相邻两孔的推力不相等时，需要验算拱座截面的抗剪强度以及在裸拱情况下卸落拱架时，也要进行抗剪强度验算。

根据《公路圬工桥涵设计规范》（JTG D61—2005）规定，砌体构件或混凝土构件直接受剪时，应按下列公式计算

$$\gamma_0 V_d \leq A f_{vd} + \frac{1}{1.4}\mu_f N_k \tag{5-2-17}$$

式中：V_d——剪力设计值；

A——受剪截面面积；

f_{vd}——砌体或混凝土抗剪强度设计值，按《公路圬工桥涵设计规范》（JTG D61—2005）表3.3.2、表3.3.3-4 和表3.3.4-3 采用；

μ_f——摩擦系数，采用 $\mu_f = 0.7$；

N_k——与受剪截面垂直的压力标准值。

2. 地基承载力和偏心距验算

地基承载力验算目前仍按《公路桥涵地基与基础设计规范》（JTJ 024—85）和《公路桥涵设计通用规范》（JTG D60—2004）的有关规定计算。

（1）地基承载力验算

基底土的承载力一般按顺桥方向和横桥方向分别进行验算。当偏心作用力的合力作用点在基底截面的核心半径以内时，应验算偏心方向的基底应力，按下式验算基底应力

$$\sigma_{max} = \frac{\sum N}{A} + \frac{\sum M}{W} \leq k[\sigma] \tag{5-2-18}$$

当设置在基岩上的桥墩基底合力偏心距 e_0 超出核心半径 ρ 时，其基底的一边出现拉应力，由于不考虑基底承受拉应力，故需按基底应力重分布（图5-2-7）重新验算基底最大压应力，公式如下

顺桥方向

$$\sigma_{max} = 2N/(a c_x) \leq k[\sigma] \tag{5-2-19}$$

210

横桥方向

$$\sigma_{max} = 2N/(bc_y) \leqslant k[\sigma] \qquad (5\text{-}2\text{-}20)$$

式中： σ_{max} ——应力重分布后基底最大压应力；

N ——作用于基础底面合力的竖向分力；

a、b ——顺桥方向和横桥方向基础底面的边长；

$[\sigma]$ ——地基土壤的容许承载力，并按作用及使用情况计入容许承载力的提高系数；

c_x ——顺桥方向验算时，基底受压面积在顺桥方向的长度，即 $c_x = 3(b/2 - e_x)$；

c_y ——横桥方向验算时，基底受压面积在横桥方向的长度，即 $c_y = 3(a/2 - e_y)$；

其中：e_x、e_y ——合力在 x 轴和 y 轴方向的偏心距。

（2）基底偏心距验算

为了防止基底最大压应力 σ_{max} 与最小压应力 σ_{min} 相差过大，导致基底产生不均匀沉陷从而影响桥墩的正常使用，需控制基础合力偏心距 e_0。要求 e_0 符合表 5-2-6 要求。

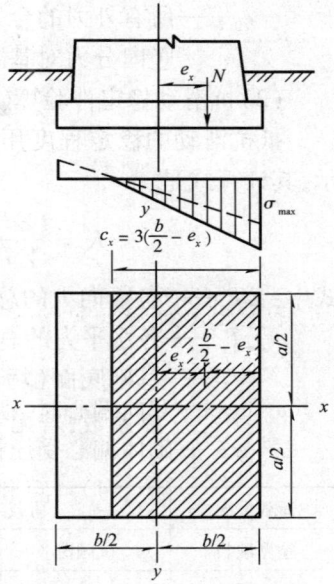

图 5-2-7 基底应力重分布

墩台基础合力偏心距的限制
表 5-2-6

荷 载 情 况	地 基 条 件	合 力 偏 心 距	备 注
墩台仅受永久作用时	非岩石地基	桥墩 $e_0 \leqslant 0.1\rho$	对于拱桥墩台，其永久作用合力应尽量保持在基底中线附近
		桥台 $e_0 \leqslant 0.75\rho$	
墩台基本组合偶然组合	非岩石地基	$e_0 \leqslant \rho$	建筑在岩石地基上的单向推力墩，当满足强度和不稳定期性要求时，合力偏心距不受限制
	石质较差的岩石地基	$e_0 \leqslant 1.2\rho$	
	竖密岩石地基	$e_0 \leqslant 1.5\rho$	

注：ρ ——墩台基础底面的核心半径；e_0 ——基底以上外力合力作用点对基底重心轴的偏心距，$e_0 = \sum M / \sum N$；$\sum N$ ——作用于基底的合力的竖向分力；$\sum M$ ——作用于墩台的水平力和竖向力对基底形心轴的弯矩。

3. 桥墩的稳定性验算

桥墩的稳定性验算目前也仍按《公路桥涵地基与基础设计规范》（JTJ 024—85）和《公路桥涵设计通用规范》（JTG D60—2004）的有关规定计算。

（1）抗倾覆稳定性验算（表 5-2-7）

用抵抗倾覆的稳定系数 K_0 来表示桥墩抵抗倾覆的稳定程度，其计算公式如下（图 5-2-8）

$$K_0 = \frac{M_稳}{M_倾} = \frac{x\sum P_i}{\sum P_i e_i + \sum(T_i h_i)} = \frac{x}{e_0} \qquad (5\text{-}2\text{-}21)$$

式中：$M_稳$ ——稳定力矩；

$M_倾$ ——倾覆力矩；

$\sum P_i$ ——作用于基底竖向力的总和；

$P_i e_i$ ——作用在桥墩上各竖向力与它们到基底重心轴距离的乘积；

$T_i h_i$ ——作用在桥墩上各水平力与它们到基底距离的乘积；

x ——基底截面重心 o 至偏心方向截面边缘的距离；

e_0——所有外力的合力及(包括水的浮力)
竖向分力对基底重心的偏心距。

(2)抗滑动稳定性验算(表 5-2-7)

抵抗滑动的稳定程度用抗滑稳定系数 K_c 表示,其计算式是

$$K_c = \frac{f \sum P_i}{\sum T_i} \qquad (5\text{-}2\text{-}22)$$

式中:$\sum P_i$——各竖向力的总和(包括水的浮力);

$\sum T_i$——各水平力的总和;

f——基础底面(圬工)与地基土间的摩擦系数;若无实测值时,可参照表 5-2-8 选取。

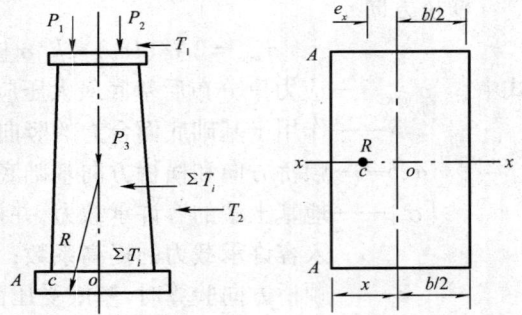

图 5-2-8 桥墩稳定性验算

抗倾覆、抗滑动的稳定系数 K_0、K_c　　表 5-2-7H

荷载情况	荷载组合 I		荷载组合 II、III、IV		荷载组合 V	
验算项目	抗倾覆	抗滑动	抗倾覆	抗滑动	抗倾覆	抗滑动
稳定系数	1.5	1.3	1.3	1.3	1.2	1.2

基地摩擦系数 f　　表 5-2-8

地基土分类	软塑黏土	硬塑黏土	砂黏土、黏砂土、半干硬的黏土	砂土类	碎石类土	软质岩土	硬质岩土
f	0.25	0.30	0.30~0.40	0.40	0.50	0.40~0.60	0.60~0.70

上述求得的抗倾覆与抗滑动稳定系数 K_0、K_c 在新的《公路砖混凝土桥墩设计规范》颁布前,按表 5-2-7 执行。需引起注意的是在验算倾覆稳定性和滑动稳定性时,要分别按常水位和设计洪水位两种情况考虑水的浮力,以得到最不利状态值。

(3)纵向挠曲稳定验算

当桥墩高度较大时,需进行纵向挠曲稳定验算,公式如下

$$N_j \leqslant \varphi \alpha A R_a^j / \gamma_m \qquad (5\text{-}2\text{-}23)$$

式中:φ——受压构件纵向弯曲系数,中心受压的 φ 值可查阅现行《公路砖石及混凝土桥涵设计规范》,偏心受压时,弯曲平面内的纵向弯曲系数 φ 按下式计算

$$\varphi = \frac{1}{1 + \alpha \beta (\beta - 3) \left[1 + 1.33 \left(\dfrac{e_0}{r_w} \right)^2 \right]}$$

α——与砂浆强度有关的系数,对 M5、M2.5、M1 砂浆,α 分别取 0.002、0.002 5、0.000 4;对混凝土,α 采用 0.002;

β——矩形截面 $\beta = l_0/h_w$;非矩形截面由 l_0/h_w 查《公路圬工桥涵设计规范》(JTG D61—2005);

其中:l_0——桥墩的计算长度,与两端结合的情况有关,见《公路圬工桥涵设计规范》(JTG D61—2005);

h_w——矩形截面在弯曲平面上的高度,非矩形截面见规范《公路圬工桥涵设计规范》(JTG D61—2005)。

其余符号意义同前。

4.墩顶水平位移验算

（1）墩顶水平弹性位移 Δ_t

一般情况下，重力式桥墩不必验算其墩顶水平位移，而当墩高超过 20m 时，需进行墩顶水平弹性位移验算。

计算图式是：假定墩身是一个固定在基础顶面的悬臂梁，不考虑上部结构对桥墩位移的约束；所考虑的荷载包括制动力、风力及偏心的竖向支座反力等。

（2）地基不均匀沉降引起的墩顶水平位移 Δ_c

可通过计算不均匀沉降引起的倾斜角求得。

（3）墩顶水平位移容许值 $[\Delta]$

$$[\Delta] = 0.5\sqrt{L} \qquad (5\text{-}2\text{-}24)$$

式中：$[\Delta]$——墩顶水平位移容许值，mm；

L——相邻墩台间最小跨径，m，小于 25m 时仍以 25m 计算。

（4）验算

应满足

$$\Delta = \Delta_t + \Delta_c \leqslant [\Delta] \qquad (5\text{-}2\text{-}25)$$

第三节　桩柱式桥墩的计算

桩柱式桥墩的计算包括盖梁和桩柱两部分。

一、盖 梁 计 算

1. 计算图式

（1）盖梁的刚度与桩柱的刚度比大于 5 时

①双柱式桥墩按简支梁或悬臂梁计算。

②多柱式桥墩按连续梁计算。

（2）当盖梁计算跨径与梁高之比，对简支梁小于 2，对连续梁小于 2.5 时，按《公路钢筋混凝土及预应力混凝土桥涵设计规范》（JTG D62—2004）附录六作为深梁计算。

（3）当盖梁的刚度与桩柱的刚度比小于 5，或桥墩承受较大横向力时，盖梁应作为横向框架的一部分进行验算。

（4）当盖梁的跨高比 $L/H > 5$ 时，按钢筋混凝土一般构件计算。

2. 作用

主要有上部结构恒载、支座反力、盖梁自重及可变作用（含冲击力及人群荷载）。

3. 计算方法

公路桥梁桩柱式墩大多采用双柱式，且盖梁与桩柱的刚度比往往大于 5，故通常按简支或双悬臂梁计算。内力计算时，控制截面一般在支点和跨中，作用纵横向分布的影响可参照装配式简支梁梁肋的内力计算方法予以考虑。

（1）作用纵向分布的考虑：汽车荷载，由上部结构通过支座传递给桥墩，所以计算时，首先作盖梁计算截面处上部结构支点反力影响线，然后考虑最不利作用效应，即可求得相应最大支座反力。

（2）作用横向分布影响：首先作出盖梁控制截面的内力横向影响线，然后考虑最不利作用效应。当计算跨中正弯矩时，汽车荷载对称布置，当计算支点负弯矩时，汽车荷载非对称布置。

4. 注意事项

（1）盖梁内力计算时，可考虑桩柱支承宽度对削减负弯矩尖峰的影响。

（2）桥墩沿纵向的水平力及当盖梁在纵桥向设置有两排支座时产生的上部结构汽车荷载力将对盖梁产生扭矩，应予以考虑。

二、桩柱的计算

桩柱式桥墩一般分刚性和柔性两种，刚性桩柱式桥墩计算方法同重力式桥墩，柔性桩柱式桥墩受力与桥梁整体结构类型有关，目前国内橡胶支座应用较普遍，这种支座在水平力作用下可有微小的水平位移，一般按在节点处设水平弹簧支承的计算图式，如图5-2-9所示。

1. 外力计算

应考虑桥墩桩柱上的永久作用反力、盖梁的质量及桩柱自重；桩柱承受的汽车荷载按设计荷载进行最不利加载计算，最后经作用效应组合，求得最不利的作用效应，桥墩的水平力有温度作用下支座的摩擦阻力和汽车制动力等。

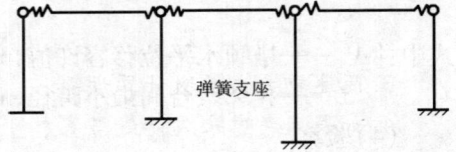

图5-2-9　梁桥柔性桥墩计算图式

2. 内力计算

随着计算机技术的普及与应用，目前桩柱计算广泛采用有限元法，按桩、柱、梁等上、下部结构联合计算，这是一种最合理、最准确、最为简便的方法。

对于柔性墩简支梁桥，一次迭代法和三推力方程法方便手算，也不太复杂，所以仍然应用较多。而集成刚度法和柔度传递法主要用于柔性墩连续梁桥计算。

3. 墩顶位移计算

柔性墩墩顶位移验算必不可少。

在不考虑桩基变位影响时，等截面桥墩由于墩顶承受弯矩 M，水平力 T 沿墩高梯形分布的水平荷载所引起的墩顶位移可按下式计算（图5-2-10）

$$\Delta = 1/EI(1/2MH^2 + 1/3TH^3 + 1/8q_1H^4 + 1/30q_2H^4)$$

(5-2-26)

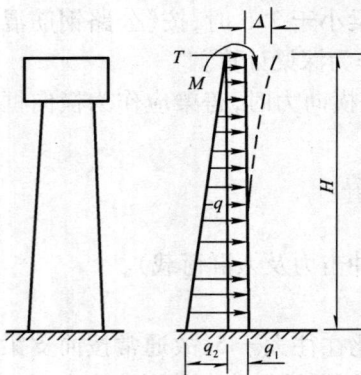

式中：M——作用在墩顶的弯矩，MPa，包括制动力和永久作用、可变作用偏心等引起的弯矩；

T——作用在墩顶的水平力，kN；

q_1——由于风力等沿墩高均匀分布的水平分力，kN；

q_2——由于风力和其他水平外力沿墩高成三角形分布的水平荷载（墩顶为零，基础顶面为 q_2），kN；

I、E——桥墩截面材料的截面惯性矩，m^4，抗压弹性模量，MPa；

H——桥墩高度。

图5-2-10　桥墩弹性水平位移

对于变截面桥墩墩顶水平位移，近似计算公式为

$$\Delta = 1/EI[MH^2(1/2 + k/3) + TH^2(1/3 + k/6) +$$
$$q_1H^4(1/8 + k/24) + q_2H^4(1/30 + k/144)]$$

(5-2-27)

式中：$k = [1 - I_{1/2}]/I_{1/2}$；

I——桥墩底截面惯性矩；

$I_{1/2}$——桥墩墩高1/2处截面惯性矩；

其他符号意义同前。

计入桩基变位(水平位移 Δ_0、转角 φ_0)，则桥墩顶总的水平位移为

$$\Delta_\text{总} = \Delta_0 + \varphi_0 H + \Delta \qquad (5\text{-}2\text{-}28)$$

4. 桩基础计算

桩基础计算请参考教材《土力学与地基基础》及其他有关书籍。

[复习思考题]

1. 简述桥墩上的作用。

2. 什么是作用于桥墩上"最不利的荷载组合"？

3. 简述重力式桥墩计算步骤。

4. 如果只考虑永久荷载与基本可变荷载，那么在顺桥向作用于桥墩上的荷载组合方式有哪两类？

5. 如何布置荷载才能使拱桥桥墩各截面产生最大竖直反力？

6. 桩柱式桥墩的计算包括哪些内容？

7. 轻型桥台在构造和受力上有何特点？计算中如何考虑？

8. 计算题(重力式桥墩计算)

设计荷载：公路—I级；

上部结构：$L_b = 16\text{m}$，永久作用支座反力 3 300kN；

桥面净宽：净—11.00m；

支座形式：板式橡胶支座；

材料：墩帽 C25 钢筋混凝土(重度 $\gamma = 25\text{kN/m}^3$)，

墩身及基础 C20 片石混凝土(重度 $\gamma = 24\text{kN/m}^3$)；

地基：岩石地基 $[\sigma_0] = 2\,000\text{kPa}$；

水位：最高洪水位距墩帽底面 0.75m，最低洪水位距基础顶面 1.5m，基底顶面覆土 0.5m；

试按桥墩 $H = 8.0\text{m}$(基础顶面到墩帽顶面高)拟定尺寸并验算。

第三章 桥台计算

[提要] 本章简要介绍了重力式桥台、梁桥轻型桥台上的作用及其组合,重力式桥台、梁桥轻型桥台的计算及验算内容、方法和步骤。

第一节 重力式桥台的计算

一、桥台计算作用特点

重力式桥台与重力式桥墩相比,其计算作用基本相同,不同之处主要是桥台要考虑台后填土的土侧压力及汽车荷载引起的土侧压力,而桥墩不需考虑,且桥台不需考虑纵、横向风力、流水压力、冰压力、船只或漂浮物的撞击作用,但桥墩需要考虑。

台后土侧压力,一般按主动土压力计算,其大小与土的压实程度有关。在计算桥台前端的最大应力、向桥孔一侧的偏心和向桥孔方向的倾覆与滑动时,台后填土按尚未压实考虑(摩擦角取小值);当计算桥台后端的最大应力、向路堤一侧的偏心和向路堤方向的倾覆与滑动时,则按台后填土已经压实考虑(摩擦角取较大值)。土压力的计算范围:当验算台身强度和地基承载力时,计算基础顶至桥台顶面范围内的土压力;当验算桥台稳定性时,计算基础底至桥台顶面范围内的土压力。

二、作用布置与组合

1. 梁桥重力式桥台的作用布置与作用效应组合

(1)荷载布置(只考虑顺桥向)

①在桥跨结构上布置汽车荷载,温度下降作用,制动力(向桥孔方向),并考虑台后土侧压力[图5-3-1a)]。

②在桥台后破坏棱体上布置汽车荷载,温度下降作用,并考虑台后土侧压力[图5-3-1b)]。

③在桥跨结构上和台后破坏棱体上都布置车辆荷载,温度下降作用,制动力(向桥孔方向),并考虑台后土侧压力[图5-3-1c)]。

(2)作用效应组合

①上部结构重力+计算截面以上桥台重力+浮力+土侧压力(此组合是验算地基受永久作用时的合力偏心距)。

②上部结构重力+计算截面以上桥台重力+浮力+土侧压力+作用在桥跨结构上的汽车荷载和人群荷载。

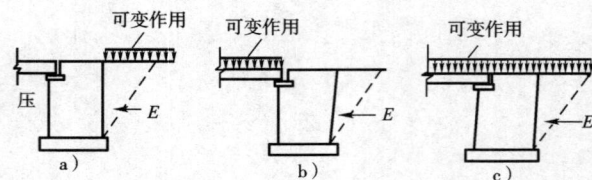

图 5-3-1 梁桥桥台作用组合图

③上部结构重力+计算截面以上桥台重力+浮力+土侧压力+作用在桥跨结构上的汽车荷载和人群荷载+制动力。

④上部结构重力+计算截面以上桥台重力+浮力+土侧压力+作用在桥跨结构上的汽车

216

荷载和人群荷载＋支座摩阻力。

⑤上部结构重力＋计算截面以上桥台重力＋浮力＋土侧压力（包括作用在破坏棱体上的汽车荷载所引起的土侧压力）。

⑥上部结构重力＋计算截面以上桥台重力＋浮力＋土侧压力（包括作用在破坏棱体上的汽车荷载所引起的土侧压力）＋支座摩阻力。

⑦上部结构重力＋计算截面以上桥台重力＋浮力＋土侧压力（包括作用在破坏棱体上的汽车荷载所引起的土侧压力）＋作用在桥跨结构上的汽车荷载和人群荷载。

⑧上部结构重力＋计算截面以上桥台重力＋浮力＋土侧压力（包括作用在破坏棱体上的汽车荷载所引起的土侧压力）＋作用在桥跨结构的汽车荷载和人群荷载＋制动力。

⑨上部结构重力＋计算截面以上桥台重力＋浮力＋土侧压力（包括作用在破坏棱体上的汽车荷载所引起的土侧压力）＋作用在桥跨结构的汽车荷载和人群荷载＋支座摩阻力。

2. 拱桥重力式桥台的作用布置与作用效应组合

（1）作用布置（只考虑顺桥向）

①在台后破坏棱体上布置车辆荷载，温度下降作用，并考虑台后土侧压力、拱圈材料收缩力（图 5-3-2）。

②在桥跨结构上布置车辆荷载，使拱脚水平推力 H_p 达到最大值，温度上升，作用制动力（向路堤方向），并考虑台后土侧压力，拱圈材料收缩力（图 5-3-3）。

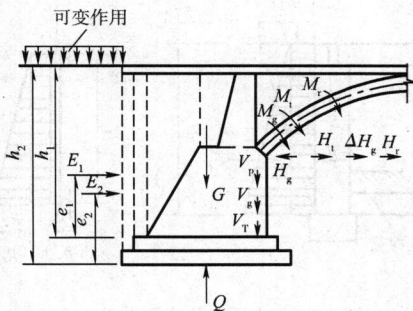

图 5-3-2　作用在拱桥桥台后的作用　　　　　　　图 5-3-3　作用在拱桥桥跨上的作用

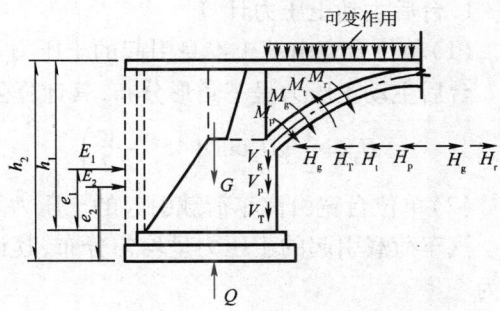

（2）作用效应组合

①上部结构重力＋计算截面以上桥台重力＋浮力＋土侧压力＋混凝土收缩作用（此组合是验算地基承受永久作用时的偏心距）。

②上部结构重力＋计算截面以上桥台重力＋浮力＋土侧压力（包括作用在破坏棱体上的汽车荷载所引起的土侧压力）＋混凝土收缩作用。

③上部结构重力＋计算截面以上桥台重力＋浮力＋土侧压力（包括作用在破坏棱体上的汽车荷载所引起的土侧压力）＋混凝土收缩作用＋温度下降作用。

④上部结构重力＋计算截面以上桥台重力＋浮力＋土侧压力＋作用在桥跨结构上的汽车荷载和人群荷载＋混凝土收缩作用。

⑤上部结构重力＋计算截面以上桥台重力＋浮力＋土侧压力＋作用在桥跨结构上的汽车荷载和人群荷载＋混凝土收缩作用＋向路堤方向的制动力＋温度上升作用。

三、重力式桥台强度、偏心距和稳定性验算

桥台台身强度与偏心距、基底承载力与偏心距以及桥台稳定性验算和桥墩相同。若 U 形

桥台两侧墙厚度不小于同一水平截面前墙全长的 0.4 倍时,桥台台身截面强度验算应把前墙和侧墙作为整体考虑其受力。否则,台身前墙应按独立的挡土墙进行验算。

第二节　梁桥轻型桥台计算

为了防止桥台受路堤的土侧压力而向河中方向移动,通常利用桥跨结构和底部支撑梁作为桥台与桥台或桥墩与桥台之间的支撑,形成四铰框架体系。这类桥台计算内容主要包括以下几方面。

(1)将桥台视为在顺桥向纵向竖直平面内上下端铰支,承受竖向力和横向力作用的竖梁(简支梁),验算墙身圬工的偏心受压强度和抗剪强度。

(2)将台身和翼墙(包括基础)视作横桥向竖直平面内弹性地基上的短梁,验算桥台在该平面内的弯曲强度。

(3)验算地基土承载力。

一、桥台作为竖梁时的强度验算(按单位宽度)

这种情况的最不利作用状态是:桥跨上除结构自重外无别的作用,台背填土破坏棱体上布置汽车荷载,其计算图式(图 5-3-4)。

1. 台后主动土压力计算

(1)单位台宽由填土本身引起的土压力 E_T

台后主动土压力呈三角形分布,其计算公式为

$$E_T = \frac{1}{2}\gamma H_2^2 \tan^2\left(45° - \frac{\varphi}{2}\right) \qquad (5\text{-}3\text{-}1)$$

(2)单位台宽由汽车荷载引起的土压力 E_c

汽车荷载引起的土压力呈均匀分布,其计算公式为

$$E_c = \gamma H_2 h \tan^2\left(45° - \frac{\varphi}{2}\right) \qquad (5\text{-}3\text{-}2)$$

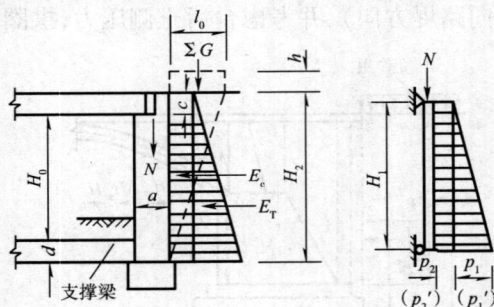

图 5-3-4　土压力及计算图式

(3)单位台宽总的土压力 E

$$E = E_T + E_c \qquad (5\text{-}3\text{-}3)$$

(4)等代土层厚度 h

$$h = \frac{\sum G}{Bl_0 \times \gamma} \qquad (5\text{-}3\text{-}4)$$

式中:γ——台后填土密度;

　　φ——土的摩擦角;

　　$\sum G$——布置在 Bl_0 面积内的车轮或履带重;

　　B——桥台计算宽度;

　　l_0——台后填土的破坏棱体长度。

$$l_0 = H_2 \tan\left(45° - \frac{\varphi}{2}\right) \qquad (5\text{-}3\text{-}5)$$

2. 台身内力计算

(1)计算图式

218

台身按上下铰接的简支梁计算,如图 5-3-4 所示,对于有台背桥台,因上部结构桥台台背间的缝隙已用砂浆填实,保证有牢靠的支撑作用,因此,台身作简支梁计算。

其计算跨径一般情况下为

$$H_1 = H_0 + \frac{1}{2}d + \frac{1}{2}c \tag{5-3-6}$$

式中:H_0——桥跨结构与支撑梁间的净距;

d——支撑梁的高度;

c——桥台背墙的高度。

对于无台背的桥台

$$H_1 = H_0 + \frac{1}{2}d \tag{5-3-7}$$

当验算桥台抗剪时

$$H_1 = H_0 \tag{5-3-8}$$

(2)内力计算

在计算截面弯矩 M 时,轴力 N 的影响忽略不计,而是放在强度验算中考虑。其跨中截面弯矩为

$$M = \frac{1}{8}p_2 H_1^2 + \frac{1}{16}p_1 H_1^2 \tag{5-3-9}$$

台帽顶部截面的剪力为

$$Q = \frac{1}{2}p'_2 H_0 + \frac{1}{3}p'_1 H_0 \tag{5-3-10}$$

支撑梁顶面处剪力为

$$Q = \frac{1}{2}p'_2 H_0 + \frac{2}{3}p'_1 H_0 \tag{5-3-11}$$

式中:p_1、p_2——受弯计算跨径 H_1 处的土压力强度;

p'_1、p'_2——受剪计算跨径 H_0 处的土压力强度。

3. 截面强度验算

按《桥规》有关公式进行跨中截面的抗压强度和支点截面的抗剪强度验算。

其中计算截面的垂直力

$$N = N_1 + N_2 + N_3 \tag{5-3-12}$$

式中:N_1——上部结构重力引起的支点反力;

N_2——台帽重力;

N_3——计算截面以上部分的台身重力。

二、桥台在横桥向竖直平面内的弯曲验算

轻型桥台竖向力作用下在本身平面内发生弯曲的程度与地基的变形系数 α 有关。当桥台长度 $L > 4/\alpha$ 时,把桥台当作支承在弹性地基上的无限长梁计算;当 $L < 1.2/\alpha$ 时,把桥台当作支承在弹性地基上的刚性梁计算;当 $4/\alpha > L > 1.2/\alpha$ 时,把桥台当作支承在弹性地基上的短梁计算。通常情况下,轻型桥台的长度都在 $4/\alpha$ 和 $1.2/\alpha$ 之间,即属于弹性地基短梁。弹性地基短梁计算方法介绍如下。

设梁上作用有对称的均布荷载,则梁的最大弯矩产生在中点,其计算公式为

$$M = \frac{p}{\alpha^2} \cdot \frac{B_{B_1} C_{C_1} - C_{B_1} B_{C_1}}{A_{C_1} + 4CD_{L/2}} \qquad (5\text{-}3\text{-}13)$$

式中：α——变形系数，$\alpha = \sqrt[4]{K_0 b (4EI)}$；

$\quad A$——函数值，$A = \text{ch}\alpha x \cos\alpha x$；

$\quad B$——函数值，$B = (\text{ch}\alpha x \sin\alpha x + \text{sh}\alpha x \cos\alpha x)/2$；

$\quad C$——函数值，$C = (\text{sh}\alpha x \sin x)/2$；

$\quad D$——函数值，$D = (\text{ch}\alpha x \sin\alpha x - \text{sh}\alpha x \cos\alpha x)/4$；

$\quad p$——作用在桥台上的均布荷载（含桥跨结构重力荷载和车辆换算荷载）。

其中：K_0——地基土弹性抗力系数，一般由试验确定；无试验资料时，可按表5-3-1查用；

$\quad b$——地基梁宽度，即桥台基础宽度；

$\quad E$——地基梁（桥台）弹性模量；

$\quad I$——纵桥向竖剖面的惯性矩，假定整个地基梁的 I 值不变；

$\quad B_1$——函数脚本，表示 $x = B_1$、α、x 的函数值；

$\quad C_1$——函数脚本，表示 $x = L/2$、α、x 的函数值。

非岩石类土的弹性抗力系数 表5-3-1

序　号	土 的 分 类	K_0（kN/m^3）
1	流塑黏性土 $I_L \geq 1$，淤泥	100 000 ~ 200 000
2	软塑黏性土 $1 > I_L \geq 0.5$，粉砂	200 000 ~ 450 000
3	硬塑黏性土 $0.5 > I_L \geq 0$，细砂，中砂	450 000 ~ 650 000
4	坚硬、半坚硬黏性土 $I_L < 0$，粗砂	650 000 ~ 1 000 000
5	砾砂、角砾砂、圆粒砂、碎石、卵石	1 000 000 ~ 1 300 000
6	密实粗砂夹卵石	1 300 000 ~ 2 000 000

三、地基承载力验算

桥台的基底应力为桥台重力引起的应力与桥跨结构车辆荷载引起的应力之和。桥台重力引起的基底应力 σ_1 计算系假定桥台因重力不发生弯曲，如图5-3-5所示。

桥跨结构和车辆荷载引起的基底最大应力（中点）σ_2 可按下式计算

$$\sigma_2 = \frac{p}{b}\left(\frac{1+\cos\alpha l}{\text{sh}\alpha l + \sin\alpha l}\right)\text{sh}\alpha \cos\alpha\alpha + \frac{\text{ch}\alpha\, l+1}{\text{sh}\alpha l + \sin\alpha l} \cdot \text{ch}\alpha \sin\alpha\alpha + 1 - \text{ch}\alpha\cos\alpha\alpha \qquad (5\text{-}3\text{-}14)$$

式中：b——基础宽度；

$\quad a$——桥中心线至分布荷载边缘的距离；

其余符号意义同前。

桥台基底总应力

$$\sigma = \sigma_1 + \sigma_2 \leqslant [\sigma] \qquad (5\text{-}3\text{-}15)$$

式中：σ_1——桥台重力引起的基底应力；

$\quad [\sigma]$——地基土容许承载力。

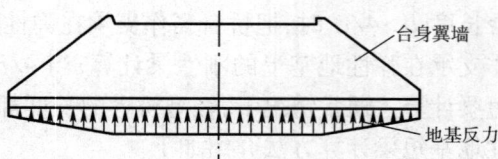

图5-3-5　桥台重力引起的基底应力分布

[复习思考题]

1. 梁桥重力式桥台计算时常用的荷载组合方式有哪些？
2. 拱桥重力式桥台计算时常用的荷载组合方式有哪些？
3. 重力式桥台的验算项目有哪些？
4. 梁桥轻型桥台的计算包括哪些内容？
5. 梁桥轻型桥台作为竖梁时如何进行强度验算？
6. 梁桥轻型桥台在横桥向如何进行竖直平面内的弯曲验算？
7. 如何进行桥台地基承载力验算？

第六篇 涵 洞

第一章 涵洞的构造

[提要] 涵洞是道路上常见的人工构造物,虽然它的建造规模不大,但在城镇道路,特别是公路上,涵洞数量却很多,就建设投资来说,也占有较大比例。本章主要介绍涵洞的一般特点、涵洞的类型与选择、涵洞的构造与涵洞进出口沟床的处理等内容。

第一节 概 述

一、涵洞的概念

涵洞是修建在路基当中,用来沟通两侧水流的人工构筑物。按现行《公路工程技术标准》,当单孔跨径小于 5m,多孔跨径总长小于 8m 时,统称为涵洞(整体性的圆管涵或箱涵,则不论管径或跨径大小、孔数多少,均称为涵洞)。但单从孔径的大小说明涵洞的概念或区分什么是涵洞和小桥,这只是从工程统计以及投资的角度来考虑的,实际上涵洞与桥梁是有根本区别的,其主要区别如下。

(1)涵洞修在路基当中,它是路基的一个组成部分,它保持路基的连续性,使路基不中断(图6-1-1);而小桥则中断路基,自成一体,不保持路基的完整性。涵洞一般从路基底部通过,其上有较厚的路基填土,而小桥上部除拱桥外,不再填土方,桥面即为行车路面。

(2)路基加高时,涵洞洞身显著增长,即路基高度与涵洞洞身长度成正比,小桥则不随路基的高度而加宽桥面。

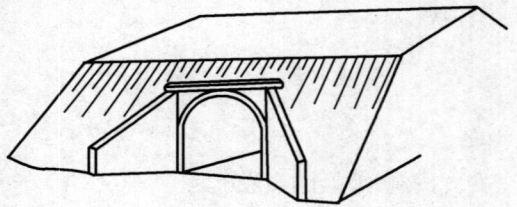

图 6-1-1 涵洞

(3)涵洞的孔径比较小,洞身高度和孔径大小有一定比例关系,而小桥的桥高与孔径则没有一定的比例关系。在进行水力计算时,涵洞和小桥考虑的因素不完全相同。

(4)涵洞比小桥更能承受超量洪水的侵袭,涵洞实际通过的流量超过设计流量的50%,小桥一般只能承受超过设计流量的25%。涵洞排水的潜在能力大,工程造价低,因此在可建桥又可建涵洞时尽量修建涵洞。

城市道路中,高填土路基很少,涵洞修建不多,但在公路建设中涵洞则占有重要地位,数量多,投资比例大,由于农田水利建设的发展,排水或灌溉的人工渠道增加,涵洞的数量还会不断增多。

涵洞的主要作用是保护路基,保持路基的完整和连续,使水流或洪水能顺利穿过路基,不使路基冲毁或掩没,保证车辆正常通行。如图 6-1-2 所示,图中为一沿溪公路,当降雨时,山沟水流将按一定流向(图中虚线)流入溪水汇集,为避免公路路基的阻挡,必须建造若干涵洞,以宜宣泄雨水。

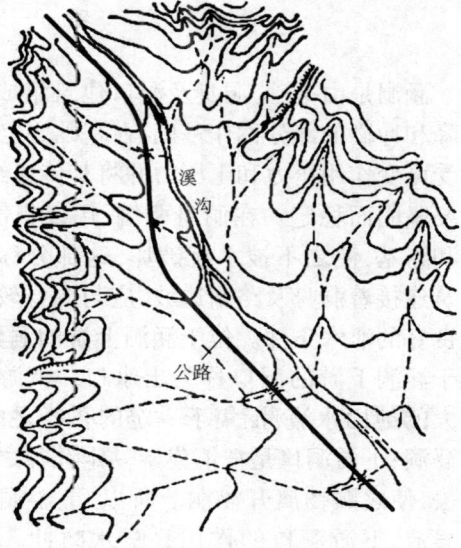

图 6-1-2　涵洞的设置

二、涵 洞 分 类

1. 按建筑材料分类

(1)石涵:包括石盖板涵和石拱涵。石涵造价、养护费用底,节省钢材和水泥,在产石地区应优先考虑采用石涵。

(2)混凝土涵:可现场浇筑或预制成拱涵、圆管涵和小跨径盖板涵。该种涵洞节省钢材,便于预制,但损坏后修理和养护较困难。

(3)钢筋混凝土涵:可用于管涵、盖板涵、拱涵和箱涵。钢筋混凝土涵涵身坚固,经久耐用,养护费用少。管涵、盖板涵安装运输便利,但耗钢量较多,预制工序多,造价较高。

(4)砖涵:主要指砖拱涵。砖涵便于就地取材,但强度较低,在水流含碱量大或冰冻地区不宜采用。

(5)其他材料涵洞:有陶瓷管涵、铸铁管涵、波纹管涵、石灰三合土拱涵等。

2. 按构造形式分类

(1)管涵:受力性能和对地基的适应性能较好,不需墩台,圬工数量少,造价低,适用于有足够填土高度的小跨径暗涵。

(2)盖板涵:构造简单,易于维修,有利于在低路堤上修建,还可以做成明涵。跨径较小时可用石盖板,跨径较大时可用钢筋混凝土盖板。

(3)拱涵:适宜于跨越深沟或高路堤时采用。拱涵承载能力大,砌筑技术容易掌握,但自重引起的永久作用也较大,施工工序繁多。

(4)箱涵:整体性强,适宜于软土地基。但用钢量多,造价高,施工较困难。

3. 按洞顶填土情况分类

(1)明涵:洞顶不填土,适用于低路堤、浅沟渠。

(2)暗涵:洞顶填土大于50cm,适用于高路堤、深沟渠。

4. 按水力性能分类

(1)无压力式涵洞:进口水流深度小于洞口高度,水流流经全涵保持自由水面,适用于涵前不允许壅水或壅水不高时。

(2)半压力式涵洞:进口水流深度大于洞口高度,但水流仅在进口处充满洞口,在涵洞其他部分都是自由水面。

(3)有压力式涵洞:涵前壅水较高,全涵内充满水流,无自由水面,适用于深沟高路堤。

(4)倒虹吸管:路线两侧水深都大于涵洞进出水口高度,进出水口设置竖井,水流充满全涵身,适用于横穿路线的沟渠水面高程基本等于或略高于路基高程。

第二节 涵洞的构造

涵洞是由基础、洞身及洞口建筑组成的排水构造物,如图 6-1-3 所示。在地面以下,防止沉降和冲刷的部分称作基础;在基础之上,挡住路基填土,形成流水孔洞的部分称做洞身;洞身承受可变作用压力和土压力并将其传递给地基,应具有保证设计流量通过的必要孔径,同时本身要坚固而稳定。在洞身两端,用以集散水流,保护洞身和路基,使之不被水流破坏,这部分称作洞口。洞口建筑连接着洞身及路基边坡,应与洞身较好地衔接并形成良好的泄水条件。位于涵洞上游的洞口称为进水口,位于涵洞下游的洞口称为出水口。上游洞口是把面积较大的地面水流,汇集于一定的孔径之内,使之顺利通过涵洞;下游洞口是把汇集于一定孔径之内的水流扩散开去,使之顺畅离开涵洞。所以,上游洞口的作用是束水导流,下游洞口的作用是疏水防冲。对洞口的要求

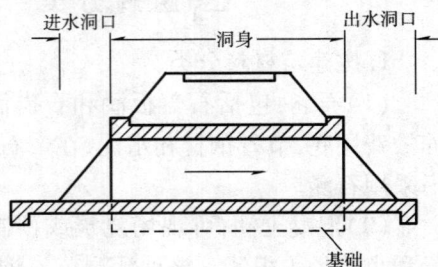

图 6-1-3 涵洞的组成示意图

是:保证水流顺畅进出洞身,提高涵洞的过水能力;防止水流对洞口附近路基边坡及洞口基础的冲刷;确保涵洞安全,保证道路正常通车。

一、洞身构造

1. 洞身及组成

(1)管涵

用圆形管壁挡住路基填土形成的过水孔洞称为圆管涵。

①管涵的构造

圆管涵洞洞身主要由各分段圆管节和支承管节的基础垫层组成(图 6-1-4)。当整节钢筋混凝土圆管涵无铰时,称为刚性管涵。刚性管涵在横断面上是一个刚性圆环。管壁内钢筋有内外两层,钢筋可加工成一个个的圆圈或螺旋筋(图 6-1-5)。当管节沿横截面圆周对称加设四个铰时,称为四铰管涵。铰通常设置在弯矩最大处,即涵洞两侧和顶部、底部(图 6-1-6)。由于四铰涵有铰的作用,降低了管节的内力。四铰涵是一个几何可变结构,只有当竖向作用力和横向作用力互相平衡时方能保持其形状,因此,要求四铰涵四周的土具有相同的性质。为此,四铰管涵可布置在天然地基或砂垫层上。

圆管涵常用孔径 d_0 为 50cm、75cm、100cm、125cm、150cm,对应的管壁厚度 δ 分别为 6cm、8cm、10cm、12cm、14cm。基础垫层厚度 t 根据基底土质确定,当为卵石、砾石、粗中砂及整体岩石地基时,$t = 0$;当为亚砂土、黏土及破碎岩层地基时,$t = 15cm$;当为干燥地区的黏土、亚黏土、亚砂土及细砂的地基时,$t = 30cm$。

我国目前生产的圆管除少数小口径规格的管为普通混凝土管(素混凝土管)外,大多数均为钢筋混凝土管,普遍采用离心法生产,管壁厚度一般为管内径的

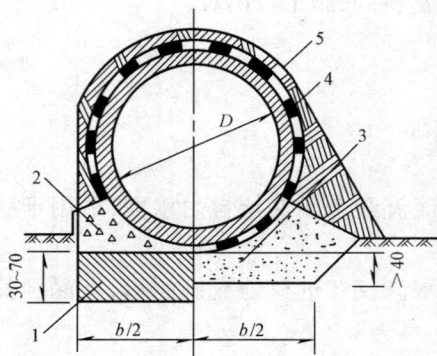

图 6-1-4 钢筋混凝土圆管涵基础(尺寸单位:cm)
1-浆砌片石;2-混凝土;3-砂垫层;4-防水层;5-黏土

1/10～1/12。管节的环用钢筋做成螺旋形或焊接圆环,除小口径为单层筋外,管径在100cm以上者通常是双层筋,环筋间距(螺距)应不小于2.5cm,外环钢筋间距约为内环钢筋间距的一半左右。钢筋直径如采用Ⅰ级钢筋(3号钢)可选用 $\phi 6 \sim \phi 12$,采用冷拔低碳钢丝时用 $\phi 2.5 \sim \phi 5$。管节的纵向钢筋一般用 $\phi 6 \sim \phi 10$,每层骨架至少应有6根。管节所用混凝土管一般为C30,工地预制时不得低于C20。管长普遍采用2m,过长的管节搬运困难,使用不便。

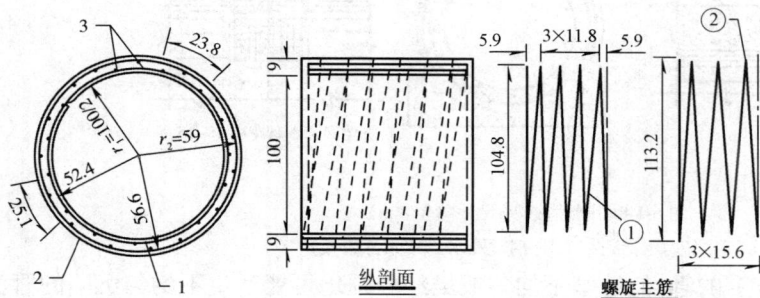

图6-1-5　钢筋混凝土圆管(尺寸单位:cm)

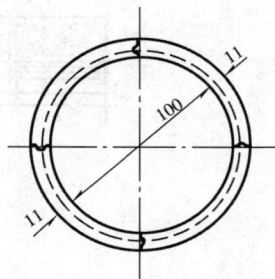

图6-1-6　四铰管涵
(尺寸单位:cm)

管涵的涵长过大,容易发生冲淤现象,养护困难,影响正常使用,一般符合如下规定。

a. 管径50cm的涵洞,涵长不得大于8m。

b. 管径60～90cm的涵洞,涵长不得大于15m。

c. 涵长为15～30m时,其管径不得小于100cm。

d. 涵长大于30m时,管径不得小于125cm。

管涵孔径大小应由水力计算确定,管上覆土至少应为50cm。

②管涵的接口

钢筋混凝土管管头接口有平接、企口接、套接三种方式,套接包括使用套管及套环两种形式,各种接口如图6-1-7所示。适用于管涵的为平接,以下介绍平接的构造。

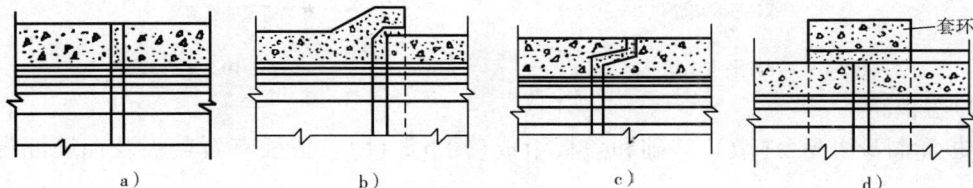

图6-1-7　钢筋混凝土管的接口形式
a)平接口;b)套管接口;c)企口接口;d)套环接口

a. 刚性接口　刚性接口适用于管基落在原状土上,土基比较密实,沿管身方向地基土质比较均匀且设有刚性管座(即水泥混凝土管座)时。刚性接口主要有水泥砂浆抹带及钢丝网水泥砂浆抹带两种方式,管的按缝处均用水泥砂浆填缝,填缝及抹带砂浆一般采用1:(2.5～3)水泥砂浆,管接缝间隙为1cm,抹带应为半椭圆形,如图6-1-8a)所示,带宽为12～15cm,带厚3cm。当管径在180cm以上,接口要求标准较高时,为加强接口强度,可采用钢丝网水泥砂浆抹带,如图6-1-8b)所示。钢丝网水泥砂浆抹带宽一般为20cm,厚2.5cm,钢丝网宽18cm,钢丝网规格为20号1cm×1cm,为保证抹带质量,在抹带范围,管的外壁应凿毛。

城市郊区道路的涵管多用刚性接口,采用水泥砂浆抹带。

b. 半刚性接口　如图6-1-9所示,预制钢筋混凝土套环石棉水泥接口属于半刚性接口。

这种接口在一定程度上可以防止由于管身纵向不均匀沉陷而产生的纵向弯曲或错口,是一种比较可靠的接口形式,一般用在地基较弱的情况下。施工时应先做好接口,然后再浇筑水泥混凝土管座。

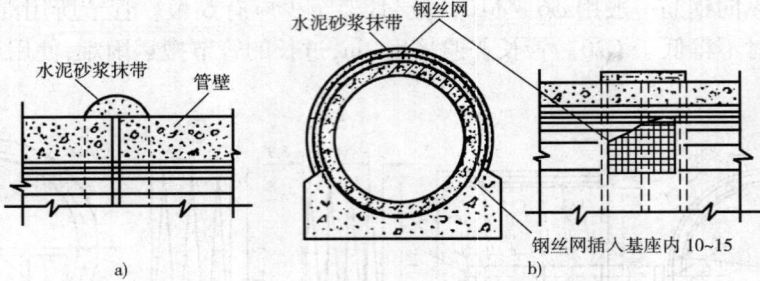

图 6-1-8　刚性接口(尺寸单位:cm)
a)水泥砂浆抹带接口;b)钢丝网水泥砂浆抹带接口

c.柔性接口　处于填方上的管涵、地基不均匀或虽经处理仍可能产生不均匀沉陷的管涵,以及采用砂或石灰土做的弧形地基,均应设置柔性接口。

柔性接口的做法是:以热沥青浸麻筋,填满接缝,缝宽 0.5~1cm,管外顺接线贴热沥青浸防水纸八层,宽 15~20cm,在现场以热沥青逐层粘合于管外壁上,也可用两层油毡以沥青粘合包于管外壁上以代替防水纸,如图 6-1-10 所示。

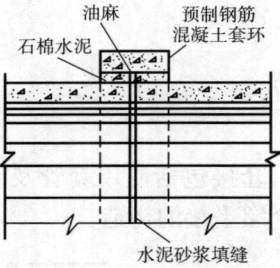

图 6-1-9　半刚性接口

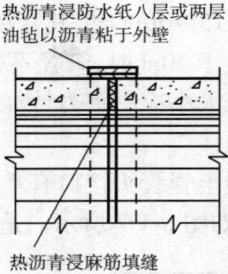

图 6-1-10　柔性接口

(2)盖板涵

盖板涵洞身由涵台(墩)、基础和盖板组成(图 6-1-11)。盖板有石盖板及钢筋混凝土盖板等。

石盖板涵常用跨径 L_0 为 75cm、100cm、125cm,盖板厚度 d 一般在 15~40cm 之间。做盖板的石料必须是不易风化的、无裂缝的优质石板。

钢筋混凝土盖板涵跨径 L_0 为 150cm、200cm、250cm、300cm、400cm,相应的盖板厚度 d 在 15~22cm 之间。

圬工涵台(墩)的临水面一般采用垂直面,背面采用垂直或斜坡面,涵台(墩)顶面可做成平面,也可做成 L 形,借助盖板的支撑作用来加强涵台的稳定。为了增加整体稳定性和抗震性,当跨径大于 2m 且涵洞较高时,可在盖板下或盖板间,沿涵长每隔 2m 增设一根支撑梁。同时在台(墩)帽内预埋栓钉,使盖板与台(墩)加强连接。

基础有分离式(即涵台基础与河底铺砌分离)和整体式(即涵台基础与河底连成整体)两种,前者适用于地基较好的情况,后者适用于地基较差的情况。当基础采用分离式时,涵底铺砌层下应垫 10cm 厚的砂垫,并在涵台(墩)基础与涵底间设纵向沉降缝。为加强涵台的稳定,基础与基础间设置支撑梁数道。

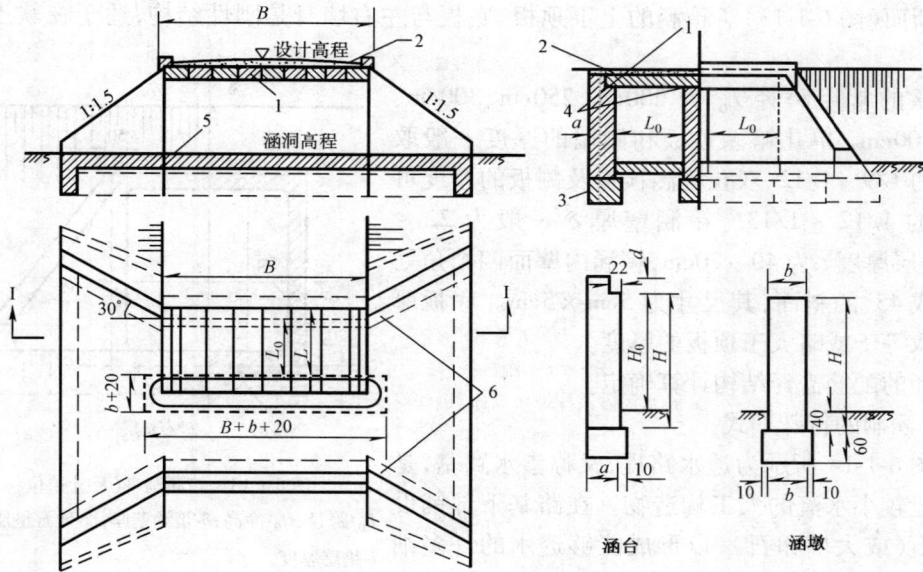

图 6-1-11　盖板涵构造图(尺寸单位:cm)

1-盖板;2-路面;3-基础;4-砂浆填平;5-铺砌;6-八字墙

（3）拱涵

拱涵主要由拱圈和涵台(墩)组成(图 6-1-12)。拱圈是拱涵的承重部分,可由石料、混凝土、砖等材料构成,地方道路或农用大车道常用片石、乱石、卵石等修建拱涵,承载力很高,使用效果较好。拱圈一般采用等截面圆弧拱,跨径 L_0 为 100cm、150cm、200cm、250cm、300cm、400cm、500cm,相应拱圈厚度 d 为 $25 \sim 35$cm。涵台(墩)临水面为竖直面,背面为斜坡,以适应拱脚较大水平推力的要求。按拱轴线的形成,拱涵一般为半圆拱或圆弧拱。基础有整体式和分离式两种。整体式基础主要用于小跨径涵洞。对于松软地基上的涵洞,为了分散压力,也可用整体式基础。对于跨径大于 $2 \sim 3$m 的涵洞,宜采用分离式基础。

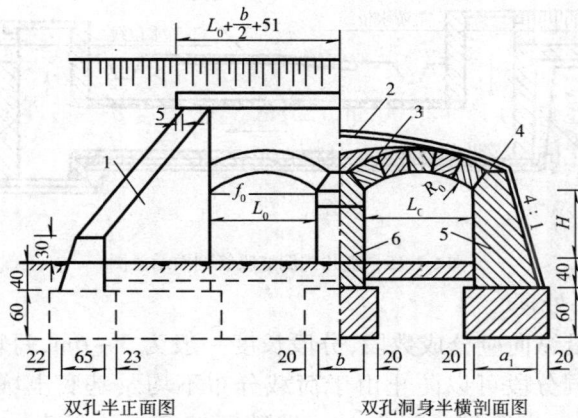

双孔半正面图　　　　双孔洞身半横剖面图

图 6-1-12　双孔石拱涵构造图(尺寸单位:cm)

1-八字翼墙;2-胶泥防水层;3-拱圈;4-护拱;5-台身;6-墩身

227

（4）箱涵

箱涵又称矩形涵,箱涵洞身可采用钢筋混凝土封闭薄壁结构,根据需要做成长方形断面或正方形断面(图6-1-13)。箱涵的上下顶板、底板与左右墙身是刚性结构,适于在软土地基上采用。

箱涵的常用跨径 L_0 为 200cm、250cm、300cm、400cm、500cm,单孔箱涵顶板和侧墙的厚度一般取其跨径的 $1/9 \sim 1/12$,双孔箱涵顶板及侧板的厚度可取跨径的 $1/12 \sim 1/13$。箱涵壁厚 δ 一般为 $22 \sim 35cm$,垫层厚度 t 为 $40 \sim 70cm$,箱涵内壁面四个角处往往做成 $45°$ 的斜面,其尺寸为 $5cm \times 5cm$。底板厚度一般取等于或略大于顶板的厚度。

箱涵的配筋需经结构计算确定。

（5）涵洞的特殊形式

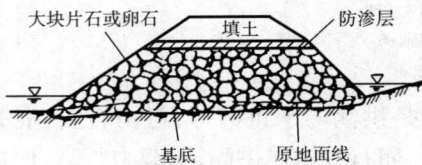

如图6-1-14所示为透水路堤,又称渗水路基,是一种排泄较小水流的人工构造物。在路基下部铺设大块片石(或大块卵石),以形成能够透水的许多细小孔洞,其上再铺 $15 \sim 20cm$ 的防水层,然后填筑路基填土。

图 6-1-13　箱涵洞身(尺寸单位:cm)
L_0-跨径;H_0-净高;δ-箱涵壁厚;t_0-砂石垫层厚度;t-垫层厚度

图 6-1-14　透水路堤

从其构造特点看是涵洞的一种特殊形式。由于透水路堤构造简单,便于施工,适合就地取材,所以在山区道路中,有时用它来排泄常年流水的山溪水、泉水和局部低洼地段的路基边沟积水等。

涵洞的另一种构造形式是倒虹吸管。它是管涵的一种,将管涵埋设在路基下,使高于路基的水流,借水本身的压力通过路基。倒虹吸管在道路与灌溉渠道交叉时用,按进出水井的形式分为直井式和斜井式两类,如图6-1-15所示为直井式倒虹吸管剖面示意图。倒虹吸管可以水平也可以有坡度。如上下游水位差过小时,通常可增高上游渠顶以提高水位,或在下游适当降低渠底高程。

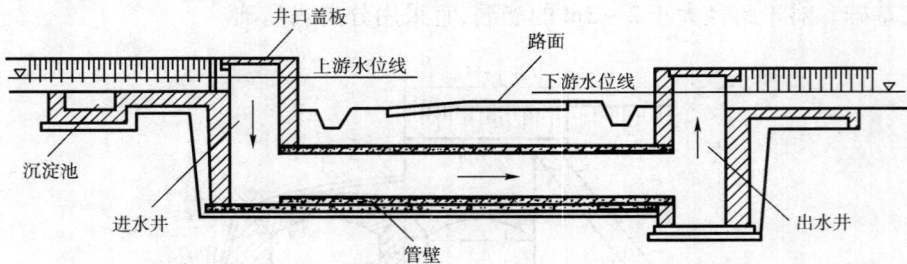

图 6-1-15　直井式倒虹吸管剖面示意图

2. 洞身分段及接头处理

洞身较长的涵洞沿纵向应分成数段,分段长度一般为 $3 \sim 6m$,每段之间用沉降缝分开,基础也同时分开。涵洞分段可以防止由于荷载分布不均及基底土壤性质不同引起的不均匀沉降,避免涵洞开裂。沉降缝的设置是在缝隙间填塞浸涂沥青的木板或浸以沥青的麻絮。对于盖板暗涵和拱涵应再在全部盖板和拱圈顶面及涵台背坡均填筑厚15cm的胶泥防水层。对于圆管涵则应在外面用涂满热沥青的油毛毡裹两道,再在圆管外圈填筑厚15cm

228

的胶泥防水层。

3.山坡涵洞洞身构造

山坡涵洞的洞底坡度大,一般为 10% ~20% 或更大一些,洞底纵坡主要由进水口和出水口处的高程决定。洞身的布置视底坡大小有以下几种形式。

(1)跌水式底槽(适用于底坡小于 12.5%)

底槽的总坡度等于河槽或山坡的总坡度。洞身由垂直缝分开的管节组成,每节有独立的底面水平的基础(图 6-1-16)。后一节比前一节垂直降低一定高度,使涵洞得到稳定。为了防止因管节错台在拱圈或盖板间产生缝隙,错台厚度不得大于拱圈或盖板厚度的 3/4[图 6-1-16a]。当相邻两节的高差大于涵顶厚度时,需加砌挡墙[图 6-1-16b)],但两节间高差也不应大于 0.7m 或 1/3 涵洞净高,以保证泄水断面不受过大的压缩。管节的长度一般不小于台阶高度的 10 倍。若小于 10 倍时,涵洞应按台阶跌水进行水力验算。做成台阶形的涵洞,其孔径应比按设计流量算出的孔径大些。

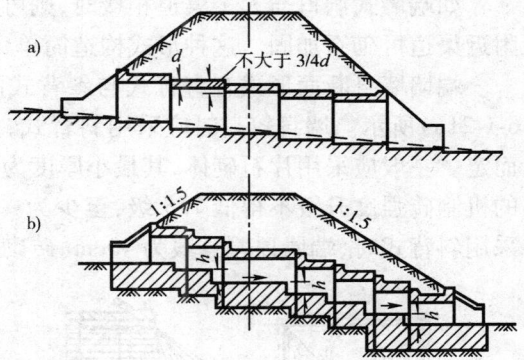

图 6-1-16　带跌水式底槽的涵洞纵断面

(2)急流坡式底槽(适用于坡度大于 12.5%)

当跌水式底槽每一管节的跌水高度太大,不能适应台阶长度的要求时,可建造急流坡式底槽。急流坡式底槽坡度应等于或接近于天然坡度(图 6-1-17)。涵洞的稳定性主要靠加深管节基础深度来保证,其形式一般为齿形或台阶形。

(3)小坡度底槽

如果地质情况不好,不允许修建坡度较大的涵洞时,应改为小坡度底槽,在进出水口设置有消能设备的涵洞(图 6-1-18)。

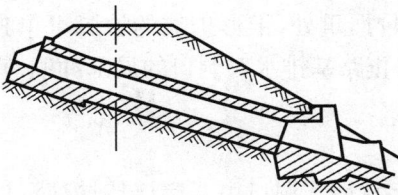

图 6-1-17　带急流坡式底槽的涵洞纵断面

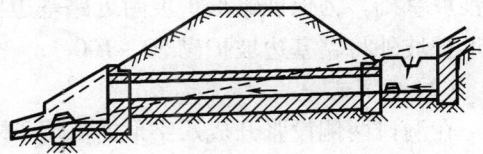

图 6-1-18　小坡度底槽的涵洞纵断面

二、洞 口 建 筑

洞口建筑是由进水口和出水口两部分组成。洞口应与洞身、路基衔接平顺,并起到调节水流和形成良好流线的作用,同时使洞身、洞口(包括基础)、两侧路基以及上下游附近河床免受冲刷。另外,洞口形式的选定,还直接影响着涵洞的宣泄能力和河床加固类型的选用。

常用的洞口形式有端墙式、八字式、走廊式和平头式四种。无论采用何种形式,洞口进出水口河床必须铺砌。

1.正交涵洞的洞口建筑

(1)端墙式

端墙式洞口由一道垂直于涵洞轴线的竖直端墙以及盖于其上的帽石和设在其下的基础组成（图6-1-19）。这种洞口构造简单，但泄水能力小，适用于流速较小的人工渠道或不易受冲刷影响的岩石河沟上。为了保证端墙稳定及改善排水效果，防止水流对填土边坡的冲刷，一般应设锥形护坡，这种形式因锥坡需铺砌，圬工体积较大，施工复杂，不够经济，一般多用于路基两侧地形平坦的宽浅河流或孔径压缩较大的河沟，由于此种形式的稳定性较好，当涵洞较高时常被采用。

如端墙式洞口与人工渠道相接时，则可不设锥形护坡，而与渠道侧坡相衔接，必要时洞口附近渠道可砌石加固。这种形式构造简单、材料省、施工简便，如图6-1-20所示。

端墙墙身断面形式有直背式与斜背式两种。直背式施工方便，多用于墙身较矮时，如图6-1-21a）所示。墙身较高时应采用斜背式，如图6-1-21b）所示。端墙厚度视砌体材料及墙高而定。一般应采用片石砌体，其最小厚度为40cm。如为非常年浸水时，可采用砖砌体，所采用的机制砖强度升级不得低7.5级，至少为一砖半厚（36.5cm）。所用砂浆一般均用水泥砂浆。采用斜背式时，端墙顶厚一般为40cm（砖砌体为36.5cm）。

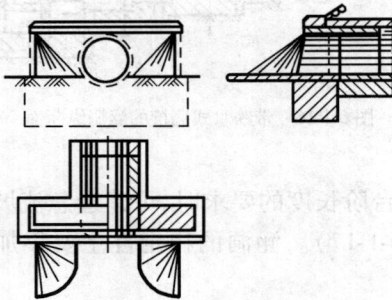

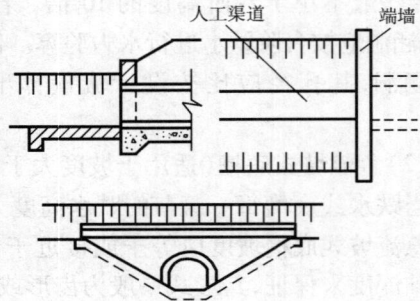

图6-1-19　端墙式洞口　　　　　　　图6-1-20　与人工渠道相接的端墙式洞口

锥形护坡一般均按椭圆形正锥坡施工，如图6-1-21c）所示，锥坡短半轴多采用坡比为1:1，长半轴为1:1.5，以便与路基边坡平顺衔接。锥形护坡用干砌或浆砌片石砌筑，厚度为25～30cm，干砌时应采用1:（2～3）水泥砂浆勾缝。在冲刷比较严重处，锥形护坡的坡脚可单独设置锥坡基础。为保证锥形护坡附近路基边坡的稳定，并防止路基排水对洞口的局部冲刷，宜在锥形护坡外将路基边坡护砌50～100cm。

（2）八字式

在洞口两侧设张开成八字形的翼墙（图6-1-22）。八字翼墙式洞口由八字墙体挡住洞口两侧基土的下滑，同时用端墙挡住洞口上部路基土的坍塌，在两个翼墙之间，则需用片石铺砌，以防止水流冲刷。这种形式的翼墙工程量小，施工简单，水流条件好，是常用的洞口形式，八字翼墙应与洞口端墙分开砌筑，留出沉降缝，缝中涂热沥青两道或夹油毡。为缩短翼墙长度并便于施工，可将其端部建成平行于路线的矮墙。翼墙展开角（也叫敞开角），即八字翼墙与涵洞轴线的夹角，按水力条件最适宜的角度设置，进水口为13°左右，出水口为10°左右。但习惯上都按30°设置。这种洞口工程数量小，水力性能好，施工简单，造价较低，因而是最常用的洞口形式。

（3）走廊式

走廊式洞口建筑是由两道平行的翼墙在前端展开成八字形或成曲线形构成的（图6-1-23）。这种洞口使涵前壅水水位在洞口部分提前收缩跌落，可以降低涵洞的设计高度，提

230

高涵洞的宣泄能力。但是由于施工困难，目前较少采用。

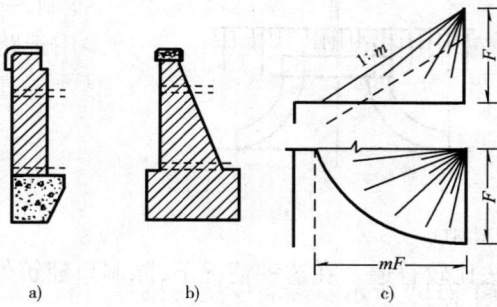

图 6-1-21　端墙及锥形护坡

a) 直弯式端墙；b) 斜背式端墙；c) 锥形护坡

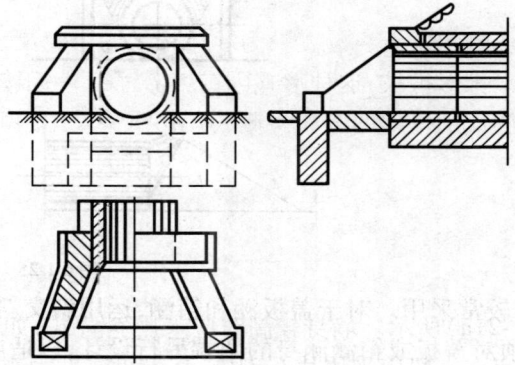

图 6-1-22　八字式洞口

（4）平头式

又称领圈式或护坡式洞口，这种洞口形式的特点是进出口为斜面并与路基边坡一致，常用于混凝土圆管涵（图6-1-24）。此外，路基边坡必须是片石护砌（干砌或浆砌），否则不能采用这种形式。平头式洞口圬工砌体甚少，它较八字式洞口可节省材料45% ~ 85%，而宣泄能力仅减少8% ~ 10%。因为需要制作特殊的洞口管节，所以模板耗用较多。如能大批预制，还是相当经济的。这种形式的洞口目前采用较少。

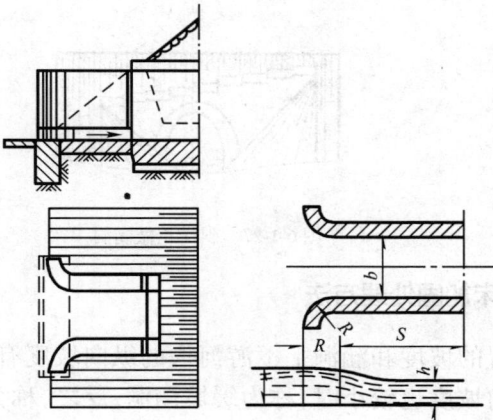

图 6-1-23　走廊式洞口

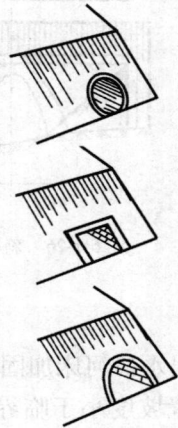

图 6-1-24　平头式洞口

（5）流线型

将管涵进水洞口端墙升高，做成箱形并按喇叭形扩大，使其在立面上形成流线型，如图6-1-25 所示。这种洞口如用于压力式水流状态时，可使洞内充满水流，如用于无压力式水流状态时，可增大涵前水深，能更有效地提高管涵的宣泄能力。这种洞口与其他形式相比，在相同的流量情况下，可减小管径，因此较其他形式优越。但由于施工复杂，材料消耗大，目前采用不多。

2. 斜交涵洞的洞口建筑

（1）斜交斜做（图6-1-26）

涵洞洞身端部与路线平行，此种做法称斜交斜做。此法费工较多，但外形美观且适应水

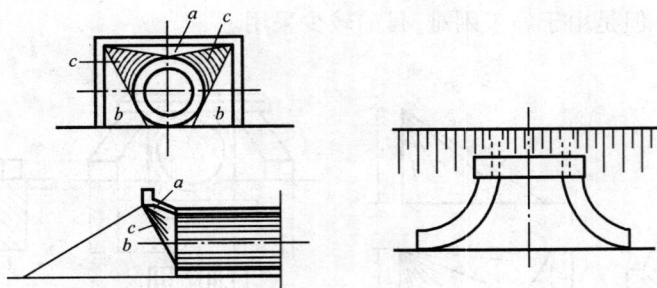

图 6-1-25 流线型洞口

流,较常采用。对于盖板涵和箱涵,运用斜交斜做法比较普遍。在这种情况下,除洞口建筑外,还须对盖板或箱涵涵身的两端另行设计,以适应斜边的需要。

（2）斜交正做（图 6-1-27）

涵洞洞口与涵洞纵轴线垂直,即与正交时完全相同。此做法构造简单。在圆管涵或拱涵中,为避免两端圆管或拱的施工困难,可采用斜交正做法处理洞口。

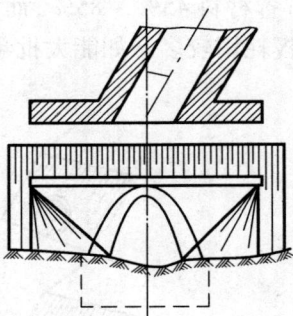

图 6-1-26 斜交斜做涵洞

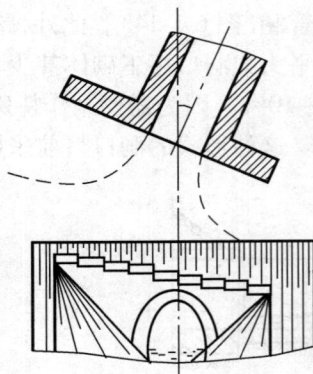

图 6-1-27 斜交正做涵洞

三、出水口河床加固处理方法

进出水口河床加固处理是与涵洞本身设置的坡度和涵洞上下游河沟的纵向坡度有关,凡涵洞设置坡度小于临界坡度,上下游河沟纵向坡度也较小时,称为缓坡涵洞;反之,称为陡坡涵洞。

1. 缓坡涵洞进水口河床加固

河沟纵坡小于 10% 且河沟顺直时,涵洞顺河沟纵向设置,此时涵前河沟纵坡有时稍作开挖与涵洞衔接,开挖后纵坡可略大于 1:10。新开挖部分是否需要加固,视土质和流速而定。

涵前天然河沟纵坡为 10% ~ 40% 时,涵洞仍按缓坡设置,此时涵前河沟开挖的纵坡可取 1:4 ~ 1:10。除岩石地基外,新开挖的沟底和沟槽侧向边坡均须采取人工加固,加固类型主要根据水流流速确定（图 6-1-28）。由于涵前沟底纵坡较大,水流在进口处产生水跃,故在进口前应设置一段缓坡,其水平距离约为 $(1 \sim 2)l_0$（l_0 为涵洞孔径,以 m 计）。当水流挟带泥砂较多时,可在进水口处设深约 0.5m 的沉砂池,既能沉淀泥砂,又可以起到消能作用。

2. 陡坡涵洞进水口河床加固

涵前河沟纵坡较陡,但小于 50% 时,涵洞可按陡坡设置,涵底坡度与涵前沟底纵坡可直接

232

平顺衔接。除了人工铺砌外,无须采取其他措施。

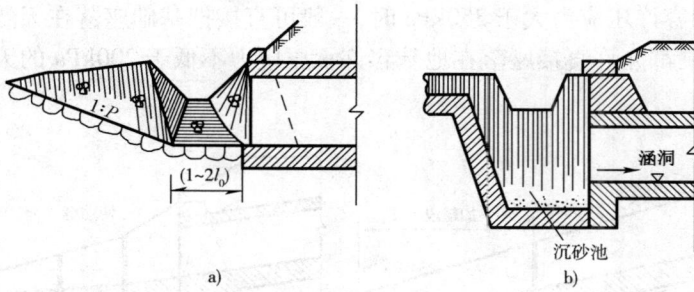

图 6-1-28　缓坡涵洞进水口沟及沟槽边坡加固

当涵前河沟纵坡大于 50%,且水流流速很高时,进口处须设置跌水或消力池、消力槛等,以减缓水流,消弱水能。上游沟槽开挖纵坡率视河沟地质情况确定,以保证土体不致滑动。图 6-1-29a)所示为上游沟槽铺砌加固成梯形截面;图 6-1-29b)所示为上游沟槽铺砌加固成矩形截面,槽底每隔 1.5 ~ 2m 设防滑墙一道。

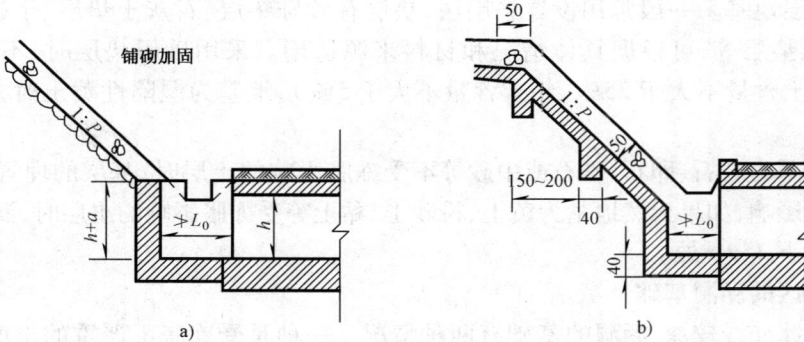

图 6-1-29　陡坡涵洞进水口的跌水措施(尺寸单位:cm)
a)梯形截面;b)矩形截面

3. 缓坡涵洞出水口处理

坡度 i 小于等于 15% 的天然河沟上设置缓坡涵底(洞底坡度小于 5%),出水口流速不大,下游洞口河床可采用一般铺砌形式,在铺砌末端设置截水墙。无压力式涵底下游,为了减小水流速度,可视情况与涵底出水口铺砌相结合,分别设置一级、二级或三级挑坎。

4. 陡坡涵洞出水口处理

当天然沟槽纵坡大于 15% 时,须设置陡坡涵洞。陡坡涵洞出水口一般可采用八字翼墙,同时视地形、地质和水力条件,采用急流槽、跌水、消力池、消力槛、人工加糙等消能设施。具体形式和彼此衔接方式根据水力计算确定。图 6-1-30 所示为两种出水口布置形式。

四、涵洞的基础

1. 涵洞基础的设置形式

涵洞基础的作用是承受整个建筑的重力,包括涵洞顶部路基、路面重力以及车辆、行人等活荷载的重力等,保证涵洞的稳定和牢固,防止因水流冲刷造成的沉降或坍塌。基础处理不好,将造成整个洞的破坏,基础是涵洞的重要组成部分。

涵洞的基础有下列两种设置形式。

（1）直接座落在天然地基上

当天然地基的容许压应力大于 350kPa 时，一般可直接把基础座落在天然地基上。除石拱涵外，其他类型涵洞都允许直接座落在地基容许承压应力不低于 200kPa 的天然地基上。

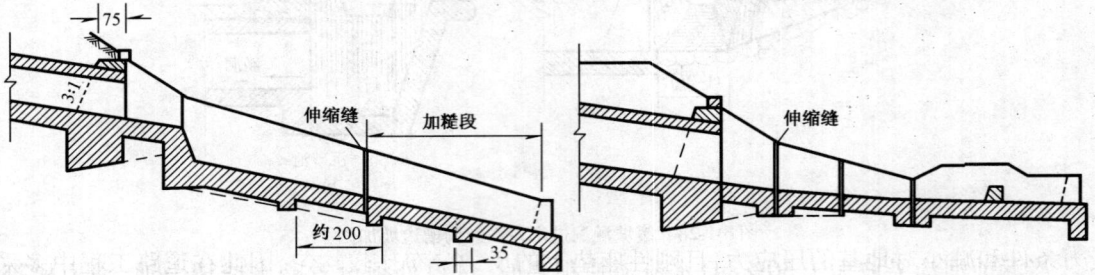

图 6-1-30　陡坡涵洞出水口的布置形式（尺寸单位：cm）

（2）在天然地基上设垫层

当天然地基容许承压应力不能满足要求时，则必须采用设置垫层、砂桩或打群桩（小木桩）等办法加强地基。一般常用设置垫层法，垫层有砂砾垫层、石灰土垫层、干砌片石垫层、低强度混凝土垫层等，可根据具体情况和材料来源选用。采用砂砾垫层时，不宜含黏土或粉土过多（黏土含量不大于 25%，粉土含量不大于 5%），地基为湿陷性黄土时，则不宜采用砂砾垫层。

当天然地基为岩石、卵石、砾石或中砂等不受冻胀影响的土层时，基层的埋置深度可不考虑冻土深度的影响，如果天然地基为黄土、粉砂土、黏土等受冻胀影响的土层时，涵洞的基底应设在冰冻线以下 25cm 处。

2. 高寒地区的涵洞基础

高寒地区冰冻线较深，涵洞的基础有两种情况。一种是受冻胀不严重的土壤（又称弱冻胀土壤），涵洞的基底可在冻土层内，但不要小于冻结深度的 70%。另外一种情况是受冻胀严重的土壤，这种土壤由冻胀产生的膨胀力大，能损坏涵洞的基础，此时除应将基础底面埋置在冻结线以下 25cm 处外，尚应采取以下减少冻胀力的措施。

（1）在砌筑基础时，要尽量做到密实、无缝隙，四周平整。

（2）如地基土质均匀，应少设或不设沉降缝，使基础连成一体。

（3）更换基础周围土壤。

（4）在基础四周铺设隔离层，例如贴油毡或涂沥青的薄木板等，减少冻胀力影响。

3. 管涵的基础

管涵基础的形式对管的承载能力有很大影响。管涵的铺设方式有如下几种方法。

（1）平基铺管

即在土基上直接放管，如图 6-1-31a）所示，适用于管径较小且土质良好的情况。但这种安管方法对管的受力状态不利，一般多不采用。

（2）弧形土基

将管置于天然地基的弧形槽内，或置于石灰土分层夯实的弧形槽内，如图 6-1-31b）所示。

弧形土基铺管的静力工作条件优于平基铺管，且随接触角 2α 越大受力条件越好。适用于管顶填土不高、管径较小、竖向压力较小的情况。

（3）刚性座垫

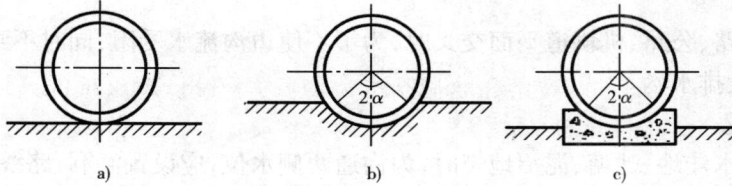

图 6-1-31　管涵的铺设方式

a）平基铺管；b）弧形土基；c）刚性座垫

如图 6-1-31c）所示，将管置于混凝土的连续支座上，其接触角 2α 可采用 90°～180°，由于管底部与座垫间保持了一定的接触弧长，座垫底部与地基又保持了一定的接触面，可改善管身受力条件和减小对地基的压应力，且刚性座垫上的反力分布比较均匀，因此在道路工程中多采用这种形式。

4. 端墙及翼墙基础

如图 6-1-32 所示为端墙基础的两种做法，图 6-1-32a）为端墙基础采用与墙身相同的圬工材料，图 6-1-32b）为端墙基础与涵基一同浇筑，这种做法整体性好，施工方便，为节省水泥，这种端墙基础可掺入占圬工体积 15%～20% 的片石。

翼墙与端墙是分开砌筑的，因此翼墙的基础与翼墙墙身一般采用相同的材料和做法。

在一般平缓地区，端墙及翼墙的基础埋深可不考虑冲刷。在北方地区，基础埋深达到最大冻结深度的三分之一即可。在冰冻

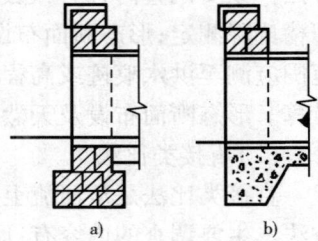

图 6-1-32　端墙的两种基础

深度较大的地区，当基底土壤不良，土壤比较潮湿，地下水位较高时，应在基础下进行地基处理，一般以厚 15～30cm 的砂石或石灰土（含灰量 9%～12%）进行换土处理。

第三节　涵洞的野外勘测

1. 涵洞位置的确定

小桥涵位置原则上应服从路线走向。桥涵中心桩号可根据已定的路线走向及水流流向确定，同时用方向架或有度盘的水准仪，测量桥涵与路线的夹角。

下列位置一般应设置桥涵。

（1）一沟一涵

凡路线跨越明显的干沟、小溪时，原则上均应设涵。

（2）农田灌溉涵

路线经过农田，跨越灌溉用渠，为了不致因修路而影响农田灌溉，必须设置灌溉涵。

（3）路基边沟排水涵

山区公路的傍山线，为了排除路基内侧边沟的流水，通常每隔 200～400m 应设置一道涵洞，其具体位置可根据路线纵、横断面及实际地形情况设置。如在设置截水沟的地段，截水沟排水出口处应设置涵洞；路线的转角较大（大于 90°），曲线半径又比较小，进入弯道前的纵坡大于 4%，坡长在 200m 内又无别的排水涵洞，在弯道地点附近应设置涵洞；由路线的陡坡段过渡到缓坡段，在此 200m 内又无其他涵洞，在变坡点附近应设置涵洞。

（4）路线交叉涵

当路线与铁路、公路、机耕道平面交叉时，为了不使边沟流水受阻，同时不致冲坏相交路线的路基，一般应设排水涵。

（5）其他情况

路线通过积水洼地、池塘、泥沼地带时，为沟通两侧水位，应设置涵洞；路线穿越村镇时，应保证地面排水畅通，也可设置涵洞。

2. 水文资料调查

小桥涵水文资料调查的目的是为确定设计流量和孔径计算提供所需的资料，具体调查内容根据所采用的水文计算方法来确定。公路小桥涵常采用的水文计算方法有形态调查法、径流形成法和直接类比法。

（1）形态调查法

形态调查法是通过调查河槽形态断面、平均流速及洪水或然率等资料来确定设计流量的方法。主要调查内容有：通过访问当地居民，确定涵址附近不同年代较大洪水位及其或然率；河槽比降测定；形态断面布设及其测量，形态断面测量可用水准仪沿垂直河流方向施测，施测范围应测至洪水痕迹或高程特征点以上 $1 \sim 2m$。天然流速可用流速仪测定或用天然流速公式计算。形态断面布设及天然流速计算详见《桥涵水力水文》教材。

（2）直接类比法

直接类比法是从河流上下游原有小桥涵的使用情况拟定新建小桥涵的设计流量和孔径的方法。主要调查的内容有：原有桥涵的形式、孔径、墩台和进出口的类型、涵底纵坡、涵洞修建年月、目前使用情况、有无冲刷和淤积现象等。另外尚需了解新建桥涵与原桥涵之间的距离，地质上有无明显差异，两涵汇水面积的差值等，据此拟定新建桥涵的设计流量和孔径。

（3）径流形成法

径流形成法是通过调查汇水面积等资料来确定设计流量的方法。在公路测设前应首先搜集公路沿线 $1:10\ 000 \sim 1:50\ 000$ 的地形图，在外业勘测期间勾绘出较大构造物的汇水面积。无地形图时，可利用平板仪实地测绘。在深入汇水区进行勘测时，应将汇水区土壤的类属、植被情况以及水力化设施等情况进行测记，以供计算流量之用。

3. 河沟横断面测量

一般应沿路线方向测量涵址中线横断面。当河沟与路线斜交时，还应在涵位附近测量垂直河沟的断面，测绘范围一般在调查历史洪水位以上 $1.0m$，或水面宽度以外 $2 \sim 10m$。当沟形复杂，地形起伏较大，不宜布置洞口时，可在河沟上下游纵断面起伏较大处增测几个横断面，将这些断面套绘在一张米格纸上，以便检查涵位及路线夹角是否合适，涵身与翼墙基础有无不良地质现象等。

4. 河沟纵断面及河沟比降测量

测量河沟纵断面主要是了解涵址附近河沟的纵坡情况，以便于计算流量、水位及考虑构造物的纵向布置。河沟纵断面测量应自涵位中桩沿涵洞中线方向分别向上下游施测，施测范围为上下游洞口外 $20m$。遇有改沟、筑坝或设缓流设备等附属工程时，应适当延长。当采用形态调查法时，尚需测量河段比降。由于一般洪水位比降不易测到，所以可用常水位、低水位或沟底平均纵坡代替。其施测长度：在平原区，一般河沟上游测量 $200m$，下游 $100m$；在山区上游测量 $100m$，下游 $50m$。如有跌水陡坡时，还应将跌水陡坡测出。

5. 涵址平面示意图勾绘

为了便于内业设计时了解涵址附近的地形、地貌现状,当遇地形复杂、河流较弯曲、涵位与路线斜交、上下游河沟需改道等情况时,有必要勾绘出涵址平面示意图。勾绘时一般是先按比例绘好路线和涵洞方向的关系图,再用目测的方法将地形、地貌、地物等勾绘在示意图上。必要时可用平板仪实测地形图。

6. 小桥涵地质调查

小桥涵地质调查的目的在于了解桥涵基底土壤的承载能力、地质构造和地下水情况以及其对构造物的稳定性影响等,为正确选定桥涵及附属工程的基础类型和尺寸、埋置深度等提供有关资料。调查内容有:基底土壤类别与特征,有无不良地质情况,土壤冻结深度及水位地质对桥涵基础与施工有无影响等。调查方法常采用调查与挖探、钻探相结合。

(1)调查原有构造物基础情况

通过地质部门搜集各种有关的地质资料和附近原有构造物的基础情况,并详细记录河床地表土壤情况。

(2)挖探法

在沟底中心或两侧涵台附近开挖探坑,开挖深度一般不小于预定基底高程以下 1~2m,开挖的同时应分层选取代表性土样进行试验。

(3)钻探法

一般用轻型螺旋钻,最大钻进深度为 5m 左右,能取出扰动土样,可以判断土石类别及液性指数等。

[复习思考题]

1. 简述涵洞的种类、特点及使用条件。

2. 简述涵洞出入口建筑的类型及特点。

3. 涵洞类型应如何选择?

4. 涵洞孔径应如何确定?

第二章 涵洞的设计和计算

[提要] 本章主要介绍涵洞设计的原则及涵洞各组成部分的设计、涵洞设计的注意事项、涵洞的长度和洞口工程数量的计算,并通过一个简单的涵洞设计实例说明涵洞的设计及计算步骤。

第一节 涵洞的设计

1.涵洞设计的一般原则

(1)宜就地取材,尽量节约钢材。

(2)尽量套用标准设计,加快设计、施工进度。

(3)在同一段线路范围内尽量减少涵洞类型,以便大量集中制造,简化施工。

(4)充分考虑日后维修养护的方便。

(5)同一段线路的涵洞应作合理的布局,使全线桥涵能形成畅通无阻的、良好的排水系统。

(6)设计中应加强方案比选工作。除技术条件外,应充分考虑经济效益,节省投资。

2.涵洞类型的选择

涵洞在公路上所修建的排水构造物中,所占比例最大、数量最多,因此正确选择涵洞的类型,对保证公路的使用质量,降低工程造价是十分重要的。一般来说对季节性的河沟或大水时漂浮物不多的溪沟,在路基高度能满足涵洞填土要求的条件下,均应优先考虑修建涵洞。

涵洞类型的选择应综合考虑以下因素。

(1)地形、地质、水文和水力条件

涵洞类型选择时应考虑水流情况、设计流量大小、路堤填方高度、涵前允许最大壅水高度、地基承载能力等。一般当设计流量在 $10\text{m}^3/\text{s}$ 左右,路基填土高度能满足要求,地质条件为硬黏土、黄土、砂土时,均可采用单孔钢筋混凝土圆管涵。当不属上述情况,且洪水时上游积水严重,路基填土太高,地质不良,基底土为淤泥、泥岸或过于松软的腐殖土时,则不宜修建钢筋混凝土圆管涵。设计流量在 $20\text{m}^3/\text{s}$ 以上,对于小于 1.5m 孔径的涵洞宜采用盖板涵;在平原地区或缺乏石材地区,可采用钢筋混凝土盖板涵。设计流量更大时,在石料来源方便的山区或丘陵地区,结合地形、地质情况,就地取材,宜采用石拱涵。当然,还应同时综合考虑路堤填方高度是否满足要求。地基情况较差时,可考虑采用箱涵。如石质较好,经过计算,强度符合要求时,也可用条石修建较大孔径的涵洞。

透水路堤主要是用在山区或半山区,石料来源方便、有细小水流穿过路基的区段。平时水流清澈,没有淤积现象,大水时冲积物较少,且河底有不小于1%的纵坡,适于采用透水路堤。在特殊不良地质路段或地震区,采用透水路堤更有其一定的优越性。但透水路基不适用于高级公路。

倒虹吸管涵大多数是修建在灌溉渠与公路的交叉处。在平原区,路基填土不高,当采用其他形式涵洞不能满足最小填土高度的要求时,且流量又不大,采用倒虹吸管较为适合。山区的路堑处也常采用。

238

箱涵适用于软土地基,但施工复杂,造价较高,一般不常采用。

在选择涵洞类型时,要全面考虑各种因素。例如,对于高路基的路段,修建管涵固然比较适宜,但如路基过高,就会造成洞身太长,这样不但提高了工程造价,而且养护也很困难。对于要求尽快通车的公路,在选择涵洞类型时,施工期限就是一个主要因素。在这种情况下,路线上的涵洞类型如能整齐统一,则会加快施工进度,而且在保证质量及降低工程造价方面也比较有利。

(2)经济造价

因地区不同,涵洞造价往往差异很大。涵洞造价主要取决于材料的料场价格,其次是材料的运输费用和当地的人工、机具费用。

在盛产石料地区,应优先考虑石涵;在缺乏石料地区,可根据流量大小选用钢筋混凝土管涵、盖板涵和拱涵。

(3)材料选择和施工条件

涵洞材料选择要因地制宜,尽可能就地取材,优先考虑圬工结构,少用钢材,同时应方便施工。一段线路上不宜采用过多类型的涵洞,以便于集中预制,节省模板,保证质量,加快施工进度。

(4)养护维修

为便于养护,涵洞孔径不宜过小,洞身不宜过长。冰冻地区不宜采用倒虹吸管涵,否则,应在冻期前将管内积水排除,并将两端进口封闭。

3. 涵洞孔径的确定

根据设计流量确定涵洞的净跨径。在确定涵洞净跨径时,应结合涵洞净高综合考虑。根据计算的涵洞净跨径套用标准跨径。

《桥规》规定的涵洞标准跨径有 75cm、100cm、150cm、200cm、250cm、300cm、400cm、500cm 八种。

4. 涵洞布置

(1)涵洞的平面布置

涵洞的平面布置主要是解决好涵位及涵轴线与路线交角的问题。涵洞应尽量布置成正交。正交涵洞长度短,工程数量小,施工简便。当天然河道与路线斜交,但地形变化不大,且水流较小时,可经过人工改河,仍设正交涵洞;但经过技术经济比较,不宜改河时,则只能采用斜交涵洞。斜交涵洞的斜交角通常取 5° 为一级,以便套用标准图中的标准跨径。

(2)涵洞的立面布置

①涵洞高程确定

涵洞顶面中心高程应服从路线纵断面要求,可从路线设计高程推算出来。涵底中心高程一般与天然沟床高程一致或略底一些。如果是老涵改建,涵底的高程应考虑涵洞进出口沟底高程,以此确定涵底中心高程。

②涵底纵坡

涵底纵坡最好选用临界坡度,此时涵洞的排洪能力最大。但实际设计时,涵底纵坡通常根据沟底纵坡确定。最小纵坡不小于 0.4%,以防淤积;也不大于最大坡度,以防涵底铺砌被冲毁。

③涵底基础

设置在天然地基上的涵底基础,除岩石、砾石及粗砂地基外,均应将基底埋入冰冻线以下,不小于 0.25m。

当基底下有软土层时,为了将基础置于好土层上或需要人工加固地基时,往往需将基础埋置于较深的土层中。

当沟床坡度大于 5% 时,涵底基础宜每隔 3～5m 设置防滑横隔墙或把基础分段做成阶梯形(见山坡涵洞)。

在无冲刷处,除岩石地基外,涵洞基底一般应设在天然地面或河底面以下 1m,如河床上有铺砌层时,一般宜设在铺砌层顶面以下 1m。

5. 涵洞各部尺寸及工程数量

当涵洞选择标准跨径后,其细部尺寸及工程数量均可套用相应的标准图。使用时应注意以下几点。

(1)计算荷载应与标准图一致,不能大于标准图的规定。

(2)混凝土强度等级、钢筋等级、石料的强度等级、地基承载力等不能低于标准图的要求,否则应进行强度验算。

(3)当设计的涵洞墙身高与标准图不一致时,应选用标准图上大一级墙身所对应的各部分尺寸。

(4)当有些工程数量无法从标准图上查得时,应通过计算确定。

6. 洞口形式

涵洞的洞口形式应根据涵洞进出口的地形和流量大小确定。选定后,也可套用标准图。无论采用的是何种洞口形式,其进水口均需铺砌。

7. 涵洞基础设计

涵洞基础设计包括选择基础类型、确定基础尺寸、决定基础埋置深度及措施等。

(1)基础类型与尺寸

对于一般涵洞,确定基础类型及尺寸时,可根据地质条件,其土壤承载力按有关标准设计图选用。

对于整体基础,由边墙传给基顶的力,自边墙脚按刚性角向下扩散至基底。两侧边墙传来的压力分布线,须在基底面以上相交,使整个基础底面均匀受力,如图 6-2-1 所示。据此,得出各种孔径涵洞基础的最小厚度,见表 6-2-1。

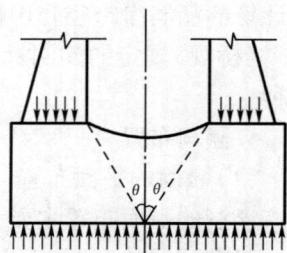

图 6-2-1 涵洞基底受力情况
(θ 为刚性角)

涵洞整体式基础最小厚度的有关规定   表 6-2-1

涵洞类型	孔径(m)	洞身基础厚度(m)	出入口基础厚度(m)
石及混凝土拱涵	0.75	≥0.70	见标准图
	1.00	≥0.80	
钢筋混凝土盖板箱涵	<1.00	≥0.70	≥1.25
	≤1.00	≥0.80	

注:拱涵基底孔径洞身基础厚度参照标准图。

(2)基础埋置深度

涵洞基础的埋置深度,都从沟底中心算起。出入口端翼墙基础深度,主要考虑冲刷的需要来确定,洞身基础深度按基底应力来确定。应确定持力层承载力是否满足要求,若承载力不够,应进行处理。

240

在受冻害的土壤中,涵洞出入口及两端自洞口起向内各 2m 范围内,基础埋置深度不得小于冻结深度加 0.25m,其余中间部分可不受冻结深度的限制。建在轻微冻害土壤(即粗砂、中砂、砾砂及圆砾、卵石等)和岩层上的涵洞。基础的埋置深度不受冻结深度的限制。

8. 涵洞设计的注意事项

(1)设计涵洞时,应针对道路的使用性质,对所采用的洪水流量频率要慎重考虑。对于涵洞的孔径,在一般情况下是无压的,但在流量增大后,由于涵前水深逐渐增高,就有可能使涵管入口被淹没而变成半压力式涵管的流态,这对涵洞的使用和结构都将产生不利影响。因此在设计中,应详细调查研究,全面考虑以免造成后患。

(2)涵洞前,允许有一定的积水高度(称为壅水高度),但涵前壅水会影响渠道上游及其附近地区的排水,因此要注意避免由于壅水过高,造成附近农田及居民区积水,或恶化农田、居民区、厂房的排水条件。

(3)矩形涵洞如除排水外尚须通行大车、农业机械或行人者,其净空应满足两者的需要。

(4)洪水时有泥石流及树枝、杂草较多的山区河沟,宜建矩形涵和拱涵,不宜建容易堵塞的圆管涵。且涵洞孔径不宜过小,以免堵塞或冲毁。

(5)涵洞上游的路肩高度,应按设计洪水频率的计算水位和壅水高度后至少再高出 0.5m (无压式)或 0.75m(有压式)。

(6)洞内及出口处流速不得大于容许流速,以免洪水时将涵洞冲毁。

9. 涵洞设计的主要内容和步骤

(1)根据线路的位置和地形图上排洪沟渠、灌溉渠、农村道路等的位置,确定涵洞的位置。

(2)对于排洪涵洞,应在地形图上勾绘分水线,划出汇水区域,并计算汇水面积。然后根据汇水面积、汇水区形状、当地植被情况和有关水文、气象等资料,用小流域暴雨径流计算的方法计算出涵洞的设计流量。

(3)根据设计流量和路基填土高度及地形、地质情况选择涵洞类型。

(4)根据流量大小、河床坡度计算确定涵洞的孔径。对于灌溉涵和交通涵,则根据实际需要,经与有关部门协商确定。

(5)根据地形情况进行涵洞的平面和纵断面布置。

(6)根据涵洞类型、孔径、路基高度等套用标准图,确定涵洞出入口类型、尺寸和洞身结构尺寸。

(7)计算涵洞长度。

(8)涵洞基础设计。

(9)进行涵洞出入口的铺砌防护设计。

第二节 涵洞的计算

一、涵洞长度计算

1. 正交涵洞长度计算

涵洞上游半部的长度和下游半部的长度并不相同,必须分别进行计算,由图 6-2-2 可得

$$L_1 = B_1 + (H - a - iL_1)m + c$$

则
$$L_1 = \frac{B_1 + (H-a)m + c}{1 + im} \quad (6\text{-}2\text{-}1)$$

同理得
$$L_2 = \frac{B_2 + (H-b)m + c}{1 - im} \quad (6\text{-}2\text{-}2)$$

式中：L_1、L_2——涵洞上、下游半部长度；

    B_1、B_2——上、下游路基宽度；

    a、b——进、出水口帽石顶面至基础顶面的
           高度；

    c——帽石宽度；

    H——路基边缘至涵底中心的距离。

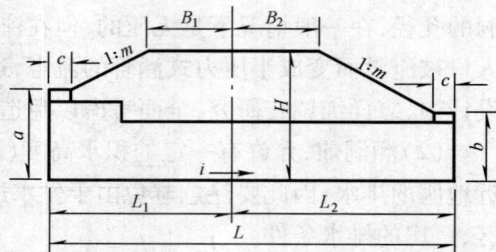

图 6-2-2　正交涵洞长度计算

2. 斜交涵洞长度计算

（1）斜交斜做（洞口与路线平行）

由图 6-2-3 可得
$$L_1 \cos\alpha = B_1 + (H - a - iL_1)m + c$$

则
$$L_1 = \frac{B_1 + (H-a)m + c}{\cos\alpha + im} \quad (6\text{-}2\text{-}3)$$

同理得
$$L_2 = \frac{B_2 + (H-b)m + c}{\cos\alpha - im} \quad (6\text{-}2\text{-}4)$$

（2）斜交正做（洞口与洞身垂直）

由图 6-2-4 可得

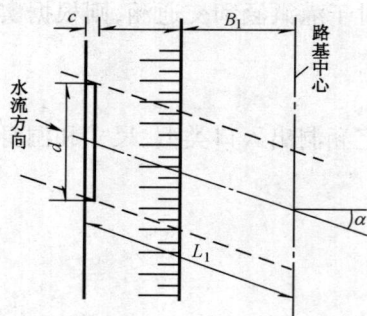

图 6-2-3　斜交斜做涵洞长度计算

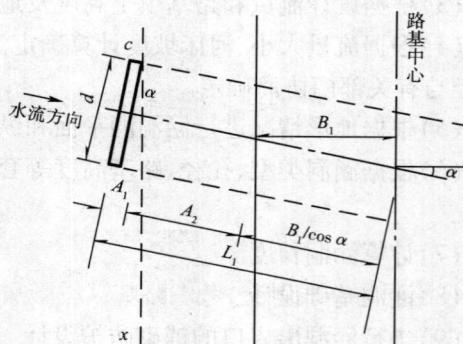

图 6-2-4　斜交正做涵洞长度计算

$$L_1 = A_1 + A_2 + \frac{B_1}{\cos\alpha} = c + \frac{d}{2}\tan\alpha + (H - a - iL_1)\frac{m}{\cos\alpha} + \frac{B_1}{\cos\alpha}$$

则
$$L_1 = \frac{B_1 + (H-a)m + \dfrac{d}{2}\sin\alpha + c\cos\alpha}{\cos\alpha + im} \quad (6\text{-}2\text{-}5)$$

同理得

242

$$L_2 = \frac{B_2 + (H-b)m + \dfrac{d}{2}\sin\alpha + c\cos\alpha}{\cos\alpha - im} \qquad (6\text{-}2\text{-}6)$$

式中:d——帽石长度;

其他符号意义见图示。

3.路基有超高加宽时正交涵洞的长度计算

(1)i_1和i方向一致时

由图6-2-5可得

$$L_1 = B_1 + (H-a-iL_1+i_1B)m+c$$

则

$$L_1 = \frac{B_1+(H-a+i_1B)m+c}{1+im} \qquad (6\text{-}2\text{-}7)$$

$$L_2 = B_2 + W + (H-b+iL_2-i_1W)m+c$$

则

$$L_2 = \frac{B_2+W+(H-b-i_1W)m+c}{1-im} \qquad (6\text{-}2\text{-}8)$$

(2)i_1和i方向相反时

由图6-2-6可得

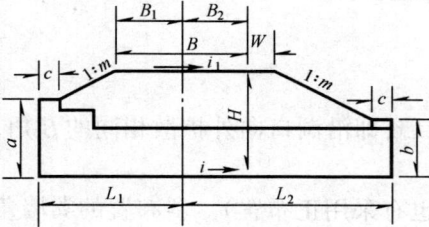

图6-2-5　涵洞底坡与超高方向一致时涵洞长度计算

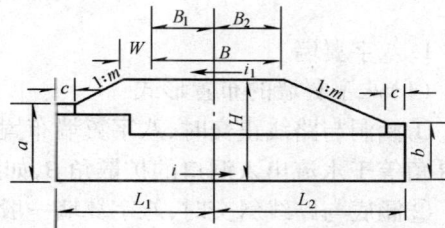

图6-2-6　涵洞底坡与超高方向相反时涵洞长度计算

$$L_1 = B_1 + W + (H-a-iL_1+i_1W)m+c$$

则

$$L_1 = \frac{B_1+W+(H-a+i_1W)m+c}{1+im} \qquad (6\text{-}2\text{-}9)$$

$$L_2 = B_2 + (H-b+iL_2+i_1B)m+c$$

则

$$L_2 = \frac{B_2+(H-b-i_1B)m+c}{1-im} \qquad (6\text{-}2\text{-}10)$$

4.涵洞与路线斜交,考虑路基纵坡影响时涵洞长度计算

由图6-2-7可得

$$\Delta H = L_1 i_2 \sin\alpha$$

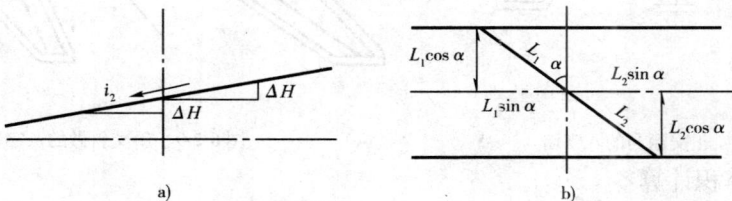

图6-2-7　考虑纵坡影响的斜交斜做涵洞长度计算

a)路基纵断面;b)涵洞平面布置

由式(6-2-3)可得

$$L_1 = \frac{B_1 + (H - a - L_1 i_2 \sin\alpha)m + c}{\cos\alpha \mp im}$$

或

$$(\cos\alpha \pm im)L_1 + L_1 i_2 m\sin\alpha = B_1 + (H - a)m + c$$

则

$$L_1 = \frac{B_1 + (H - a)m + c}{\cos\alpha \pm im + i_2 m\sin\alpha} \qquad (6\text{-}2\text{-}11)$$

由式(6-2-4)可得

$$L_2 = \frac{B_2 + (H - b + L_2 i_2 \sin\alpha)m + c}{\cos\alpha \mp im}$$

或

$$(\cos\alpha \mp im)L_2 - L_2 i_2 m\sin\alpha = B_2 + (H - b)m + c$$

则

$$L_2 = \frac{B_2 + (H - b)m + c}{\cos\alpha \mp im - i_2 m\sin\alpha} \qquad (6\text{-}2\text{-}12)$$

二、涵洞洞口建筑工程数量计算

1. 八字翼墙

(1)八字翼墙的布置形式

①涵洞与路线正交时,八字翼墙布置成对称的正翼墙,即沿洞口向外扩散相同的 β 角,此时 β 角等于水流出入洞口的扩散角 β,如图 6-2-8 所示。

②涵底与路线斜交时,八字翼墙一般采用斜布置(也有采用正布置)。斜布置的翼墙角度应根据斜度大小、地形和水文情况确定,如图 6-2-9 所示,θ 角为水流扩散角,β 为翼墙向外张角,α 为涵底的斜度,则 $\beta_1 = \theta + \alpha$,$\beta_1$ 是正值,翼墙是正翼墙;$\beta_2 = \theta - \alpha$,是负值,翼墙是反翼墙;当 $\beta_2 = 0$ 时,$\theta = \alpha$,这时翼墙为最经济。

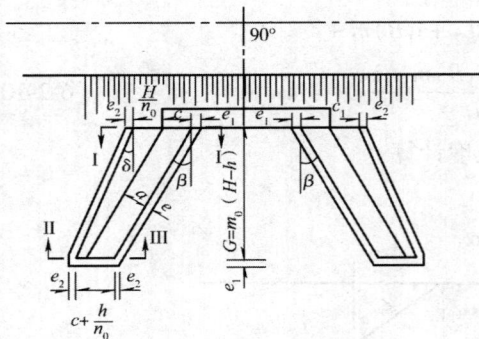

图 6-2-8　正交涵洞的八字墙　　　　图 6-2-9　斜交斜做的八字墙

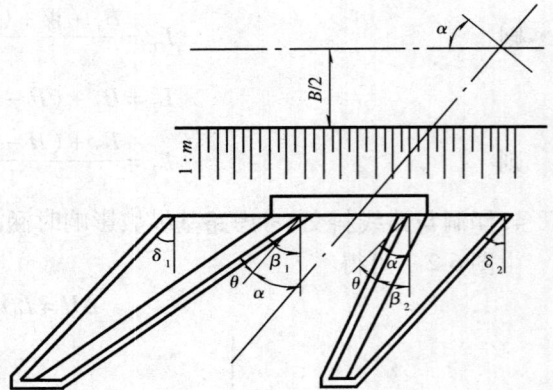

(2)翼墙的体积计算

①墙身体积

单个翼墙外形如图 6-2-10 所示,其体积为

$$V = \frac{1}{2} m_0 (H^2 - h_c^2) + \frac{m_0}{6n_0} (H^3 - h^3) \tag{6-2-13}$$

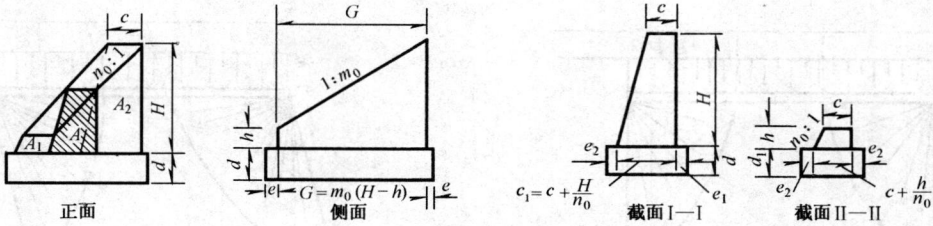

图 6-2-10 八字翼墙墙身体积计算

②墙基体积

单个翼墙(正翼墙和反翼墙)基础平面尺寸如图 6-2-11 所示,其体积为

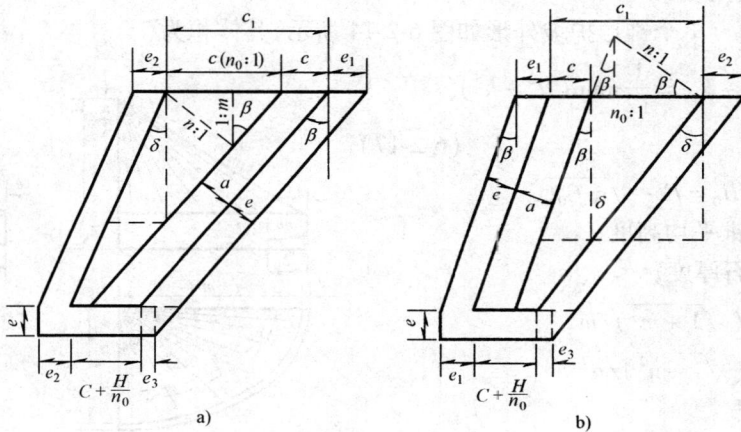

图 6-2-11 正反八字翼墙基础体积计算

正翼墙

$$V = m_0 (c + e_1 + e_2)(H - h)d + \frac{m_0}{2n_0}(H^2 - h^2)d + \left[e_2 + (e_1 + e_3)\frac{1}{2} + c + \frac{h}{n_0} \right]ed \tag{6-2-14}$$

反翼墙

$$V = m_0 (c + e_1 + e_2)(H - h)d + \frac{m_0}{2n_0}(H^2 - h^2)d + \left[e_2 + (e_1 + e_3)\frac{1}{2} + c + \frac{h}{n_0} \right]ed \tag{6-2-15}$$

$$n_0{}^{\text{正}}_{\text{反}} = (n \pm \sin\beta/m)\cos\beta$$

$$\delta^{\text{正}}_{\text{反}} = \arctan(\tan\beta \mp 1/mn_0{}^{\text{正}}_{\text{反}})$$

$$e_3^{\text{正}} = e(1 - \sin\beta)/\cos\beta$$

$$e_3^{\text{反}} = e(1 - \sin\delta_{\text{反}})/\cos\delta_{\text{反}}$$

③一个翼墙顶面面积

$$A = c\sqrt{1 + m_0^2}(H - h) \tag{6-2-16}$$

2.锥形护坡

(1)锥形护坡的布置形式

①涵洞与路线正交时,其平面布置形式如图 6-2-12 所示。

②涵洞与路线斜交时,锥形护坡一般采用斜布置(也有采用正布置)。斜布置的锥形护坡角度应根据斜度大小确定,其平面布置形式如图 6-2-13 所示。

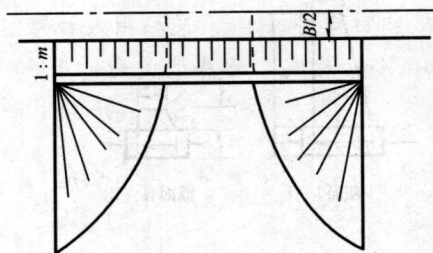

图 6-2-12　正交涵洞的锥形护坡

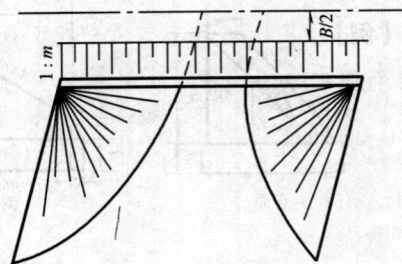

图 6-2-13　斜交斜做涵洞的锥形护坡

(2)一个锥形护坡的体积计算

①锥形护坡体积

a. 片石砌体　单个锥形护坡外形如图 6-2-14 所示,其体积为

$$V_1 = V_{外} - V_{内} = \frac{1}{12}\pi mn(H^3 - h^3)$$

(6-2-17)

$$H_0 = H - \sqrt{\alpha_0\beta_0 t}$$

式中:H_0——内锥平均高度;

t——片石厚度;

$\alpha_0 = (\sqrt{1 + m^2})/m$

$\beta_0 = (\sqrt{1 + n^2})/n$

b. 砂砾垫层

$$V \approx \frac{t_1}{t}V$$

(6-2-18)

式中:t_1——砂砾垫层厚度。

图 6-2-14　锥形护坡体积计算

c. 锥心填土

$$V_3 = V_{外} - V_1 - V_2$$

(6-2-19)

②锥坡基础体积

其值为椭圆周长的 1/4 和基础截面积的乘积。从图 6-2-14 可知

$$V = \frac{S}{4}b_0 d = \frac{1}{4}\pi(a + b)Kb_0 d$$

$$= \frac{1}{4}K\pi[(m + n)H + 2e - b_0]b_0 d$$

(6-2-20)

式中:K——周长系数,可从表 6-2-2 中查得。

椭圆周长系数表　　　　　　　　　　表 6-2-2

$\frac{a-b}{a+b}$	0.1	0.2	0.3	0.4	0.5	0.6	0.7	0.8	0.9	1.0
K	1.002 5	1.010 0	1.022 6	1.040 4	1.063 5	1.092 2	1.126 9	1.167 9	1.216 2	1.273 2

第三节　涵洞设计计算实例

【例】　某涵洞已选定为一孔 1.0m 钢筋混凝土圆涵,洞口采用八字式,已知出入口帽石顶至流水槽面高度 1.5m,帽石宽 $a = 0.4m$,路基面宽度为 6.4m(直线),路基边坡为 1:1.5。涵洞与线路正交,流水槽面高程中心为 502.72m,水流纵坡 $i = 10‰$,路肩高程为 510.22m,基底是砂黏土,试进行涵洞设计。

【解】

(1)涵长计算

先求出路肩至中心流水槽面的高差

$$H = 510.22 - 502.72 = 7.50m$$

分别由正交涵洞长度计算公式(6-2-1)、式(6-2-2)计算

$$L_1 = \frac{B_1 + (H - a)m + c}{1 + im} = \frac{3.2 + 1.5(7.5 - 1.5) + 0.4}{1 + 0.01 \times 1.5} = 12.41m$$

$$L_2 = \frac{B_2 + (H - b)m + c}{1 - im} = \frac{3.2 + 1.5(7.5 - 1.5) + 0.4}{1 - 0.01 \times 1.5} = 12.79m$$

涵长 $L = L_1 + L_2 = 12.41 + 12.79 = 25.20m$

(2)基础选择与分段

由于基底是砂黏土,应采用有基础的形式。基底土质不良,划段应短些,拟采用 3～4m 一段,出入口段各用 1m(标准图规定),其 9 段,有 8 条沉降缝。

则涵长为 $5 \times 3 + 2 \times 4 + 2 \times 1 + 8 \times 0.03 = 25.24m$,较计算涵长(25.20m)超出 4cm,是合适的。采用

$$L_1 = 12.43m$$
$$L_2 = 12.81m$$

(3)计算上拱度

查表得

$$上拱度 = \frac{H}{50} = \frac{7.55 + 0.78}{50} = 0.17m$$

$$进口流水槽面高程 = 502.72 + 12.43 \times 0.01 = 502.84m$$

$$出口流水槽面高程 = 502.72 + 12.81 \times 0.01 = 502.59m$$

检查涵洞进口与涵洞中心流水面高差

$$502.84 - 502.72 = 0.12m$$

可知若按 0.17m 设置上拱度,将出现逆坡,这是不允许的。故上拱度中能用 0.12m,于是上游 5 段流水槽面高程相同。

(4)计算各段基顶高程

查标准图,1.0m 钢筋混凝土圆管壁厚 0.1m,管底厚 0.02m,故基础顶面应在流水槽以下 0.12m。

进口基顶高程为

$$502.84 - 0.12 = 502.72m$$

(5)确定基础尺寸

基础具体尺寸可根据实际情况由标准图查得。

（6）绘制断面图

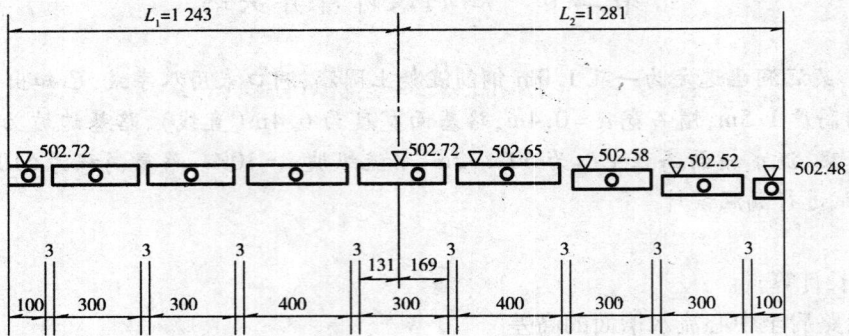

图 6-2-15　涵洞基础中心纵断面(尺寸单位:高程以 m 计,其他以 cm 计)

涵洞基础中心纵断面图如图 6-2-15 所示。

[复习思考题]

1. 某石拱涵位于左转弯道上,已知路基为 7.5m,路基宽 7.5m,平曲线半径 $R = 30$m,超高坡度 $i = 4\%$,超高方式为绕路面内侧边缘旋转。填方路堤边坡度 1:1.5,涵底纵坡 3%,涵洞净跨径 $l_0 = 3.00$m,矢跨比为 $f_0/l_0 = 1/3$,涵台高 2.0m,拱厚 $d = 0.45$m。帽石断面尺寸 0.4m×0.25m。试计算涵洞长度。

2. 条件同上题,当涵洞斜交角度 $\alpha = 30°$,洞口按斜交正做形式,帽石长度为 3.92m 时,试计算涵洞长度。

3. 某正交涵涵底纵坡 $i = 2\%$,八字翼墙 $H = 3.1$m,八字墙尾端高 $h = 0.2$m,路堤边坡 1:1.5,八字墙垂直背坡 4:1,墙顶垂直宽度 $a = 0.4$m,扩散角 $\beta = 30°$,八字墙基础襟边垂直宽度 0.15m,基础厚度 0.6m。试计算八字墙的尺寸,并作八字墙的平面、侧面、立面三视图,标注尺寸。

4. 某斜交斜做洞口,扩散角 $\beta = -10°$,其余条件同上题,求此反翼墙的各部分尺寸,并作三视图,标注尺寸。

附录一 《桥涵设计》课程教学大纲

一、课程的地位、作用和任务

《桥涵设计》是公路与桥梁工程专业的一门必修专业课。要求学生在学完《结构力学》、《结构设计原理》等先修课程的基础上,通过对本课程的学习,达到掌握我国常用中、小型桥梁的构造原理和设计计算方法,能独立进行中、小型桥梁的设计工作,了解有关桥梁施工方面的有关知识。

二、课程内容和要求

第一篇 总论

1. 教学内容和教学要求

教学内容

①桥梁在交通事业中的地位和国内外桥梁的发展概况

②桥梁的组成和分类

③桥梁总体规划原则和基本设计资料

④桥梁纵、横断面设计和平面布置

⑤桥梁的设计荷载及其组合

教学要求

①通过本篇章的学习,使同学初步了解桥梁在交通事业中的地位和国内外桥梁的发展情况,了解桥梁的组成和分类及桥梁纵、横断面设计和平面布置。

②掌握桥梁的设计荷载及其组合。

2. 能力培养要求

通过学习,了解有关桥梁的基本知识,学会桥梁荷载的计算和确定方法,为桥梁设计打下基础。

第二篇 梁桥

1. 教学内容和教学要求

教学内容

①梁式桥的主要类型和适用情况

②装配式简支梁桥的构造类型

③装配式钢筋混凝土简支梁桥

④装配式预应力混凝土简支梁桥

⑤行车道板的计算

⑥荷载的横向分布计算

⑦主梁的内力计算

⑧横隔梁的内力计算

教学要求

通过对本篇章的学习,了解装配式钢筋混凝土简支梁桥和装配式预应力混凝土简支梁桥的构造类型和设计要求,熟悉行车道板的计算方法,荷载的横向分布计算方法,主梁和横隔梁的内力计算方法。学会设计简支梁桥。为进行梁桥的计算打下基础。

2. 能力培养要求

通过对本篇章的学习,掌握装配式钢筋混凝土简支梁桥和装配式预应力混凝土简支梁桥的构造类型。熟悉行车道板的计算方法,荷载的横向分布计算方法,主梁和横隔梁的内力计算方法。学会设计简支梁桥。

第三篇 拱桥

1. 教学内容和教学要求

教学内容

①拱桥受力特点与适用范围

②拱桥结构组成,拱圈构造(石板拱、肋拱、箱形拱、钢管混凝土拱),拱上结构构造(实、空腹拱),桁架拱构造

③矢跨比,平衡推力措施,拱轴线形合理选择,拱圈(肋)截面变化规律,截面尺寸拟定

④拱轴长度与弹性中心,永久作用内力计算,可变作用内力计算及算例

⑤温变与混凝土收缩内力,拱脚变位内力,裸拱内力,拱圈强度与稳定性检算

⑥等截面圆弧无铰拱的几何性质

⑦拱桥上部构造体积计算

教学要求

①掌握拱轴线形合理选择的基本原理

②熟练掌握拱圈永久作用、可变作用内力计算方法

③了解拱圈各附加影响的内力计算和拱圈强度检算方法

④理解桁架拱与组合体系拱的计算特点

2. 能力培养要求

通过对本篇章的的学习,达到掌握拱轴线形合理选择,拱圈永久作用,可变作用内力计算方法,拱圈各附加影响的内力计算和拱圈强度验算方法。

第四篇 斜拉桥及悬索桥

1. 教学内容和教学要求

教学内容

①斜拉桥的优缺点,体系分类

②斜拉桥各部分构造(索、塔、梁),结构主要尺寸的拟定

③斜拉桥结构计算及设计简介

④悬索桥的优缺点,体系分类

⑤悬索桥的构造特点,结构主要尺寸的拟定

⑥悬索桥结构计算及设计简介

教学要求

①了解斜拉桥各部分构造与结构计算基本原则、设计方法

②初步了解悬索桥的构造组成、设计方法

2. 能力培养要求

通过对本篇章的学习,达到了解大跨度桥梁(斜拉桥及悬索桥)的构造特点、结构主要尺

寸的拟定、结构计算方法。

第五篇　桥梁墩台

1. 教学内容和教学要求

教学内容

① 桥墩和桥台构造

② 重力式桥墩计算

③ 桩柱式桥墩的计算

④ 重力式桥台的计算

⑤ 梁桥轻型桥台的计算

教学要求

① 了解桥梁墩台设计的基本程序

② 掌握桥梁墩台设计的基本方法

2. 能力培养要求

通过本章节的学习,要求学生会进行重力式桥墩和桥台的设计和计算,具有较强的计算能力。

第六篇　涵洞

1. 教学内容和教学要求

教学内容

① 涵洞分类

② 洞身和洞口构造

③ 涵洞测设

④ 涵洞长度计算

⑤ 洞口建筑工程数量计算

教学要求

① 掌握涵洞洞身和洞口构造

② 掌握涵洞长度和洞口建筑工程数量计算方法

2. 能力培养要求

通过本篇章的学习,要求学生掌握涵洞洞身和洞口的构造,掌握涵洞长度和洞口建筑工程数量计算方法,具有较强的计算能力。

三、课程实践环节

要求学生完成梁桥上部构造内力计算和应力验算,并应绘出包括上部构造纵横剖面和适当细节的构造图一张。本课程设计集中一周时间进行,全部工作量以不超过 30 小时为限。

1. 目的

培养学生综合运用课程知识的能力及分析、计算、绘图的能力。

2. 内容

钢筋混凝土简支板桥、梁桥或预应力混凝土简支梁桥或空腹式悬链线无铰拱桥的上部构造计算。本课程设计时间为一周,3 天分析计算,2 天时间绘图整理计算说明书。

3. 要求

要求学生完成上部构造内力计算和应力验算,并应绘出包括上部构造纵横剖面和适当细节的构造图一张以及计算说明书一份。通过课程设计,要求学生掌握桥梁工程的计算特点、设计方法。

4.成绩评定

成绩评定按四级:优秀、良好、及格、不及格。

评定依据是学生提交的成果及教师在设计过程中对学生工作能力的考察。

四、学时分配建议

学时分配建议表

序号	教 学 内 容	学 时 分 配		
		讲课	技能训练	小计
1	总论	4	2	6
2	梁桥	18	6	24
3	拱桥	8	4	12
4	斜拉桥及悬索桥	6	2	8
5	桥梁墩台	8	4	12
6	涵洞	4	2	6
7	合计	48	20	68
8	课程设计		一周	30

五、说　明

1.本课程教学基本要求适用于招收高中毕业生、学制为三年的高职公路与桥梁工程技术专业,完成教学任务约需100学时。

2.对本课程讲授重点的说明

根据教学计划和专业培养目标要求,讲授重点应突出计算理论的应用。荷载横向分布的理论是本课程的主要理论之一,应讲深讲透。以简支梁桥和拱桥计算为重点内容,有关计算部分主要着重于内力计算。桥梁墩、台也是本课程的重点内容之一,主要学习墩台的构造形式和设计计算方法。

3.对本课程技能和能力要求的说明

通过安排一定数量的习题和作业、课程设计等实践性教学环节,使学生学会在关桥梁总体规划的步骤和方法;具有能熟练地运用设计规范和计算用表的能力以及进行桥梁设计计算的初步能力。培养学生具有全面考虑设计与施工等问题的能力。培养学生会运用基础理论知识解决工程实际问题的能力。

4.对本课程考核的说明

本课程为考试课,可分为理论知识考试和课程设计两个成绩。

5.与本课程相关课程的联系与分工说明

学习本课程前,学生必须掌握《结构力学》、《结构设计原理》《水力学及桥涵水文》、《基础工程》等课程的有关知识。

本课程要求《结构力学》为桥梁设计计算提供构件受力特点和计算方法,在这里主要是阐明力学概念和设计原理,一些公式不再作详细推导。桥梁上部构造内力计算在本课程中讲述,各种构件的配筋设计和应力验算在《结构设计原理》课程讲述。《水力学及桥涵水文》课程为桥梁总体提供了确定桥梁净孔径、桥长和基础埋置深度等理论依据。基础顶面以下部分在《基础工程》课程中已讲述。这样通过各种桥梁基础类型比较,合理设计桥梁的下部结构。

6.本课程的作业要求

课本每章节后有习题,作业的布置由授课教师根据具体情况,以突出重点内容而具体布置。题量要能达到练习的目的。

附录二 《桥涵设计》多媒体教程简介

本教程编写内容以交通土建高职高专统编教材《桥涵设计》白淑毅、刘孟良主编(人民交通出版社出版)教材为基础编写而成,编写内容采用了国家及行业最新技术标准和技术规范,对桥梁的基本概念、总体设计、梁桥、拱桥、斜拉桥、悬索桥、墩台、涵洞构造及设计方法作了较全面地论述,并对教材内容作了适当延拓,以方便教师授课和学生自学;还介绍了工程设计中实用的计算方法,并注意了采用新理论、新工艺、新结构、新材料。

本教程内容翔实、图文并茂、界面友好、交互性强,较好地运用了多媒体技术来表达知识中的重点和难点,力求做到通俗易懂、言简意赅、操作简便,既可作为教师的授课课件,又方便学生的自学。

本教程中有大量 Flash 动画、Word 文档、AutoCAD 图形及视频等 OLE 对象,播放或演示时需相应软件的支持,为了保证本教程能正常播放,需安装相应软件。本教程光盘中附有 Flash 动画播放程序,并已随教程的安装而被安装在相应目录中,如在演示时出现选择相应的打开方式的提示,请选择安装目录中的 SAFlashPlayer. exe 程序。视频播放器采用 Windows 标准配置的视频播放器,Word 文字处理等软件为一般机器的常备软件,一般不需重新安装,工程图需 AutoCAD2000 及以上版本打开,相应软件请自行安装。

在播放教程时,如果发现字体不正常,或文本严重错位,一般可能是您的计算机的 Windows 字库文件的字体较少,与教程运行要求不一致,请您将光盘中附带的字体文件安装到 Windows 下即可(默认安装并不会安装字体文件)。

教程演示的最佳屏幕分辨率为 1024×768,如果您的计算机与此不同,播放时,教程对您的计算机进行了自动设置,并对其进行了记录,正常退出时又自动还原成原来的设置情形,因此退出时请采用教程的菜单退出方式。

在制作本教程的过程中,得到了广东交通职业技术学院白淑毅教授、湖南交通工程职业技术学院魏秀瑛老师、湖南城建职业技术学院道路桥梁教研室曾玲主任的大力支持和帮助,并得到了湖南城建职业技术学院信息工程系付竹松老师的悉心指导,湖南城建职业技术学院周金菊老师对教程作了大量的文字编辑和校对工作,在此表示衷心感谢! 本教程中有大量的桥梁图文资料来自 Internet 网络,正是由于这些图文资料的作者们的无私奉献,才使该教程得以顺利完成,在此一并向他们表示衷心的感谢!

由于编者水平有限,加之编写时间紧迫,教程中的不妥和谬误之处在所难免,敬请读者批评指正,并待以后作进一步修订和完善。

在教程使用中如有疑难问题或不正常情况,敬请您通过邮箱联系,编者的邮箱是 LML007 @163. com,期待您提出宝贵意见。

刘孟良
2007 年 3 月

主要参考文献

[1] 中华人民共和国行业标准. JTG B01—2003　公路工程技术标准. 北京:人民交通出版社,2004.

[2] 中华人民共和国行业标准. JTG D60—2004　公路桥涵设计通用规范. 北京:人民交通出版社,2004.

[3] 中华人民共和国行业标准. JTG D62—2004　公路钢筋混凝土及预应力混凝土桥涵设计规范. 北京:人民交通出版社,2004.

[4] 中华人民共和国行业标准. JTJ 024—85　公路桥涵地基与基础设计规范. 北京:人民交通出版社,1985.

[5] 中华人民共和国行业标准. JTG D61—2005　公路圬工桥涵设计规范. 北京:人民交通出版社,2005.

[6] 中华人民共和国行业标准. JTJ 041—2000　公路桥涵施工技术规范. 北京:人民交通出版社,2000.

[7] 公路桥涵设计手册编写组. 梁桥. 北京:人民交通出版社,1996.

[8] 公路桥涵设计手册编写组. 拱桥(上册). 北京:人民交通出版社,2000.

[9] 公路桥涵设计手册编写组. 墩台与基础. 北京:人民交通出版社,2000.

[10] 公路桥涵设计手册编写组. 涵洞. 北京:人民交通出版社,1997.

[11] 姚玲森. 桥梁工程. 北京:人民交通出版社,1985.

[12] 李永珠. 桥梁工程. 北京:人民交通出版社,1997.

[13] 范立础. 桥梁工程(上、下册). 北京:人民交通出版社,2000.

[14] 交通部第一公路工程公司. 公路施工手册桥涵. 北京:人民交通出版社,1999.

[15] 公路桥涵设计手册编写组. 基本资料. 北京:人民交通出版社,1997.

[16] 公路桥涵设计手册编写组. 桥梁附属构造与支座. 北京:人民交通出版社,1999.

[17] 李扬海,程潮洋,鲍卫刚,郑学珍. 公路桥梁伸缩装置. 北京:人民交通出版社,1997.

[18] 易建国. 桥梁计算示例集. 北京:人民交通出版社,1991.

[19] 陈宝春. 钢管混凝土拱桥设计与施工. 北京:人民交通出版社,2000.

[20] 徐岳,王亚君,万振江. 预应力混凝土连续梁桥设计. 北京:人民交通出版社,2000.

[21] 中华人民共和国行业标准. JTJ 027—96　公路斜拉桥设计规范(试行). 北京:人民交通出版社,1997.

[22] 林元培. 斜拉桥. 北京:人民交通出版社,1997.

[23] 王文涛. 斜拉桥换索工程. 北京:人民交通出版社,1997.

[24] 刘健新,胡兆同. 大跨度吊桥. 北京:人民交通出版社,1996.

[25] 雷俊卿,郑明珠,徐恭义. 悬索桥设计. 北京:人民交通出版社,2002.

[26] 李亚东. 桥梁工程概论. 成都:西南交通大学出版社,2001.

[27] 邵旭东. 桥梁工程. 北京:人民交通出版社,2005.

[28] 郭发忠. 桥梁工程技术. 北京:人民交通出版社,2005.

[29] 高杰. 桥梁工程. 北京:科学出版社,2004.